ANTI-NÉOLIBÉRALISME

1

Essai sur Thomas Piketty

Émile Jalley

ANTI-NÉOLIBÉRALISME

1

Essai sur Thomas Piketty

L'Harmattan

Critique générale de la raison contemporaine (Tomes 1 à 12)

Critique de la raison en psychologie
Critique de la raison philosophique
- L'ordre et la mesure
- La preuve par l'histoire de la philosophie (1)
- La preuve par l'histoire de la philosophie (2)
- La preuve par la psychologie
- La preuve par l'espace médiatique

Critique de la raison en économie
- Thomas Piketty « Marx du XXIe siècle ? »
- Thomas Piketty : La mécanique des inégalités en France, injustice fiscale, crise de l'enseignement, contre-réforme sociale, (dé)colonisation
- L'économie au XXIe siècle. Analyse
- L'économie au XXIe siècle. Synthèse
- Essai sur Thomas Piketty
- Essai sur Emmanuel Todd, Vincent Jauvert et François Morin

5-7, rue de l'Ecole-Polytechnique, 75005 Paris
http://www.editions-harmattan.fr
ISBN : 978-2-343-22372-8
EAN : 9782343223728

Pour PIERRE JALLEY, notre fils
BÉNÉDICTE JALLEY-MEURISSE, mon épouse
Et GISÈLE PONCHARD-BONNARD, ma mère
En hommage aussi à mes deux psychanalystes
Madame le Docteur Anny Cordié (1927-2018)
Et Monsieur le Docteur Jean Gillibert (1925-2014)

« Bientôt seront tous morts ceux qui savaient de quoi il est question »
Philippe Sollers, France-Culture du 1er août 2010

Le savoir humain est comme un arbre[1], dont les racines puis le tronc sont les savoirs sur l'esprit inconscient[2] et conscient[3], les branches qui sortent de ce tronc[4] étant les sciences formelles, les sciences de la nature et les sciences de l'homme[5], le feuillage de l'arbre se formant alors de l'entrelacement de leurs applications techniques et pratiques particulières.

---

[1] Descartes, Hegel. Image www.poursamuser.com
[2] Freud, Lacan et col.
[3] Wallon, Piaget, Gesell et col.
[4] Descartes, Hegel, Freud, Wallon, Piaget.
[5] Hegel, Marx et col.

Sommaire

Anti-néolibéralisme 1

Essai sur Thomas Piketty

Critique de la raison contemporaine Tome 11

Anti-Néolibéralisme 2

Essai sur Emmanuel Todd Vincent Jauvert et François Morin

Critique de la raison contemporaine Tome 12

Introduction

L'un des problèmes les plus importants et les plus urgents à résoudre qui se pose à la communauté humaine, dans la période immédiatement contemporaine, est d'envisager la perspective concrète d'avoir à organiser et à promouvoir **le dépassement et la liquidation du néo-libéralisme**.

Le Néolibéralisme est une configuration idéologique suivi d'un programme d'applications qui se sont imposés, au niveau de la dynamique d'ensemble de l'économie mondiale, à partir du tournant des années 1980, marqué par la révolution conservatrice et l'expansion du nouveau capitalisme, succédant au capitalisme fordiste.

Il existe traditionnellement deux grandes filières principales de la science économique depuis ses origines à la fin du XVIIIe siècle, et ceci dans le droit fil de la philosophie britannique développée à partir de la fin du XVIe siècle.

La filière de l'économie dite orthodoxe, avec ses phases successives : école classique (fin XVIIIe-milieu XIXe), école néoclassique (3ième tiers XIXe), puis phases successives du néolibéralisme proprement dit : école autrichienne (Hayek Nobel 1974), monétarisme (Friedman Nobel 1976), et enfin nouvelle économie classique (depuis 1970).

En face et à l'opposé se présente la filière de l'économie dite hétérodoxe, née avec un certain décalage par rapport à la tradition orthodoxe, à partir de Marx (1848, 1867), avec la succession des 1. marxistes, puis des 2. hétérodoxes proprement dit et des institutionnalistes, puis de 3. Keynes et des postkeynésiens, enfin de 4. La nouvelle économie keynésienne et de l'école de la régulation.

Deux stratégies au moins se présentent pour affronter « l'hydre mondiale » (Morin, 2013) du néo-libéralisme.

La plus difficile et la plus offensive est de l'attaquer de front dans le contenu doctrinal de ses principales thèses.

C'est ce que nous avons déjà fait pour une part dans notre dernier ouvrage intitulé *L'économie au XXIe siècle. Critique de la raison en économie. Tome 1 : Analyse ; Tome 2 : Synthèse* (L'Harmattan, 2019). Et que nous projetons encore de faire dans un ouvrage à paraître intitulé : *L'empirisme en philosophie, le laisser-aller en économie, l'homme-machine en psychologie.*

Mais une autre stratégie s'offre également, consistant à identifier, puis à commenter de façon critique les principaux auteurs qui, dans le camp de l'économie orthodoxe, s'opposent de façon plus ou moins explicite, mais au moins significative, au paradigme régnant de l'orthodoxie en économie.

L'un d'eux et le plus visible depuis quelques années est Thomas Piketty, dont nous avons déjà précédemment étudié le premier livre sur *Le Capital au XXIe siècle* (2013) (Jalley, 2014 et 2019). Et nous analysons le livre récent sur *Capital et idéologie* (2019) dans le premier tome de notre actuel ouvrage intitulé *Anti-néocapitalisme 1.*

Cependant, il existe également une douzaine d'autres auteurs dont les démarches nous paraissent remarquables, et dont nous avons analysé aussi les doctrines dans notre livre de 2019. Nous reprenons leurs noms un peu plus loin.

Depuis se sont imposés à notre attention trois auteurs qui nous paraissent mériter une étude aussi approfondie que les précédents, ce qui fait l'objet de notre deuxième volume intitulé *Anti-néocapitalisme 2.* Il s'agit, d'Emmanuel Todd, Vincent Jauvert et François Morin (déjà étudié dans notre livre de 2019 pour deux de ses ouvrages parus en 2015 et 2017.

Nous avons à expliquer ici la trajectoire un peu singulière au cours de laquelle s'est formé ce livre en deux volumes.

Son titre le situe dans la lignée de notre précédent ouvrage sur *L'économie au XXIe siècle. Critique de la raison économique*, paru en 2019, où l'on analysait 24 documents (21 livres et 3 autres textes importants, mobilisant 17 auteurs, dont 3 collectifs).

Donc 5 nouveaux titres, dont l'importance nous a paru ressortir de la littérature d'ensemble produite depuis dans l'espace de l'économie font ici l'objet de notre nouvelle étude, avec pour auteurs : Thomas Piketty (1), Emmanuel Todd (1), Vincent Jauvert (2), François Morin (1).

Ce nouveau projet n'est pas né d'emblée.

Suite à la parution en septembre 2019 du nouveau livre de Piketty sur *Idéologie et capitalisme*, nous avons rédigé – dans le projet d'en faire un ouvrage indépendant – un *Essai sur Thomas Piketty*, dans le cadre de notre

Critique de la raison économique amorcée par de précédents ouvrages (TPFM 2014.1 et TPMIM 2014.2, CRE1 2019.1 et CRE2 2019.2).

Notre *Critique de la raison économique* poursuit le fil des travaux développé antérieurement par notre *Critique de la raison en psychologie* (CRP 2007) et notre *Critique de la raison philosophique* 1 à 6 (CRPH1 à 5, 2017). Ceci dans le cadre d'une « Critique générale de la raison contemporaine ».

Le manuscrit rédigé par moi dans le dernier trimestre 2019 a été accepté par mon éditeur comme projet d'un ouvrage autonome.

Cependant la parution ultérieure des ouvrages de F. Morin (mars 2020), puis E. Todd (janvier 2020), et enfin la rencontre occasionnelle des deux ouvrages de V. Jauvert (janvier 2018, janvier 2020) me posaient la question d'avoir à en organiser la lecture critique sous la forme d'une séquence comparable à celle des quelque 17 auteurs que nous avions étudiés de cette manière dans le livre de 2019.

Mais comment et pourquoi un tel projet ?

Ma carrière a été celle d'un enseignant chercheur universitaire consacré d'emblée à l'histoire et à l'épistémologie de la psychologie et de la psychanalyse, puis à partir de là à l'investigation dans le champ des processus culturels et sociaux, envisagés en particulier dans la perspective de la crise qui me semblait s'y développer depuis les années 1960.

Outre les savoirs touchant le psychique, je m'informais également dans le champ de l'économie politique, par de larges lectures plusieurs années consécutives autour des années 1970 dans l'espace des textes marxistes (Marx, Engels, Mao Zedong, Politzer, Althusser, Sève, Kedrov, Nikitine). Après une très longue interruption, j'ai repris ces lectures voici environ une dizaine d'années portant sur l'ensemble choisi des livres dont l'intérêt, dans la production ambiante, me semblait sortir de l'ordinaire et dont la séquence a fini par former l'ossature de l'organisation de mon livre de 2019 (21 livres récemment publiés de Giraud 2012 à Mauduit 2018).

Peu à peu, je me suis détourné de l'intérêt pour la psychologie et la psychanalyse (sauf un certain nombre de comptes rendus que j'ai toujours faits quand le livre me semblait important ou quand on me les demandait : J. Robion, M.-F. Castarède, S. Netchine, J. Balazut, S. Dock, F. Dosse, M. Villard, Ouvrier-Bonnaz, T. Rabeyron), pour me centrer davantage sur le registre de l'économie. Ceci pour plusieurs raisons.

Bien que percevant le rôle selon moi fondateur de la psychologie et de la psychanalyse à l'égard de l'encyclopédie des savoirs – selon un modèle de l' « arbre » inspiré de Descartes, Hegel et Piaget (voir page 6), le bilan de mes recherches me semblait montrer que ces deux savoirs s'enfonçaient dans l'ornière comme irrémédiable d'une grande médiocrité intellectuelle.

Les psychologues n'ont jamais voulu, à l'instar d'autres disciplines dans la réorganisation d'après 1968 (sciences économiques et sociales, etc.), envisager la création d'une véritable agrégation de psychologie, que celle-ci soit du secondaire ou du supérieur, type de concours qui reste peu remplaçable si l'on cherche un certain niveau de qualité dans le recrutement.

Le résultat en est l'état de choses que j'ai décrit dans *Trajectoires* (2017) page 111 : « On a, on aura du mal à le croire. Le niveau moyen des professeurs titulaires de la discipline consiste dans la production d'environ un article d'une dizaine de pages par an, usant sans modération du copié-collé sur les originaux américains, et rédigé si possible dans un anglais de cuisine. Heureux quand le même article ne sert pas pour 5 ou 6 personnes tirant parti d'un rédacteur collectif. Ces aigles publient leurs thèses sous forme d'un livre unique dans leur vie, cependant que les moins nuls participent en outre à la fabrication de quelques livres collectifs. Voilà, une carrière de 40 ans peut se faire avec environ 400 pages, souvent bien moins, d'une écriture aussi débilitante quant à la forme que quant au contenu » (CPUF2, passim, PP1, 37, PP2, 163-262).

De façon plus générale, il semble que le public d'un niveau de culture honorable intéressé par le champ d'ensemble des sciences humaines et sociales (SHS), y soit de plus en plus attiré par les questions économiques, et ceci en progression ascendante surtout depuis la crise de 2009. Comme si le motivait un sentiment d'urgence sociale, implanté même dans une sorte de réflexe anxieux de survie.

Un indice partiel mais malgré tout significatif d'une telle attitude me semble consister par exemple dans le nombre des consultations effectuées sur mes propres « articles et contributions » dont la disponibilité est offerte au public sur le site L'Harmattan à mon propre nom. Le nombre en est très largement supérieur à celui touchant toutes les autres questions, notamment la psychologie et la philosophie.

Oui, mais pourquoi consacrer un livre spécial à une l'analyse d'un assez large ensemble de livres d'économie proprement dit (2019 : 21 livres, 7 500 pages) ? Réponse : pour essayer d'en dégager une synthèse, si c'est possible, et qui en outre soit utile sur le plan théorique, mais aussi sur le plan de la pratique politique, si c'est possible également – en tout cas une synthèse dont la tentative même semble n'exister nulle part.

Voyons mieux cela.

L'économie politique est en soi une discipline particulière parmi les SHS, en ce sens que, de manière comparable à la sociologie à laquelle elle est souvent associée dans une sorte de rapport de jumelage, elle concerne un champ hypercomplexe de processus collectifs d'intrication dynamique principielle, où le multiple ne peut être traité comme la somme de l'individuel. Or cet état de choses a toujours impliqué l'impossibilité de principe d'une unification théorique telle qu'on peut la voir fonctionner dans une mesure relative plus importante dans les sciences dures ou même les sciences biologiques.

Dès l'origine, compte tenu d'un décalage dans le temps, l'économie se divinise en deux grandes lignées, l'une dite couramment « orthodoxe » (à partir de la fin du XVIIIe siècle), l'autre dite « hétérodoxe » (à partir du milieu du XIXe siècle). Ceci étant, deux remarques.

Chacune de ces lignées apparaît au cours du temps comme générant une famille de diverses « maisons » (une demi-douzaine pour la lignée orthodoxe, avec une vingtaine d'auteurs fondamentaux ; une dizaine pour la lignée hétérodoxe avec également à peu près une vingtaine d'auteurs fondamentaux). Ces maisons, habitées chacune par plusieurs auteurs, et réparties en une sorte de colonne pyramidale, sont indépendantes, sauf à être reliées par un réseau de flèches signifiant des influences historiques verticales ou également spatiales horizontales.

Il n'est donc *a priori* guère question de dépasser cette multiplicité temporo-spatiale originelle, pour prendre barre sur elle en adoptant le regard synoptique commode et confortable de ~~Dieu~~ sur la création.

Une autre remarque d'importance est que la lignée orthodoxe est d'un conservatisme particulièrement rigide à travers le temps, un phénomène qui ne s'est jamais observé à ce point dans aucune autre discipline des sciences humaines et sociales, pour ne pas parler des sciences biologiques. Certains des concepts et modèles mis en jeu par les partisans contemporains de l'orthodoxie sont les mêmes tels quels que ceux fonctionnant déjà dans la philosophie anglaise du début du XVIIIe siècle.

Voici deux exemples :

Tout récemment, Steve Keen (2014) combat encore avec virulence l'idée encore répandue dans les manuels et aussi les pratiques contemporains que le social peut être compris comme un agrégat à partir des individus. Idée d'abord qu'il n'existe que des individus chez Bacon (1561-1626), Hobbes (1588-1679), Berkeley (1685-1753), Hume (1711-1776), Condillac (1715-1780), Bentham (1748-1832), Stuart Mill (1806-1873), Spencer (1820-1903), Emerson (1803-1882), Thoreau (1817-1867), James (1842-1910). Plus l'idée que la société s'origine dans le consensus des individus : Hobbes, Shaftesbury (1671-1713), Condillac, Spencer, Franklin (1706-1790), Rawls (1921-2002).

De ce fait, les orthodoxes interprètent toute l'économie à partir de la microéconomie, alors que les hétérodoxes (Keynes) le font à partir de la macroéconomie.

Un autre exemple est celui fourni par la thèse de la neutralité de la monnaie, qui remonte en fait à François Quesnay (1694-1774), que l'on retrouve par la suite chez Léon Walras (1842) et Alfred Marshall (1842-1924). Et à propos de laquelle François Morin indique qu'elle continue à infester l'idéologie néolibérale européenne, commandant en pratique une politique d'austérité avec des conséquences pratiques désastreuses pour le niveau de vie des populations.

« Il ne faut absolument pas se tromper sur le sens de la relation entre crédit et monnaie. Ce n'est pas la monnaie, ou plus largement encore l'épargne, qui est à l'origine du créait bancaire, c'est bien l'inverse ! » (165).

Propos qu'il éclaire en d'autres termes dans son entretien avec « Le vent se lève », en expliquant que les néolibéraux, soucieux de contrôler l'inflation, considèrent que la monnaie est exogène – que l'on peut agir avec ce moyen via des interventions externes –, alors qu'elle est endogène.

« Le néolibéralisme pense donc que tout part de l'épargne [monnaie], et donc de la rente, qui se transforme ensuite en investissements [crédit]. Alors qu'en réalité, c'est tout le contraire : c'est l'investissement qui fait l'épargne ».

Une telle situation n'existe nulle part ailleurs, dans aucun des domaines du savoir aujourd'hui connus et encore pratiqués. Par exemple, en psychologie, si critiquables que puissent paraître les néo-créations de la psychologie cognitive contemporaine, celle-ci a totalement abandonné la psychologie associationniste de domination à peu près exclusive propre au XIXe siècle. De même, les décombres de l'ancienne psychiatrie du XIXe siècle (l'aliénisme) n'ont plus qu'un intérêt de curiosité historique sans prolongement dans la réalité théorique et pratique.

En ce qui concerne la dispersion des différentes maisons dans l'espace de la discipline, elle n'est pas du tout du même genre dans des domaines tels que la psychologie ou même la philosophie. Ou elle est bien plus scalaire ou multilinéaire que pyramidale. Cela pourrait être montré dans le détail si on en avait le temps. Les tracés des diverses influences et communications entre auteurs suivent des modèles bien plus « généalogiques ».

Autre chose encore. Chacune de ces maisons est habitée par un certain nombre d'auteurs déjà reconnus. Cependant que d'autres, dont les travaux sont en cours, y manifestent des travaux plus ou moins remarquables (en France surtout, on le verra). Or ces auteurs donnent l'impression de s'enfoncer chacun de façon plus ou moins féconde dans la mine de ses travaux personnels, sans se soucier beaucoup de ce qui se passe dans les autres galeries de la mine.

Il est extrêmement rare que les différents auteurs importants citent leurs propres collègues contemporains. Piketty ne les cite à peu près pas, Todd non plus, Jauvert pas du tout, Morin nettement plus (Aglietta, Dostaler, Gadrey, Harribey, Orléan, Laure Van Bambeke).

Or, sans porter de jugement de valeur sur cet état de choses, le lecteur qui trouve chacun de ces auteurs intéressant pour lui-même et ce qu'il formule d'original, peut se demander s'ils parlent au fond sinon de la même chose, au moins d'un même dénominateur commun de questions et de problèmes. Ce qui serait d'un grand intérêt non seulement pour la théorie mais encore pour la pratique, étant donné l'urgence croissante de la situation sociale.

De cette situation préoccupante peut surgir le souci d'une réflexion d'ensemble essayant d'établir, touchant les divers points de vue, d'abord leurs différences (par analyse), puis leurs convergences éventuelles (par synthèse).

De telles tentatives de réflexion existent déjà parfois en certains domaines – par exemple en certains secteurs critiques de la psychologie clinique et pathologique contemporaine. On les y appelle « méta-analyses », portant sur des corpus d'articles de rédaction brève. Tandis que la perspective consistant à réfléchir sur les contenus et les méthodes de tels savoirs s'appelle traditionnellement « épistémologie », même si l'usage du terme est rare et les spécialistes qui le mettent en œuvre peu nombreux.

Des représentants anciens et plus récents de l'épistémologie sont Platon, Aristote, Bacon, Descartes, Locke, Hume, Kant, Fichte, Hegel, Comte, Léon Brunschvicg, Poincaré, Duhem, Bachelard, Wallon, Piaget, Simondon.

Le public sait confusément qu'à l'intérieur d'une crise mondiale, existe une crise française spécifique, comportant toutes sortes d'aspects, en particulier culturel, avec un malaise spécifique, on en a parlé trop rapidement, de disciplines telles que la psychologie, la psychanalyse et la philosophie. Cet état de choses étant à mettre en rapport en particulier avec la situation elle-même critique de la formation secondaire et universitaire.

Or le paradoxe est que, dans ce paysage du délabrement socioculturel, se développe depuis au moins une dizaine d'années, depuis semble-t-il la grande crise financière de 2007 et ce que d'aucuns appellent la « grande récession » qui s'élargit à partir de celle-ci, un très riche courant d'œuvres originales dans le domaine particulier de l' « économie hétérodoxe ».

Voyez par exemple les 14 auteurs récents que nous avons étudiés dans notre livre de 2019 : Giraud, Piketty, George, Keen, Ivorra, Morin, Économistes atterrés, Aglietta, Tirole, Capul et Olivier, Guénolé, Plihon, Attali, Mauduit.

Voici maintenant ceux dont nous nous occupons dans notre livre actuel : Todd, Jauvert, outre à nouveau Piketty et Morin.

Il en existe d'autres dans la rivière des parutions contemporaines : Lucas Chancel, Christian Chavagneux, Benjamin Coriat, Romaric Godin, Pierre-Yves Gomez, Jean-Marie Harribey, Bernard Rothé et Gérard Mordillat.

Par contre, les livres nouveaux prétendant intervenir de façon active au niveau du débat contemporain, ceci dans le cadre défensif avoué de l'économie orthodoxe, sont devenus extrêmement rares. Ceux qui paraissent encore donnent l'impression de guêpes qui bourdonnent contre la vitre.

La question liminaire qui se pose est de savoir si l'entreprise d'un survol synthétique sur un champ d'ateliers savants aussi diversifié premièrement a un sens, deuxièmement est possible, si elle a un sens.

Qu'elle ait un sens pratique est évident, s'il s'agit de trouver une issue acceptable dans un débat politique national qui semble s'enliser de plus en plus dans un labyrinthe d'impasses.

Qu'elle soit possible n'a de signification que si l'on admet que l'on puisse s'élever au-dessus de ce paysage touffu, de manière à le survoler, y repérer des lignes de force, des points culminants aussi, en faire un choix en fonction de critères aussi indiscutables que faire se peut.

On admettra alors que c'est une affaire d'expertise, et qu'un expert en ce domaine se doit d'être bien formé et compétent, et qu'il s'agit d'une question comparable à celle de l'expertise en matière d'art, ou encore d'œnologie. Il y a en ces matières des expertises plus ou moins reconnues et incontestables.

On ne peut pas tout lire, ou du moins si on peut lire beaucoup, on ne peut pas tout survoler. Il faut savoir aller droit dans le paysage vers les sommets principaux. Quiconque survole le panorama de la vallée de Chamonix comprend d'emblée ce qui s'y impose à la vue. C'est une question de coup d'œil, comme beaucoup d'autres choses dans l'expérience de la vie.

Piketty, Todd, Jauvert, Morin. Tels sont les noms qui nous ont paru émerger récemment de façon culminante dans le paysage depuis la fin de notre discours tenu dans le livre de 2019 sur 11 autres auteurs hétérodoxes : **Giraud, Piketty, George, Keen, Ivorra, Morin, Économistes atterrés, Aglietta, Guénolé, Plihon, Mauduit**.

De notre point de vue, ces auteurs sont à ranger dans l'espace de l'économie hétérodoxe, autrement dit le paradigme antagoniste de celui de l'économie orthodoxe, dont le néo-libéralisme a été la dernière floraison depuis les années 1980.

Et c'est d'abord leur étude que nous avons à prendre en compte dans notre combat sous le chef de l'**Anti-néolibéralisme**.

Les notions d'« idéologie » (Piketty) et de « lutte des classes » (Todd) sont par elles-mêmes des bannières qui retiennent l'attention, portées par des auteurs qui ont déjà atteint un degré de célébrité indiscutable.

Quant à lui, Jauvert nous présente un portrait de la corruption du système de la monarchie républicaine française installée par la Constitution de 1958, système devenu irréformable par la seule voie interne.

Cette question ne semble intéresser que modérément Piketty, qui pointe de façon insistante mais sans plus l'accroissement des inégalités dans le paysage mondial où s'insère la France. Tandis que Todd ne remonte pas plus haut dans l'origine du déclin français qu'au Traité de Maastricht de 1992, tout en insistant il est vrai sur ce facteur capital qu'est l'autonomisation du pouvoir exécutif.

François Morin nous décrit une page d'histoire oubliée mais à remémorer sans défaut. Il est l'auteur contemporain qui propose le plus de solutions pratiques à mettre en œuvre. Nous l'avons rencontré aussi déjà dans notre livre de 2019 comme le rénovateur du thème marxiste fondamental, lié au trio AMP (Argent-Marchandise-Production), en filiation linéaire surprenante mais indiscutable avec le trio classique des trois objets fondamentaux de l'ancienne philosophie idéaliste (~~Dieu~~-Monde-Moi).

Après le moment du choix des auteurs jugés les plus pertinents, disons le moment de la Thèse, vient le moment de l'Analyse.

Pour des raisons techniques sur lesquelles nous n'avons pas à nous expliquer ici, ce moment de l'analyse s'est à un moment particulier de l'histoire de la philosophie identifié à la notion d'Antithèse (Chez Kant, Fichte, Hegel).

Analyse d'ensembles complexes pour les dissoudre, les décomposer en leurs éléments les plus simples.

Lorsqu'on a affaire à des ouvrages longs (Piketty 1200 pages, Todd 400), par ailleurs d'un contenu dense, et au surplus abondants en détail et en sous-thèmes multiples, il est particulièrement difficile, et au surplus sans profit final, de les survoler par des résumés très généraux.

On est alors amené à proposer des séquences plus ou moins longues de « citations », une méthode que le candidat à la lecture pourra à bon droit juger laborieuse, peu spectaculaire, et au surplus ennuyeuse. Il est certain que cette méthode est peu valorisante pour l'auteur, alourdit l'ouvrage et le rend d'un prix plus coûteux, mais on n'y peut rien.

Dans de pareils cas, il convient, pour tirer tout le profit souhaitable de l'analyse, de laisser parler l'auteur, surtout quand il a énormément de choses à dire (Piketty, Todd).

J'ai pratiqué cette méthode dans le livre de 2019. Jadis également dans deux des trois volumes (Tomes 2 et 3) que j'ai publiés sur Michel Onfray (2010), où je me sentais dans la nécessité, devant un pareil succès fondé sur l'imposture, de pratiquer la boxe à coups précis chaque fois que l'adversaire baissait la garde, ce qu'il faisait souvent et même à qui mieux mieux.

Par passages aussi dans certains des 5 volumes de ma *Critique de la raison philosophique* (2017).

Et enfin la Synthèse, en rassemblant, après le marquage maximal des différences, l'ensemble des convergences entre les auteurs du panel.

Cette synthèse peut être assez brève, et même très brève, quand il s'agit d'un résumé de la synthèse, ainsi que l'on peut voir dans le livre de 2019 (pages 213-243, 245-253).

De cette synthèse, les auteurs les plus brillants n'ont aucun souci, ne songeant semble-t-il qu'à l'installation de leur monument dans le paysage. Même quand ils passent à la pratique à partir de leur propre perspective (Piketty avec son *Manifeste Changer l'Europe c'est possible*).

Des sortes de synthèses partielles ont lieu, lorsque par exemple les auteurs affrontent des objecteurs dans les débats publics, dont on peut voir certains reproduits en vidéos sur Google. Elles sont parfois brillantes, mais sans lendemain dans le chaos médiatique.

J'ai la prétention de penser que **le texte Résumé des solutions pour la crise, que je présente pages 245-253 du livre de 2019 est un document plus qu'intéressant, issu de la compression méditée d'un ensemble de 7 500 pages de littérature théorique de haute qualité. Que ce document pourrait servir de base pour la fabrication d'un programme gouvernemental à long terme soutenu par une Gauche digne de ce nom**, mais qui pour le moment erre en balbutiant dans la campagne désolée, après avoir disposé lors de son accession au pouvoir en 2012 de tous les leviers de commande de l'appareil politique, au niveau municipal, départemental, régional, du Sénat, de l'Assemblée nationale.

Cependant, existent plusieurs problèmes :

Le premier est que la littérature très brillante et très productive (36 propositions faites par 17 auteurs)[6] de l'élite remarquable de la recherche française dans le domaine de l'économie hétérodoxe ne parvient pas à franchir le Rubicon pour atteindre les personnels politiques qui seraient à même de s'en emparer pour en faire leur profit.

C'est comme ces écrits remarquables n'existaient pas. Par contre existe comme un fossé infranchissable, de l'ordre d'une véritable pathologie de la communication sociale, entre les intellectuels chercheurs et les personnels politiques.

Le second est l'attitude de la Presse à l'égard de la production intellectuelle. Les journaux quotidiens et hebdomadaires sont comme munis de portes blindées, tenues par des gardiens (*gate-keepers*) qui n'accordent leurs visas d'entrée que sur des critères mondains très confidentiels.

Ce sont peut-être tout au plus une demi-douzaine de journalistes qui font la pluie et le beau temps à Paris en France dans le domaine des Idées. Leur formation intellectuelle, quand on peut en voir une consultation sur Wikipédia, n'est pas toujours d'un niveau extraordinaire. Leurs accès sont très protégés : on ne peut les atteindre ni par téléphone ni par courriels ordinaires. Très bien payés – on ne saura jamais rien de leurs salaires qui approchent probablement ceux de l'aristocratie stato-financière dont nous parle Todd (10 000 euros par mois et parfois largement plus), ils ne dispensent la faveur de leur attention qu'au compte-gouttes.

---

[6] Dans 29 ouvrages et textes, formant un ensemble d'environ 10 000 pages, compte tenu des 5 ouvrages nouveaux avec 2 auteurs nouveaux, à prendre en compte depuis le livre précédent de 2019.

Ils ont des préjugés d'un snobisme précis : ne les intéressent que les « essais » d'une longueur modérée, écrits dans leur propre style bien coiffé, qu'ils tiennent pour modèle d'un style français. Dès que l'ouvrage sort d'un tel cadre, il passe pour un « pavé » que l'on ne regardera même pas. Et que l'on retrouvera quinze jours plus tard en vente d'occasion chez un libraire ad hoc du Quartier Latin.

Ce sont des têtes qui reconnaissent un petit nombre de têtes, en se flairant comme d'autres animaux.

Mon livre de 2019 adressé par l'éditeur aux comités de rédaction du *Nouvel Obs* et de *Marianne* n'en a même pas reçu le moindre accusé de réception. Pas davantage de réponse à l'invitation faite pour une conférence de présentation par l'auteur.

Le document général qui a servi de base à cette présentation (30 pages bien écrites) a été adressé accompagné d'une lettre personnelle aux deux directrices de ces hebdomadaires. L'une d'elles a répondu trois lignes pour en accuser réception, mais pas l'autre.

Ces gens-là s'y croient vraiment, ils se prennent pour les invités du Siècle, en sont probablement.

Il n'y a pas d'amertume dans ces propos, seulement l'expression d'un problème français très général. Guénolé 2018 et Todd 2020 ont parlé de la corporation des journalistes en n'en disant pas que du mal, mais pas non plus que du bien. C'est en particulier à leur propos que Todd parle, à propos du climat français, d'une « cascade du mépris » et d'une société qui regarde désormais du haut vers le bas, au lieu de faire l'inverse.

Thèse, Analyse (antithèse) et Synthèse : la méthode mise en œuvre par nous n'est rien d'autre que la procédure dialectique qui active toute espèce de fonctionnement de l'esprit humain, qu'il s'agisse de la pensée quotidienne ou de la pensée plus élaborée, dans les idéologies, les systèmes de représentation scientifique et philosophique.

Ce mode de cognition par représentations contrastées existe déjà sous forme élémentaire chez beaucoup d'animaux (voir Simondon), il s'observe aussi dans le développement de la pensée enfantine entre 2 et 7 ans environ (Freud, Gesell, Wallon, Piaget, Winnicott).

La dialectique, c'est la connexion entre le verticalisme de la synthèse et l'horizontalisme de l'analyse. Ce n'est donc rien de mystérieux ni de si répréhensible. C'est le ressort de toute espèce de fonctionnement cognitif, mais dont la reconnaissance a été déniée et piétinée de façon suicidaire par toute l'intelligentsia française, surtout les philosophes, depuis 60 ans.

Nous avons déjà développé ailleurs nos vues sur la séquence des autres couples caractéristiques d'une telle articulation : Repos/mouvement (Parménide-Héraclite), même/autre (Platon), forme/matière (Aristote), synthèse/analyse (Descartes), intuition/déduction (Descartes), figure/devenir (Hegel), structure/histoire (Marx), statique/dynamique (Comte), condensation/déplacement (Freud), constitution/histoire (Freud), intégration/alternance (Wallon), assimilation/accommodation (Piaget), figuratif/opératif (Piaget), paradigme/syntagme (Jakobson), simultanéité/succession (Jakobson), métaphore/métonymie (Jakobson), topologie/algèbre (Lacan), diastole/systole (biologie), image/déterminant (mathématiques). Pour ne citer que les plus prégnantes. L'examen des systèmes idéologiques en fera découvrir des dizaines, et probablement des centaines d'autres (voir Jalley, 2017.3, 353-360).

La pratique d'une méthodologie dialectique, d'allure variée et originale, apparaît clairement chez T. Piketty, E. Todd et F. Morin. Pour ne pas parler de la contradiction insoutenable entre le public et le privé dont fait état le livre de V. Jauvert dans son tableau de la perversion de la démocratie française.

Les quatre livres offrent des perspectives très différentes sur notre riche mais malheureuse réalité nationale. Mais, plutôt que de les opposer, il conviendrait au contraire, dans une perspective toujours dialectique – on s'en excuse ! – de les considérer comme étroitement complémentaires.

Coordonner l'analyse et la synthèse, telle devrait la maxime fondamentale en vigueur dans la formation des maîtres, dans la rédaction des manuels d'enseignement, dans la pratique de toute forme de discours, individuel et social. Or l'examen des manuels scolaires par exemple montre que l'on fait tout sauf cela, que préconise clairement par exemple le « Discours de la méthode », l'une des pièces essentielles de notre patrimoine national.

Comme on l'a déjà soutenu ailleurs, trois dates sont importantes dans l'histoire de la débilitation du discours idéologique au XXe siècle en France :

– 1960 : la pensée amputée, clivée, monotone,
– 1980 : la pensée tiède (Perry Anderson),
– 2000 : la pensée faible (Gianni Vattimo).

Vers 1960, le renversement structuraliste (Lévi-Strauss, Barthes, Foucault, Deleuze) a prétendu évincer l'histoire au profit de la structure, l'analyse au profit de la synthèse. Répudiant de ce fait toute espèce de pensée dialectique (Bachelard, Merleau-Ponty, Sartre, Simondon), et préconisant aux yeux du public ébahi le modèle nouveau de « la voiture sans moteur », en concurrence dans le sottisier universel avec le couteau sans manche.

Par la suite, se faisait jour et se réimposait le mouvement inverse, qui est au fond le même : le privilège de l'analyse sur la synthèse, qui a toujours été la marque de la philosophie anglo-américaine, à l'inverse de la philosophie continentale, de source judaïque, grecque, chrétienne, française, et enfin allemande.

Il en a résulté un bouleversement total de notre modèle d'enseignement traditionnel, dont la réparation est l'un des grands problèmes nationaux, à côté de celui de la réforme fiscale.

Telle est la forêt que viennent sans cesse cacher, l'un après l'autre, d'autres arbres de circonstances.

On trouvera peut-être que notre livre n'est pas très équilibré, qu'il accorde beaucoup plus à Piketty qu'aux trois autres. C'est vrai, mais rien n'est parfait. Par ailleurs, le livre de Piketty est beaucoup plus long (presque 1220 pages) et plus chargé aussi (133 graphiques et tableaux) que les trois autres.

N'envisageons ici qu'un seul thème comme exemple de notre méthode comparative visant la mise en ordre (synthèse) des ressemblances et des différences entre les perspectives particulières des auteurs. On voit ainsi comment peut se nouer un débat, dont les avenues ne se dévoilent pas d'emblée, de manière à dégager un espace comme au-dessus et par survol des thèses en jeu, en même temps qu'on voit également l'intérêt très général que présente ce style de discussion instituée au-delà des parties, toutes les fois que c'est possible.

Piketty, qui accorde une grande importance à la dynamique de l'idéologie collective, ne semble guère s'intéresser (sinon par quelques remarques rapides) au fait que leur autonomie, qu'il souhaite défendre le plus possible contre toute influence externe, est très relative à l'égard du substrat financier des puissances médiatiques. Au contraire, Todd montre avec force et réalisme que si l'aristocratie stato-financière, dont le pouvoir, pour être considérable, n'est tout de même pas absolu, n'en possède par moins la disposition des principaux moyens de la propagande publique. Et que la « masse centrale atomisée », comme il l'appelle, inconstante et labile dans ses choix, semble comme malléable à merci par les faiseurs d'opinion.

Les deux choses sont vraies : les idéologies se développent en partie de manière souterraine, avec parfois des éruptions de spontanéité, mais elles aussi largement manipulées par les technocrates de l'information.

D'autres thèmes de comparaison du même genre et du même intérêt apparaîtront plus tard dans le cours de notre étude.

Notre livre n'est pas un livre d'économie, mais plutôt un livre de réflexion sur des livres d'économie, projet que nous avons déjà entrepris dans notre livre précédent et que nous poursuivons ici.

La réflexion sur un domaine scientifique, pour en dégager les traits principaux quant aux contenus et quant aux méthodes s'appelle épistémologie. Cette notion se rattache elle-même à la notion kantienne d'une critique de la raison dans son usage théorique et aussi pratique. Critique dont se dégage la délimitation d'un usage légitime et utile des fonctions cognitives, par opposition à leur usage idéologique aberrant, ceci aussi bien dans le domaine de la connaissance que dans celui de l'existence éthique qui lui est lié.

Notre critique de la raison économique est aussi et surtout une critique du fonctionnement aberrant, toxique, pathologique de la machine économique contemporaine, qui risque de conduire tôt ou tard l'humanité et la nature qui est son cadre de vie à leur destruction.

Cette perspective d'une ruine un jour complète de la civilisation humaine est selon nous au bout du développement (il)logique de l'« hydre mondiale » (Morin 2013) que représente le Néo-libéralisme.

Cette critique de l'(ir)rationalité économique s'insère elle-même dans une critique générale de la (dé)raison contemporaine, qui a conduit nos travaux selon plusieurs étapes.

Notre critique de la raison en psychologie se proposait de démonter la Tour Eiffel du cognitivisme en y signalant les modes de raisonnement vicieux : chosification, discours antinomique, transposition du possible en réel.

Par la suite, notre critique de la raison philosophique montrait comment la philosophie française, qui avait été depuis 1939 au moins la plus productive au monde, néanmoins dès les années 1980, s'est laissée détourner vers une philosophie de poche, par le chemin anglo-américain d'une anti-dialectique contre nature.

En même temps, cette critique de la raison philosophique nous introduit au constat irréfragable d'un malaise profond dans la culture française, déjà analysé dans des ouvrages précédents (DP2 2011). Les symptômes les plus visibles en étant les suivants : le désengagement critique d'une production intellectuelle médiocre et limitée à des sujets de vie banale, la crise généralisée d'une école publique primaire, secondaire et supérieure mise en concurrence concertée avec un secteur privé conquérant, enfin l'aliénation privative progressive du patrimoine national.

C'est en particulier sur ce point, évidemment passible du reproche banal et passe-partout de « déclinologie », que le livre de Todd nous apporte l'appui d'une confirmation bien reçue, en nous parlant de l'« effondrement religieux et moral » d'une « société au métabolisme ralenti », habitée par un « homme diminué » et perdu dans « une majorité centrale atomisée », gouvernée par ailleurs par un autre « homme [lui] sans idées », enfin agie par la « prime au conformisme » et comme poussée vers un « suicide national » (78, 127, 210, 225, 271).

Par ailleurs, la mise à l'ordre du jour pour nous d'une « Critique de la raison en économie » finissait par se profiler pour plusieurs raisons. L'économie est, parmi les sciences humaines, la plus difficile de toutes – encore bien plus que la psychologie rabaissée à l'état de barbarie par le discours béhavioristo-cognitiviste régnant –, ceci en raison de la complexité mouvante de ses objets (par exemple la circulation monétaire), ainsi que de la pesante composante idéologique qui y intervient (les contradictions quotidiennes, et à jet continu celles des économistes conventionnels qui pontifient dans les « débats de société »). Enfin et surtout, on y rencontre le phénomène paradoxal, dans la crise générale de la culture française, de la persistance d'une production de qualité, dans le cadre d'une économie « hétérodoxe » où cependant la communication ne s'avère pas habituellement très facile entre des chercheurs remarquables.

Dans ce domaine, notre méthode comparative, opérant, sur la base du choix initial d'un éventail des « crus » de qualité, selon le paradigme dialectique de l'articulation des convergences et des différences entre oeuvres significatives, aboutit à un résumé des solutions pour la crise.

Cependant, l'aspect généraliste d'une telle conclusion, marquée par l'esprit d'une approche plutôt quantitative, n'exclura pas des comparaisons plus qualitatives entre respectivement Piketty, Todd, Jauvert, Morin et les trois autres dans chaque cas. Cette comparaison est intéressante mais difficile. On ne la trouvera pas couramment dans la littérature ordinaire. Mais notre ouvrage actuel en offre des occasions en des passages plus ou moins stratégiques de son analyse.

La lecture de Thomas Piketty, dès 2013 (TPFM 2014, TPMIF 2014) m'a placé devant l'évidence d'un retour incompressible de la pensée-Marx, à l'encontre du refoulement déployé à son endroit par la génération des philosophes des années 1960-1980. Marx est tout aussi dépassé, mais pas plus, et tout aussi incontournable que Platon, Descartes, Kant, Hegel, Heidegger.

Piketty a découvert beaucoup de choses importantes.

Le fait d'une tendance à l'accroissement sans limite d'une masse financière de plus en plus détachée de l'économie réelle.

Le fait troublant que le taux de rendement du capital et le taux de croissance de l'économie tendent à varier en raison inverse (le fameux r > g).

Le fait d'une relative autonomie des idéologies en dépit de leur dépendance tout aussi peu contestable à l'égard de la technocratie médiatique.

Le fait d'une histoire cohérente, marquée par des étapes successives, des paradigmes de la propriété – muni d'effets tant positifs que négatifs.

On a parlé plus haut de la relative divergence, sans exclure une relative complémentarité, des vues respectives de Piketty et de Todd sur le devenir des idéologies. On n'y reviendra pas.

Todd s'avoue en désaccord avec la thèse pikétienne de la croissance des inégalités, pour ce qui est de la France, s'agissant plutôt selon lui d'un enfoncement général de la population dans la pauvreté.

Malgré tout, ils ne sont pas tellement en désaccord si on y regarde de près, à tenir compte au moins de la tendance à l'optimisme de Piketty à l'opposé de celle au pessimisme de Todd. Mais ces deux attitudes, qui sont en réalité universelles, ont chacune leur droit dans l'interprétation du monde.

Parmi beaucoup d'autres choses, Todd met l'accent sur l'autonomisation du pouvoir exécutif en France, en en rattachant le principe au traité de Maastricht (1992) plutôt qu'à la constitution de 1958 – 35 ans plus tôt.

Or, sans que ni l'un ni l'autre n'y songe, c'est bien un tel contexte qui explique la corruption interne de l'appareil d'État du fait de la collusion contradictoire du public et du privé, telle que nous la décrit Vincent Jauvert dans son livre sur les *Intouchables d'État.*

Todd est celui qui se réfère avec le plus de constance, de consistance et de confiance à la psychologie et à la psychanalyse, aux niveaux conscient et inconscient du fonctionnement psychique collectif. Du reste, il ne s'avoue pas franchement comme un économiste, mais à la fois comme un historien, un sociologue, et un démographe, ce qui donne à sa démarche une grande puissance de levier.

Cette référence à l'importance fondamentale de la psychologie du conscient et de l'inconscient pour l'investigation tant en extension qu'en compréhension des processus dans le champ des sciences humaines et sociales rencontre de façon très réconfortante pour moi ma propre position à ce sujet, dans laquelle je me suis souvent senti très solitaire.

Todd est le seul des quatre auteurs à pointer de manière aussi critique le rôle de l'Allemagne sur les destins de la France dans les trente dernières années, en conformité sur ce point avec d'autres auteurs déjà rencontrés par nous (Aglietta 2016, Delaume 2018, Ivorra 2015 in Jalley 2019).

D'autres idées de Todd nous paraissent importantes, en soi et aussi parce qu'elles corroborent des thèmes qui ont toujours préoccupé nos propres travaux depuis une vingtaine d'années. Ces idées sont « paradoxales », et même sont des paradoxes « profonds », en ce qu'elles expriment une dialectique non seulement de l'esprit mais inscrite dans le réel même des choses.

La première idée est que la révolution de 68 a inauguré une réelle évolution « sociétale » qui pour autant n'a pas été une évolution réellement « sociale » (277, 341), cette dernière n'amorçant une relance en fait, selon lui, que depuis le début du mouvement des Gilets jaunes.

En ce qui me concerne, j'ai marqué le tournant des années 60 comme le début d'un blocage intellectuel, marqué par l'encavernement de la philosophie, lui-même accompagné de la première pénétration des idées néo-libérales (ouvrages de Debreu 1959, et de Barre 1959).

La deuxième idée est qu'une croissance incontestable du niveau intellectuel général n'empêche pas pour autant l'insistance d'un phénomène contraire de tassement, voire de déclin, marqué par un affaissement intellectuel relatif. Presque tous en mieux mais dans la grisaille. C'est ce qu'il appelle le « développement de l'esprit en deux niveaux mais non trois » (147).

En ce qui me concerne, j'ai parlé dès 2004 d'une crise universitaire en « peau de léopard », débutant selon moi dès après 68 – Todd ne voyant de déclin qu'après Maastricht 1992 – en tout cas laissant des îlots d'une qualité préservée dans une médiocrisation cognitive de la structure d'ensemble. J'ai aussi beaucoup insisté, dans le même climat, sur la prolifération d'une philosophie de poche, ou encore de « pense-menu » (*minute philosophers* comme disait jadis (1737) le philosophe anglais Berkeley).

Jauvert complète par une description beaucoup plus détaillée et une explication bien plus précise l'intuition plus globale de Todd touchant l'enfoncement progressif de la France liée entre autres, on l'a dit, à l'autonomisation d'un appareil exécutif ouvert à une « endogamie » (sic) systématique et malsaine avec la finance.

Que le principe original d'une telle pathologie institutionnelle de la vie politique française puisse être déjà latent dans l'agencement interne de la constitution bonapartiste-maurassienne de 1958, personne ne semble en avoir l'idée en France, sauf un Mélenchon invariablement moqué entre autres choses pour cette lubie saugrenue.

François Morin est celui qui cite le plus souvent ses contemporains hétérodoxes (Aglietta, Laure Van Bambeke, Piketty), formulant à l'égard de T. Piketty des éloges et des critiques mélangés.

Des quatre auteurs que nous examinons, Piketty et Morin sont les seuls à croire à la faisabilité d'un programme visant à proposer et à promouvoir des transformations réellement innovantes au niveau de l'espace européen. Ils le font dans des projets différents dont le lecteur réfléchi a lieu de se demander dans quelle mesure ils pourraient être coordonnés.Tandis que Piketty propose un « Manifeste pour la démocratisation de l'Europe », assorti de l'objectif d'un Traité (T-Dem) dans le cadre d'un « projet de budget de démocratisation pour l'Europe », Morin est engagé dans la mise en forme d'un Traité dit « Pacte-Finance-Climat », associé à une « Banque européenne du climat et de la biodiversité » (BECB).

On trouvera dans le Tome 2 un certain nombre de rapprochements comparatifs entre nos auteurs selon la méthodologie dialectique de l'appariement des concordances et des différences. Sans fausse modestie, je ne pense que l'on en trouvera beaucoup dans la littérature économique ordinaire même des auteurs de grande qualité. Une telle approche est l'un des traits marquants de notre conception particulière de l'analyse épistémologique, telle que nous l'avons pratiquée depuis longtemps. Elle n'intéresse plus guère dans un paysage intellectuel où prime désormais de manière fût-ce inconsciente le primat de l'analyse sur la synthèse, du marquage des différences – presque toujours non identifiées – sur les convergences. Voir Tome 2 : 11-12, 15, 18-20, 23-24, 28, 38, 45-48, 50, 52, 86-87, 90-92, 123, 126, 129-137.

Les ouvrages importants s'accompagnent presque toujours d'une littérature d'articles dans la presse et les revues spécialisées. Nous avons examiné cette littérature avec un assez grand détail dans notre livre de 2019. Toutefois, dans le présent ouvrage, nous n'avons retenu que les interventions concernant Thomas Piketty et François Morin, au moins les plus marquantes qu'il nous a été donné de repérer.

Assurément, notre projet d'une critique générale de la raison contemporaine n'est pas complet.

Il y aurait beaucoup à dire sur le développement des sciences « dures » (certains le font, Latour par exemple).

Disons trop rapidement que la tendance à écraser la science sur la technologie est un autre aspect encore de cette même crise fondamentale de la culture dont il a été question plus haut, lui directement à l'enseigne d'un hyperempirisme pragmatiste anglo-saxon.

Mais il est puéril, comme cela est aujourd'hui trop courant, de dénoncer en soi la manie de la quantification propre à la postmodernité. La raison scientifique de visée quantificatrice – abonnée qui plus est à un atomisme mécaniste parfois sommaire – a été la marque du grand tournant de la Renaissance au cours du XVIe siècle.

Le vrai danger, c'est le principe d'excès (hubris) qui caractérise en soi le « mauvais infini » (Hegel) propre à la course à l'argent. Même si cela paraît simpliste aux esprits les plus sophistiqués. Cette passion pour le « veau d'or » a un fondement théologique. Certains auteurs à propos de l'idéologie orthodoxe ont parlé à bon droit de théologie économique.

J'aurais encore d'autres remarques à formuler. Cependant, j'ai pensé qu'elles seraient peut-être mieux à leur place dans la conclusion générale de notre ouvrage, que l'on trouvera à la fin du Tome 2.

Dans la dernière période s'annonce la nouvelle d'une revue intitulée *Front populaire* et créée par Michel Onfray, visant à regrouper en vue d'un hypothétique dialogue les « souverainistes » tant de droite que de gauche. On peut trouver que c'est une bonne idée que de tenter de rassembler ce qui reste d'énergie disponible en vue d'un sursaut de l'Idée Française.

Malgré tout, je pense que les 39 points de solution pour la crise, qui marquent pour le moment l'aboutissement de nos travaux en ce domaine, et qui résultent d'une entreprise de vendange et de vinification opérée sur quelque 10 000 pages des travaux les plus représentatifs dans le champ de l'économie hétérodoxe contemporaine pèsent tout aussi lourd dans la balance des vraies valeurs que le projet d'Onfray.

Ma seule infériorité serait de ne pas disposer des moyens médiatiques importants de cet honorable auteur.

En dehors de cela, autant en emportera le vent.

Chapitre 1

Thomas Piketty : Le retour de la pensée complexe ?

On appelle pensée complexe, sur la suggestion d'Edgar Morin, un style d'opération cognitive fondé sur le respect des totalités, la recherche de leurs articulations en fonction de paires d'opposés, l'intégration de l'analyse par la synthèse, la **prévalence du concept sur le percept**, la prise en compte de l'histoire des ensembles, le souci de l'organisation en réseaux hiérarchiques. Ce style de pensée s'est développé sur le continent européen depuis l'Antiquité jusqu'à l'époque moderne, de Platon jusqu'à Bachelard. En outre, les prodromes de son apparition chez l'enfant, comme matrice de la pensée naturelle – tant verbale que scientifique – ont été mis en évidence par les trois plus grands psychologues européens, qui ont été aussi les plus importants de la culture mondiale : Sigmund Freud, Henri Wallon et Jean Piaget.

Or, à partir du tournant des années 1960, cette pensée dite encore dialectique a été très attaquée d'abord par l'école structuraliste française, puis un peu plus tard par la troupe des nouveaux philosophes, au prétexte fallacieux et hâtivement proclamé – abracadabrant – qu'elle portait la responsabilité principale des excès du totalitarisme stalinien, parce qu'elle se trouvait avoir supporté, pour des raisons d'opérativité cognitive, l'effort théorique de deux grands noms à stigmatiser désormais comme « maudits », Hegel et Marx.

En même temps s'introduisait un style entièrement opposé de philosophie, à l'enseigne de l'empirisme libéral puis néolibéral anglo/nord-américain. Style privilégiant les traits opposés au rationalisme dialectique continental : la **prévalence du percept sur le concept**, de l'élément individuel sur l'ensemble, de l'analyse sur la synthèse, de la statique sur la dynamique, de la structure sur l'histoire, de l'emploi d'un **langage adhésif à**

l'image, l'invocation de la nature contre la culture. En un mot, face à la pensée organisée, procédant par connexion catégorielle, une **pensée éparpillée**, par juxtaposition, par collage, usant d'une connectivité simplement associative. Percevoir, mesurer, gloser au lieu de juger, peser, décrire.

Cette invasion insidieuse de l'*english way of thinking* s'imposait rapidement dans la psychologie française avec la diffusion du béhaviorisme et de sa doctrine de l'homme-machine (Watson, Hull, Skinner). Plus lentement en économie (Debreu 1959, Barre 1960, Hayek très traduit à partir des années 1980).

Les philosophes français, dont c'eût été la tâche de s'attaquer à la critique de ce danger venu de l'ouest tout autant que de celui dénoncé d'abord à l'est, n'y voyaient pourtant que du feu, avec pour conséquence l'américanisation de la pensée française et ce que j'ai appelé l'encavernement progressif de la philosophie. Après la dernière génération des philosophes dialecticiens (Bachelard, Merleau-Ponty, Simondon), la nouvelle génération de l'intelligentsia française, pour brillantes que soient ses prestations (Lévi-Strauss, Foucault, Althusser, Deleuze, Derrida) n'a guère fait autre chose que d'officier comme les « grands liquidateurs » de la philosophie puis de la culture humaniste française portée par celle-ci. Restent dans ce désert quelques survivants de cet obscur désastre, mais hors d'âge : Alain Badiou, Edgar Morin, Jean-Luc Nancy, le slovène Slavoj Žižek.

On pense aussi à la scène barbare des sacrificateurs aztèques, ruisselants de sang et environnés d'un essaim bourdonnant de mouches, plongeant leur coutelas d'obsidienne dans la poitrine des victimes, avant d'en arracher à mains nues le cœur palpitant pour l'offrir à l'avidité de leurs dieux insatiables.

Un jour, Marx disait (1867) que l'on avait jadis traité en Allemagne, en plus de Spinoza, Hegel comme un « chien crevé ». Après 1960, en France, toujours avec Hegel, c'est Marx, et en outre Freud, qui allaient être désormais traités comme des chiens crevés. Des études précises ont montré (Jalley, 2015) qu'à cette époque, c'était Hegel Marx et Freud qui tenaient le sommet de l'échelle des références chez les philosophes.

Il nous reste donc, après de telles sarabandes orgiaques, de la philosophie de poche, de la philosophie de conversation, d'entretien médiatique, dont les vendeurs sont ce que Berkeley (1685-1753) appelait jadis

« petits philosophes », « pense-menu » (*minute philosopher*, 1734). Mais le plus grave n'est peut-être pas encore là, car tout le monde ne saisit pas l'importance de la philosophie et de la psychologie dans l'état de prospérité d'une culture encore vivante. Le plus lourd de conséquences aura été, dans l'administration étatique de l'économie (Bercy), la substitution, à partir des années 1980-2000, à une pensée diversifiée, pluraliste, supportant la contradiction, d'une « pensée unique », partielle et partiale, mais monotone et intransigeante, préposée à la propagande médiatique assortie de sondages de vérification hebdomadaires (Les Français approuvent la privatisation de la SNCF, sont déjà d'accord pour travailler plus longtemps, etc.). Ceci a été bien montré par le livre de Laurent Mauduit sur *La Caste* (2018).

Or il semblerait qu'un nouveau venu se soit depuis quelques années avancé, du fond de cet espace dévasté, sur le devant de la scène, revêtu à neuf de cet ancien habit de lumière. À vrai dire pas tout fait seul, car il reste tout de même en France une petite pléiade de bons économistes de l'école hétérodoxe. Ce qui est un fait curieux. Il existe encore également un petit aréopage de sociologues compétents.

Ce que ce nouveau venu propose, au-delà d'une renaissance théorique, c'est, au plan de la pratique politique, l'objectif majeur d'une double refondation – de la fiscalité en lien étroit avec celle de la formation –, ceci pour commencer au niveau d'un secteur de l'espace européen le plus favorable. On saisit alors que la réforme des retraites, dont on bassine le public français tout au long de cette année 2019, n'est qu'un train qui en cache un autre, un tour adroit d'« escamoteur » (Jérôme Bosch).

« Capital et Idéologie », le nouvel ouvrage de Thomas Piketty, paru le 12 septembre, se présente comme le prolongement, bien qu'en principe indépendant aussi, de son précédent livre organisé autour du même concept-clé de « capital », à savoir « Le Capital au XXIe siècle ». On va voir plus loin que c'est probablement plus complexe et bien plus intéressant.

Le second livre *sur le* – dira-t-on tout simplement un jour *du* – Capital de Thomas Piketty, est nettement plus volumineux que le premier – environ 3 300 000 signes et 169 graphiques et tableaux pour le second, contre environ 2 100 000 signes avec 115 graphiques et tableaux pour le premier – soit un bon tiers de plus (157 %).

L'ensemble forme un corps impressionnant, déjà énorme, d'environ 2 200 pages (970 + 1221), avec quelque 300 graphiques (115 + 169), alors que les trois Livres de l'ouvrage éponyme – *Le Capital* (1867-1879) – de Karl Marx occupent 1 859 pages dans l'édition bien connue de la Pléiade (Gallimard NRF 1965, 1968).

Le premier livre de Thomas Piketty sur le Capital s'est vendu en peu d'années à 2 500 000 exemplaires, et il est fort probable que le second s'apprête à prendre le même chemin, et à faire peut-être encore mieux, qui sait ?

Il s'agit d'un record éditorial sans précédent depuis une certaine durée, surtout dans le champ de ce genre d'ouvrages difficiles de l'espace des sciences humaines et sociales. En tout cas, les vedettes de la vente en tous genres restent loin derrière, soit pour l'ensemble de leurs écrits et non pour un seul ouvrage, environ : Frédéric Lenoir (2 200 000), Christophe André (1 190 000), Érik Orsenna (793 000), Michel Onfray (780 000), Éric Zemmour (585 000), Jacques Attali (490 000), Michel Serres (354 000), Alain Finkielkraut (248 000), Luc Ferry (246 000).

Certains professionnels du livre nous argumentent que le livre de 2013 a bénéficié d'un coup de marketing aux USA, dont la vague aurait ensuite reflué sur la France. Billevesées !

Nous sommes là devant, non un simple événement éditorial, mais bien un « fait social total », comme disait Durkheim : comment se fait-il qu'un (des) ouvrage(s) aussi long(s), austère(s), et peu facile(s) à lire puisse(nt) captiver un public mondial aussi large ? C'est qu'ils répondent à une sorte de sensibilité présente dans l'esprit du temps (le *Geistzeit* comme disait Hegel). On peut penser par exemple que les « gens » (*gentes*) s'inquiètent un peu partout du fait du creusement croissant des inégalités de (revenus et de patrimoines), ainsi que de la propagation médiatique des idéologies qui les justifient.

Billevesées par ailleurs, parce que l'énormité incongrue d'un pareil chiffre nous met en réalité devant un véritable plébiscite venu d'un large public, nord-américain tout autant qu'européen, reconnaissant tout simplement l'auteur comme l'un des, sinon le, meilleur(s) économiste(s) du monde.

De fait, se pose, pour une fraction croissante du public la question d'un « dépassement du capitalisme », supposé qu'on puisse l'envisager, et ceci par les mesures les plus disponibles et les plus raisonnables possible, à supposer d'abord qu'il en existe. Et pour commencer, pour nous (*für uns*), dans le cadre d'une Europe ressentie comme de plus en plus ingérable parce que défavorable aux intérêts de la majorité de sa population. Le débouché théorique et pratique d'une telle question va se formuler progressivement, dans le cheminement de l'ouvrage, avec l'évidence d'une sorte de « cogito » politologique, comme la proposition d'un « socialisme participatif et fédératif », à bien distinguer des formes variées du « socialisme étatique », telles qu'en ont connu, et pu vivre les inconvénients, les divers régimes communistes. Or l'auteur serait le premier à avoir été capable à nouveau depuis 150 ans (Marx 1848, 1867) à démonter la machine infernale du capitalisme, et à en prévoir le remède requis par l'évidence de son obsolescence.

D'ailleurs, il faut souligner que la parution du Capital II de T. Piketty le 12 septembre a été précédée par la diffusion, quatre mois avant (mai 2019), d'un petit opuscule intitulé « Changer l'Europe, c'est possible ! Un manifeste porté plus de 100 000 signataires », aux Éditions Points Essais (d'une longueur de 110 000 signes pour 93 pages petit format, donc 30 fois plus court).

De ce point de vue, on ne saurait juger le grand frère – Gargantua – sans prendre en même temps en considération le petit – Panurge –, qui représente le catalogue minimal des mesures concrètes qu'il serait dans l'immédiat possible de décider, ceci au niveau de l'Union européenne pour commencer. **La cogestion des entreprises par les actionnaires et les salariés d'abord, mais par ailleurs la création de trois principaux impôts progressifs sur les revenus, les patrimoines et les successions, plus un quatrième sur les émissions carbone. Tel est le programme pratique** des applications concrètes dans le champ politique réel, découlant du considérable chemin d'abord accompli dans le champ théorique avec les deux ouvrages majeurs sur le « Le Capital ».

Voilà, l'essentiel est dit, au moins pour ce qui est du programme pratique, à partir de quoi pourront se formuler plusieurs types de remarques, plutôt que d'objections.

Première remarque. T. Piketty reconnaît volontiers le rôle important de la « violence » dans le passé (voir Index des idées) et même encore dans le présent de l'histoire des sociétés humaines. Mais il ajoute qu'il y a eu des exceptions, et qu'elles sont, seraient encore – pourquoi pas ? – possibles.

Par exemple, la Suède est aujourd'hui la démocratie dotée du régime le plus égalitaire au monde, ceci après avoir été voici environ un siècle l'un des pays les plus retardataires à cet égard. Mais ayant connu une évolution sans violence par la voie d'une confrontation purement démocratique.

Autre exemple : les États-Unis et la Grande-Bretagne ont connu pendant une période assez longue, de 1930 à 1980 soit avant la « révolution conservatrice » de Reagan et Thatcher, et sans révolution sociale violente, les taux progressifs d'imposition les plus élevés (jusqu'à 80-90 %) qui se soient jamais vus dans le passé et encore dans le présent dans aucun pays du monde.

Une objection à pareil optimisme que T. Piketty ne se fait pas, mais qui se présente avec insistance, c'est qu'aucun des gouvernements et de leurs Parlements qu'a jamais connus la France depuis les années 1950, même dits « socialistes », n'aurait jamais voté la moindre des mesures préconisées par lui, d'abord au niveau de la cogestion dans la gouvernance entrepreneuriale, mais encore moins et surtout au niveau de la justice fiscale (via les trois impôts progressifs proposés par son modèle).

À partir d'un pareil constat, se pose la question, posée dans la nomenklatura politique par le seul Mélenchon mais que T. Piketty pour sa part n'évoque pas du tout, de l'amendement d'une constitution de type bonapartiste et plébiscitaire, qui permet à un président choisi à 18 % au premier tour, de se prévaloir, à la fin de la cavalcade électorale de 2017, d'une majorité parlementaire d'environ 60 % des voix, après un véritable tour de passe-passe électoral, dont le bricolage s'appuie sur l'artifice d'un scrutin uninominal à deux tours. Avec pour résultat l'énorme contradiction, qui pourrit à la longue toute la sève démocratique de la nation, d'un président qui est à la fois le chef d'un parti mais qui se présente invariablement, avec une considérable désinvolture, comme le président de tous les Français. Il y a là un énorme mensonge public. Tout autant, dès la fin des Guerres de Religion, que celui d'un monarque issu de la volonté populaire aussi bien que promu de droit divin.

Des matérialistes grincheux auront beau jeu d'objecter à T. Piketty son « idéalisme ». Mais ce que celui-ci par provision leur répond, c'est que l'idéalisme a parfois réussi dans l'histoire, et qu'il vaut mieux faire le pari (Pascal) que cela puisse recommencer. Voyez tout de même les prédications de Jésus, de Bouddha, de Confucius.

Autre exemple de dépassement du capitalisme par la voie non violente. T. Piketty nous informe qu'une certaine forme de propriété sociale de l'entreprise – liée à une pratique de cogestion – fonctionne déjà dans des pays tels que l'Allemagne et la Norvège (ce que l'on ignore volontiers à propos de l'Allemagne), et qui représente une autre espèce, au moins en amorce, de « dépassement du capitalisme » au niveau du statut juridique de la propriété, processus survenu comme l'aboutissement progressif d'une évolution pacifique.

Une autre remarque touche au rapport de caractère ambigu que T. Piketty entretient avec Karl Marx et son école, disons avec la vulgate marxiste qui en a représenté la traduction plus ou moins fidèle à travers le temps.

À vrai dire, « notre Marx national », ainsi qu'on le qualifie dans un article récent (Rothé in Marianne) – également « Marx du XXIe siècle » comme on l'a appelé en Chine – ne parle pas très souvent de Marx, encore bien moins que dans son livre de 2019 où moins d'une dizaine de passages le mentionnent encore (exactement 7), contre davantage (11) dans le livre de 2013.

C'est comme si T. Piketty éprouvait le besoin de prendre une distance croissante vis-à-vis de ce grand totem, dans la période même où il entreprendrait de réécrire le Capital du XIXe siècle, celui de Marx, et c'est à mon avis ce qu'il fait et ce qu'il poursuivra probablement encore, vu son âge encore jeune mais aussi sa formidable stature intellectuelle liée à une impressionnante capacité de synthèse, laquelle est devenue la chose la plus rare en ce siècle de la pensée éparpillée.

À mon avis, T. Piketty se comporte vis-à-vis de Marx un peu comme Lacan vis-à-vis de Freud : il en écarte un certain nombre de concepts, éventuellement importants mais qui l'intéressent peu, cependant qu'il en retient d'autres qu'il recycle et parfois même renomme. Mais ceci dit, on entre dans un débat épistémologique qui n'est guère facile et doit être mené avec précaution.

À mon sens encore, T. Piketty essaie de contourner Marx – comme la font la plupart des économistes même hétérodoxes récents – tout en ne pouvant éviter de le côtoyer très souvent.

Le fond de l'affaire, c'est que T. Piketty dit, entend reprocher à l'école marxiste son déterminisme historico-économique trop strict, lié à son modèle de l'infrastructure conditionnant en dernier ressort la superstructure.

De toute évidence, T. Piketty préfère expliquer la dynamique historique par le recours aux idéologies qui relèvent, au moins du point de vue marxiste, de la superstructure. Cependant, surgirait aussitôt une difficulté, qui affleure dans le titre même de ses deux ouvrages, surtout du second, qui sous-tend une contradiction incontournable, existant dans le réel autant que dans le reflet de celui-ci dans l'esprit.

C'est que, du point de vue de la vulgate marxiste – qui n'a pas forcément tort sur ce point – si l'idéologie relève de la superstructure, le capital relève bien à l'opposé de l'infrastructure, comme on va le voir tout juste un peu plus loin. Et que, s'il s'agit de valoriser l'idéologie dans l'explication de l'histoire des systèmes économiques, cela revient à dire que l'idéologie survole, chapeaute, surplombe l'infrastructure, *top-down* (du haut vers le bas comme disent aujourd'hui les nord-américains), au contraire de la procédure *bottom-up* qui consiste à monter du bas vers le haut.

Ici, mieux vaudrait dire peut-être que la solution raisonnable d'une telle difficulté consisterait à coordonner les deux directions vers le bas et vers le haut (Platon) de la dialectique – mais voici que s'introduit dans le débat un très gros mot pour l'esprit contemporain.

Le « capital » est un « rapport social » (Labica-Bensussan : *Dictionnaire critique du marxisme*, 1985) qui, comme tel, intègre les « rapports sociaux de production » (RP), en rapport de reflet contradictoire avec les forces productives » (FP), ceci à l'intérieur du « mode de production » (MP), lequel représente l' « infrastructure », c'est-à-dire « la structure économique qui est à la base de la société ». Or cette base formée par le mode de production chapeaute les forces productives (FP) d'un réseau organisant « la structure sociale (RP), qui soutient la structure juridique et politique, et enfin la structure idéologique », qui enferme en elle-même « le développement moral… scientifique… philosophique… religieux, littéraire, artistique… auquel correspondent des formes de conscience sociale déterminées [c'est-à-dire des formes idéologiques] » (Georges Politzer, 1935, pp. 233-234, 239).

Cependant, l'infrastructure (FP + RP) et la superstructure (formes juridico-politico-idéologiques liées à des formes de la conscience sociale-et-individuelle) sont englobées aussi par Marx-Engels dans l'accolade plus large de la formation économique-sociale (FES) (Labica-Bensussan, 562-563).

La mention que nous venons de faire des *Principes élémentaires de philosophie* de Politzer nous suggère que le modèle marxiste « infra/super » relève d'une analyse philosophique complexe, qu'il n'y a pas lieu de poursuivre ici. Traditionnelle, elle remonte en fait à l'Antiquité grecque (Idée-Forme/Matière chez Platon vs Aristote) et court encore le débat contemporain dans l'épistémologie anglo-saxonne (*bottom up/top down*).

Marx voudrait dire que l'infrastructure est une condition nécessaire mais non suffisante dans la détermination de la formation économique, donc qu' « elle n'est pas la seule cause », « les idées [ne sont] « pas un reflet fatal », mais qu'en retour « elles ont aussi une action qui leur est propre… sur le cours des luttes historiques et en déterminent, de façon prépondérante, la forme dans beaucoup de cas. Il y a action est réaction… action réciproque » (Politzer, ibid.., p. 236-238).

Personnellement, le fait que T. Piketty fasse le choix de reléguer le danger créé selon lui par le poids déterministe de la prégnance de l'infrastructure marxiste, et de mettre l'accent sur le facteur idéologique via la mise en œuvre d'une procédure *top down* aux dépens de celle *bottom up*, ce choix exprime une liberté de l'auteur qui ne me dérange pas du tout. L'essentiel est que « ça marche » au niveau de la cohérence théorique, même si au niveau des conclusions pratiques il puisse y avoir risque que les bonnes intentions aient éventuellement à rencontrer la dure réalité, l'incontournable résistance du réel. On verra cela plus loin.

Par exemple, il serait absurde d'expliquer l'apparition de la religion chrétienne à partir de l'univers technologique de la civilisation romaine. Mais il est raisonnable de dire non seulement que le christianisme comme idéologie produit d'une certaine manière « le sens » de la civilisation romaine : « Rendez à César ce qui est à César ». En revanche, il est vrai en outre que le christianisme a fini par subvertir totalement la civilisation romaine – infrastructure et superstructure, univers des techniques et institutions politiques.

Que l'on tienne à expliquer la dynamique des systèmes historiques par la seule superstructure, c'est un peu comme si, non seulement on voulait se garder la crème toute seule séparée du lait, mais plutôt comme si l'on envisageait, non pas que le lait génère la crème – ce qui est vrai – mais que c'est la crème qui produit le lait – ce qui devient une erreur de raisonnement. Ou encore c'est comme si le géant Atlas, las de supporter le poids de la terre, voulait la retenir en l'attirant par à partir du haut vers le ciel, alors que celui-ci dans l'ordre des choses ne fait que la surplomber.

Admettons par provision que le ciel domine et enveloppe la terre, que l'Idée gouverne la Matière, mais n'oublions jamais le sol sous nos pieds. Nous savons que Napoléon disait qu'il n'y a que deux puissances au monde, le sabre et l'esprit : à la longue, le sabre est toujours vaincu par l'esprit. Cependant, réfléchissons sur deux exemples qui renversent la perspective.

Dans notre vie quotidienne, l'apparition des Nouvelles Techniques de la Communication (NTIC), avec la diffusion des smartphones, représente une technologie qui modifie totalement l'expression de la forme tout autant que du contenu communiqué, et qui même change du tout au tout les relations cognitives et affectives entre les personnes. Même remarque pour l'ordinateur qui révolutionne pour l'écrivain la manière non seulement d'écrire mais d'enchaîner la pensée elle-même.

.Voyons maintenant le champ des processus économiques. L'énorme masse des opérations du capital financier qui ravage la planète de crises successives de plus en plus rapprochées, ce sont bien des faits d'infrastructure, et qui ont une réalité massive dont les populations étouffent, dans leur vie matérielle tout autant que morale. Une réalité qui se reflète également dans un univers fantasmagorique d'idéologies serves et parasites, qui sont activées, mobilisées par la machine médiatique, bien plus qu'elles ne déclenchent, n'impulsent le changement social.

Somme toute, la relation entre le niveau infra (*bottom up*) et le niveau super (*top down*) reste un problème philosophique difficile, et qui ne devrait être raisonnablement traité qu'au cas par cas. Cette relation forme/matière, haut/bas, *top/bottom* est un problème philosophique très ancien, répétons-le (Platon – *top down* vs Aristote – *bottom up*), et que l'on retrouve constamment dans les polémiques par exemple entre psychologues et neuroscientifiques – et même entre eux dans chaque discipline.

Il faut mentionner ici Kant comme ayant introduit en philosophie le concept d'« action réciproque » (*Wechselwirkung*, 1781) à partir de la troisième loi de Newton, et comme ayant proposé en l'inventant pour la première fois la thèse cardinale d'une codétermination possible de la conduite humaine par le déterminisme universel en même temps que par un principe de liberté personnelle.

C'est aussi le même Kant qui soutient que « des concepts sans intuition sont vides » [forme sans matière ; super- sans infrastructure], mais que « des intuitions sans concept sont aveugles » [matière sans forme ; infra- sans superstructure]

Puisque notre parcours traverse un moment la philosophie, on aura garde d'oublier que le concept d'inégalité s'introduit en philosophie avec Jean-Jacques Rousseau et son fameux *Discours sur l'origine et les fondements de l'inégalité parmi les hommes* (1755). L'auteur y développe avec une tranquille assurance qu'une telle origine est à rechercher dans l'instauration de la « propriété », en relation d'ailleurs étroite avec l' « esclavage », dans le cadre de la « société civile » (sic) (voir Lagarde et Michard, XVIIIe siècle, Bordas, 1985, 273-275).

Ici surgit l'idée que la propriété est l'économie – au sens de l'épargne – , le reste, le surplus de travail mis en réserve, de façon légitime par l'individu tel que l'artisan encore bien connu dans nos bourgades d'après la Guerre de 1939-1945 – le cordonnier, etc., mais la plupart du temps qu'elle est, de façon bien plus discutable au plan de l'éthique sociale, le détournement d'un travail non rémunéré à autrui, dans le cas par exemple du journalier agricole de la même époque payé uniquement par le vivre et le coucher. Une situation qui subsistait encore dans les années 1940-1960 dans les campagnes françaises. Et dont j'aurai à reparler (5.2).

Marx cite Rousseau de manière épisodique, sans paraître l'avoir fréquenté ni apprécié beaucoup, alors qu'il lui eut apporté potentiellement bien davantage – ce sont des choses qui arrivent dans l'histoire des idées – et par ailleurs le concept d'inégalité/égalité – trop statique ? –, pas plus que celui de justice/injustice – trop idéologique ? – ne semblent l'avoir retenu si peu que ce soit. En effet, ils sont absents de l'Index des matières figurant à la fin du 2ième tome de l'édition de la Pléiade, qui a été très critiquée par les marxistes orthodoxes, tout en restant une base de consultation très utile pour l'étude courante de Marx. Par contre, ce qu'il met en avant, c'est la dynamique de l' « exploitation » (*Ausbeutung*).

Revenons ici sur la question de la dialectique, ce gros mot, ce vocable inconvenant, déjà évoqué plus haut, et répudié par les adeptes contemporains de l'idéologie libérale.

Nous dirons que, selon nous, T. Piketty présente l'originalité, aujourd'hui sans autre comparaison, de mettre en œuvre une approche dialectique qui, pour être souple, n'en encadre pas moins avec rigueur le réel.

Or c'est probablement cela, ce renouveau de la *French Theory* sous une autre formule – néomarxienne ? –, après les divagations de l'importation structuraliste aux USA entre 1960 et 1980 (François Cusset 2005, Émile Jalley 2017), c'est cela qui intrigue probablement les intellectuels nord-américains, y compris pour eux le spectacle chez T. Piketty de cette formidable capacité de synthèse – héritée de Descartes et de Hegel, dont leur philosophie, marquée par la prévalence de l'analyse, n'a jamais été capable.

De même en France, T. Piketty est probablement ressenti, de manière confuse mais non moins sensible, comme le seul intellectuel à avoir été capable de remettre en route, comme d'un coup de baguette magique, la grande machine de la dialectique historique, de l'histoire dialectique abandonnée depuis la disparition des Bachelard, Merleau-Ponty, Sartre, et aussi Bourdieu. Et qu'en plus cette machine serait peut-être capable, si on savait bien l'utiliser, d'indiquer des remèdes plausibles pour les immenses tourments des temps présents.

C'est probablement cela que signifie, aux États-Unis comme en France, ce formidable plébiscite porté par cet énorme chiffre de vente. Que nous aurions un « Marx national », qui va son chemin, sans se soucier trop du Marx historique. Mais cela, n'importe qui n'était pas capable de le faire.

Ce que nous disons ne va pas de soi, et nous allons être amenés à le préciser, en le complétant peu à peu tout au long. Nous savons aussi que cela risque d'irriter beaucoup, que l'on se mêle aujourd'hui, d'aller rechercher Marx dans les recoins d'un paysage en ruine, ou peu s'en faut.

Allons donc doucement. C'est tout d'abord une question de vocabulaire. Si l'on veut bien consulter notre Index des fréquences, on s'apercevra d'emblée que T. Piketty fait un large usage de termes, dont les connaisseurs conviendront qu'ils appartiennent sans discussion au vocabulaire du paradigme dialectique, au moins celui lié à l'idéalisme allemand (Kant, Fichte, Hegel, y compris le matérialiste Marx, Freud aussi - F). Voici : clivage (F), discontinuité)/continuité, conflit (F), contradiction, déterminisme, développement, idéologie, histoire, renversement-retournement (F), violence. On ne peut davantage ici entrer dans le détail. Voir par exemple Louis-Marie Morfaux : *Vocabulaire de la philosophie et des sciences humaines* (1980).

Quand on nous parle de « trajectoire », nous y reconnaissons sans trop de difficulté la notion de « processus ». Quant à celle de « sacralisation », elle n'est pas sans évoquer celle de « fétichisme » avancée d'abord par Marx avant que Freud ne la lui reprenne. Celles aussi d'aliénation (Hegel, Marx), réification (Marx), chosification (Sartre), idéalisation (Freud), projection (id.), rationalisation (id.). Il reste que ces mots « trajectoire » et « sacralisation » sont des créations intéressantes de T. Piketty. « Mobilisation » nous ramènera au concept philosophique traditionnel de « liberté ».

Quelle que soit l'état de choses, la configuration envisagée par lui, T. Piketty a pour méthode de considérer que l'aspect négatif dont l'histoire a pu, pourra un jour faire reproche à celle-ci, comporte toujours la balance opposée d'une « part de vérité » (42, 59). Et cela, c'est devenu totalement étranger au discours ordinaire dans le paysage français, qu'il s'agisse du discours écrit – dans les sciences humaines et sociales et en philosophie – on développe des thèses décapitées de leurs antithèses – que dans le discours verbal médiatique – les débats télévisés avec messages à sens unique à l'appui de l'idéologie dominante, toujours asséné par le petit cercle de moins d'une douzaine d' « experts ».

On a peut-être trop anticipé sur des points à propos desquels on aura à revenir par la suite. Un peu comme les colporteurs de jadis qui ouvraient à peine sur le palier le couvercle de leur valise pour montrer à la ménagère, d'un rapide coup d'œil, la qualité de la marchandise.

Quelques mots peut-être encore pour dire que je ne suis pas très satisfait de la manière dont s'est construit pour moi le présent ouvrage. Voici pourquoi.

Lorsqu'on se trouve un jour devant la pyramide de Chéops, le mieux qu'on ait à faire, c'est d'essayer d'en faire lentement le tour, avec ses jambes, plutôt que d'en parler d'abord en projetant sur elle toutes sortes da bavardages personnels, bref de laisser parler lui-même le paysage autant qu'il est possible.

Or c'est ce que nous nous sommes sentis obligés de faire avec l'ouvrage de T. Piketty, le laisser parler d'abord en en produisant de très nombreuses citations, mais organisées selon un ordre conceptuel personnel, celui qui en l'occurrence nous a paru le plus pertinent, et que reflète le Sommaire situé au début. Si l'on est sévère avec nous, on nous objectera que ce n'est pas une méthode très glorieuse, et nous en conviendrons volontiers.

Il en résulte que mon travail d'élaboration proprement personnelle ne commence environ qu'à la moitié de l'ouvrage (chapitres 5 et déjà 3.3.2). Mais ce n'est pas tout à fait vrai non plus, car ce qui précède comporte beaucoup de remarques personnelles de ma part, [en particulier présentées ainsi entre crochets], ce dont je vais reparler plus loin.

On sait que des auteurs très célèbres lisaient la plume à la main, en recopiant des litanies de citations, Leibniz par exemple dont les papiers sont encore en cours de dépouillement, Hegel qui avait pris l'habitude dès l'adolescence de remplir de notes de lectures une pléthore de petits carnets, ce qui lui permettait de citer de mémoire à peu près toute la culture universelle, d'où parfois certaines entorses par rapport au texte original.

L'œuvre condensée dans les quelque 2 200 pages du Capital 1 et 2 de T. Piketty – sans parler de ses nombreux autres titres –, cela n'a aucun autre équivalent à l'époque moderne, en fait de synthèse encyclopédique – toute encyclopédie n'étant pas forcément une synthèse. *L'avènement de la démocratie* en 4 volumes de Marcel Gauchet peut-être, également *Cosmopolitiques* en 7 volumes d'Isabelle Stengers ?

L'œuvre collective, pilotée par Jean Piaget, produite en 30 années sous le titre d'Études d'Épistémologie génétique dans le cadre du Centre de même nom installé à Genève, et totalisant quelque 40 volumes – sans parler de l'œuvre personnelle de Piaget lui-même est ce qui se rapproche le plus, quant au type d'entreprise titanesque, de l'énorme labeur d'un T. Piketty, insérée dans le réseau mondial d'une base alimentée par une centaine de chercheurs. Mais c'était entre 1950 et 1980. De même que l'expansion de l'œuvre magistrale, occupant quelque 13 000 pages, d'un Lacan.

Cependant, des auteurs importants n'ont pas forcément écrit autant que le titan Piaget and co. L'œuvre de Bergson compte quelque 1 500 pages, celles de Freud et de Wallon aux environs de 5 000 pages pour chacun, au terme d'une notable longévité. Eux sont restés des « fantassins intellectuels » comme disait Raymond Ruyer, des solitaires sans équipe de travail planifiée. Le « comité » de Freud n'a jamais été une équipe scientifique au sens moderne. Le laboratoire de psychobiologie de l'enfant de Wallon, quelle qu'ait été son importance sur le plan théorique, n'a jamais été une vaste entreprise, comparable à celle plus organisée de Piaget.

L'œuvre de T. Piketty – les deux « Capital » à réunir de manière inséparable, est difficile à approcher du fait de la multi-dimensionnalité de ses registres. T. Piketty se défend d'être seulement un économiste, et se présente plutôt comme un chercheur en sciences sociales. L'étendue de ses références, dans le temps comme dans l'espace, le pose incontestablement aussi comme un historien et un politologue, tous deux d'une très vaste envergure. Comme il ne se réfère pas souvent à la philosophie, on peut penser qu'il n'aimerait pas trop voir qualifier sa démarche sous la rubrique complémentaire de la « philosophie politique ». C'est pourtant ce que rendent évident une formidable capacité de survol, une étonnante aptitude à la synthèse, qui le rendent capable de maîtriser la comparaison historique et structurale, génétique et différentielle, menée de front selon un réseau de ressemblances et d'oppositions – c'est cela qu'on appelle dialectique – d'une forêt foisonnante de données empruntées à des pays aussi variés que la France, l'Angleterre, les États-Unis, les anciens pays de l'Est, le Brésil, l'Inde, la Chine.

Seul jadis Hegel aurait poursuivi une entreprise en certains points comparable, *mutatis mutandis*, à celle de T. Piketty dans les longues séquences de son *Histoire de la philosophie* (7 vol.) et de sa *Philosophie de l'histoire*. Hegel sait nous parler de l'Afrique, de l'Allemagne, de l'Angleterre, de l'Égypte, de la Grèce, de l'Inde, d'Israël, des Phéniciens, de l'Occident, de l'Orient, de Rome, de la Russie, comme aussi de l'économie politique, de l'esclavage, de la société civile[7]. On y reviendra.

L'étourdissante capacité de T. Piketty pour la pensée complexe, synthétique, dialectique, apparaît également à l'évidence dans l'articulation implicite entre **le Capital 1 et le Capital 2, évoluant le premier plutôt dans l'ordre de la structure, et le second dans l'ordre de l'histoire**. Or l'articulation de la structure et de l'histoire, de la configuration et de la genèse, dans le réel aussi bien que dans l'esprit qui le reflète, c'est cela la dialectique, dans des versions certes différentes, chez Hegel, chez Marx, chez Freud, chez Wallon, chez Piaget, même aussi chez Lacan, que l'on a rangé trop vite à tort dans le camp des structuralistes purs et durs. On ne peut pas entrer ici dans plus de détail.

D'ailleurs, le fait que T. T. Piketty déclare dans une interview que « ce n'est pas fini », annonce la probabilité d'un Capital 3, qui pourrait bien parachever à titre de synthèse les deux premiers temps consacrés respectivement à la « structure » et à l' « histoire ».

Manifestement, T. Piketty cherche d'une certaine manière à éviter la confrontation directe avec Marx – tout en le côtoyant sans cesse d'une autre et certaine manière – lorsque par exemple il lui arrive de citer parmi ses antécédents le socialiste français Léon Bourgeois (1851-1925), le sociologue français Émile Durkheim (1858-1917) – curieusement presque contemporain de Marx (1818-1883), le philosophe néokantien étasunien John Rawls (1921-2002).

C'est comme si T. Piketty, face à la montagne marxiste, faisait recul vers certains de ses prédécesseurs (Hegel, et même Kant), pour prendre son élan afin de mieux sauter, comme font parfois certains athlètes dans les meetings d'athlétisme. On apprendra de T. Piketty que l'histoire, malgré une tendance générale au progrès, n'exclut pas les retours en arrière, qui ne sont jamais un fort bon signe. La sorte de fascination qu'exercent sur lui (voir Index) les mots de juste et de justice ne vient pas de Marx, où ils manquent plutôt curieusement, mais bien de la *Theory of justice* (1971) de Rawls, dont la restauration de Kant est à l'enseigne d'un étrange pragmatisme néoconservateur. On reviendra sur la sévère critique qu'a effectuée Hegel du formalisme kantien en matière de morale.

---

[7] Hegel Georg Wilhelm Friedrich : *Morceaux choisis*, 2, Index, Idées NRF, Gallimard, 1939, 373-378.

Pour revenir à la question évoquée plus haut de l'excès de citations à fin de laisser d'abord parler l'auteur d'une œuvre particulièrement difficile à approcher, j'ai à dire encore à dire que j'interviens assez souvent dans ces citations **soit en marquant de caractères gras les passages les plus importants** pour la saisie du lecteur, soit encore [au moyen de commentaires entre crochets, **en caractères gras ou non**, selon le cas, et en général signés à la fin par mes initiales E.J.].

J'utilisais jadis ces caractères gras dans mes polycopiés destinés aux étudiants de l'université, et j'en ai repris la pratique depuis quelques années dans mes livres, afin dans mon esprit d'en faciliter l'approche des contenus les plus difficiles pour le lecteur. Avec dans l'esprit aussi que l'on puisse me lire d'abord, et peut-être de façon définitive, en parcourant seulement les caractères gras, de manière justement à pouvoir « **se faire une idée** ».

J'ai encore à parler des Index situés à la fin de l'ouvrage. J'ai toujours eu pour habitude de lire les ouvrages jugés par moi sérieux en me fabriquant sur le terrain, reportés sur la page de garde, des **Index des idées** alphabétiques à mon usage, c'est-à-dire ne comportant que les termes qui ont pour ma lecture et son destin de travail le plus d'intérêt.

Celui qui figure ici sous le titre d' « Index des idées » est par nature assez incomplet, mais on verra rien qu'à le consulter, sur quelles notions fondamentales porte selon moi tout la charpente du livre, par exemple Assemblée européenne, clivage, cogestion, communisme, conflit, diplômés, etc.

Nous avons repris dans notre texte même l'ensemble des références indiquées par l'Index des idées, mais en les indiquant par un caractère plus petit (Garamond 10). Mais nous concevons très bien que l'on puisse s'en servir pour aller retrouver les passages originaux dans le livre de T. Piketty, indiqués en Garamond 12. Que l'on en tente l'essai par exemple avec le mot « propriétarisme ». On trouvera alors bien plus d'intérêt à notre Index un peu trop fabriqué pour les besoins de la cause.

Intéressant également de ce point de vue est un Index des fréquences.

Je n'anticipe pas sur les propos que tient plus loin l'auteur relativement à la nature et à l'extrême abondance de ses sources. Seulement pour signaler que lui-même n'a pas établi de bibliographie séparée des auteurs et de leurs ouvrages consultés par lui. En fait très abondante, elle est distribuée dans les notes de bas de page, et je me suis épargné le travail d'en faire le compte détaillé.

Nous avions déjà écrit un livre sur T. Piketty en 2 volumes formant 558 pages (278 + 280) et intitulé *Thomas Piketty « Marx du 21e siècle* et *Thomas Piketty. La mécanique des inégalités en France*, L'Harmattan, 2014. Après consultation du Web, il nous semble que **c'est le seul ouvrage de cette importance quantitative qui n'ait jamais écrit sur lui en nom propre**. Preuve que ce n'est pas facile d'écrire un livre de synthèse sur un livre qui se présente déjà en soi comme une audacieuse entreprise de synthèse.

La véritable synthèse sur la propre synthèse de Descartes lu par Spinoza, c'est son *Éthique*. La véritable synthèse de Kant (1781) lu par Hegel, c'est son *Encyclopédie* (1817-1830). Mais ils avaient le génie créateur pour l'entreprendre.

T. Piketty entend produire un dépassement du capitalisme, en même temps qu'un dépassement de Marx effectuant pour son compte un dépassement de Hegel. Pour le moment, T. Piketty est comme indépassable, nul n'est capable de produire le dépassement de T. Piketty avec un certain sérieux et une certaine envergure théorique, sauf de petites interventions sous forme d'articles souvent, pas tous, ergoteurs et désobligeants. C'est la raison de plus pour laquelle j'ai préféré pour cette fois le laisser parler à son aise le premier à travers un réseau de citations.

Pourtant mon premier livre n'était pas fait comme cela, mais de manière bien plus en survol et synthétique. C'est la raison pourquoi il comportait des maladresses, liées en partie à certaines impasses dans lesquelles s'engageait d'une certaine manière l'auteur. On verra plus tard lesquelles (chapitre 5.3). En le relisant par passages aujourd'hui, je trouve qu'il n'était dans l'ensemble « pas si mal », et qu'il méritait au moins un accusé de réception de l'auteur. Aussi bien me suis-je dit en moi-même qu'il ne lui était pas parvenu, qu'une erreur de La Poste était toujours possible, ce qui est de plus en plus fréquent.

Chapitre 2

Une histoire des idéologies de la propriété

2.1. Idéologie

Commençons par l'idéologie. T. Piketty envisage toujours cette question selon une méthode à qualifier de dialectique, en ce qu'elle approche les phénomènes comme des ensembles complexes dont la structure mobilise des aspects opposés. *Grosso modo*, Les idéologies ont une fonction justificatrice qui leur confère une certaine « plausibilité » pour leur époque, en même temps qu'elles sont par ailleurs affectées d'une « hypocrisie », déjà sensible en leur temps mais rendue encore plus manifeste avec le recul de l'histoire. Envisageons mieux le détail.

« Le conflit et le désaccord idéologique sont inhérents à l'idéologie elle-même » [**Même idée sous d'autres et diverses formes** chez Platon, Descartes, Kant, Fichte, Hegel, Freud. E.J.] (16). L'idéologie se développe dans le registre du « en même temps » (156). Elle présente « des discours sophistiqués et potentiellement convaincants sur certains points » (156). « Le conflit idéologique est presque toujours multidimensionnel » (17). La transformation des idéologies donne lieu à des processus de « renversement de la perspective idéologique » (27, 29, 714). Les idéologies ont une fonction justificatrice (39, 156), « un côté bien pratique » (156). Elles satisfont « le besoin de sécurité et le besoin de sens qui ont toujours été deux besoins sociaux essentiels » (81). Mais elles convoient aussi une forte dose d' « hypocrisie », comme déjà dit, terme d'une grande fréquence sous la plume de l'auteur (Index des idées).

L'idéologie de l'ère coloniale « se fondait sur la vision d'une domination intellectuelle et civilisatrice, et non plus simplement guerrière et extractive, comme au cas des sociétés esclavagistes » (304).

« La justification principale a surtout consisté pour les colons à insister sur leur mission civilisatrice » (323).

« Les discours officiels théoriques sur l'objectif d'égalité des opportunités, l'idéal « méritocratique », etc.... sont le discours d'une bonne partie des élites de l'époque » (630, 636).

Le régime bolchevique en vint à produire « en substance des idéologies de la trahison et du complot capitaliste » (675).

La technocratie contemporaine a vu « la montée en puissance de l'idée selon laquelle les actifs publics sont mieux gérés en dehors de la sphère publique et doivent donc être privatisés » (714).

La lecture des textes chinois récents « conduit à s'interroger sur la prétendue supériorité civilisationnelle et institutionnelle des démocraties électorales occidentales. L'idée selon laquelle les valeurs et les institutions démocratiques occidentales auraient atteint une sorte de perfection unique et indépassable a clairement quelque chose d'absurde » (729).

Aujourd'hui, « le retour d'une forme de **néopropriétarisme** est patent, même si les différences avec le régime idéologique du XIXe siècle sont nombreuses, et que le régime actuel est plus composite et fragile qu'il n'y paraît » (755). La hausse des inégalités « significative depuis les années 1980-1990... n'admet aucune justification évidente. En particulier, **cette hausse des inégalités s'est accompagnée d'un abaissement [effet des sens inverses] de la croissance** » (760). C'est l'idéologie légitimante appropriée qui tendrait à faire défaut.

En réalité, l'idéologie néopropriétariste, de la fin du XXe siècle au débit du XXIe siècle, « est notamment liée à une idéologie méritocratique exacerbée. De façon générale, le discours méritocratique vise à **glorifier les gagnants et à stigmatiser les perdants** du système économique pour leur manque supposé de mérite, de vertu et de diligence. Il s'agit naturellement d'une idéologie ancienne », [Même si revenue dans le thème des **premiers de cordée**. E.J.] (825).

« La révolution conservatrice des années 1980 et la chute du communisme ont contribué à faire entrer le monde depuis les années 1980-1990 dans une nouvelle phase de **foi [affect essentiel lié à l'idéologie**. E.J.] indéfinie dans l'autorégulation des marchés et de quasi-sacralisation de la propriété » (1193).

« L'inégalité de la propriété est avant tout une inégalité de pouvoir dans la société, et elle ne connaît potentiellement **aucune limite [Tonneau des Danaïdes évoqué par Platon**. E.J.], pour peu que l'appareil de répression ou de persuasion (suivant les cas) mis en place par les propriétaires parvienne à faire tenir l'ensemble et à perpétuer cet équilibre » (318). On insiste beaucoup sur le rôle de la violence et sur la solidité et la résistance au changement des attitudes dans la perpétuation de la propriété.

« C'est surtout avec l'entrée dans l'âge de l'enseignement supérieur [après 1870] que l'idéologie méritocratique prend une ampleur décisive. » Boutmy, le créateur de Sciences Po, tient à « rappeler une vérité essentielle : donner du sens aux inégalités, et justifier la position des gagnants, est une question d'importance vitale. L'inégalité est avant tout idéologique. » Quant au « néopropriétarisme actuel, il se veut d'autant plus méritocratique qu'il ne peut plus être explicitement censitaire, à la différence du propriétarisme de l'âge classique, celui du début du XIXe siècle » (827).

« L'idéologie méritocratique actuelle va de pair avec un discours de glorification des entrepreneurs et des milliardaires. Cette idéologie paraît parfois sans limites. Certains semblent considérer que Bill Gates, Jeff Bezos et Mark Zuckerberg ont inventé à eux seuls les ordinateurs, les livres, les amis. On a l'impression qu'ils ne seront jamais assez riches, et que le bas peuple de la planète ne pourra jamais les remercier suffisamment pour tous leurs bienfaits. » Et « pour mieux les défendre, on tente même de dresser des murs entre les méchants oligarques russes et les gentils entrepreneurs californiens, en feignant d'oublier tout ce qui les rapproche : des situations de quasi-monopole très favorables, des systèmes légaux et fiscaux avantageant les plus gros acteurs, des appropriations privées de ressources publiques, et ainsi de suite » (830).

« On observe le même renversement du clivage éducatif [la social-démocratie parti des diplômés] dans les pays où l'enseignement supérieur privé joue un plus grand rôle, comme les États-Unis, ce qui montre la plasticité de la nouvelle idéologie méritocratique » (877).

En Italie s'observe « la montée de l'idéologie marchande-nativiste » [avec l'alliance du quasi-inqualifiable M5S et de l'extrême droite (Lega)], ce qui s'explique par « **l'absence de colonne vertébrale idéologique** » du premier (1019-1020) [**Comme chez les Gilets jaunes** ? E.J.].

« La multi-dimensionnalité des **conflits politico-idéologiques** [Georges Politzer semble distinguer dans la « lutte des classes » trois aspects spécifiques : la « lutte sociale », la « lutte politique » et la lutte « idéologique »[8]. E.J.] est aussi à l'œuvre dans des pays qui ne sont pas des démocraties électorales pluralistes [France, Italie], comme la Chine, la Russie, l'Égypte ou l'Arabie Saoudite » (1102).

« Le terme de « populisme » revient parfois à nier l'importance de l'idéologie : on fait implicitement l'hypothèse que le rapport de force, [selon] un antagonisme peuple/élite, est la seule chose qui importe, et que les détails institutionnels se régleront d'eux-mêmes une fois que le rapport de force aura été établi et que le « peuple » aura triomphé » (1108).

« L'histoire comme lutte des idéologies et comme quête de la justice : « L'histoire de toute société jusqu'à nos jours n'a été que l'histoire de la lutte des classes », écrivaient Friedrich Engels et Karl Marx en 1848 dans le Manifeste du parti communiste. L'affirmation reste pertinente, mais je suis tenté à l'issue de cette enquête de la reformuler de la façon suivante : l'histoire de toute société jusqu'à nos jours n'a été que **l'histoire de la lutte des idéologies et de la quête de la justice. Autrement dit, les idées et les idéologies comptent dans l'histoire** » [Propos qui reflète **une certaine couleur hégélienne**, honni soit qui mal y pense ! E.J.] (1191).

« L'étude des idéologies inégalitaires anciennes et de leurs sophistications permet de mieux mettre à distance les idéologies du présent, qui ne sont **pas toujours plus sages** que celles qui les ont précédées, et qui finiront elles aussi par être remplacées » (1194).

On songe à propos de cette caractérisation des idéologies que le recours à la philosophie aurait permis d'user des notions bien connues d'« aliénation » (*Entfremdung* : Hegel, Marx), « mystification » (*Mystification*, Marx), réification », « chosification » (*Verdichlichung*, *Versachlichung*, Marx ; repris par Sartre), alors que la psychologie des profondeurs offrait celles de défense, annulation, idéalisation, rationalisation (Freud), imaginarisation, parole vraie/vide (Lacan).

---

[8] Politzer Georges : *Principes élémentaires de philosophie*, 1935-1936, Paris, Éditions sociales, 170e mille, 1972, 212-213, 232.

Insistons-y encore, au risque de passer pour un « raseur » eu égard à la mentalité postmoderne. La même approche selon la pensée complexe (dialectique) entraîne T. Piketty à toujours envisager, outre les idéologies, les processus, ensembles, configurations qu'il approche en les qualifiant selon leurs deux aspects positif et négatif (ou l'inverse). Ce qui l'autorise à formuler des jugements souvent d'une grande sévérité, mais le conduit parfois aussi à des découvertes étonnantes.

Par exemple, T. Piketty se montre **sévère à l'égard des religions**, aussi bien le christianisme que l'islam, qui d'un côté formulent la promesse d'une certaine émancipation, alors que de l'autre elles ont toujours défendu une conception étroitement conservatrice de l'organisation sociale. Voilà le genre de langage que le commun des philosophes n'ose plus tenir à l'égard de l'inflation du discours commun précautionneux sur la question religieuse en général.

De la même manière, T. Piketty analyse la configuration propre à la Révolution française selon un double aspect, l'un émancipateur – généralement reconnu – lié à la reconnaissance de la liberté (article 1), l'autre, beaucoup plus sombre, offrant la source de la sacralisation de la propriété (article 2). Il voit même une véritable « contradiction » entre ces deux premiers articles de la Déclaration des Droits de l'Homme de 1789. Celle-ci aurait abouti, comme par renversement, à une échelle des inégalités à la Belle Époque encore plus marquée que sous l'Ancien Régime.

Par contre, les propos terribles que T. Piketty tient, sur dix pleines pages (876-886), touchant l'état de l'enseignement en France, le « **régime éducatif français, particulièrement inégalitaire et hypocrite** », sont uniformément centrés sur la « dialectique négative », comme disait Adorno (1903-1969, 1966), sans aucune concession du côté du versant positif. Les enseignants se devraient de lire au moins ce réquisitoire implacable sur leur domaine dévasté et leur condition misérable avant d'aller voter la prochaine fois.

À propos de l'**échec des systèmes communistes**, T. Piketty en parle, lorsqu'il le fait, en tenant des propos très nuancés, modérés même, plutôt en termes d'un échec déplorable, et en évitant de jeter bêtement la pierre, comme cela a été l'unique tâche des nouveaux philosophes pendant toute la période 1970-2000, dans leur critique répétitive et monotone de la bureaucratie stalinienne, reprise longtemps par la suite et de guerre lasse par les médias jusqu'à la satiété du public, que cela ferait aujourd'hui dormir.

Il dit qu'un système de planification étatique étroitement centralisé, tel qu'il l'était à l'origine en URSS, dans les pays satellites et en Chine, n'était pas, n'est pas en soi capable de gérer la complexité des situations propre aux économies modernes, ce qu'en soi on peut parfaitement admettre (691).

Il dit par ailleurs que le système socialiste n'a jamais été capable de prendre en considération **les droits de l'individu, de la personne**, ce qui mérite une réflexion approfondie, au lieu des applaudissements habituels de la foule des badauds à l'adresse des orateurs de circonstance. Ce à propos de quoi il ne paraîtra pas mauvais de présenter quelques réflexions sur la question de l'humanisme dans la tradition de la Pensée-Marx, supposé que l'on accepte de supporter une digression utile.

La consultation de l'Index des idées de Rubel – éditeur de Marx dans la Pléiade – donne d'assez nombreuses informations sur le destin des termes « humanisme » (43), « individualité » (14), « individu intégral » (voir humanisme), « justice » (4), « morale » (19).

On trouve des discussions très approfondies sur les termes « homme », humanisme », « individu », « individualisme », « morale » dans le très érudit *Dictionnaire critique du marxisme* (PUF, 1982, 1985) de Georges Labica et Gérard Bensussan.

Rubel parle à propos de Marx d'un « **humanisme révolutionnaire** » (1, 1569), d'un « humanisme pratique » (1, 1608), « positif » (1, 1623), nous dit que le *Manifeste communiste* (1848) « se situe dans une tradition humaniste » (1, 1582), que, d'après les termes mêmes de Marx, « l'homme complet… l'individu intégral, totalement développé [a] à remplacer l'individu morcelé, porte-douleur d'une fonction productive de détail » (1, 987, 992, 1675 ; 2, 1626), a à soutenir « le développement d'une individualité riche » (2, 1642), nous dit que « Marx est hanté par l'idée de l'universalité du développement individuel » (2, 1644), formule « une critique humaniste du crédit » (2, 1814).

Marx se plaint d'avoir à introduire dans les *Statuts* de 1864 les **mots « devoir », « droit », « vérité, « moralité », « justice »** (1, 1623), raille la « haute dignité morale des banquiers » (2, 1243), souligne la relativité historique des idées de « justice » et d' « injustice » (1, 1781), considère que « la morale, le droit, la justice sont des produits relatifs à certaines conditions sociales déterminées » (1, 1552).

En règle générale, l'expression de Marx s'écarte le plus possible de toute espèce de considération morale, un aspect d'évaluation normative indirecte s'incarnant couramment de façon paradoxale dans son style par la froideur de l'énoncé (1, 1674). D'où parfois aussi des « blagues » (*jokes*) d'un humour cynique au cachet très britannique – lesquelles du reste sont à l'occasion des histoires vraies, telle par exemple celle-ci, sortie tout droit des dossiers d'un *Lord Chief Justice* : « L'ouvrier agricole anglais pourrait tenir ce propos : Je travaille beaucoup et je n'ai pas assez à manger. Lorsque j'étais en prison, je travaillais moins et je mangeais tout mon saoul ; il vaut donc mieux rester en prison qu'en liberté » (1, 1369).

Il n'est pas question ici de reprendre l'ensemble de ce dossier, sauf à formuler brièvement que, dans l'histoire, la pratique s'est souvent écartée de la théorie, la réalité a souvent renié les promesses, et que c'est un lieu commun de la sagesse des nations, tout comme un poncif littéraire, que de déplorer que les hommes font en général le contraire de ce qu'ils disent.

L'ouvrage de T. Piketty, sans oublier l'opuscule sur « *Changer l'Europe* », offre **une représentation très importante aux mots « juste », « justice »** : démocratie juste (1169), économie juste (663, 811, 821), éducation juste (60), fiscalité juste (928), impôt juste (632, 637, 650, 716, 756, 779, 820, 895, 1163), impôts communs (*7*, *56*, 820), inégalité juste (125-126, 152, 1114), politique juste (60), propriété juste (61, 67, 1163), société juste (655, 1109, 1113, 1155, 1159), système fiscal juste (*7*), justice éducative (629, 632, 881, 1112, 1159, 1165), justice éducative et sociale (466), injustice éducative (828), justice fiscale (*5-6*, *8*, *27*, *43*, *46*, 645, 650, 701, 895, 929), justice fiscale et environnementale (*56*), justice fiscale et sociale (*20-21*, *41*, 895), justice sociale (*39*, *65*, 60, 484, 914), justice sociale et économique (64), justice sociale et fiscale (*37*), injustice fiscale (*6*), justice sociale, fiscale et environnementale (*19*), nouvelles formes de justice (630), raisons de justice et d'efficacité (667), exigence de justice (764), quête de la justice (1191).

Une formule fréquente également est celle de « norme de justice acceptable » (36, 156, 341, 671, 750, 886, 1158-1159, 1166), voire « partagée » (466), « commune » (1037), « naturelle » (1163).

Ce que l'on peut ajouter tout de même, par rapport à la sorte d'impassibilité de Marx c'est qu'il existe dans la philosophie allemande un certain courant de froideur rigoriste, avec pour corollaire le penchant vers une **forme d'universalisme autoritaire, disons un paradigme de la pensée dure**, qui soumet l'individualité concrète à un appareil de normes transcendantes abstraites, en particulier à la glaciale abstraction de la contrainte étatique. C'est vrai déjà pour Kant (1724-1804), mais encore bien plus pour Fichte (1762-1814) et Hegel (1770-1831), dont on sait que Marx est issu. Mais en face de ce courant de la pensée dure, existe également une tendance plus humaniste représentée par Leibniz (1646-1716), Goethe (1749-1832), Schiller (1759-1805), Schelling (1775-1854) – dont la philosophie de la nature a toujours choisi de se désintéresser de la question politique – de même que les poètes romantiques Hölderlin (1770-1843) et Novalis (1772-1801).

La froideur distante des représentants du premier camp rappelle un peu le style de Spinoza (1632-1677) : *neque indignari, neque detestari, sed intelligere* (ne pas s'indigner, ni détester, mais comprendre). Comme aussi, sous un autre aspect, l'indifférentisme total des représentants de la pensée classique française à l'égard des questions du pouvoir (Descartes, Malebranche). Ce qui du reste est moins vrai d'auteurs tels que Pascal, La Fontaine, Fénelon, Vauban.

Il y a à rappeler aussi, à propos de l'ambiguïté de la pensée allemande sur ces sujets, que l'Allemagne est le pays où a pris consistance dès le Moyen Âge la grande figure de Faust, dont la constitution – comme abonnée à la contradiction – reflète par principe ce jeu des contraires. Le plus grand des sages est en même temps le compagnon de débauche du diable. On sait peut-être que cette réputation avait gagné Albert le Grand (1205 ? - 1280), que l'on avait surnommé le Méchant Albert – Maubert – et dont l'enseignement public se donnait quelque part du côté de cette Place.

C'est le philosophe anglais William James (1842-1910, 1907) qui soutenait l'opposition en philosophie entre les « esprits tendres » – parmi lesquels il se rangeait lui-même, et les « esprits durs », où il rangeait par exemple Herbert Spencer (1820-1903) pour la dureté de ses vues en matière de philosophie sociale.

J'ai déjà cité plusieurs fois un texte très sévère d'Henri Wallon (1879-1962), le plus grand psychologue français, écrit tout de suite après la Deuxième mondiale, concernant la tendance mégalomane, hyper-égocentrique, et en définitive totalitaire propre à la philosophie allemande. C'est de là que sont sortis Metternich (1773-1859), Bismarck (1815-1898), Moltke (1800-1891), Hindenburg (1847-1934), Hitler (1889-1945), aussi bien que Staline (1878-1953) via Lénine (1870-1924), qui avait lu Hegel (*Cahiers philosophiques* de 1914). Il m'a été raconté par Pierre Grappin que Wallon avait participé tout de suite après la guerre à une commission d'enquête concernant les activités des intellectuels sous le régime nazi. Dans ce cadre, il avait interrogé notamment Heidegger, dont il disait qu'il l'avait impressionné par une sorte de froideur sournoise, prétendant par exemple que son pantalon de forme militaire bien allemande n'était en réalité qu'une « culotte cycliste à la française »

Cette insistance de T. Piketty sur le thème de la justice, même si la tradition marxiste n'en parle guère, rattache d'ailleurs tout de même son propos à toute une tradition philosophique : Platon (428-427 - 348), Aristote (384-322), Marc-Aurèle (121-180), Thomas d'Aquin (1225-1274) – celui-ci à propos de la question du juste salaire. Pour ne pas entrer dans un excès de détails les plus intéressants à propos des trois premiers. Les Anciens, au reste, rattachaient au thème de la justice celui de la sagesse (*sophia*).

On a examiné tout juste plus haut l'usage fait par T. Piketty du terme idéologie. On aimerait examiner de la même manière l'usage que fait sa démarche des principaux concepts de la dialectique classique et moderne : contradiction, conflit – termes auxquels se rattache d'autres thèmes : violence, déterminisme, dynamique, développement, histoire, renversement-retournement.

Pourquoi faisons-nous cela ?

Un certain nombre de bons articles ont produit sur le contenu manifeste du livre de T. Piketty des comptes rendus intéressants. Il me paraît tout aussi digne d'intérêt d'essayer de lire au-delà – pourquoi pas ? Ce qui permettrait d'entrevoir les liens qui relient ce livre d'importance majeure à l'ensemble des sciences humaines et sociales, à l'épistémologie générale, voire même à la philosophie, perspective qui n'a rien d'insensé si tant que Thomas T. Piketty se pose, se propose désormais comme l'un des tout premiers intellectuels du paysage français.

On a déjà parlé plus haut de l'approche de la notion d'idéologie en termes de conflit, contradiction.

2.1.1. Contradiction

Voyons tout d'abord l'usage que fait la démarche de T. Piketty des termes : contradiction, conflit. Et pour commencer, « contradiction ».

Le titre même de l'ouvrage exprime une corrélation-contradiction entre les deux mots qui le composent, si tant est que dans la vulgate marxiste – à laquelle sur ce sujet il est impossible de ne pas se référer – le « capital » et l'idéologie » relèvent des deux registres reliés-opposés de l'infrastructure et de la superstructure. La difficulté épistémologique étant alors pour l'auteur de « valoriser » comme il l'entend la seconde notion, ce qui comporte à la limite le risque de minimiser voire même de forclore son lien essentiel avec la première. Mais ceci est une autre affaire.

La première phrase du livre exprime clairement l'approche dans les termes de la polarité continuité/discontinuité : on nous dit que le second livre prolonge celui de 2013, tout en se posant dans un rapport d'indépendance à l'égard de celui-ci (9).

La population s'est accrue avec le revenu moyen dans le monde entre 1700 et 2020 : on nous dit que l'interprétation de ces évolutions est ambiguë, et pas uniformément positive, compte tenu de difficultés récentes (réchauffement climatique, remontée des inégalités) (34).

« Les constructions intellectuelles et politiques [qui s'expriment dans les idéologies] reflètent des luttes et des visions contradictoires, qui jusqu'à un certain point ont toutes un fond de sincérité et de plausibilité, et dont il est possible de tirer des enseignements utiles » (61).

« Le régime hypercapitaliste inégalitaire mondial actuel [est marqué par la contradiction] entre modernité et archaïsme » (67).

« Dans les sociétés ternaires [médiévales avec seigneurs, prêtres intellectuels et travailleurs], un régime inégalitaire ne peut être durable que s'il repose sur un mélange complexe de contrainte et de consentement » (82). Polarité très développée par Antonio Gramsci (1891-1937), et qui tient son origine du modèle de « la dialectique du maître et de l'esclave » d'abord développé par G. W. F. Hegel (1770-1831 ; 1807).

Concernant les révolutionnaires de 1789, il y a à souligner « l'ampleur de la tâche et des contradictions auxquelles ils se sont heurtés » (127, 159). Plus fréquente a été l'interprétation de la Révolution en termes entièrement soit positifs (Jules Michelet 1798-1874) soit négatifs (Edmund Burke 1729-1797).

Après la Révolution, « les solutions proposées par **le nouveau régime propriétariste** pour réorganiser la société étaient caractérisées par des contradictions multiples. On supprimait le rôle social de l'Église sans créer d'État social… et ainsi de suite » [État social dont l'Église avait géré une sorte première forme prémoderne. E.J.] (143).

« L'historiographie de la Révolution française est malheureusement restée clivée pendant la guerre froide entre les approches marxiste (reposant sur le postulat que la révolution de 1917 était le prolongement naturel de 1793-1794, ce qui est très discutable) et antimarxiste (partant du principe que tout projet ambitieux de redistribution sociale aboutit nécessairement à la Terreur et au soviétisme, ce qui est tout aussi discutable » (150-151). **Les deux thèses seraient fausses sans synthèse possible**, ce qui est prévu en logique classique aristotélicienne. E.J. ?

« De façon générale, l'idéologie propriétariste doit être analysée pour ce qu'elle est : un discours sophistiqué et potentiellement convaincant sur certains points… et en même temps une idéologie inégalitaire qui, dans sa forme extrême et la plus dure, vise simplement à justifier une forme particulière de domination sociale, souvent sous forme excessive et caricaturale » (156).

« La question de l'inégalité met toujours en jeu une forte dimension idéologique et conflictuelle. Plusieurs discours s'affrontent, plus ou moins subtils et contradictoires, et s'incarnent dans différents styles types de dispositifs cognitifs » (215).

« Chacun utilise à sa façon l'idéologie propriétariste pour justifier son désir d'accumulation et de puissance, et on bute sur des **contradictions logiques pour définir une norme de justice acceptable par tous, d'où des solutions passant par les rapports de force et la violence guerrière** pure et dure » (337).

Dans les pays musulmans, « le débat [à propos du montant de l'aumône] apparaît dans plusieurs sourates du Coran, mais sous une forme imprécise. De nombreuses traditions juridiques musulmanes proposeront par la suite diverses formulations, souvent de façon contradictoire » (480).

« Il ne faut certes exagérer l'importance de racines égalitaires des États-Unis. Ceux-ci ont toujours entretenu une **relation ambiguë avec l'égalité**, plus égalitaires que l'Europe par certains côtés, et beaucoup plus inégalitaires sur d'autres, en particulier du fait de leurs racines esclavagistes » (610). On connaît **l'ambition missionnaire propre aux États-Unis d'exporter leur modèle démocratique** aux limites de l'univers, ambition très apparente chez certains de leurs idéologues et philosophes (John Dewey 1859-1952). E.J.

En Europe et aux États-Unis, « au cours des années 1980-2010, la réalité électorale s'est totalement inversée, et les partis sociaux-démocrates et socialistes font dorénavant leurs meilleurs scores parmi les plus diplômés…

La concurrence fiscale entre pays et l'impossibilité perçue de l'impôt juste peuvent contribuer à expliquer la stagnation de l'investissement éducatif, ainsi d'ailleurs que la fuite en avant dans la dette. » Et « en tout état de cause, il faut souligner à quel point cette stagnation a quelque chose de paradoxal. Au moment même où les pays développés sont entrés dans l'âge de la tertiarisation de masse, et où la proportion d'une classe d'âge accédant à l'enseignement supérieur est passée d'à peine 10-20 % à plus de 50 %, l'investissement éducatif (exprimé en pourcentage du revenu national) a stagné » (631-632).

« Le postcommunisme, dans ses variantes russes, chinoises et est-européennes est devenu, en ce début du XXIe siècle, le meilleur allié de l'hyper-capitalisme » [Inversion contradictoire ? E.J.] (674).

« Le nouvel affaiblissement de la richesse publique occidentale à la suite de la crise financière a quelque chose de **paradoxal**. La dérégulation des marchés a contribué à de nombreux enrichissements, la puissance publique s'est endettée pour faire face à la récession et sauver les banques et les entreprises privées », et finalement « les patrimoines privés ont poursuivi leur progression, laissant aux contribuables modestes le soin de régler l'addition pour les décennies suivantes » (717-718).

« Dans des sociétés où on ferme l'horizon de la réduction des inégalités socio-économiques, et on ouvre l'espace des conflits identitaires [Polarité frontière-égalité dont on reparlera. E.J.], seule la construction d'un nouvel horizon à visée universelle et internationaliste peut permettre de sortir de ces contradictions [**Par une nouvelle synthèse-dépassement**. E.J.] » (752).

« Les acteurs occidentaux auraient en réalité tout intérêt à voir plus loin que leurs intérêts financiers à court terme et à prévoir un agenda fédéraliste, social et démocratique permettant de sortir de ces contradictions » (764).

Paradoxe de « l'appauvrissement de la statistique publique à l'âge de l'information » (789).

« De façon générale, les différents régimes inégalitaires actuels combinent des **éléments de modernité et d'archaïsme**, des institutions et discours inédits et d'autres qui représentent des **formes de retour** à des croyances anciennes, comme la quasi-sacralisation de la propriété privée » (801).

« La fuite en avant vers la création monétaire et l'hypertrophie du secteur financier contribuent à nourrir le sentiment de désillusion face à toute possibilité d'une économie juste. Il s'agit là d'une des **principales contradictions du régime néopropriétariste actuel et il est urgent de la dépasser** » (821).

« Le changement [éventuel] de nature politico-idéologique concerne en premier la capacité des organisations et coalitions politiques et électorales en présence à **unir ou au contraire à opposer** les différentes dimensions de l'inégalité sociale : diplôme, revenu, patrimoine » (850).

« Ces dénominations de « gauche » et de « droite » ont toujours donné le lieu à d'intenses conflits politico-linguistiques, propres à chaque pays et à chaque époque » (858).

Dans le conflit électoral de type classiste, « chaque coalition apportait à ces débats ses expériences et ses aspirations contradictoires, et **de ces contradictions émergeaient des choix** qu'il serait naïf de pleinement démocratiques » (864).

« Le point important est que l'élection française de 2017constitue une sorte de point de rupture de l'ancien système de clivages et en même temps que **cette rupture se situe dans la continuité** des évolutions antérieures, et en particulier dans la lignée de la montée en puissance de la « gauche brahmane » [centre gauche aisé] et du système d'élites multiples [Idem + droite classique « marchande »] » (921).

« L'ancienne droite électorale apparaît quant à elle **fracturée** comme jamais entre un camp promarché et un bloc anti-immigrés » (921-922). « Le parti démocrate américain, après avoir été celui de l'esclavage jusqu'aux années 1860 puis celui de la ségrégation raciale jusqu'aux années 1960, est devenu [par renversement] le parti préféré de la minorité noire (avec l'abstention) » (947).

« La solution proposée ici consiste à faire confiance à la démocratie parlementaire. Seule une **délibération publique, contradictoire et pluraliste** peut permettre d'apporter la légitimité nécessaire pour de telles décisions et de s'adapter en temps réel à l'évolution de la situation économique, sociale [infra-] et politique [super-] » (1046).

En Inde, « malgré les éléments concourant au renforcement des clivages identitaires, il faut cependant souligner que d'autres forces au moins aussi importantes pussent en sens inverse » (1090).

Entre la libre circulation et le choix par chaque pays de son « système fiscal, social ou légal… le problème est que ces postulats conduisent immédiatement à des contradictions dont l'ampleur n'a fait que s'accroître avec les dernières décennies, et qui menacent de faire exploser le cours actuel de la mondialisation » (1176).

« L'une des contradictions du système actuel est que la libre circulation des biens et des capitaux est organisée d'une façon telle qu'elle réduit considérablement les capacités des États à choisir leurs politiques fiscales et sociales » (1177).

« Le point de contradiction le plus violent entre le mode actuel d'organisation de la mondialisation et les représentations de la justice transnationale concerne naturellement la question de la libre circulation des personnes » (1179).

« Il existe plusieurs conceptions contradictoires de la façon dont les traités doivent s'étendre » (1179).

« Les représentations de la justice s'expriment bel et bien à un niveau transnational, qu'il s'agisse de l'aide au développement, de l'environnement ou de la libre circulation des personnes, mais ces représentations sont souvent confuses et contradictoires » (1180).

« Seul le développement d'un véritable socialisme participatif et internationaliste s'appuyant sur un social-fédéralisme et une nouvelle organisation de l'économie-monde, pourrait permettre de résoudre les contradictions » (1190).

2.1.2. Conflit

Conflit est un mot d'un usage encore plus fréquent (45) que contradiction (40) sous la plume de T. Piketty. Ces deux mots sont à peu près synonymes, mais n'ont pas le même usage. Contradiction (Aristote, Kant, Hegel, Marx) a une signification plus abstraite, logique, cognitive, tandis que conflit (Kant, Freud) comporte une dénotation plus concrète, pratique, pragmatique. « Conflit » nous intéresse particulièrement chez T. Piketty, parce que ce thème va nous conduire vers la question des conflits de nature idéologique, jointe chez lui à celle plus grave du rejet du « déterminisme ».

On nous a déjà dit – pardon de nous répéter – que « le conflit et le désaccord idéologique sont inhérents à l'idéologie elle-même », que « le conflit idéologique est presque toujours multidimensionnel » (16-17) – ce qui serait le propre de la **pensée complexe (alias dialectique) propre à l'aire continentale à la différence de la pensée analytique de type associatif propre à l'aire anglo-nord-américaine**.

Le termes « conflit », et son adjectif « conflictuel », sont utilisés parfois seuls (315, 340, 404, 407, 410-411, 466-467, 554, 838, 877, 893, 908, 1089), mais couramment aussi associés à d'autres mots ainsi que leurs combinaisons, tels que « idéologie », « politique » (791, 1101), « économie » (380), « social » (602), « électoral » (864, 1103), « inégalitaire » (913) : « politiques et idéologiques » (1101), « politico-idéologique » (24, 289, 438, 838, 890, 920, 923), « socio-économique » (289, 380, 438, 752), « sociopolitique » (380), voire « politique et électoral » (752, 858), « politico-électoral » (107, 414), « électoral et politique » (857, 1134), « sociopolitique et électoral » (717), « politico-linguistique » (838), et même « intellectuels et cognitifs » (147), « violents » (147).

« Chaque trajectoire politico-idéologique nationale peut se voir comme un gigantesque processus d'apprentissage collectif et d'expérimentation historique. Ce processus est inévitablement conflictuel » (24).

« **Le progrès humain existe, mais il est un combat** » (36).

« Loin d'être fondées, les frontières entre les trois groupes des sociétés ternaires [clergé, noblesse, tiers état] font l'objet de négociations et de conflits permanents, qui peuvent en altérer radicalement la définition et les contours » (79).

« Les conflits, les évolutions et les ruptures traversent des sociétés que l'on aurait bien tort d'imaginer statiques et sédimentées, et d'opposer entre elles plus que de raison » (80).

« Il est frappant de constater que les querelles de protocole et les conflits sur les rangs et les préséances, loin de disparaître, semblent plutôt se durcir à la fin de l'Ancien Régime » (110).

« La question de l'inégalité met toujours en jeu une forte dimension idéologique et conflictuelle » (215).

« Les relations de propriété font toujours l'objet de conflits » (340). Mais qu'en sera-t-il lors de la mise en jeu d'une nouvelle forme de « propriété temporaire » E.J. ?

« Des conflits [sont liés aux] transformations sociales qui agitent l'ensemble des sociétés » (378).

En Inde, « la redéfinition des castes entraîna de multiples conflits de reconnaissance lors des recensements [organisés par] l'administration coloniale » (403).

« Des constructions étatiques et des regroupements territoriaux autres que ceux observés **auraient pu se produire**, en Europe comme dans les autres régions du monde, **en fonction de trajectoires indissociablement socio-économiques** [infra-] **et politico-idéologiques** [superstructures] » (438).

Le terme « socio-économique » réfère clairement à ce que Politzer dit de l'infrastructure en tant que « structure économique qui est à la base de la société » [forces productives], sur laquelle vient se coller « la structure sociale [rapports sociaux de production], qui soutient la structure politique, et enfin la structure idéologique », partie sommitale de l'édifice que connote assez clairement le terme « politico-idéologique » ici utilisé par T. Piketty (Politzer, 1935, 233). Enfin, le terme sociopolitique parfois utilisé par T. lui viendrait s'ajuster à l'ensemble (bas – social, et haut –

politique) du mode de production. On reviendra plus tard sur ce sujet délicat.

On peut consulter dans l'Index des idées le nombre des références respectives des termes politico-idéologique (74), socioéconomique (10), et aussi sociopolitique (12).

Un tel déséquilibre entre l'étage supérieur « 74) et l'étage inférieur (10), ainsi que leur passerelle (12) ne laissera pas de créer une inquiétude quant au reproche éventuel d'idéalisme que les gardiens du temple du « matérialisme », pour peu qu'il en reste encore, ne manqueront pas de faire à l'auteur. On en reparlera.

« La réalité sous-jacente du conflit politico-idéologique recouvre toujours des dimensions multiples et imparfaitement corrélées » (857).

« Les **conflits sur la frontière** peuvent prendre le pas sur les débats **autour de la propriété et de la redistribution socio-économique** [infra-], qui supposent que chacun s'accorde au préalable sur l'appartenance à une même communauté » [**Polarité importante** : identité/inégalité, clivage identitaire/classiste, frontière/propriété – en fait statique/dynamique, sur laquelle on reviendra. E.J.] (1089).

2.1.3. Déterminisme ?

T. Piketty conteste dans la Pensée-Marx l'analyse du mode de production comme composé de deux couches : l'infrastructure et la superstructure, dont la première est déterminante en dernière instance, même si la seconde est dotée de la propriété de réagir en retour sur la première.

Il conteste la thèse d'un déterminisme historique tel que conçu par Marx, c'est-à-dire d'un principe de conditionnalité nécessitante exercé par la première, comme structure économique de base, sur la seconde comme structure sociale dérivée. Disons encore le pouvoir de légalité déterminante de l'économie sur les formes variées de la conscience sociale.

T. Piketty serait à la limite partisan de la contingence absolue de l'histoire. Ce qui ne va pas sans poser un sérieux problème épistémologique à sa discipline, si tant est que la reconnaissance d'un déterminisme universel, c'est-à-dire de la détermination des phénomènes par des lois universelles et nécessaires, représente la base même d'une attitude reconnue comme scientifique dans quelque discipline du savoir que ce soit.

D'accord ! La science moderne a appris à apprivoiser et à assouplir la rigueur du déterminisme propre à la science classique (Newton, Laplace), jusqu'à introduire l'indéterminisme dans la physique, et l'approche par les modèles probabilistes en sciences humaines et sociales. On aura à en reparler plus tard.

Ceci dit, il convient de laisser parler l'auteur dans une douzaine à peu près de passages :

« Les mises en contact organisées de 1500 à 1900 entre l'Europe, l'Amérique, l'Afrique et l'Asie **auraient très bien pu** être organisées de dizaines de façons différentes, par exemple sous forme d'échanges équitables, de migrations libres et de travail rémunéré [Ne serait-ce pas là un peu rêver ?], en fonction des rapports de force politico-idéologiques en vigueur, de même d'ailleurs que les relations économiques mondiales au XXIe siècle **peuvent être structurées par de multiples systèmes** de règles distincts » (442).

« De tels rapprochements [entre les périodes successives de l'histoire de la Chine] supposent une continuité et un déterminisme qui ne se justifient pas, et qui ne permettent pas de penser la complexité et la diversité des points de bifurcation qui caractérisent la trajectoire chinoise, comme d'ailleurs toutes les trajectoires sociopolitiques [MP] historiques » (460).

Dans le système particulier de lunettes que nous utilisons pour lire T. Piketty, système de la vulgate marxiste VM dont nous nous servons par commodité et non dans un esprit dogmatique, MP désigne l'ensemble du Mode de production soit encore de la Formation **économique** et sociale FES, tandis que FP et RP sont respectivement les deux étages « Forces productives » et « Rapports sociaux de production » de l'infrastructure (infra-) ou Base du MP ou FES, tandis que la superstructure du MP ou FES est formée de la hiérarchie des couches juridique, **politique** et enfin **idéologique** (morale, religion, science, littérature, art), liée à diverses formes de **conscience sociale**. On aura à en reparler.

« Il serait peu crédible de voir dans l'avènement de la République populaire de Chine la conséquence déterministe et inéluctable des insuffisances de la république bourgeoise de 1911-1912… **Bien d'autres évolutions auraient pu se produire**, à commencer par diverses formes de républiques sociales et démocratiques… une grande diversité de trajectoires politico-idéologiques [Base, *bottom up*, E.J.] et institutionnelles [super-, *top down*] possibles… un ensemble d'expériences sociopolitiques

[MP] riches en bifurcations inachevées et en enseignements riches pour l'avenir » (471).

« Il est possible surtout de **ne pas se laisser enfermer dans des lectures déterministes… J'insiste surtout sur le poids des facteurs politico-idéologiques [super-] dans la dynamique** des régimes inégalitaires, ainsi que sur **l'interaction entre les évolutions intellectuelles de long terme et les logiques événementielles de court terme** » (542).

Dans la pensée de T. Piketty, **la polarité court terme (événement)/ long terme viendrait recouvrir le couple politique/idéologique**. Signalons que Badiou a développé un modèle de l' « événement ».

« Il est probable que ces questions continueront d'occuper les débats à venir, sans qu'il soit possible à ce stade de dire **quand et comment** le changement se produira » (590).

« Il faut insister sur le fait que les différentes trajectoires politico-idéologiques qui viennent d'être résumées ne sont que celles qui sont advenues. Il en est de multiples, autres qui auraient pu advenir, car l'histoire des régimes de propriété, de même **que l'histoire des régimes inégalitaires en général, est composée de multiples points de bifurcations possibles et ne saurait être envisagée suivant une perspective linéaire et déterministe** » (591).

« Comme toujours, l'histoire montre que **rien n'est écrit d'avance** » (629).

Cependant que Politzer énonce que « rien n'est achevé » (1935-1936, 167), donc ça continue, mais comment : ça « ne cesse pas d'écrire », à moins que ça « cesse de ne pas s'écrire », comme dit Lacan (1973) pour désigner respectivement la nécessité et la contingence.

« Il n'y a **rien de « naturel »** dans la transformation postcommuniste [et son évolution vers la kleptocratie], pas plus que dans les autres trajectoires de transformation des régimes inégalitaires. De multiples choix s'ouvraient en 1990, et s'ouvrent toujours pour l'avenir. Plutôt que de privilégier les relectures déterministes, il est plus intéressant de voir dans ces évolutions le **fruit de processus socio-économiques [Base] et politico-idéologiques [top] contradictoires et conflictuels, caractérisés par de multiples points de bifurcations possibles** qui auraient pu tourner différemment, **en fonction des capacités de mobilisation et des rapports de force** entre les différents groupes et discours en présence » (701).

« **L'absence de mémoire historique et la faible capacité d'apprentissage** des expériences partagées prennent parfois des proportions étonnantes, surtout s'agissant de personnes et d'institutions dont la raison d'être est la production des connaissances et d'expertises au service de la coopération internationale » (702-703).

« La question de l'organisation idéale de la société est trop incertaine pour qu'il puisse exister une relation déterministe entre la position de classe et les croyances politiques. Il ne s'agit certes pas de relativiser ici toutes les croyances. Je suis au contraire convaincu qu'il est possible de **mobiliser les leçons de l'histoire** et de comparer minutieusement les différentes expériences historiques pour mieux appréhender les contours du **régime de propriété idéal ou du régime fiscal ou éducatif idéal** » (839).

« Cette évolution de long terme est due à une multiplicité d'acteurs et n'obéit pas à un plan préétabli » (877).

« On aurait bien **tort d'interpréter ces évolutions de façon déterministe**. Suivant les stratégies des acteurs, et en particulier en fonction des capacités de **mobilisation politico-idéologique des différents discours**, groupes sociaux et organisations politiques en présence, le système de clivages et les axes principaux le caractérisant pourraient évoluer de façon totalement différente » (913).

« Telle théorie me semble excessivement déterministe, et, au final, peu convaincante » (960).

« Comme toujours il serait erroné de relire ces trajectoires de façon déterministe. Les **logiques intellectuelles et idéologiques de long terme sont importantes, mais il existe également de multiples points de bifurcations** qui auraient pu donner lieu à des trajectoires différentes » (965).

« **J'ignore** [bien qu'il y ait des leçons de l'histoire ? E.J.] la forme que prendront les crises à venir et la façon dont elles puiseront dans les répertoires d'idées existants pour inventer des trajectoires nouvelles. Mais il ne fait aucun doute que les idéologies continueront de jouer un rôle central, pour le meilleur et pour le pire » (1113).

« L'histoire des régimes inégalitaires étudiée dans ce livre montre à quel point de telles transformations politico-idéologiques [Top. E.J.] ne sauraient être envisagées de manière déterministe. **De multiples trajectoires sont toujours possibles, en fonction de rapports de force impli-**

quant à la fois des logiques événementielles de court terme et des évolutions intellectuelles de plus long terme, qui apparaissent souvent comme autant de répertoires d'idées dans lesquels les moments de crise peuvent aller puiser. » Ceci dit, « le **risque d'une nouvelle vague de concurrence exacerbée et de dumping fiscalo-social est malheureusement bien réel**, avec à la clé un possible raidissement nationaliste et identitaire, qui est d'ailleurs visible aussi bien en Europe et aux États-Unis qu'en Inde, au Brésil ou en Chine » (1193-1194).

2.1.4. Dépassement

« Ces différents discours doivent être entendus, jusqu'à un certain point, mais je tenterai de démontrer qu'ils peuvent être dépassés, en nous fondant sur les leçons de l'histoire » (46).

« L'absence un peu partout d'une réflexion suffisante sur le dépassement de la propriété purement privée » (52).

« Si l'on souhaite sortir de cette logique d'accumulation infinie [Le **mauvais infini**, dont parle Hegel, la figure de Faust vendu au diable. E.J.], alors il faut se donner les moyens intellectuels et institutionnels d'un véritable dépassement de la notion de propriété privée, par exemple avec le concept de propriété temporaire et de redistribution permanente de la propriété » (339).

« La question même du dépassement de la propriété a souvent été abandonnée presque entièrement par les sociaux-démocrates » (577).

« **Ce n'est pas parce que le soviétisme a été un désastre qu'il faut s'arrêter** de penser la propriété et son dépassement. Les formes concrètes de la propriété et du pouvoir sont encore et toujours à réinventer. Il est temps de reprendre le cours de cette histoire, en repartant notamment des **expériences cogestionnaires germaniques et nordiques**, et en les généralisant et en les étendant à des logiques autogestionnaires viables, participatives et innovantes » (599).

« **Dépasser les contradictions** » (662). Du pur Hegel-Marx (E.J.)

« Mieux vaut commencer à prendre la mesure des expériences et des débats du passé, pour mieux les dépasser » (670).

Il s'agit de « dresser les contours du néopropriétarisme contemporain et ainsi mieux comprendre les questions posées par son dépassement » (756).

« La fuite en avant vers la création monétaire et l'**hypertrophie du secteur financier**... Il s'agit là d'une des principales contradictions du régime néopropriétariste actuel, et il est urgent de la dépasser » (821).

« C'est précisément ce **nihilisme** qui nourrit les replis identitaires et le piège social-nativiste. [RN. Il s'agit] d'étudier les conditions de son dépassement [dans le] cadre français et dans les autres pays » (932).

« Analyser à quelles conditions il est possible de dépasser le piège social-nativiste [RN. E.J.] et de dessiner les contours d'une forme de **social-fédéralisme et de socialisme fédératif** permettant de faire face à cette nouvelle menace identitaire » (933).

« Il faut maintenant trouver des solutions nouvelles pour **sortir par le haut [dépasser, *Aufheben*.** E.J.] des problèmes posés par les dettes publiques actuelles, en s'appuyant sur les réussites et les limitations des expériences du passé » (1107).

« Du dépassement du capitalisme et de la propriété privée » (1117).

2.1.5. Régression, renversement, retournement

Ces trois mots représentent une forme bloquée, voire vicieuse de dépassement – par inversion, retour en arrière, en tout cas une espèce particulière de la contradiction.

Les termes « renversement », « retournement » sont utilisés par **Freud** dans la *Métapsychologie* de 1915 pour expliquer la genèse des formes primitives du sujet psychique : *Umkehrung*, *Verkehrung*. Le terme « régression » (*Regression*), emprunté par Freud au neurologue britannique John Hughlings **Jackson** est d'un très usage dans tous les secteurs de sa doctrine.

Hegel, Marx et Freud utilisent la même logique paradoxale (complexe, dialectique) de l'identité-contradiction sous des formes très proches.

« Un impôt progressif sur les hauts revenus et hauts patrimoines européens, pourquoi ? [T. P. ne parle pas ici du 3ième impôt sur les successions, ni de la taxe carbone].

L'impôt progressif est un outil de redistribution et de financement de **l'État social mis en place au XXe siècle à la suite des deux guerres mondiales**, à une époque où l'idée d'égalité entre les citoyens et celle de l'État-providence se développaient. C'est grâce à la progressivité fiscale au sommet de la hiérarchie des revenus que la concentration des patrimoines n'a pas retrouvé après 1945 les niveaux atteints à la Belle Époque. » Or, « depuis les années 1970-1980 cependant, le principe de progressivité de l'impôt, notamment sur les plus hauts revenus, a été remis en cause par la **libre circulation des capitaux qui ouvre les portes à l'évasion fiscale dans un monde où les règles fiscales ne sont pas harmonisées entre les pays.** » Et « **faute de coordination suffisante, les États européens sont donc incités à mener des politiques de concurrence fiscale pour attirer les capitaux ou éviter l'évasion des grandes fortunes.** » Ainsi, « il a, par exemple, fallu attendre que les États-Unis prennent des mesures pour que le secret bancaire suisse soit mis à mal (timidement et incomplètement). **Seuls des impôts communs peuvent permettre de renverser la vapeur.**

Aujourd'hui, l'impôt est même souvent régressif en haut de la distribution des revenus » (*78-79*).

Après 1914-1918, « les forces politiques en présence se retrouvèrent à proposer de nouvelles voies, en particulier diverses formes de social-démocratie et de socialisme en Europe ou de New Deal aux États-Unis. Ces enseignements ont une importance évidente pour l'analyse des développements en cours en ce début de XXIe siècle, d'autant plus qu'une idéologie néopropriétariste a gagné en puissance depuis la fin du XXe siècle. » Or, « cela peut être attribué en partie à l'échec catastrophique du communisme soviétique. Mais cela s'explique aussi par **l'oubli de l'histoire** [Refoulement collectif ? E.J.] et la division des savoirs économiques et historiques, ainsi que par les insuffisances des solutions sociales-démocrates mises en place au milieu du XXe siècle, dont il est urgent de faire aujourd'hui l'inventaire » (492).

« La situation en vigueur dans les années 1990-2020 est rigoureusement inverse [de ce qu'elle était dans la période 1950-1980] (le taux moyen d'imposition appliqué aux classes moyennes et populaires est égal ou supérieur au taux appliqué au sommet) (541).

« Au cours des années 1980-2010, la situation électorale s'est totalement inversée, et ces mêmes partis sociaux-démocrates et socialistes européens et démocrate états-unien font dorénavant leurs meilleurs scores parmi les plus diplômés » (631). C'est ce que T. P. va appeler aussi plus loin « renversement du clivage éducatif ».

« Au début du XXe siècle, les États-Unis avaient alors plus d'un demi-siècle d'avance sur l'Europe en termes de scolarisation primaire puis secondaire universelle. Cette avance s'est tarie à la fin du XXe siècle, et avec elle l'écart de productivité » (636).

« En moins de dix ans, entre 1990 et 2000, la Russie postcommuniste est passée du statut de pays qui avait réduit les inégalités monétaires à l'un des plus bas niveaux observés dans l'histoire à celui d'un des pays les plus inégalitaires du monde » (695).

« Ce **renversement complet du clivage éducatif** se retrouve non seulement entre les niveaux de diplôme primaire, secondaire et tertiaire, mais également à l'intérieur de chaque diplôme » (867).

« On constate des années 1950 aux années 2010 que les électeurs âgés de 18 à 34 ans ont généralement voté plus fortement que les électeurs de plus de 65 ans pour les partis de gauche en France, pour le parti démocrate aux États-Unis ou pour le parti travailliste au Royaume-Uni...Quoi qu'il en soit, cette intéressante volatilité de la jeunesse est sans effet sur la tendance de fond qui nous intéresse principalement ici, à savoir le retournement complet du clivage éducatif... »

Or « le retournement du clivage éducatif se retrouve aussi bien parmi les personnes seules que parmi celles vivant en couple. On notera à ce sujet que les enquêtes utilisées confirment le glissement à gauche de l'électorat féminin sur longue période. Dans les années 1950 et 1960, les femmes votaient beaucoup plus souvent à droite que les hommes, en particulier en France et au Royaume-Uni, et à un degré moindre aux États-Unis. » En fait, « ce biais s'est amoindri au cours des années 1970 et 1980, avant de s'inverser légèrement en France et au Royaume-Uni (où les femmes votent généralement un peu plus à gauche que les hommes dans les années 1990, 2000 et 2010, et plus nettement aux États-Unis. Pour rendre compte de cette évolution, des travaux ont insisté sur l'importance de la montée du divorce, des séparations et des situations de fragilité économique des femmes, en particulier dans le cas de mères isolées. » Ceci étant, « plus généralement, cette évolution témoigne de transformations socio-économiques [infra-] et politico-idéologiques [super-] profondes concernant les structures familiales et la montée en puissance de la question de l'égalité hommes-femmes… Ainsi que nous l'avons déjà vu, les inégalités de revenus et de patrimoines liées au genre restent cependant très marquées » (870-871).

« Ce ne sont pas seulement les ouvriers de l'industrie qui ont cessé de voter pour les partis de gauche : on retrouve une désaffection tout aussi marquée parmi les salariés peu diplômés des services… Le retournement du clivage éducatif est un phénomène d'ordre général, qui ne se limite pas à un secteur particulier, ni d'ailleurs à un parti politique particulier.

La gauche électorale et les classes populaires : anatomie d'un divorce… »

À ce sujet, « nous ne pourrons répondre pleinement à cette question qu'après avoir examiné les trajectoires observées aux États-Unis, au Royaume-Uni et dans les autres pays... **L'hypothèse sociale**, qui me semble de loin la plus importante et la plus convaincante, est que **les catégories populaires se sont graduellement senties abandonnées par les partis de gauche, qui se seraient progressivement tournés vers d'autres catégories sociales** (et notamment vers les plus diplômés). » Ceci dit, « l'hypothèse nativiste est que ce sont au contraire les partis de gauche qui auraient été abandonnés par une partie des catégories populaires, happées par les sirènes du vote raciste et anti-immigrés. Cette seconde hypothèse est particulièrement répandue aux États-Unis… »

Par ailleurs, « plus généralement, de multiples travaux ont insisté sur la montée en puissance depuis les années 1980 et 1990, en Europe comme aux États-Unis, de nouveaux clivages autour des enjeux migratoires et de la question du multiculturalisme, qui auraient contribué à éloigner les catégories populaires de la gauche électorale » (873-875).

« Le vote démocrate par diplôme aux États-Unis (1948-2016)…

Il s'agit de l'aboutissement d'**une évolution structurelle** entamée un demi-siècle plus tôt. De fait, si l'on examine l'écart entre le score obtenu par les démocrates parmi les diplômés du supérieur et les non-diplômés du supérieur, on constate qu'il n'a cessé de se creuser depuis les années 1950 et 1960, **de façon graduelle et continue**… »

Par ailleurs, « **le clivage s'est également entièrement retourné** au sein des diplômés de l'enseignement supérieur. Dans les années 1950 et 1960, plus le diplôme était avancé, plus le vote républicain était marqué. Dans les années 2000 et 2010, c'est l'inverse » (936).

« Nous retrouverons des résultats similaires avec le parti travailliste au Royaume-Uni et les divers partis sociaux-démocrates en Europe (en particulier en Allemagne et en Suède). Dans tous les pays, l'expansion éducative est allée de pair avec un retournement du clivage éducatif sur le plan électoral… »

En fait, « par définition, une grande partie des enfants et des petits enfants de ces personnes ont réalisé une mobilité ascendante dans la hiérarchie des diplômes » (938-939).

« Il s'agit donc d'une évolution qui se déroule de façon continue et graduelle, depuis les années 1950-1960 jusqu'aux années 2000-2020…

Enfin, et surtout, le point essentiel est que ce retournement du clivage éducatif se retrouve également en France, avec une ampleur et une périodisation presque identique aux États-Unis… »

En réalité, « ce clivage ne commence à jouer un rôle central que de façon beaucoup plus tardive, **à partir des années 1980 et 1990**, et ne permet pas de comprendre pourquoi le retournement du clivage éducatif commence beaucoup plus tôt, **dès les années 1960**… »

Or, « si le parti démocrate est devenu le parti des plus diplômés, et que les personnes les moins diplômées ont fui le vote démocrate, cela doit être parce que ces dernières ont l'impression que les politiques portées par ce parti correspondaient de moins en moins à leurs aspirations. » Et « en outre, si une telle impression se prolonge pendant un demi-siècle et se retrouve dans de si nombreux pays, il ne peut pas s'agir d'un simple malentendu » (961).

« L'évolution de la structure des votes en faveur des deux principaux partis, travailliste et conservateur, à l'exclusion des autres partis, au cours de la période 1955-2017.

Le premier résultat est que le parti travailliste est lui aussi devenu le parti des diplômés au cours du demi-siècle… »

Or, « de la même façon que pour la France et les États-Unis, on constate que ce retournement du clivage éducatif se retrouve à tous les niveaux de diplôme (entre primaire, secondaire et supérieur, mais aussi à l'intérieur du secondaire et à l'intérieur du supérieur). » Et « on observe également que le phénomène se déroule de façon graduelle et continue, au cours des six dernières décennies, et que la tendance de fond n'est guère affectée par la prise en compte des effets de l'âge, du sexe et autres caractéristiques socio-économiques individuelles » (970).

2.2. Histoire

« Le savoir et l'histoire demeurent nos meilleurs atouts » (15).

« Ce livre s'appuie sur deux grands types de sources historiques : d'une part des sources permettant de **mesurer l'évolution des inégalités, dans une perspective historique, comparative et multidimensionnelle** (inégalités de revenus, salaire, patrimoine, éducation, genre, âge, profession, origine, religion, race, statut, etc.) » ; et d'autre part aussi « des sources permettant d'étudier **les transformations des idéologies, des croyances politiques et des représentations des inégalités et des institutions économiques, sociales et politiques qui les structurent** » (26). [Gradation ascendante régulière des trois termes conforme au modèle classique de la VM. E.J.].

« Pour ce qui concerne les inégalités, je vais notamment m'appuyer sur les données rassemblées dans le cadre de la *World Inequality Database* (WID.world). Ce projet repose sur les efforts combinés de plus de 100 chercheurs couvrant désormais plus de 80 pays sur tous les continents. Il rassemble la plus vaste base de données actuellement disponible sur l'évolution historique des inégalités de revenus et de patrimoines, aussi bien entre pays qu'à l'intérieur des pays. » En fait, « le projet WID.world est issu de **travaux historiques lancés avec Anthony Atkinson** et Emmanuel Saez au début des années 2000, et qui visaient eux-mêmes à généraliser et à étendre des recherches entamées dans les années 1950 et 1970 par Simon Kuznets, Atkinson et Allan Harrison. » Or, « ces travaux reposent sur une confrontation systématique des différentes sources disponibles, et en particulier les comptes nationaux, les données d'enquêtes et les données fiscales et successorales, qui permettent généralement de remonter à la fin du XIXe siècle et au début du XXe siècle », une « période où furent créés des systèmes d'impôt progressif sur les revenus et les successions dans de nombreux pays, ce qui a également permis de donner à voir plus de choses sur les richesses (l'impôt est toujours un moyen de produire des catégories et des connaissances, et pas seulement des recettes fiscales et du mécontentement). » Et, « on peut même pour certains pays débuter à la fin du XVIIIe siècle et **au début du XIXe, en particulier dans le cas de la France**, où la Révolution conduisit à la mise en place précoce d'un système unifié d'enregistrement des propriétés et de leur transmission. Ces recherches ont permis de mettre dans une perspective historique longue le phénomène de remontée des inégalités observé depuis les années 1980-1990, et ainsi de contribuer à nourrir le débat public mondial sur ces questions, comme en témoigne l'intérêt suscité par le *Capital au XXI siècle*, publié en 2013, ainsi que par le *Rapport sur les inégalités mondiales* publié en 2018 » (26-28).

L'examen de la bibliographie de l'édition de Rubel dans la Pléiade montre que Marx, travaillant seul avec sa plume, aurait consulté et probablement lu 467 ouvrages, ce qui est tout de même considérable, compte tenu des moyens de travail très limités de l'époque. Par ailleurs, Marx a pour terrain de travail quasi exclusif l'Angleterre du XIXe siècle. Il connaît sensiblement moins bien l'Allemagne et la France.

Le XIXe siècle a connu des lecteurs d'une capacité de travail considérable, par exemple Auguste Comte (1798-1857), Émile Littré (1801-1881), l'abbé Jacques-Paul Migne (1800-1875). E.J.

« L'explication pour les écarts considérables entre pays [pour les proportions de la noblesse] doit être recherchée dans l'histoire inséparablement territoriale, politique, idéologique, militaire et fiscale propre à chaque construction étatique européenne, et dans les **compromis noués aux différentes époques par les groupes sociaux en présence** » (200).

« Les sociétés esclavagistes et coloniales [aux XVIIIe et XIXe siècles] figurent parmi les plus inégalitaires que l'on puisse observer dans l'histoire. Les ordres de grandeur et leurs variations dans le temps et l'espace sont toutefois intéressants en tant que tels et méritent d'être examinés de près » (310).

« Si l'on se place maintenant dans une perspective spatiale et temporelle plus large, et que l'on compare la part des richesses produites au coin d'une année que s'approprient les 10 % les plus riches, on constate que les sociétés esclavagistes telles que Saint-Domingue en 1780, suivies des sociétés coloniales telles que l'Afrique du Sud en 1950 ou **l'Algérie en 1930**, constituent les sociétés les plus inégalitaires de l'histoire. » Par contre, « **la Suède sociale-démocrate autour de 1980** constitue l'une des les plus égalitaires jamais observées en termes de répartition des revenus, et permet de prendre la mesure de la diversité des situations possibles » (312).

« Il ne s'agit pas d'écrire ici l'histoire de l'apartheid en Afrique du Sud (1948-1994), mais simplement d'insister sur plusieurs points importants **du point de vue de l'histoire générale des régimes inégalitaires** » (350).

« Cette enquête où je mets l'accent sur l'histoire des régimes inégalitaires [modes de production selon la VM. E.J.], et où nous avons vu l'importance cruciale de la construction de l'État centralisé [superstructure] pour **l'évolution de la structure des inégalités** » (363).

« L'inégalité contemporaine comme celle des siècles passés [ont adopté] des configurations qui ont beaucoup changé, mais dont il ; est essentiel de **décrire la généalogie historique afin** de pouvoir mieux analyser les enjeux du présent » (391).

« Il est indispensable de procéder à une vaste **remise en perspective historique et comparative avant** d'aborder l'analyse des régimes inégalitaires du XXIe siècle » (416).

« La façon dont la rencontre entre les puissances européennes et les principales structures étatiques asiatiques a contribué à forger différentes trajectoires inégalitaires, sur le plan à la fois politico-idéologique et institutionnel…

La multiplicité des évolutions et des bifurcations possibles invite à **relativiser l'importance des déterminismes culturels et civilisationnels, et à insister sur l'importance des logiques sociopolitiques et événementielles** dans la transformation des régimes inégalitaires » (429-430).

D'après ce que nous avons dit plus haut sur l'agencement du modèle de la VM, « sociopolitique » est un terme qui chevaucherait dans la « base » sur RP (socio) et la superstructure (politique).

À mettre ainsi l'accent fort sur le « sociopolitique », T. Piketty envisagerait bien de prendre en considération la « structure sociale [RP] qui soutient la structure politique, et enfin la structure idéologique » [super-, *top down*], mais plus spécialement « la superstructure juridique et politique », et apparemment pas (?) dans l'idéologie elle-même, mis à part ses formes idéologico-politiques, « toutes ses [autres] formes : la morale, la religion, la science, la poésie, l'art, la littérature » (Politzer, ibid. 233-234). Pourtant, il nous avertit également de son intérêt pour les phénomènes culturels tels que la littérature (Balzac, Austen) et par exemple aussi le cinéma (voir Index des idées : Littérature).

Il s'agit de « placer l'étude des régimes inégalitaires dans **une perspective historique et comparative**, y compris en comparant des pays, des époques et des institutions qui préféreraient parfois ne pas se comparer les uns aux autres » [par exemple la Suède et le Brésil ? E.J.] (466).

« Caractère historique de la déconcentration de la propriété qui se déroule au XXe siècle [entre 1920 et 1980. E.J.] » (501).

« On peut trouver de multiples exemples d'annulation de dettes publiques et privées, depuis les temps les plus reculés. Mais il faut attendre le XXe siècle pour que des systèmes de ponction sur le capital privé soient appliqués à une telle échelle et de façon aussi sophistiquée... **à l'issue des conflits de 1914-1948 et 1939-1945** » (519).

« Toute l'histoire parlementaire et fiscale démontre que le fait de créer des assemblées parlementaires dotées de pouvoirs fiscaux importants bouleverse très rapidement les dynamiques politiques » (*Changer l'Europe, 52*). [Polarité bond/continuité, voir par exemple chez Politzer, les termes « progrès par bonds », « changement par saut brusque », 1935-1936, 193, 195].

2.2.1. Trace

« Le régime inégalitaire actuel, que l'on peut qualifier de néopropriétariste, porte en lui **des traces de tous les régimes précédents** » (46).

[**Donc une certaine forme de déterminisme** ? E.J.]

« Les sociétés trifonctionnelles [jusqu'en 1789] et leurs multiples variantes ont laissé elles aussi une empreinte essentielle sur le monde moderne et méritent toute notre attention » (125).

« Les **droits de mutation**, [établis] dans le cadre du nouveau système fiscal de 1790-1791, sous forme de frais versés au notaire chargé d'établir les actes, existent en France au début du XXIe siècle, quasiment sous la forme créée à l'époque, et représentent autour de deux années de loyer, ce qui n'est pas rien » (137).

« Le **régime inégalitaire international de la Belle Époque mêlait** dans son schéma de justification à la fois des dimensions propriétaristes et civilisatrices, et chacune de ces dimensions a laissé des traces essentielles sur les évolutions ultérieures » (342).

« Au Japon, « des groupes comme les burakumins [Wikipédia] ont continué à lutter contre les discriminations réelles (à défaut d'être légales) dont ils faisaient l'objet aux lendemains de la Seconde Guerre mondiale, et les traces de ce lourd héritage sont toujours visibles au début du XXIe siècle (même si elles sont sans commune mesure avec celles laissées par les basses castes en Inde) » (455).

« L'expérience historique suggère que **le système fiscal idéal doit chercher à trouver un équilibre entre trois formes (revenus, successions, propriété) *a priori* légitimes d'impôt progressif**, sur la base des connaissances léguées par l'histoire » (651).

« Les sociétés hypercapitalistes de ce début du XXIe siècle sont très diverses. Elles sont certes connectées les unes aux autres par un **système capitaliste mondialisé et digital**. Mais les sociétés de la planète portent également la trace des **multiples trajectoires politico-idéologiques** qu'elles ont traversées, avec par exemple des éléments socio-démocrates, postcommunistes ou pétro-monarchiques. De façon générale, les différents régimes inégalitaires actuels combinent des **éléments de modernité et d'archaïsme**, des institutions et discours inédits qui représentent des formes de retour à des croyances anciennes, comme la quasi-sacralisation de la propriété » (801).

« Dans tous les cas, ces **opérations électorales laissent des traces au sujet des croyances politiques et de leur évolution**, des traces qui sont certes imparfaites et complexes à interpréter, mais qui sont néanmoins plus riches et systématiques que dans les sociétés non électorales » (837-838).

« Les clivages laissés par le premier système partisan opposant les tories (conservateurs) et les whigs (libéraux) au Royaume-Uni autour de 1750, continuent de jouer un rôle important et ont laissé des **traces significatives jusqu'à nos jours** » (851).

« Outre que les traces de cette histoire inégalitaire sont encore bien présentes dans la structure des inégalités contemporaines, l'étude des inégalités anciennes et de leur sophistication permet aussi de mieux mettre à distance les idéologies du présent, qui ne sont pas toujours plus sages que celles qui les ont précédées, et qui finiront elles aussi par être remplacées » (1194). [Redite partielle.]

2.2.2. Mythe de Pandore

T. Piketty revient assez souvent dans son livre sur l'histoire de Pandore, venue de la mythologie grecque. Il s'agit d'une histoire sur les dangers de l'histoire, celle qui est vécue, mais tout autant celle qui est racontée.

Comme on connaît l'intérêt majeur de T. Piketty pour l'histoire en tant que l'axe principal de son investigation, on ressentira que ce n'est pas sans un certain humour qu'il mentionne et nous rapporte cette « histoire ». D'une autre manière, la mythologie grecque reste l'un des grands trésors – par exemple avec la Bible – de l'idéologie universelle. Elle forme un recueil énorme de récits d'imagination occupant les quelque mille pages du volumineux *Dictionnaire de la mythologie grecque et romaine* de Pierre Grimal (1951, PUF, 608 pages). Il reste prodigieux qu'un pareil volume de littérature orale ait pu être conçu dans un pays d'une superficie environ 5 fois plus petite que celle de la France. Étant entendu que l'on peut dire à peu près la même chose du rapport de la Bible avec l'ancien pays d'Israël. Ce qui reste fascinant dans la mythologie grecque est que le même fond de récits touchant des péripéties jalonnant les généalogies fictives de dieux quasi-humains se reproduisait d'un petit canton à l'autre eu pays selon des variantes aussi pittoresques qu'inattendues.

Mais, en premier lieu, il convient de rapporter cette histoire telle que nous en livre la généalogie l'un des meilleurs spécialistes, Georges Hacquard, dans son très populaire *Guide mythologique de la Grèce et de Rome* (Faire le point, Hachette, 1976).

« Le nom de Pandore signifie : tous les dons [pan dôron]. C'est en effet de tous les dons que les dieux avaient paré cette créature, façonnée à l'image des immortelles par Héphaïstos (en latin, Vulcain) et Athéna sur l'ordre de Zeus (Jupiter).

Le but de Zeus était d'envoyer à la race humaine son châtiment après le forfait de Prométhée, voleur du feu divin. C'est au frère de Prométhée, Épiméthée, que le roi des dieux envoya Pandore et, oubliant la mise en garde de son frère contre tout présent venu de Zeus, Épiméthée fut séduit par la jeune femme et la prit pour épouse (elle est la mère de Pyrrha, qui épousa le fils de Prométhée, Deucalion).

Pandore apportait avec elle une jarre (pas une boîte comme prétendu d'ordinaire), dont il était convenu qu'on n'ôterait jamais le couvercle. Mais, Zeus l'avait prévu, Hermès (Mercure) ayant mis la perfidie dans le cœur de Pandore, la curiosité l'emporta : Pandore ouvrit la jarre et les maux dont elle avait été abondamment remplie prirent leur essor et se répandirent sur le monde. Seule au fond du vase demeura l'espérance ; tout ce qui reste pour réconforter le genre humain ».

T. Piketty nous dit que, lors de l'abolition de l'esclavage par l'Angleterre en 1833, il n'avait pas été question de spolier sans compensation les propriétaires d'esclaves, car, si on l'avait fait, il aurait fallu en faire autant pour des échanges plus anciens du même genre, et que « de proche en proche, on risquait de finir par remettre en cause l'ensemble des droits de propriété acquis » (255).

Argument très étrange selon quoi il serait dangereux d'ouvrir la boîte de Pandore pour aller fouiller dans le passé. Et qui rappelle aussi une autre argumentation célèbre d'Aristote, selon quoi, dans toute recherche, « il faut bien s'arrêter » à un premier état des choses (anagkê sthênaï), et qui par ailleurs est repris aussi par Kant dans la première antinomie de la raison pure (thèse). Cependant, un tel argument alimente encore certains débats contemporains sur la technique psychothérapique – notamment à propos de l'autisme –, les tenants du positivisme anglo-américain moderne soutenant qu'il suffit de pouvoir modifier par conditionnement externe les symptômes, sans profit aucun pour la recherche d'une soi-disant causalité en profondeur.

Plus loin, « nous avons déjà rencontré à de multiples reprises cette crainte de la boîte de Pandore de la redistribution de la propriété et des revenus, qu'il vaudrait mieux ne jamais ouvrir de peur de ne savoir comment la refermer » (422).

De façon plus surprenante, on nous parle, à propos de la terreur stalinienne, de ce que le « fait de criminaliser les détenteurs de carrioles et d'échoppes, au point de les emprisonner, peut sembler absurde. Cette politique obéit à une certaine logique [T. Piketty pense qu'il y en a toujours une, **ainsi qu'Hegel pense que tout ce qui est réel est rationnel.**] Il y a d'abord et surtout la crainte de ne pas savoir où s'arrêter [Si l'on tolérait les petits voleurs, quelle devrait être la limite de tolérance pour les plus audacieux, y compris parmi les dirigeants ?] » (688).

Plus loin encore, « Si les États européens ne sont pas plus volontaires [dans leurs remontrances à l'égard de l'actuelle] dérive kleptocratique russe, c'est sans doute pour une large part qu'ils craignent de ne pas savoir où s'arrêter s'ils commencent par remettre en cause certaines appropriations privées du passé (symptôme pandorien déjà maintes fois rencontré). » [Certains arguments récents ont commencé à remettre en cause la privatisation du réseau des autoroutes gérée au profit d'une société espagnole par le gouvernement Villepin] (705).

« L'idéologie sous-jacente [néopropriétariste depuis 1980] est relativement proche de l'idéologie propriétariste dominante au XIXe siècle et jusqu'au début du XXe siècle, caractérisée notamment par le refus absolu d'ouvrir « la boîte de Pandore » des droits de propriété et de leur répartition, de peur de ne pas savoir où la refermer » (791).

« L'idéologie néopropriétariste s'appuie en ce début de XXIe siècle sur de grands récits et des institutions solides, parmi lesquels l'échec communiste, le refus « pandorien » de la redistribution des propriétés, et un régime de libre circulation des capitaux sans régulation, sans information partagée ou fiscalité commune. Mais il faut aussi et surtout insister sur les multiples fragilités de ce régime politico-idéologique, qui sont autant de forces poussant au changement et au dépassement » (821).

« Dans son imposant traité de 1973-1982, Hayek exprime clairement la crainte propriétariste de toute forme de redistribution : si l'on commence par remettre en cause les droits de propriété issus du passé et à mettre la main dans l'engrenage de l'impôt progressif, alors on ne saura jamais où s'arrêter. » Ceci dit, « il attribue au Florentin Francesco Guicciardini, confronté à des propositions fiscales de ce type en 1538, la première expression claire de cette réflexion « pandorienne » et du refus absolu de l'impôt progressif. » De fait, « affolé par les taux marginaux supérieurs à 90 % appliqués aux États-Unis et au Royaume-Uni, et effrayé par la perspective d'une victoire finale du collectivisme, Hayek avait déjà proposé en 1960 dans un précédent ouvrage d'inscrire dans les Constitutions une interdiction intangible du principe même de l'impôt progressif » (823).

En Angleterre, lors du remboursement des propriétaires d'esclaves dans les années 1830, l'ouverture de la boîte de Pandore conduisait vers un passé encore assez proche, s'agissant par exemple de l'appropriation violente des terres des catholiques autochtones par des immigrants protestants récents soutenus par le régime de Cromwell (1599-1658 ; 1653-1658). Pour ne pas parler de l'expulsion progressive, depuis le début du XVIe siècle, des paysans hors des propriétés villageoises jusqu'alors communes par les aristocraties locales installant les *enclosures*.

En fait, « le secret » de ce qu'il y a au fond de la boîte de Pandore semblerait bien nous être dévoilé par le célèbre *Discours sur l'origine et les fondements de l'inégalité parmi les hommes* (1755), déjà cité plus haut, de Rousseau où nous est formulé sans ambages que l'origine de l'inégalité sociale, c'est la propriété, notamment munie d'une « clôture » (l'enclosure des Britanniques consacrant le : « ceci est à moi »), et bien entendu assortie de la commodité complémentaire de l'imposition à l'environnement d'une forme de soumission de type esclavagiste. Ce texte du très subversif « Jean-Jacques » montre « où ça s'arrête », au niveau de l'origine qui est en même temps le fondement : **l'esclavagisme**, dont l'origine mythique nous sera racontée encore un peu plus tard par la non moins fondatrice « dialectique du maître et de l'esclave » (Hegel, 1807)

Cette question de décider de s'arrêter dans le procès de régression vers l'origine, liée à celle de ne pas vouloir savoir ce que contient le fond de la boîte de Pandore – **la violence homicide originelle**, ni plus ni moins, car ceux qui sont repoussés un peu loin de la clôture ne se laissent pas faire, avant d'être réduits en esclavage –, exprime une forme de refoulement collectif, dont la pensée du fondateur de la psychanalyse, Freud, a souvent indiqué les voies d'exploration, notamment dans ses textes consacrés à la psychologie collective (*L'Avenir d'une illusion* 1927, *Malaise dans le civilisation* 1930, *Moïse et le monothéisme* 1939).

Il y a lieu de rappeler également que selon Freud, les deux interdits fondateurs de l'humanité sont l'interdit de l'inceste (exprimé dans le complexe d'Œdipe), mais aussi l'interdit du meurtre, dont on parle en général beaucoup moins, mais que Freud voit comme devant contrecarrer une pulsion originaire d'agression (*Aggressionstrieb*), dont il avoue dans sa correspondance avec le pacifiste Einstein (1930) devoir malheureusement déplorer l'insistance dans le comportement humain, en particulier dans les relations collectives entre peuples et nations. Cet instinct d'agression est lié entre autres choses, à la pulsion d'emprise (*Bemächtigungstrieb*), aux conduites dirigées sur la maîtrise des choses – ce qu'est bien la propriété dont il ne parle pas explicitement mais dont la mention ne s'en impose pas moins ici.

En tout cas, ce refoulement collectif du méchant fond de la boîte trouve une expression dans un registre comportemental que traduit un terme lui aussi assez fréquent sous la plume de T. Piketty.

2.2.3. Opacité

T. Piketty déclare à l'occasion comme totalement paradoxal le fait que les techniques modernes de l'informatique permettent en principe, et devraient permettre, en fait, de tout savoir sur les paramètres des états de la finance, individuels et collectifs, dans le monde. Alors que subsistent et résistent de vastes zones d'opacité. Voyons ceci un peu mieux.

On nous parle « de l'opacité de l'inégalité [car celle-ci y existe aussi importante qu'aux États-Unis ! E.J.] en Chine » (721).

Plus loin : « J'insisterai sur l'opacité économique et financière croissante qui caractérise le monde actuel, en particulier pour la mesure et l'enregistrement des revenus et des patrimoines financiers » (755, 765).

« Cela peut sembler **paradoxal à une époque où les technologies de l'information** devaient permettre en principe une plus grande transparence sur ces questions » (765).

« Comment expliquer cet état de fait, et plus généralement comment expliquer que l'entrée dans l'âge du *big data* et des technologies de l'information puisse s'accompagner par certains aspects d'un appauvrissement de la statistique publique, notamment en ce qui concerne la mesure de la propriété et de sa répartition ? »

En réalité, « précisons qu'il s'agit d'une évolution complexe, dont les causes sont multiples. Par exemple, la numérisation des administrations fiscales à partir des années 1980-1990 a paradoxalement conduit dans certains cas à une véritable perte de mémoire statistique. Il me semble toutefois qu'une partie de l'explication est directement liée à une certaine crainte politique de la transparence et de la demande de redistribution qui pourrait en résulter. » En fait, « afin de crédibiliser le système de cadastre financier public et de déclarations de patrimoines préremplies que je viens de décrire, il serait préférable de mettre en place par la même occasion un système d'imposition sur les patrimoines. » Ceci dit, « dans l'absolu il pourrait s'agir dans un premier temps d'un simple droit d'enregistrement à très faible taux (0,1 % par an ou moins, par exemple), que chaque propriétaire devrait obligatoirement acquitter afin de faire valoir son droit de propriété et bénéficier de la protection du système légal national et international. » Ainsi, « la puissance publique pourrait mettre en place une véritable transparence sur la répartition de la propriété, et ces informations nourriraient le débat public et la délibération démocratique, ce qui pourrait conduire (ou non) à l'adoption de barèmes progressifs beaucoup plus substantiels et à différentes formes de redistribution de la propriété. » En fait, « la crainte politique d'une telle évolution me semble constituer l'une des raisons susceptibles d'expliquer le refus de la transparence sur les patrimoines.

Un tel refus me semble extrêmement dangereux, en Europe comme aux États-Unis et dans le reste du monde. » Notamment, « il conduit à se priver d'un outil essentiel pour connaître la réalité des inégalités et pour mettre en place des politiques de réduction de la concentration des revenus et de la propriété » (790-791).

« Le retour d'une très forte concentration de la propriété, doublée d'une grande opacité financière, est l'une des caractéristiques majeures du régime inégalitaire néopropriétariste mondial en ce début du XXIe siècle » (800).

« **L'opacité financière et la montée des inégalités compliquent considérablement la résolution du défi climatique, et plus généralement conduisent à des insatisfactions sociales** dont la solution passe par une plus grande transparence et une plus forte redistribution, sauf à vouloir laisser monter des **tensions identitaires de plus en plus fortes**. Comme tous les régimes inégalitaires, celui-ci est instable et évolutif » (821).

« On aurait tort de s'imaginer que les idéologies du présent, fondées notamment sur diverses formes de sacralisation de l'opacité financière et de la fortune méritée, soient moins folles ou plus durables » (837).

« Le problème est que les nouveaux traités européens (Traité sur la stabilité, la coordination et la gouvernance en Europe, TSCG ; Traité sur le Mécanisme européen de stabilité, MES) n'ont fait que renforcer l'opacité et l'austérité en Europe » (*23*).

« Le projet Macron-Merkel ne change rien à l'**opacité de la gouvernance européenne actuelle** (la gouvernance évoquée repose sur l'Eurogroupe, la Commission et le MES) » (*31*).

« Le problème est que ce gouvernement d'urgence s'est institutionnalisé sans se démocratiser et il reste très opaque pour les citoyens » (*40*).

2.2.4. Infrastructure/superstructure

« Une approche purement socio-économique [infra-, *bottom up*] aurait bien du mal à rendre compte de la chute abrupte de la part de la noblesse entre 1780 et 1800-1810, suivie d'une **très forte remontée jusqu'à 1840-1850** » (115).

« L'inégalité de la propriété est avant tout une inégalité de pouvoir dans la société, et elle ne connaît potentiellement aucune limite, pourvu que l'appareil de répression ou de persuasion (suivant les cas) mis en place par les propriétaires parvienne à faite tenir l'ensemble et à perpétuer cet équilibre » (318). [**Inégalité d'avoir tout de même**, avoir et le pouvoir se fondant alors l'un l'autre par action réciproque. E.J.]

« En développant des techniques financières et commerciales à l'échelle de la planète, les Européens contribuèrent à mettre en place des infrastructures et des avantages comparatifs qui allaient s'avérer décisifs à l'âge du capitalisme industriel et financier mondialisé du XIXe siècle et du début du XXe siècle » (447).

« C'est la conjonction de **trois crises intellectuelles profonde** (émergence du communisme et du socialisme, crépuscule du colonialisme, exacerbation du nationalisme et du racialisme) **et de trajectoires événementielles** spécifiques qui explique la radicalité de la remise en cause et de la transformation observée : l'effondrement des inégalités et de la propriété privée, la chute des sociétés de propriétaires entre 1914 et 1945 ». [**Polarité temps long/temps court** recouvrant le couple idéologique/politique, comme déjà vu précédemment. E.J.]

« Ce sont des transformations politico-idéologiques de long terme qui ont rendu ces évolutions possibles » (492).

« Rétrospectivement, il apparaît clairement que la **seconde révolution industrielle, qui se diffuse graduellement entre 1880 et 1940**, avec la chimie, la sidérurgie, l'électricité, l'automobile, l'équipement ménager, etc., est beaucoup plus exigeante en formation. » Par contre, « lors de la première révolution industrielle, en particulier dans le charbon et le textile, on pouvait se contenter de mobiliser une force de travail relativement mécanique, encadrée par des contremaîtres et une petite minorité d'entrepreneurs et d'ingénieurs maîtrisant les nouvelles machines et procédés de production. » Ceci étant, « l'ensemble reposait également de façon cruciale sur les structures étatiques, capitalistiques et coloniales en charge de l'organisation des approvisionnements en matières premières et de la division mondiale des tâches et des rôles. » Aussi bien, « avec la seconde révolution industrielle, il devint essentiel qu'une partie de plus en plus importante de la main-d'œuvre soit alphabétisée et puisse maîtriser des processus de fabrication faisant appel à la culture technique et numérique, consulter les manuels d'utilisation des équipements, et ainsi de suite. » Et « c'est par le biais que les États-Unis, suivis de l'Allemagne et du Japon, nouvellement venus sur la scène internationale, prirent graduellement le dessus sur le Royaume-Uni et la France dans les nouveaux secteurs industriels entre 1880 et 1960 » (607).

« Dans de nombreux pays africains, comme au Nigeria, au Tchad ou en République centrafricaine, les recettes sont comprises entre 6 % et 8 % du PIB. Or comme nous l'avons noté en analysant la formation de l'État centralisé dans les pays aujourd'hui développés, de telles recettes sont tout juste suffisantes pour maintenir l'ordre et les infrastructures de base et ne permettent pas d'envisager le financement d'un investissement significatif en éducation et en santé. » Et « dans le même temps, on observe que les recettes fiscales au sein du tiers des pays les plus riches (essentiellement en Europe, en Amérique du Nord et au Japon) ont continué de progresser, passant d'environ 30 % du PIB en moyenne dans les années 1970 à 40 % dans les années 2010. » .

Assurément, « pour expliquer la trajectoire particulière des pays les plus pauvres, il faut prendre en compte que le processus de la construction de l'État est long et complexe » (808-809).

« Le paysage politico-idéologique s'est totalement transformé… Le **système d'élites multiples** s'est mis en place, avec d'un côté une « **gauche brahmane** » attirant les suffrages des plus hauts diplômés et de l'autre une « **droite marchande** » toujours en tête parmi les plus hauts revenus et patrimoines. Nous retrouverons cette même structure aux États-Unis, au Royaume-Uni et dans les autres pays occidentaux… »

Ceci étant, « les éléments de force tiennent au fait que la « gauche brahmane » et la « droite marchande » incarnent toutes deux **des valeurs et des expériences complémentaires**. Elles partagent aussi de nombreux éléments communs, à commencer par un certain **conservatisme** face au régime inégalitaire en place… »

Par ailleurs, « les deux camps partagent un **attachement fort au système économique actuel et à la mondialisation** telle qu'elle est présentement organisée, et qui, au fond, bénéficie assez bien aux élites intellectuelles comme aux élites économiques et financières… »

Or « « Gauche brahmane » et « droite marchande » peuvent alterner au pouvoir, ou bien gouverner ensemble dans le cadre d'une coalition regroupant les différentes élites. La tentative de constitution d'une alliance regroupant le centre gauche et le centre droit en France aux élections de 2017 relève du second cas de figure… »

Enfin, « **ce qui reste de la gauche électorale est traversé par des fractures de plus en plus vives** entre un centre gauche promarché et une gauche proredistribution plus radicale à la recherche de nouvelles réponses face à la montée des inégalités » (896-897).

« Chaque pays présente des particularités importantes en fonction de sa configuration socio-économique [infra-, *bottom up*] et politico-idéologique [super-, *top down*] propre… [Il existe] de multiples variantes politico-idéologiques nationales et régionales » (998).

Il y a « débat sur les frontières mêmes de la communauté…

Les enjeux et les contextes sont chaque fois différents, mais ils illustrent tous comment les **conflits sur la frontière** peuvent prendre le pas sur les **débats autour de la propriété** et de la redistribution socio-économique, qui supposent que chacun s'accorde au préalable sur l'appartenance à une même communauté » (1089). [Polarité identité/inégalité des classes, statique/dynamique. E.J.]

« Au cours de la période 1950-1980, les travaillistes israéliens mettaient l'accent sur la réduction des inégalités socio-économiques et le développement de formes coopératives originales » (1103).

« L'expérience historique montre que **l'inégalité patrimoniale extrême tend toujours à se reformer** sous d'autres formes, à mesure que les sociétés agraires du passé laissent la place à des **sociétés fondées sur la propriété industrielle, immobilière et financière**. » Or « cela peut être dû par exemple à des bouleversements économiques bénéficiant à une minorité (comme des privatisations avantageuses ou des **révolutions technologiques**) [infra- FP, E.J.] et à divers mécanismes cumulatifs permettant aux détentions initiales les plus importantes de se reproduire en moyenne plus vite que les autres (rendements financiers, pouvoir de marché, optimisation légale et fiscale) » (1128).

[Serait-ce **l'indice d'une sorte de « nature humaine », en fait d'une tendance comme « naturelle » à former des hiérarchies sociales, déjà propre à nombre d'espèces animales ?** E.J.]

« On pourrait ainsi parvenir à ce que les profits réalisés par les grandes sociétés multinationales soient répartis entre les États de façon transparente, en fonction de l'activité économique réelle réalisée dans les différents territoires, avec des taux minimaux d'imposition compatibles avec le niveau général des prélèvements obligatoires et le financement de l'État social. » Ceci étant, « en pratique, si ce scénario ne se réalise pas, **n'importe quel groupe de pays (y compris un pays seul)** pourrait le mettre en place de façon isolée, en prélevant la part de l'impôt mondial sur les sociétés qui revient en proportion des ventes de biens et services réalisées sur son territoire. » Assurément, « certains dénonceront de telles pratiques comme relevant d'une forme de retour du protectionnisme, mais il s'agit en réalité de quelque chose de très différent : ce sont bien les profits des sociétés qui sont visés et non les échanges, qui sont simplement utilisés comme indicateur vérifiable permettant de répartir les profits, faute d'une coopération suffisante. » Enfin, « dès lors qu'une coopération adéquate sera en place, ce système transitoire pourra être remplacé par un meilleur système.

Ce cas de l'impôt sur les sociétés est particulièrement important, car la **course-poursuite vers la non-imposition des bénéfices des sociétés** constitue sans nul doute le risque le plus lourd que court actuellement le système fiscal mondial. » Et « à terme, si l'on ne prend pas des mesures radicales de ce type pour arrêter la course-poursuite vers le bas, c'est en effet la possibilité même de prélever un impôt progressif sur le revenu qui est en cause » (1188).

« Je suis convaincu qu'une partie de notre désarroi démocratique contemporain provient d'une **autonomisation excessive du savoir économique** vis-à-vis des autres sciences sociales et de la sphère civique et politique. Cette autonomisation est pour partie la conséquence de la technicité et de la complication croissante de la sphère économique. » En fait, « seul le **croisement des approches économiques, historiques, sociologiques, culturelles et politiques** peut permettre de faire quelques progrès dans notre compréhension des phénomènes socio-économiques. » Et « cela vaut notamment pour l'étude des inégalités entre classes sociales et de leurs transformations dans l'histoire, mais il me semble que la leçon est plus générale. Ce livre s'est nourri des travaux de nombreux chercheurs en sciences sociales de toutes les disciplines... »

« Cette autonomisation excessive du savoir économique est aussi la conséquence du fait que **les historiens, sociologues, politistes et autres philosophes** ont trop souvent abandonné aux économistes l'étude des questions économiques. Or, **l'économie politique et historique, telle que j'ai tenté de la pratiquer dans cette enquête**, concerne toutes les sciences sociales. »

Par ailleurs, « l'**abandon des sources quantitatives et statistiques par une large part des chercheurs en sciences sociales** est d'autant plus regrettable que seul un regard critique sur ces sources et les conditions de leur construction sociale, historique et politique peut permettre d'en faire un usage raisonné. De fait, cette attitude a contribué à l'autonomisation du savoir économique autant qu'à son appauvrissement… »

Enfin, « au-delà de la sphère des chercheurs, l'autonomisation du savoir économique a également des effets délétères sur la sphère civique et politique, car elle nourrit **le fatalisme et le sentiment d'impuissance**. » Notamment, « le journaliste et le citoyen s'inclinent trop souvent devant l'expertise de l'économiste, pourtant fort limitée et se refusent à avoir une opinion sur le salaire et le profit, l'impôt et la dette, le commerce et le capital… Ce livre a dans le fond un unique objet : contribuer à la **réappropriation citoyenne du savoir économique et historique** » (1197-1198).

J'ai souvent parlé ailleurs (E.J.) de l'indéniable et même impardonnable responsabilité de la philosophie dans la crise socioculturelle progressivement installée à partir des années 1960, mais surtout 1980.

Chapitre 3

Philosophie politique

3.1. Généalogie des régimes de propriété

On nous propose une histoire des régimes de propriété [7], qui se présente en fait comme une réécriture de la vulgate marxiste liée au cadre du « matérialisme historique », ce qui n'est pas explicitement dit mais fonctionne en fait ainsi. Il n'y a rien à objecter à une telle modernisation tant du vocabulaire que du découpage.

Il convient de rappeler que la vulgate marxiste envisage que « l'histoire de l'évolution de la société humaine connaît cinq principaux types de rapports de production : celui de la propriété primitive (1), esclavagiste (2), féodal (3), capitaliste (4) et socialiste (5), ce dernier correspondant à la première phase du communisme » (P. Nikitine, *Principes d'économie politique*, 1966, 8).

Ceci dit, se présentent alors les régimes de propriété [page 7] :

– (3) inégalitaires trifonctionnels : de l'an 1000 environ jusqu'à l'effondrement des sociétés d'ordre d'Ancien Régime [13].

– (4 a) propriétaristes et méritocratiques [13], par ailleurs esclavagistes et colonialistes : déjà depuis 1500 jusqu'au début du XXe siècle, 1914-1918, avec leur apogée au XIXe siècle [448, 484, 756].

– (4 b) sociales-démocrates : du début du XXe siècle à 1980, liées à l'effondrement des sociétés de propriétaires de 1914-1918 à 1930, et à l'émergence d'un État social, comme cadre d'une égalité inachevée.

– (5) communistes, de 1917 à 1989 et encore en Chine.

– (4 c) postcommunistes, hypercapitalistes, néopropriétaristes et toujours méritocratiques depuis les années 1980-1990 [755-756, 813, 825, 827].

On ne nous parle pratiquement pas des phases primitive puis esclavagiste antique par manque de sources scientifiques fiables.

Cependant, l'esclavagisme est transposé de manière intéressante dans la phase du capitalisme – dans le langage de Marx, et que T. Piketty préfère appeler « propriétarisme ».

Cette annexion de l'esclavagisme et de son corollaire le colonialisme dans la cadre du même capitalisme comporte une grande signification tant historique qu'épistémologique, car elle permet de comprendre que la dynamique du capitalisme trouve son ressort dans l'extorsion originaire puis aménagée d'un surprofit à partir de la force de travail. Ce que T. Piketty ne dit pas explicitement mais qui ressort tout de même de manière évidente du contexte de ses propos. Entre l'esclave antique, le serf médiéval, le prolétaire moderne, le salarié contemporain, il n'y a somme toute que des différences de degré, pas de nature, d'apparence, pas d'essence. Et ce surtout quoi par ailleurs tous les économistes sont bien loin d'être d'accord. On aura à revenir plus loin sur ce sujet.

La rubrique « esclavage » est très représentée dans l'Index des Idées de Rubel, de même que celles : idéologie, individualité, humanisme, classes moyennes, ce dont on a déjà parlé, mais qu'il n'est pas question de développer davantage dans le cadre de notre propos.

3.2. Géopolitologie

On propose de former ce néologisme à partir des termes existants « géopolitique » et « politologie », parce qu'il nous semble assez bien indiqué pour donner une idée à peu près adéquate, même si encore imparfaite, du genre d'investigation originale que mène T. Piketty dans le champ des sciences humaines et sociales. Il est aussi un historien et également un philosophe, même s'il est bien loin de le revendiquer.

« Le changement historique découle de **l'interaction entre des logiques politico-événementielles de court terme et des logiques politico-idéologiques de plus long terme** » (143).

Cette opposition polaire événement politique/idéologie, à court terme/long terme, semble bien en transposer une autre que nous connaissons ailleurs : (histoire/structure (Marx, *Geschichte/Gestalt*, *Struktur*), devenir/forme, figure (Hegel, *Werden/Gestalt*, *Figur*), dynamique/statique (Comte). E.J.

« Le contexte politico-idéologique et événementiel du moment » (187). Même remarque.

« En vérité, tout dépend des institutions et des règles que chaque communauté humaine se donne, et tout peut changer très vite [Progrès par bonds, par saut brusque, in Politzer, 1935-1936, 193, 195. E.J.], **en fonction des rapports de force politico-idéologiques entre les différents groupes sociaux en présence et aussi de logiques événementielles et de trajectoires instables** qui méritent d'être étudiées de près. » De ce point de vue, « l'examen de la Suède est un parfait antidote aux crispations identitaires et conservatrices qui caractérisent trop souvent le débat sur l'inégalité et l'égalité. Il rappelle également que l'égalité est toujours une construction sociopolitique fragile, que **rien ne doit être considéré comme acquis** » : car « ce qui a été transformé par les institutions et par la mobilisation politico-idéologique peut l'être encore par les mêmes moyens, **pour le meilleur et pour le pire** » (227).

Politzer parle du « développement historique » comme d'un « développement en spirale », « un mouvement progressif, malgré tous les hasards apparents et tous les retours momentanés en arrière (Engels)» (ibid. 165, 169, 173).

Il existe donc des **retours en arrière**, ainsi, après la montée des inégalités avant 1914 à un niveau comparable à celui de l'Ancien Régime, suivie d'une déconcentration des patrimoines entre 1920 et 1980, une nouvelle remontée des inégalités selon une pente croissante depuis 1980 à nos jours, suite à la Révolution néo-conservatrice de Reagan et Thatcher.

« Je veux de nouveau insister sur **la diversité et la complexité des trajectoires politico-idéologiques et institutionnelles** menant des **sociétés trifonctionnelles** anciennes [du Moyen Âge au XVIIe siècle] au triomphe des **sociétés de propriétaires** au cours du XVIIIe et du XIXe siècle, puis aux **sociétés sociales-démocrates, communistes et néopropriétaristes** au XXe et au début du XXIe siècle. » Car, « une fois posé le primat du droit de propriété privée, réputé ouvert à tous [après 1789], et le **monopole de l'État centralisé** sur les pouvoirs régaliens (justice, police, violence légitime), il restait de nombreux points à préciser, à commencer par les modalités d'organisation du pouvoir étatique » (235).

« Les différentes abolitions de l'esclavage atlantique et euro-américain [ouvraient] sur une multiplicité de trajectoires post-esclavagistes possibles » (253).

« Nous examinerons et comparerons **l'évolution de la structure socioéconomique** [infra-] **des clivages politiques et électoraux** aux États-Unis et en Europe au XXe siècle et au début du XXIe siècle, ainsi que dans d'autres grandes démocraties électorales comme l'Inde ou le Brésil. Nous verrons que cette étrange **trajectoire politico-idéologique** [super-, les deux degrés du *top down* étant ici pratiquement confondus] est en réalité **riche de leçons** et d'implications pour l'ensemble de la planète » (289).

« Il ne faut pas exagérer l'importance des déterminants matériels de l'inégalité [**Prise d'écart incontestable par rapport à la doctrine marxiste.** E.J.]. Dans la réalité historique, c'est avant tout la capacité idéologique, politique et institutionnelle [donc la superstructure] des sociétés à justifier et à structurer l'inégalité qui détermine le niveau de cette dernière, et non pas le degré de richesse ou de développement en tant que tel. » Même, « la notion de revenu de subsistance est elle-même plus complexe qu'une simple réalité biologique. Elle dépend des représentations forgées par chaque société, et il s'agit toujours d'une notion multidimensionnelle (nourriture, vêtements, logement, hygiène, etc.), qui ne pourra jamais être correctement appréhendée avec un indicateur monétaire unique » (320).

« Il n'est pas simple de dire ce qu'auraient pu être les flux commerciaux sans **l'effet des rapports de force et de la violence militaire**...

Voir dans ces flux commerciaux du XIXe siècle le simple effet de la « main invisible » et des « forces de marché » n'est pas très sérieux, et ne permet pas de comprendre la réalité de ces **transformations éminemment politiques** du système interétatique et commercial mondial » (338).

« Ces évolutions dépendent des **transformations politico-idéologiques** [super-, *top down*] des pays concernés et de la façon dont les différents acteurs étatiques et économiques perçoivent et relatent ces enjeux » (340).

Les anciens chercheurs « ne cherchent pas à étudier les sociétés indiennes comme des **processus sociopolitiques** [L'ensemble du MP. E.J.] **conflictuels et évolutifs** » (379).

En fait, « les relations sont sociopolitiques [infra- RP et super-] et économiques [infra- FP] autant que religieuses [super-], et elles évoluent en fonction des rapports de force politico-idéologiques [super-] entre les groupes sociaux » (380).

« Une analyse récente des transformations socio-économiques [infra-] et politico-idéologiques [super-] des royaumes hindous et musulmans » (383).

« Le développement de l'État centralisé... la formation des empires esclavagistes puis coloniaux... Dans les deux cas, les processus de construction d'une capacité fiscale et administrative furent inséparables des développements politico-idéologiques [super-]. C'est toujours en vue d'un objectif de structuration de la société domestique et internationale (par exemple dans le cadre de la rivalité avec l'Islam) qu'une forme particulière de capacité étatique se développe, suivant des processus sociopolitiques [Chevauchement infra-/super-. E.J.] conflictuels et instables...
Autour d'un schéma général, il existe une grande diversité de trajectoires et de bifurcations possibles » (437).

« Des constructions étatiques et des regroupements territoriaux autres que ceux observés auraient pu se produire, en Europe comme dans les autres régions du monde, en fonction de trajectoires indissociablement socio-économiques [infra-, *bottom up*] et politico-idéologiques [super-, *top down*] » (438).

« Les recherches récentes ont largement confirmé les conclusions de Pomeranz sur les origines de la « grande divergence « [entre l'Europe et la Chine au XIXe siècle] et le **rôle central joué par la domination militaire et coloniale et les innovations technologiques et financières** [infra- FP et super- (techno-science)] qui en ont résulté » (447).

« L'idée smithienne selon laquelle l'avance britannique et européenne se serait appuyée sur de paisibles et vertueuses institutions parlementaires et propriétaristes n'est plus guère défendue... On insiste désormais sur le rôle dans le processus de développement des « institutions inclusives », notion large qui peut potentiellement englober **de multiples institutions sociales, fiscales et éducatives** » [Chevauchement infra- et super-] (448).

« Il serait absurde de voir dans telle trajectoire la seule voie possible menant à la révolution industrielle et à la prospérité moderne. On peut imaginer d'autres trajectoires... Le rôle de la recherche historique est précisément d'illustrer **l'existence d'alternatives et de bifurcations, en fonction notamment des rapports de force politico-idéologiques** [super-] **entre les différents groupes en présence** » (450).

« Le besoin irrépressible de donner du sens aux **trajectoires socio-économiques et politico-idéologiques** nationales » [infra- et super-. E.J.] (452).

« Il va de soi que bien d'autres facteurs politico-idéologiques, socio-économiques et géographiques [super- et infra-. E.J.] peuvent contribuer à expliques le morcellement européen comparé à l'unité chinoise » (460).

« Toutes les institutions ont une chance d'évoluer, y compris les plus vénérables » (482).

« La mise en contact des puissances coloniales européennes et des sociétés des autres continents a produit **un ensemble varié de trajectoires politico-idéologiques** [super-. E.J.], en fonction notamment de la façon dont la légitimité des anciennes élites intellectuelles ou guerrières a été affectée par ces rencontres. Le monde moderne est directement issu de ce processus. »

Ainsi, « parmi les **multiples leçons que l'on peut tirer de ces expériences et trajectoires historiques**, il faut insister sur la **grande diversité politico-idéologique et institutionnelle** [super-. E.J.] **des différentes sociétés pour structurer les inégalités sociales**, au niveau international comme au niveau le plus local, **dans des contextes marqués par des transformations rapides et multiples** » (483). [Bond, saut brusque sur fond d'évolution continue, Politzer supra. E.J.]

« En Inde… en Chine… au Japon… dans les quasi-État chiites… une bonne partie de ces constructions politico-idéologiques [super-, *top down*] et de ces institutions n'ont pas franchi le cap de l'histoire ; certaines sont encore en cours d'expérimentation… » Ceci étant, « le point commun entre toutes ces expériences historiques est qu'elles montrent à quel point **l'inégalité sociale n'a jamais rien de naturel : elle est toujours profondément idéologique et politique [À discuter plus loin en fonction des données de la psychologie et de la psychanalyse.** E.J.]. » Ainsi, « chaque société n'a d'autre choix que de donner du sens à ses inégalités, et ces discours au service du bien commun ne peuvent être efficaces que s'ils ont un minimum de plausibilité et s'incarnent dans des institutions durables… »

Par ailleurs, « l'histoire des régimes inégalitaires trifonctionnels, propriétaristes, esclavagistes et colonialistes jusqu'au début du XXe siècle... montre qu'il était possible de tirer de ces expériences historiques **des leçons pour l'avenir, en particulier concernant la capacité des différentes idéologies et institutions à pouvoir tenir leurs objectifs d'harmonie politique et de justice sociale**... » De la sorte, « l'étude de ces différentes trajectoires nous a permis de mieux comprendre les **processus indissociablement socio-économiques** [infra-] **et politico-idéologiques** [super-] par lesquels les différentes parties du monde sont entrées en contact les unes avec les autres et ont donné naissance au monde moderne » (484-485) ».

« Nous analyserons le rôle central joué par l'invention de progressivité fiscale de grande ampleur autour de la première moitié du XXe siècle, **avec des taux supérieurs à 70 %-80 % sur les plus hauts revenus et patrimoines, qui se sont maintenus jusqu'aux années 1980-1990**. Avec le recul dont nous disposons aujourd'hui, tout laisse à penser que cette innovation historique a joué un rôle central dans la réduction des inégalités qui s'est produite au XXe siècle. »

Enfin, « nous étudierons les conditions politico-idéologiques [super, *top down*. E.J.] qui ont rendu possible ce tournant historique, et en particulier cette grande transformation des attitudes face à la propriété privée et au marché analysée dès 1944 par Karl Polanyi (1886-1964) dans son livre éponyme (1983) » (491).

Au cours des années 1920-1930, « dans tous les cas, la valeur des propriétés privées a été divisée par un facteur compris entre deux et trois en quelques décennies... [s'agissant de] préciser le contexte politico-idéologique [super-] dans lequel ces évolutions prennent place » (507).

« Ces prélèvements ont fonctionné et ont contribué à éteindre rapidement des dettes publiques considérables et à favoriser des trajectoires exceptionnellement réussies de reconstruction sociale et de croissance économique, par exemple au Japon et en Allemagne... »

Enfin, « au-delà des aspects techniques et administratifs, il faut souligner l'ampleur des transformations politico-idéologiques [super-] que révèlent ces expériences » (519).

Avec le démantèlement de l'impôt progressif à partir de 1980, « ces transformations illustrent de nouveau l'importance des processus politico-idéologiques [super-] dans la dynamique des régimes inégalitaires, la rapidité [Bond, saut, Politzer supra. E.J.] et la multiplicité des transitions et bifurcations possibles ; et le fait qu'il n'existe pas d'essence culturelle ou civilisationnelle égalitaire ou inégalitaire en tant que telle, mais **simplement des trajectoires sociopolitiques** [Chevauchement infra-/super-. E.J.] **conflictuelles où les différentes sociétés et les multiples groupes sociaux et sensibilités en leur sein tentent de construire des visions** [super-] **cohérentes de la justice, en fonction notamment des expériences et événements auxquels ils sont confrontés et des rapports de force en présence** » (532).

« Au début des années 1950, les éléments essentiels de l'État social étaient déjà en place en Europe, avec des recettes totales dépassant les 30 % du revenu national, et un ensemble diversifié de dépenses éducatives et sociales absorbant les deux tiers du total, en lieu et place des dépenses régaliennes autrefois dominantes. » En fait, « cette évolution spectaculaire n'a été possible qu'**à l'issue d'une transformation radicale des rapports de force politico-idéologiques** [super-] au cours de la période 1910-1950, tout cela dans un contexte où les guerres, les crises et les révolutions démontraient au grand jour les limites du marché autorégulé et le besoin d'un encastrement social de l'économie » (537).

« Un autre exemple de trajectoire politique originale est fourni par l'Italie… Les taux applicables aux successions les plus élevées seront immédiatement portés autour de 40 % - 50 % après la Seconde Guerre mondiale. Cela confirme que **ce sont avant tout les mobilisations politiques (ou leur absence)** [super-] **qui expliquent les évolutions** de la fiscalité et des inégalités. »

Et, « pour résumer : la fin des sociétés de propriétaires est avant tout la **conséquence d'une transformation politico-idéologique** » (547).

« C'est **la rencontre entre une évolution intellectuelle** [super-] **et un ensemble de crises** militaires, financières et politiques, en partie causées par les tensions inégalitaires, qui conduisit à la transformation du régime inégalitaire [lié au propriétarisme]. **Les mobilisations et les luttes sociales jouèrent un rôle central de même que les évolutions politico-idéologiques** [Id.] », ceci « avec des spécificités propres à chaque histoire nationale, et dans le même temps des expériences de plus en plus partagées et connectées au niveau mondial, ce qui peut provoquer **une diffusion rapide des pratiques et des ruptures**. Il en ira probablement de même à l'avenir » (548).

À propos de « la lente diffusion de la **cogestion germanique et nordique**... les forces politiques et sociales [super- et infra- RP. E.J.] dans les autres pays n'avaient pas la même détermination pour proposer ces règles, pour des raisons qui tiennent aux trajectoires politico-idéologiques [super-] propres à chaque pays. » Ceci dit, « dans le contexte français, on considère souvent que le goût durable du mouvement socialiste pour les nationalisations (qui constituaient par exemple le socle du programme d'union de la gauche dans les années 1970) et **son peu d'appétence pour la cogestion tiennent à l'idéologie réputée étatique du socialisme français et son faible lien avec le mouvement syndical** » (586).

« L'abandon au début des années 1990 de la référence aux nationalisations ne conduisit pas pour autant les socialistes français et les travaillistes britanniques à épouser l'agenda cogestionnaire. Au cours de la période 1990-2010, les uns et les autres ne paraissent **plus vraiment habités par la moindre volonté d'une transformation du régime de propriété** » (589).

« Il est possible d'envisager le développement d'une nouvelle forme de socialisme participatif pour le XXIe siècle, **en s'appuyant sur les leçons de l'histoire, et en combinant notamment des éléments de propriété sociale et de propriété temporaire** » (593).

« Tous les salariés seraient considérés comme membres de l'entreprise au même titre que les actionnaires, en tant qu'acteurs de long terme de son développement...

Pour peu que les salariés détiennent également une partie des actions, à titre individuel ou au travers d'une structure collective, des dynamiques nouvelles pourraient émerger » (595).

« **À mesure que la productivité augmente, il est naturel de travailler moins longtemps et de profiter du niveau de vie supplémentaire** pour s'occuper de sa famille, de ses enfants, de ses amis, pour découvrir le monde et les autres, pour se distraire et se cultiver. **Il n'est pas interdit de penser que cela constitue le but même du progrès technologique et économique** », et même que « cet objectif général d'amélioration de la qualité de la vie est globalement un peu mieux rempli par les trajectoires observées en Allemagne et en France que dans les pays anglo-saxons... Le processus de baisse tendancielle du temps de travail est éminemment politique, et il met toujours en jeu des conflits sociaux et des évolutions idéologiques propres à chaque pays... Il est extrêmement rare d'observer des réductions historiques importantes du temps de travail » (602-603).

C'est **exactement le contraire – Il est normal de travailler plus longtemps et tous en sont d'accord** – que s'acharne à diffuser l'idéologie médiatique dans la période actuelle. E.J.

« En ce début de XXIe siècle, l'histoire montre que **le changement ne peut venir que de la rencontre entre des luttes sociales** [RP infra-] **et politiques et de profonds renouvellements idéologiques** [super-] » (637).

« Comme souvent avec les bifurcations historiques de cette nature, le plus frappant est le sentiment d'impréparation et d'improvisation. On notera également au passage que le mouvement de libéralisation économique et financière observé depuis les années 1980-1990 ne saurait être entièrement attribué à la révolution conservatrice anglo-saxonne » : car « les influences françaises et allemandes ont également joué un rôle central dans ce cheminement complexe. Le **rôle de multiples lobbies financiers** issus des différents pays européens (comme le Luxembourg), auxquels les partis politiques et organisations collectives n'ont pas su s'opposer efficacement, doit également être souligné » (644-645).

« **Multiplicité des points de bifurcations et de trajectoires possibles... pour dépasser les contradictions** » (662).

« **Apprentissages collectifs** et perspectives futures sur l'impôt et sur la propriété. Tout laisse à penser que cette longue histoire est loin d'être terminée. Le système en place est le fruit de processus sociopolitiques [Chevauchement infra-/super-] dépendant avant tout des rapports de force politico-idéologiques [super-] et des **capacités de mobilisation** des uns et des autres, et il continuera d'évoluer de la même façon » (664).

« Les réponses que propose le régime chinois reposent sur une opacité et un centralisme qui paraissent peu adaptés à une régulation efficace des inégalités produites par la propriété privée...

L'échec dramatique de l'expérience communiste soviétique (1917-1991)... constitue l'un des principaux facteurs politico-idéologiques [super-] expliquant la montée mondiale des inégalités depuis les années 1980-1990 » (674).

« Les **expériences historiques** sont suffisamment riches pour indiquer des voies précises d'expérimentations possibles...

Pour que les vertus de la décentralisation apparaissent clairement, il est nécessaire d'articuler une vision de l'égalité humaine avec une acceptation sereine des différences légitimes et multiples entre individus, notamment en termes d'aspirations et d'informations, et de leur importance dans l'organisation socio-économique d'un pays. » De ce point de vue, « le **communisme** sous sa forme soviétique, sans doute en partie sous l'effet d'une certaine illusion industrialiste et productiviste, tend à négliger l'importance et surtout la légitimité de ces différences. Concrètement, si les besoins humains prennent des formes peu nombreuses et relativement homogènes (se nourrir, se vêtir, se loger, s'éduquer, se soigner) » et si en outre, « l'on se convainc que les biens et services correspondants peuvent avoir des contenus quasi identiques pour chacun (en partie d'ailleurs pour de très **bonnes raisons, liées à l'unité fondamentale de l'espèce humaine**), alors la décentralisation perd de son intérêt. » Alors, « une organisation fondée sur la planification centralisée peut faire l'affaire, en affectant chaque ressource humaine et matérielle à sa tâche...

Une partie importante de cette diversité de besoins est légitime, et ne peut être réglementée depuis le sommet de l'État, sauf à s'exposer à une **brutalisation des individualités** et des individus... »

Mais « une organisation étatique centralisée ne peut y parvenir, car **aucune structure étatique ne pourra jamais** rassembler toutes ces informations pertinentes sur les informations et caractéristiques individuelles » (690-691).

Pour parler en « hégélien », la logique bolchevique se formule d'abord au plan de l' « universel abstrait », pour descendre au plan « particulier » des organisations collectives, mais ne parvient à progresser à partir de là jusqu'au niveau de l'universel concret ou encore « singulier ».

« Le choix de société qui a été fait dans la Russie postcommuniste des années 1990-2000 [a été] d'offrir à un petit groupe de personnes (les oligarques) de prendre véritablement possession de l'essentiel des richesses du pays, le tout avec une *flat tax* de 13 % sur les revenus (et 0 % sur les successions) permettant de pérenniser cette situation, alors même que **l'impôt progressif sur les revenus et les successions avait été appliqué avec succès dans l'ensemble des pays occidentaux au cours du XXe siècle** » (702).

« L'expérience communiste et postcommuniste russe illustre de façon extrême le **poids des dynamiques politico-idéologiques** [super-. E.J.] dans l'évolution des régimes inégalitaires. **L'idéologie bolchevique appliquée après la révolution de 1917 était relativement fruste**, dans le sens où elle reposait sur une croyance en une forme exacerbée d'hyper-centralisation étatique...

Ces épisodes montrent l'importance des moments de crise dans l'histoire des régimes inégalitaires. » De fait, « **les idées disponibles lors**

des points de bifurcations peuvent faire basculer durablement les trajectoires historiques, en fonction notamment des capacités de mobilisation des différents groupes et discours en présence. » Et « en l'occurrence la trajectoire postcommuniste russe illustre pour partie le manque de renouvellement et de structuration internationale du programme social-démocrate et socialiste-participatif à la fin des années 1980 et au début des années 1990, par comparaison à l'agenda à la fois hypercapitaliste et autoritaire-identitaire » (704).

Se pose la question de la « reconfiguration du conflit sociopolitique [infra- RP et super-. E.J.] et électoral, en particulier en Europe » (717).

« Multiplicité des formes que peuvent prendre les transitions politiques…

Outre la mainmise de l'argent sur les médias et les partis, et les difficultés structurelles rencontrées face à la question de la frontière et de la propriété, il est indéniable que les institutions parlementaires tendent de plus en plus à être dominées par diverses formes de huis clos et d'entre-soi, au niveau de l'Union européenne comme aux États-Unis. » C'est pourquoi, « en tout état de cause, la logique représentative demande à être complétée par des dispositifs de délibération et de participation qui aillent **au-delà du simple bulletin de vote tous les quatre ou cinq ans**. Les formes concrètes de la démocratie sont encore et toujours à réinventer, et la confrontation sereine des modèles et des expériences historiques peut naturellement y contribuer, à condition de dépasser les crispations identitaires et les arrogances nationalistes » (739).

« Concrètement, une vision très répandue à Varsovie, à Prague ou Budapest est que les investisseurs venus de l'Ouest (les Allemands et les Français notamment) se sont servis des pays de l'Est comme d'un réservoir de main-d'œuvre à bon marché, où ils ont réalisé d'immenses profits. » En réalité, « après l'effondrement du communisme, les investisseurs occidentaux sont graduellement devenus propriétaires d'une part considérable du capital des ex-pays de l'Est : environ un quart si l'on considère l'ensemble du stock de capital (immobilier inclus), et plus de la moitié si l'on se limite à la détention des entreprises (et plus encore pour les très grandes entreprises)… »

Ceci encore, « le budget total de l'Union européenne est d'environ 1 % du PIB de l'UE. Il est alimenté principalement par des versements proportionnels au RNB (revenu national brut) de chaque État membre.

Il est adopté conjointement par le Parlement européen et le Conseil des chefs d'État statuant à l'unanimité » (744).

« Potentiel de changement et d'évolution [**même si** c'est] l'opacité économique et financière qui caractérise le monde actuel, en particulier pour la mesure et l'enregistrement des revenus et des patrimoines financiers » (755).

« L'intégration commerciale, migratoire et financière de la planète avait déjà atteint une ampleur impressionnante/au cours de la Belle Époque (1880-1914). La magnitude des contacts humains et des flux informationnels a toutefois pris **une tout autre dimension au cours de la mondialisation digitale et hypercapitaliste des années 1990-2020** » (756).

« L'intervention militaire de 1991 en Irak marque l'entrée symbolique dans la **nouvelle ère politico-idéologique hypercapitaliste** [super-. E.J.]... Le régime inégalitaire moyen-oriental apparaît véritablement comme un condensé du **mélange explosif d'archaïsme, de modernité hyperfinanciarisée et d'irrationalité collective qui caractérise parfois notre époque**... Les pétromonarchies du golfe Persique sont avec la Russie postcommuniste les pays au monde qui utilisent le plus intensivement les paradis fiscaux » (762).

« L'**imaginaire politico-idéologique mondial** [super-] est insuffisamment porté sur des solutions... sous la forme d'une Ligue arabe [mis à part des aventures telles que Saddam Hussein en 1990-1991 et l'« État islamique » (Daech) en 2014-2019. E.J.] (763).

Les données issues de *World Inequality Database* (WID.world) « permettent de dresser une première cartographie des régimes inégalitaires dans le monde et de leur évolution... L'opacité économique et financière, en particulier pour ce qui concerne la mesure et l'enregistrement des revenus et des patrimoines financiers... traduit dans certains cas une véritable démission des administrations étatiques, fiscales et statistiques concernées... » Aussi est-il « préférable d'avoir recours à des indicateurs comme la part du revenu total (ou du patrimoine total) allant aux 50 % les plus pauvres, aux 40 % suivants et aux 10 % les plus riches... Initialement lancé au début des années 2000, le réseau WID.world regroupe actuellement plus de 100 chercheurs couvrant 70 pays et tous les continents » (765).

Parmi les chercheurs associés à ses recherches, T. Piketty mentionne 69 noms en page 10, dont le récent Prix Nobel Esther Duflo, plus 18 autres noms encore de « chercheurs récents et moins récents », dont Julia Cagé, Hannah Arendt, Karl Polanyi page 1 197. En indiquant aussi que « des dizaines d'autres auteurs sont cités au fil des chapitres ».

« Une telle divergence ne peut pas se prolonger indéfiniment, sauf à supposer que la part du patrimoine mondial allant aux milliardaires tende progressivement vers 100 %, ce qui n'est ni souhaitable ni réaliste : il est probable qu'une réaction politique se fera sentir bien avant. » En fait, « cet envol spectaculaire a pu être accéléré par le mouvement de privatisation de nombreux actifs publics qui a eu lieu entre 1987 et 2017, non seulement en Russie et en Chine mais également dans les pays occidentaux et sur l'ensemble de la planète » (798).

« Les revendications féminines qui s'exprimèrent lors de la Révolution française furent rapidement oubliées… Le problème est que **cette évolution est extrêmement lente** » (802). **Contraste de caractère dialectique** selon la polarité continu/discontinu avec ce qui est dit par ailleurs de l'éventualité d'un progrès par bonds, d'un changement par saut brusque (cf. Mentions de Politzer supra). E.J.

« Afin d'accélérer le processus de convergence [à l'opposé des forces de divergence qu'évoque aussi par ailleurs T. Piketty (2013 passim). E.J.], il paraît nécessaire d'adopter des mesures très volontaristes » (805).

Il ne suffit pas « de maintenir l'ordre et les **structures de base** [sic infra-]… Pour expliquer la trajectoire particulière des pays les plus pauvres, il faut prendre en compte que le processus de la construction de l'État est long et complexe » (809).

« Il semble important de ne pas surestimer la cohérence interne du néopropriétarisme et de sa matrice idéologico-politique [super-], en particulier dans le contexte de l'Union européenne. On associe souvent l'UE à l'**ordolibéralisme, doctrine selon laquelle le rôle essentiel de l'État est de garantir les conditions essentielles d'une concurrence « libre et non faussée »**, ou encore au libéralisme constitutionnel et volontiers autoritaire de Friedrich Hayek » (821).

« La structuration institutionnelle et politico-idéologique de l'UE [super-. E.J.] est encore largement inachevée. Elle est susceptible d'emprunter de multiples trajectoires à l'avenir, et possiblement de se recomposer en plusieurs noyaux ou cercles concentriques plus ou moins intégrés sur le plan politique, social et fiscal, en fonction des rapports de force, des crises sociopolitiques [Chevauchement infra-/super-] et financières et des débats qui les auront précédées » (822).

« Dimensions politico-idéologiques [super-] de ces évolutions...
[Dans la dernière] période, ces partis et mouvements politiques sont devenus les partis des plus diplômés et sont parfois en passe de devenir le parti de plus hauts revenus et patrimoines. Cette évolution témoigne notamment de l'échec de la coalition sociale-démocrate de l'après-guerre à renouveler sa plate-forme programmatique, en particulier sur les questions fiscales, éducatives et internationales... » Pour ce qui est des « conflits au sujet de la frontière et de la propriété, seuls des processus sociohistoriques et politico-idéologiques [super-. E.J.] spécifiques peuvent permettre de les dépasser et d'unir dans une même coalition les classes populaires issues de différentes trajectoires et origines (urbaines et rurales, salariées et non salariées, nationales et étrangères, et ainsi de suite) » (837-838).

J'ai dit précédemment et en plusieurs autres lieux que **les philosophes de la génération des années 1960 ne s'étaient jamais montrés capables de faire leur travail touchant la critique de l'idéologie philosophique anglo-saxonne comme telle (du XVIIe au XXIe siècle), et par ailleurs comme support historique naturel et nécessaire de l'idéologie économique libérale classique puis néolibérale contemporaine**.

« Des années 50 aux années 2000... le changement important qui a lieu est avant tout de nature politico-idéologique [super-] (et non pas socio-économique [infra-]). Il concerne en premier lieu la **capacité des organisations politiques et électorales en présence à unir ou au contraire à opposer** les différentes dimensions de l'inégalité sociale » (850).

« Par rapport aux États-Unis et au Royaume-Uni, la France se caractérise depuis le XIXe siècle par un très grand nombre de partis politiques et par un renouvellement quasi permanent des structures partisanes...
Le premier objectif est de replacer l'évolution des clivages électoraux et politico-idéologiques [super-] dans **une perspective comparative et historique de long terme** » (854).

« En cours de redéfinition... ces dénominations de « gauche » et de « droite »... il s'agit de constructions sociohistoriques [Ensemble du MP. E.J.] permettant de structurer et d'organiser les conflits politico-idéologiques et la compétition électorale dans un contexte historique donné. Utilisées pour la première lors de la Révolution française... » (858).

« L'évolution du vote des femmes, un peu plus à gauche en France et au Royaume-Uni entre 1990 et 2010, témoigne de transformations socio-économiques [infra-. E.J.] et politico-idéologiques [super-] profondes concernant les structures familiales et la montée en puissance de l'égalité hommes-femmes » (871).

« La montée du nativisme et la grande perturbation politico-religieuse... Dans les années 1960 et 1970, on constate que les électeurs protestants et juifs ont une propension à voter pour les partis de gauche qui est intermédiaire entre celle des catholiques non pratiquants et celle des électeurs sans religion...

La majeure partie de l'écart apparaît bien de nature politico-idéologique [super-] et non seulement socio-économique [infra-] » (903).

« La frontière et la propriété : un électorat divisé en **quatre quarts**...

Un bloc idéologique que l'on peut qualifier d'internationaliste-égalitaire [gauche extrême], un bloc internationaliste inégalitaire [centre droit], un bloc nativiste inégalitaire [centre droit], et un bloc nativiste-égalitaire [extrême droite]... La catégorisation en **deux axes principaux, la question de la frontière et la question de la propriété** [structure bipolaire dialectique identité/inégalité classiste], permet néanmoins de clarifier les idées » (913).

Sans parler du cinquième quart représenté par le retrait électoral. Le **tableau du paysage politique français contemporain produit par T. Piketty est d'une acuité vraiment remarquable**. Il en encore complété dans d'autres passages : éclatement du reste de la gauche, absentéisme électoral. Rappelons aussi le « renversement du clivage éducatif ». Ce sont là des faits massifs, de caractère paradoxal à la fois typique mais singulier, des « régularités » (France/Italie ; France/G.-B./USA) qui pour autant ne sont pas des « légalités », des lois. En tout cas des découvertes. Il existe des « cas de figure » illustrant des « tendances lourdes communes », des « schémas généraux » ouvrant sur un choix de « multiples trajectoires et bifurcations ». E.J.

Lors des élections de 2017, « les scores étaient tellement proches que n'importe lesquels des quatre premiers candidats du premier tour auraient pu se retrouver au second tour...

L'axe principal du conflit politico-idéologique [super-] **est actuellement en cours de redéfinition**, et plusieurs trajectoires et bifurcations possibles sont *a priori* envisageables » (920).

« La vision binaire du conflit politique en France, qui arrange bien ceux qui se mettent au centre du jeu, est à la fois fausse et dangereuse.

Elle est fausse, car la réalité du conflit politico-idéologique actuel en France, comme dans la plupart des pays est profondément multidimensionnelle...

Les frontières entre ces quarts sont changeantes.

Surtout, la simplification binaire sur le mode progressiste-nationaliste ou globaliste-patriote est dangereuse, car elle revient à placer **l'idéologie nativiste et son cortège de violences potentielles comme seule alternative possible**. Cette stratégie rhétorique vise certes à maintenir éternellement au pouvoir les « progressistes » (923).

Les dernières élections présidentielles en France ont produit la « constitution d'une alliance au niveau politique sous la forme du **bloc bourgeois de 2017**.

Le grand marché unique européen bénéficie avant tout aux acteurs économiques les plus puissants et aux groupes sociaux les plus favorisés. De fait, il est peu contestable que la concurrence fiscale entre pays européens conduit ces derniers à déformer la structure de leurs impôts au bénéfice des acteurs les plus mobiles et au détriment des plus modestes... »

Or « le nationalisme des pauvres n'est pas plus spontané que celui des riches : il se construit et se déconstruit, historiquement, socialement et politiquement.

Des travaux récents ont montré que **la concurrence fiscale entraîne à elle seule une perte de niveau de revenu et de bien-être très substantielle (comprise entre 10 % et 20 % suivant les estimations) pour les 50 % les plus pauvres en Europe**... »

Pour ce qui est des « possibles gains apportés par l'intégration financière, les études disponibles suggèrent des bénéfices beaucoup plus réduits (moins de 1 % du revenu national) » (927).

« Gauche brahmane : les nouveaux clivages euro-américains...

La **structure « classiste » de la période 1950-1980 a graduellement laissé la place à un système d'élites multiples**, au sein duquel le parti des plus hauts diplômés (la gauche « brahmane ») et celui des plus hauts revenus et patrimoines (la droite « marchande ») alternent au pouvoir... »

Par ailleurs, « la toute fin de la période est marquée par la tentative de constitution en France d'un nouveau bloc électoral rassemblant ces différentes élites…

Il est possible de dépasser le piège social-nativiste et des dessiner les contours d'une forme de social-fédéralisme et de socialisme fédératif » (933).

« Le clivage éducatif s'est retourné aux États-Unis, à la suite d'une évolution structurelle entamée un demi-siècle plus tôt, comme en France entre 1948 et 2016 », les plus diplômés ont voté de plus en plus nettement à gauche (936).

« Le parti démocrate va-t-il devenir celui des **gagnants de la mondialisation** ? Compte tenu du rôle essentiel du diplôme dans la formation des revenus, il est naturel de s'attendre à ce que le parti démocrate finisse par devenir également et graduellement le parti des hauts revenus…

Il me semble important d'insister sur la diversité des trajectoires possibles et la multiplicité des points de bifurcations. » En fait, « Ces **transformations politico-idéologiques** [super-. E.J.] **dépendent avant tout des rapports de force et des capacités de mobilisation des différents groupes en présence** et rien ne justifie de les analyser comme des processus déterministes » (939).

Aux États-Unis, « le régime est peut-être en cours de basculement vers un **régime classiste** [super-] où les élites des différentes dimensions seraient réunifiées au sein du parti démocrate, mais ce processus est encore loin d'être arrivé à son terme, et il peut encore changer de direction pour de multiples raisons » (941). [Polarité récente : système classiste/d'élites multiples, à distinguer de celle touchant le clivage classiste/identitaire]

« La **marchandisation de l'enseignement supérieur** est très avancée aux États-Unis » (943).

« Il existe un risque évident que les **candidats [aux fonctions politiques] représentent les intérêts des élites financières**. Ceci d'ailleurs concerne aussi bien le parti républicain que le parti démocrate » (953).

« Dans la montée du reaganisme, il y a eu croisement entre des logiques événementielles à très **court terme**… et des insuffisances intellectuelles et idéologiques de plus **long terme**, en l'occurrence une absence de réflexion et de réforme de fond » (966).

« Compte tenu notamment du système électoral et de la fragmentation historique de son système de partis, on a assisté en 2017 à l'arrivée au pouvoir d'une coalition rassemblant à la fois les plus hauts diplômes et les plus hauts revenus et patrimoines, rassemblant les segments les plus aisés des anciens partis de la gauche électorale et de la droite électorale...

Rien n'est écrit d'avance. Tout dépend notamment des stratégies de mobilisation et des rapports de force politico-idéologiques [super-] en présence » (978).

Il s'agit de « mieux comprendre les déterminants des inégalités, tout comme les conditions politico-idéologiques [super-] de formation de coalitions redistributives... [notamment] pour le Royaume-Uni, les États-Unis et la France... également dans les pays d'Europe qui constituent le cœur historique de la social-démocratie, notamment l'Allemagne, la Suède et la Norvège » (994).

« Repenser **l'effondrement du système gauche-droite de l'après-guerre**... Mise en place au cours des années 1950-1980 de nouvelles institutions et politiques sociales et fiscales visant explicitement à réduire les inégalités (propriété mixte, assurances sociales, impôt progressif, etc.)... » En fait, « cette structure gauche-droite de type classiste correspondait à un moment historique particulier et était le produit de conditions socio-économiques [infra-. E.J.] et politico-idéologiques [super-] particulières » (1000).

« Enfin, le dernier facteur expliquant l'effondrement du système gauche-droite de l'après-guerre est sans nul doute la chute du communisme soviétique et les profondes transformations des rapports de force politico-idéologiques [super-] induites par cet événement fondamental... »

Mais « surtout, l'effondrement du contre-modèle communiste en 1990-1991 a contribué à convaincre de nombreux acteurs politiques, en particulier au sein de la mouvance sociale-démocrate, qu'une telle ambition redistributive n'était au fond plus nécessaire, et que l'autorégulation des marchés et leur extension maximale à l'échelle européenne et mondiale suffisaient à définir un nouvel horizon politique. » Et « c'est à ce moment charnière des années 1980 et 1990 que furent mises en place un grand nombre de mesures clés, à commencer par la libéralisation complète des flux de capitaux (sans régulation), en particulier par des gouvernements sociaux-démocrates, et sur lesquelles ces derniers ne savent plus bien comment revenir… »

En fait, « lors de la transition vers la démocratie électorale qui a suivi la chute des régimes communistes est-européens, les anciens partis uniques au pouvoir se sont souvent transformés en partis de type social-démocrate, parfois en fusionnant ou en se recomposant avec divers mouvements politiques en formation. » Et « malgré l'hostilité d'une part importante de l'opinion, qui pour des raisons compréhensibles n'a jamais cessé de leur reprocher leurs errements passés, ces partis regroupant de nombreux cadres des administrations d'État et des grandes entreprises industrielles exercèrent souvent des responsabilités importantes lors de la première phase de la transition » (1003).

« Les formes de politiques sociales et de redistribution riches-pauvres favorisées par l'électorat LFI comme par ses cadres s'inscrivent dans l'histoire de la gauche socialiste et communiste, par exempte avec la référence à l'impôt progressif. Le RN s'appuie sur un corpus idéologique très différent, ce qui rend difficilement concevable la négociation d'une plate-forme d'action commune, tout du moins dans un avenir proche. » Or « malgré ses nombreuses tentatives pour se respectabiliser et faire oublier ses origines historiques (vichystes, colonialistes et poujadistes), par exemple en changeant de nom, le RN reste l'héritier d'un mouvement infréquentable pour l'immense majorité des électeurs susceptibles de voter LFI. »

Mais « la rapidité des évolutions observées en Italie invite toutefois à la prudence quant à la multiplicité des trajectoires envisageables à moyen terme. Plusieurs transformations ont rendu possible l'alliance sociale nativiste italienne de 2018. Il faut d'abord insister sur les effets délétères de la lente décomposition politique en cours en Italie depuis l'effondrement en 1992 du système des partis issu de l'après-guerre. » De fait, « dans un paysage marqué par la remise en cause généralisée des organisations partidaires et la désillusion face aux structures et aux promesses anciennes, les points de repère politico-idéologiques [super-] que l'on croyait absolument ancrés volent en éclat, et des alliances réputées impossibles peuvent devenir acceptables quelques décennies plus tard. »

En réalité, « si le cocktail social-nativiste [extrême droite + cocktail indéfinissable] italien a pu être envisagé, c'est aussi du fait de la configuration particulière prise par le conflit migratoire en Italie. Par sa situation géographique, le pays s'est retrouvé à accueillir sur ses côtes une grande partie des réfugiés arrivés par la Méditerranée, en provenance à la fois de la Syrie, du Moyen-Orient et d'Afrique, via la Libye » (1014).

« Il existe toujours **des alternatives, d'autres trajectoires et bifurcations possibles qui auraient pu se produire, en fonction de la capacité de mobilisation des acteurs** » (1018).

« Ces résultats sont particulièrement **riches en enseignements du point de vue des expériences occidentales**, car ils confirment à quel point les clivages électoraux sont construits historiquement et politiquement en fonction **des stratégies de mobilisation utilisées, et notamment des outils de redistribution sociale** que l'on se donne. Ils ne sont pas fixés de toute éternité, et ils sont susceptibles d'évoluer dans le temps, **en fonction de constructions politico-idéologiques** [super-] **complexes et changeantes** » (1083).

« Les insuffisances dans les politiques menées [par le Parti des travailleurs de Lula] ont pour origine à la fois des limitations doctrinales et idéologiques mais aussi l'absence d'une majorité parlementaire adéquate. » En fait, « au Brésil comme en Europe [en particulier en France et le mode de scrutin pour les élections législatives prévu par la Constitution de 1958. E.J.] et aux États-Unis, il est **impossible de réduire les inégalités autant qu'il serait souhaitable sans transformer également le régime politique, institutionnel et électoral**... »

Cependant, « à l'inverse, l'**aggravation du dumping fiscal** jouerait objectivement en faveur des orientations inégalitaires et identitaires incarnées par Bolsonaro et la mouvance nationaliste-conservatrice, de la même façon que pour Modi et le BJP en Inde...

Clivage identitaire, clivage classiste : la frontière et la propriété. »

De fait, « de même que celui de l'Inde, le cas du Brésil montre à quel point il est **essentiel de sortir du cadre occidental pour mieux comprendre les dynamiques politiques** en jeu autour des inégalités et au cours des années 1990-2020...

Ces différentes trajectoires illustrent également le caractère fondamentalement multidimensionnel des conflits politiques et idéologiques. » [super-.]

Notamment, « on peut nettement distinguer dans chacun des cas étudiés un clivage de type identitaire et un autre de type classiste. Le clivage identitaire porte sur la question de la frontière c'est-à-dire sur les limites de la communauté politique à laquelle on s'identifie, les origines et les identités ethno-religieuses de ses membres. » Par contre, « le clivage classiste porte sur les questions d'inégalité socio-économique [infra-] et de redistribution, et en particulier sur la question de la propriété. Ces clivages prennent des formes diverses en Europe et aux États-Unis, en Inde et en Chine, au Brésil ou en Afrique du Sud, en Russie ou au Moyen-Orient. » En réalité, « on retrouve ces deux dimensions dans la plupart des sociétés le plus souvent avec de multiples ramifications et sous-dimensions.

De façon générale, **le clivage classiste ne peut l'emporter que si l'on parvient à dépasser le clivage identitaire**...

Il est crucial de **décrire la forme que doivent prendre ces relations, dans une perspective dynamique.** » En fait, « le monde postcolonial a donné naissance à des interactions et des mélanges au sein de mêmes sociétés de groupes humains qui auparavant n'avaient quasiment aucun contact entre eux... un progrès civilisationnel considérable, mais qui dans le même temps a conduit au développement de clivages identitaires nouveaux... »

Or, « au moment même où **le clivage identitaire se durcissait, le clivage classiste** s'effaçait. Là se trouve sans doute l'explication principale pour la montée des inégalités observée depuis les années 1980-1990. Les explications fondées sur la technologie ou l'économie [*bottom up/top down*] manquent l'essentiel », en réalité « le fait qu'il existe toujours plusieurs façons d'organiser les relations économiques et les rapports de propriété, comme le montre l'extraordinaire diversité politico-idéologique [super-. E.J.] des régimes inégalitaires que nous avons étudiés dans cette enquête. »

Ainsi, « durcissement du clivage identitaire et des conflits sur la frontière, affaiblissement du clivage et des débats sur la propriété : ce schéma se retrouve dans quasiment toutes les régions du monde. Mais **au-delà de ce schéma général, les variations entre sociétés sont profondes** [Dialectique universel/particulier]. » En fait, « **loin des déterminismes de toute sorte, la diversité des trajectoires montre l'importance des stratégies de mobilisation sociale et politique. La perspective longue et comparative est ici essentielle**... L'étude de l'Inde et du Brésil a également montré que la domination des clivages identitaires sur les clivages classistes n'avait rien d'inéluctable... »

Assurément, « l'étude d'autres configurations électorales nationales apporterait d'autres illustrations de cette réalité générale...

II faut souligner que **cette multidimensionnalité des conflits politico-idéologiques** est aussi à l'œuvre dans des pays qui ne sont pas des démocraties électorales pluralistes, comme la Chine, la Russie, l'Égypte ou l'Arabie Saoudite. » [super-.] Mais « simplement elle est plus compliquée à appréhender et se laisse moins facilement voir, ou bien par bribes, ce qui ne facilite pas les apprentissages collectifs...

Au sein des pays musulmans, on constate que les dimensions religieuses et sociales du conflit électoral se sont combinées de façon différente dans le temps et suivant les pays » (1100-1103).

« Je suis convaincu, à l'issue de ce cheminement historique, qu'il est possible de s'appuyer sur les expériences relatées dans ce livre pour tenter de **dessiner les contours d'un socialisme participatif et internationaliste, c'est-à-dire de repérer dans les expériences du passé les formes d'organisation nouvelle du régime de propriété et du système de frontières qui pourraient contribuer à la mise en place d'une société juste** et à l'affaiblissement des menaces identitaires... »

Ceci étant, examinons les « impasses et chausse-trapes du débat sur le populisme.

J'ai évité autant que possible d'avoir recours dans cette enquête à **la notion de populisme**. La raison en est simple : ce concept **ne permet pas d'analyser correctement les évolutions en cours**. Les conflits politico-idéologiques [super-. E.J.] observés dans les différentes régions de la planète sont profondément **multidimensionnels.** » Ceux-ci « mettent notamment en jeu **des clivages sur le système de frontières et sur le régime de propriété**. Or la notion de populisme, telle qu'elle a été utilisée dans le débat public récent, parfois jusqu'à satiété, revient souvent à tout mélanger dans une espèce de soupe indigeste.

Trop souvent, la notion est instrumentalisée par des acteurs politiques pour désigner tout ce qu'ils n'aiment pas et dont ils souhaitent se démarquer... »

Dans la « pratique, ce terme est devenu **l'arme suprême permettant à des catégories sociales objectivement très favorisées de disqualifier à l'avance** toute critique de leurs options politiques et programmatiques. Plus besoin de débattre du fond ; par exemple du fait qu'il existe plusieurs politiques fiscales ou sociales possibles et de multiples modes d'organisation de la mondialisation. » Alors « il suffit de désigner les contradicteurs comme relevant du populisme pour pouvoir cesser de discuter et de penser, en toute bonne conscience. En France, il est ainsi devenu courant depuis l'élection présidentielle de 2017 de ranger **dans la même rubrique de populiste les électeurs rassemblés au premier tour par Jean-Luc Mélenchon et par Marine Le Pen, en oubliant** au passage » le fait que « le premier regroupe les électeurs qui sont en moyenne les plus ouverts à l'immigration et la seconde ceux qui y sont le plus farouchement hostiles. Aux États-Unis il n'était pas rare en 2016 de mettre dans la case populiste à la fois le socialiste internationaliste Bernie Sanders et le businessman nativiste Donald Trump. »

Donc « il me semble que **la notion de « populisme » est à éviter absolument, car elle ne permet pas de penser la complexité du monde**. En particulier, elle fait l'impasse sur le caractère multidimensionnel du conflit politique, et omet que les positions prises sur la question de la frontière et celle de la propriété peuvent être fort différentes… »

Du reste, « le premier problème du débat sur le populisme est sa vacuité : la notion autorise à ne parler de rien de précis. Le débat autour de la dette publique, en particulier dans le contexte de la zone euro, illustre sans doute le point le plus bas touché par l'usage de cette notion. » En effet, « dès lors qu'un acteur politique, un manifestant ou un citoyen évoque la possibilité que lesdites dettes ne soient pas entièrement et immédiatement remboursées, les foudres des commentateurs éclairés s'abattent sur l'impudent : voici bien l'idée la plus « populiste » que l'on puisse avoir. »

Or, « ce faisant, les commentateurs éclairés en question semblent ignorer à peu près tout de l'histoire de la dette publique, et en particulier que de très nombreuses annulations ont eu lieu depuis des siècles, notamment au XXe siècle, souvent avec succès. » Effectivement, « les dettes publiques supérieures à 200 % du produit intérieur brut observées dans de nombreux pays occidentaux en 1945-1950, notamment en Allemagne, au Japon, en France et dans la plupart des pays européens, ont été supprimées en quelques années » du fait d'« un mélange d'impôts exceptionnels sur le capital privé, d'annulations pures et simples, de reports de longue durée ou d'inflation. La construction européenne s'est bâtie dans les années 1950 sur l'oubli des dettes du passé, et c'est ce qui a permis de se tourner vers les jeunes générations et d'investir dans l'avenir. » [**Il existe des moments de forte indignation** chez T. Piketty, E.J.]. Certes, « chaque situation est différente, et il faut maintenant trouver des solutions nouvelles pour sortir par le haut des problèmes posés par les dettes publiques actuelles, en s'appuyant sur les réussites et les limitations des expériences du passé, comme j'ai tenté de le montrer plus haut. » Ceci dit, « traiter de populistes ceux qui ouvrent un débat nécessaire et incontournable, quand on est soi-même dans une situation d'ignorance historique qui frise l'inconscience, voilà qui est vraiment insupportable. » De façon concrète, « les responsables de la Lega et du M5S en Italie ou les militants des Gilets Jaunes en France qui proposent un référendum populaire pour annuler la dette n'ont certes pas intégré toute la complexité de l'enjeu, et le fait que cette question ne pourra pas se régler par oui ou par non » [**Critique de la naïveté politique des Gilets**

jaunes. E.J.]. « Il faut d'urgence débattre des modalités institutionnelles, fiscales et financières précises permettant de rééchelonner les dettes, car ce sont ces détails qui font par exemple qu'une tentative d'annuler les dettes retombe sur les plus riches (par exemple au travers d'un impôt progressif sur la propriété) ou au contraire sur les plus pauvres (par exemple au travers de l'inflation). » Dès lors, « la réponse à ces demandes sociales parfois confuses mais légitimes ne doit pas être de fermer le débat mais au contraire de l'ouvrir, dans toute sa complexité...

En pratique, le terme de « populisme » vise à rappeler en permanence que l'objectif est de rassembler le peuple contre les élites (ou bien contre la caste, qui suivant les cas peut être financière, politique ou médiatique, ou tout à la fois) », ceci « tout en évitant le plus souvent de débattre précisément des institutions que l'on souhaiterait mettre en place pour améliorer réellement les conditions de vie des classes populaires, par exemple au niveau européen. Le terme de populisme revient parfois à nier l'importance de l'idéologie » : en effet, « on fait implicitement l'hypothèse que le rapport de force pur et dur est la seule chose qui importe, et que les détails institutionnels se régleront d'eux-mêmes une fois que le rapport de force aura été établi et que le peuple aura triomphé.

L'hypothèse implicite est que la question du contenu programmatique et institutionnel (par exemple sur l'Europe ou la propriété) sera traitée après que de nouveaux rapports de force auront été établis » [**Critique probable mais assez injuste de J.-L. Mélenchon qui semble avoir un programme assez précis sut toutes ces questions**. E.J.].

« Or toute l'histoire des régimes inégalitaires étudiée dans ce livre démontre le contraire. Les changements historiques de grande ampleur découlent de la **rencontre de logiques événementielles et de mobilisations de court terme et d'évolutions politico-idéologiques et d'enjeux institutionnels de plus long terme**... » [[Les innovations technologiques n'y étant pour rien, ou pour peu de chose ? En tout cas, court terme/long terme : polarité importante du point de la **logique top down de T. Piketty**. E.J.]

Pour toutes ces raisons, il me semble important de **se méfier des impasses et des chausse-trapes du débat sur le populisme, et de se concentrer sur les questions de contenu, et en particulier sur la réflexion autour du régime de propriété, du système fiscal, social et éducatif, et du régime de frontière, c'est-à-dire sur les institutions sociales, fiscales et politiques susceptibles de contribuer à la mise en place d'une société juste et de permettre aux clivages classistes de reprendre le dessus sur les clivages identitaires** » (1105-1109).

« Le nouveau récit hyperinégalitaire qui s'est imposé depuis les années 1980-1990 n'est pas une fatalité…

Je vais tenter dans ce dernier chapitre de rassembler quelques-uns des éléments permettant d'avancer dans cette direction, **sur la base des enseignements** déjà évoqués dans les chapitres précédents. Je vais commencer par étudier les conditions d'une propriété juste. » Or « cela exige de développer de **nouvelles formes de propriété sociale, de partage des droits de vote et de participation à la prise de décision dans les entreprises**. Cela demande également de **remplacer la notion de la propriété privée permanente par celle de propriété temporaire** », par le moyen d'« un impôt fortement progressif sur les propriétés importantes permettant de financer une dotation universelle en capital et d'organiser ainsi une **circulation permanente des biens et de la fortune**. » Par ailleurs, « j'analyserai le rôle de l'impôt progressif sur le revenu et du **revenu de base** ainsi que la question de la **justice éducative**. J'aborderai enfin la question de la démocratie et de la **frontière**, et la façon dont il est possible de repenser l'organisation actuelle de l'économie-monde au profit d'un **système démocratique transnational fondé sur la justice sociale, fiscale et climatique**… »

Ceci dit, « toute l'histoire des régimes inégalitaires montre que **ce sont avant tout les mobilisations sociales et politiques et les expérimentations concrètes qui permettent le changement historique. L'histoire est le produit des crises et ne s'écrit jamais de la façon prévue dans les livres.** De ce point de vue, « il me semble utile de faire le point dans ce chapitre final sur les **leçons qu'il est possible de tirer des matériaux disponibles** et sur les positions que je serais amené à défendre si je disposais d'un temps de délibération infini. »

Envisageons « la justice comme participation et comme délibération…

Je propose la définition imparfaite suivante. **La société juste est celle qui permet à l'ensemble de ses membres d'accéder aux biens fondamentaux les plus étendus possible.** » Or « parmi ces biens fondamentaux figurent notamment **l'éducation, la santé, le droit de vote, et plus généralement la participation la plus complète de tous aux différentes formes de la vie sociale, culturelle, économique, civique et politique** » et « la société juste organise les relations socio-économiques [infra-], les rapports de propriété et la répartition des revenus et des patrimoines, afin de permettre aux membres les moins favorisés de bénéficier des conditions d'existence les plus élevées possible. La société juste n'implique pas l'uniformité ou l'égalité absolue » (1112-1113).

« **L'imagination tout à la fois idéologique et institutionnelle des sociétés humaines** ne va pas s'arrêter là. Toute l'histoire des régimes inégalitaires étudiée dans cet ouvrage démontre **l'ampleur du répertoire politico-idéologique, et le fait que les moments de bifurcations mettent en jeu à la fois des logiques événementielles de court terme et des évolutions intellectuelles de plus long terme. »** [Articulation dans la superstructure entre le politique et l'idéologique au sens précis. E.J.] **Toutes les idéologies ont leur faiblesse, et en même temps** les sociétés humaines ne peuvent vivre sans idéologies tentant de donner du sens à leurs inégalités.

Les idées et les idéologies comptent dans l'histoire. **La position sociale** [La base de la société organisée par la structure économique, **alias l'infrastructure**, Politzer, op. cit., 233], aussi importante soit-elle, ne suffit pas à forger une théorie de la société juste, une théorie de la propriété, une théorie de la frontière, une théorie de l'impôt, de l'éducation, du salaire, de la démocratie. [Qu'en est-il de l'organisation de l'État ? Par exemple de la Constitution de 1958 en France ? E.J.] Or sans réponses précises à ces questions complexes, sans une stratégie claire d'expérimentations politiques et d'apprentissage social, les luttes n'ont pas de débouché politique bien défini [**Échec des luttes de 1948, 1968, 1997, comme du mouvement des Gilets jaunes en 2018-2019**, E.J.] » (1190-1192).

« Il est indispensable pour comprendre le monde actuel de **revenir sur l'histoire longue des régimes inégalitaires, et en particulier sur la façon dont les puissances propriétaristes et coloniales européennes** ont affecté le développement des sociétés trifonctionnelles extraeuropéennes. » [Sans aucune articulation déterministe? Déterminante ? E.J.] En plus du fait que « les traces de cette histoire sont encore bien présentes dans la structure des inégalités contemporaines, l'étude des idéologies inégalitaires anciennes et de leur sophistication permet aussi de mieux mettre à distance les **idéologies du présent, qui ne sont pas toujours plus sages** que celles qui les ont précédées, et qui finiront elles aussi par être remplacées » (1194). [Répétition.]

« Si j'examine comment ma vision de l'histoire et de l'économie a évolué depuis mes 18 ans, je crois que **ce sont avant tout les sources historiques** que j'ai découvertes et exploitées qui m'ont conduit à modifier sensiblement mes conceptions initiales (qui étaient plus libérales et moins socialistes qu'elles ne sont devenues). » Notamment, « l'écriture des *Hauts Revenus en France au XXe siècle* (2001) m'a fait comprendre **à quel point la réduction des inégalités s'était faite dans la violence au cours du**

siècle dernier. La crise de 2008 m'a également amené à m'intéresser de plus près aux fragilités financières, patrimoniales et internationales du capitalisme mondial et à **l'histoire du capital et de son accumulation, qui est au cœur du Capital au XXIe siècle** (2013). » Ceci étant, « le présent livre s'appuie quant à lui sur de **nouvelles sources issues aussi bien de l'histoire coloniale que des enquêtes postélectorales**, ce qui m'a conduit à développer une approche politico-idéologique [super-] des régimes inégalitaires » (1196).

Il est clair que T. Piketty entend mener son analyse et son action à partir des « idées », à partir du niveau des superstructures. L'homme pense (*cogito*, *cogitatur*). Et Marx lui-même a-t-il fait autre chose ? D'accord, mais il faut que ce niveau idéologique s'embraye sur le niveau social, défini par la couche RP de l'infrastructure. Il faut que les gens suivent. C'est d'ailleurs ce que semblent faire au moins les 100 000 signataires de « Changer l'Europe, c'est possible ». Mais les suggestions faites par *Le Capital au XXIe siècle*, malgré le succès de l'ouvrage, n'ont pas fait bouger les politiques d'un pouce, même ceux qui se réclament de la gauche.

3.3. Sociaux-démocrates

Sur ce qui va suivre immédiatement, T. Piketty suit les analyses d'Hanna Arendt dans ses *Origines du totalitarisme* (1982, 2002) :

« À l'inverse [du succès des projets politiques bolcheviques et nazis], l'échec des sociaux-démocrates serait dû à leur incapacité à penser des formes fédérales nouvelles, et au fait de s'être contenté d'un internationalisme de façade, alors que la réalité de leur projet politique et de l'État social et fiscal qu'ils entreprenaient de bâtir demeurait cantonnée dans les limites étroites de l'État-nation. »

Or « cette analyse [celle de l'auteur], formulée notamment à l'encontre des mouvements socialistes, sociaux-démocrates et travaillistes français, allemands et britanniques de la fin du XIXe siècle et de la première moitié du XXe siècle, est d'autant plus intéressante qu'elle reste extrêmement pertinente » en vue de « comprendre les limitations des sociétés sociales-démocrates de l'après-guerre et de ces mêmes mouvements politiques à la fin du XXe siècle et au début du XXIe. Elle renvoie également aux débats de la période 1945-1960, non seulement sur la construction d'une communauté économique européenne, mais également sur la transformation de l'empire colonial français en une fédération démocratique », ceci « à un moment où nombre de dirigeants ouest-africains percevaient très clairement les difficultés de minuscules « États-nations » sociaux-démocrates comme le Sénégal ou la Côte d'Ivoire pour développer un modèle social viable au sein du capitalisme mondial » (560-561).

« Malgré leurs indéniables succès, les sociétés sociales-démocrates vont connaître un essoufflement **à partir des années 1980-1990**. [Thatcher, Reagan, Mitterrand.] En particulier, elles n'ont pas su faire face à une montée des inégalités qui s'est développée un peu partout depuis lors… » De fait, « la social-démocratie n'a pas su [T. Piketty est en général toujours très modéré dans son langage, E.J.] répondre efficacement au profond besoin d'accès égalitaire à la formation et aux connaissances, et en particulier lors de la transition de la révolution primaire et secondaire à celle de l'enseignement supérieur. » [La classe moyenne, représentée par le PS, se souciait d'**écarter un trop grand nombre de rivaux** venus de la France d'en bas dans l'usage de l'ascenseur social. E.J.] Enfin « nous analyserons les limites de la réflexion sociale-démocrate sur l'impôt, et notamment sur l'impôt progressif sur la propriété. En particulier, la social-démocratie n'a **pas réussi** à bâtir de nouvelles formes fédérales transnationales de souveraineté partagée et de justice sociale et fiscale. » En fait, « la concurrence exacerbée entre pays, dans le cadre d'une mondialisation où les traités de libre-échange et de libre circulation des capitaux tiennent lieu de toute régulation (et auxquels les sociaux-démocrates n'ont pas su proposer d'alternative, quand ils ne les ont pas **eux-mêmes inspirés** [par exemple un Jacques Delors en tant que premier président historique de la Commission européenne])… »

Ceci dit, « au cours de la période 1950-1980, qui correspond à l'âge d'or de la social-démocratie, les inégalités de revenus se sont établies à un niveau sensiblement plus faible qu'au cours des autres périodes historiques, aussi bien aux États-Unis qu'au Royaume-Uni, en France, en Allemagne, en Suède, au Japon », ainsi que « dans la quasi-totalité des pays européens et extraeuropéens pour lesquels des données adéquates sont disponibles. Cette inégalité plus faible [avérée à l'usage comme une « égalité inachevée »] est due en partie aux destructions entraînées par les guerres, qui ont davantage appauvri ceux qui possédaient beaucoup que ceux qui ne possédaient rien. » Par ailleurs, « elle s'explique surtout par un ensemble de politiques fiscales et sociales qui ont permis de structurer des sociétés à la fois plus égalitaires et plus prospères que toutes les sociétés précédentes, et que l'on peut désigner de façon générale comme les sociétés sociaux-démocrates » (567-568).

« La Suède est le « pays par excellence de la social-démocratie, là où cette forme historique a pu être expérimentée de façon la plus complète… Il s'agit également du pays qui a mis en place le plus haut niveau de prélèvement fiscal et de dépenses sociales au cours de la période 1950-2000 même s'il a été rejoint par la France dans les années 2000-2020. » Or « de façon générale, la montée en puissance de l'État fiscal et social constitue l'indicateur le plus caractéristique de la notion de société sociale-démocrate envisagée ici… »

Par ailleurs, « en Allemagne… si l'on ajoute à cela le fait que le SPD a abandonné dans son programme de Bad Godesberg de 1959 toute référence aux nationalisations et au marxisme, il en résulte une certaine convergence programmatique des deux principaux partis allemands de l'après-guerre [SPD et CDU] », en réalité « unis dans la recherche d'un nouveau modèle de développement permettant de reconstruire le pays après le désastre du nazisme, et que l'on peut qualifier de social-démocrate. Cela n'empêche pas des différences substantielles entre les deux partis, par exemple concernant la générosité du système social et son organisation… On retrouve une configuration semblable en Suède » où « (les partis « bourgeois » n'ont pas remis radicalement en cause l'État social mis en place par le SAP quand ils ont été au pouvoir depuis 1991) et dans les autres pays d'Europe centrale et nordique caractérisés par l'expérience depuis la guerre de puissants partis sociaux-démocrates (comme l'Autriche, le Danemark ou la Norvège)… »

En fait, « il reste que le système social et fiscal en vigueur en France depuis la Deuxième Guerre mondiale appartient bien à la grande famille des sociétés sociales-démocrates européennes » (568-571).

S'il est vrai que le programme du Conseil national de la résistance (CNR), appliqué en partie, avait installé en France ce qui a pu être qualifié d'un « État social », **on reste un peu surpris d'apprendre que c'est dans une social-démocratie que l'on a vécu dans ce pays entre 1950 et 1980** – au moins pour ceux qui en ont eu l'âge, alors que la plupart ont plutôt le sentiment d'y avoir subi, surtout dès 1958, l'étouffoir d'une série ininterrompue de gouvernements d'un conservatisme étroit, pour ne pas parler de la dérive de plus en plus droitière imprimée par le retour au pouvoir d'un PS, rapidement converti au schéma d'une **cohabitation** où tout était cédé à l'expansion sans frein d'un « néocapitalisme » installé par la « Révolution néo-conservatrice » de Reagan et Thatcher.

Le système fiscal français a été démontré par la *Révolution fiscale* de C. Landais, T. Piketty, E. Saez (2011) comme d'une iniquité indiscutable, et sans aucun rapprochement possible avec le régime de la fiscalité suédoise. E.J.

Par ailleurs, le Parti social-démocrate autrichien a toujours passé pour l'un des plus opportunistes à cause de sa cohabitation gouvernementale à peu près continue avec une droite dure et sans concession.

« Sur les questions clés du régime de propriété et du régime financier international, les socialistes [français] comme les travaillistes [britanniques] se montrèrent relativement conservateurs » (589).

« La social-démocratie, l'éducation et la fin de l'avance étatsunienne… les États-Unis ont bénéficié pendant la majeure partie du XXe siècle d'une avance éducative significative sur l'Europe de l'Ouest et le reste du monde. Cette réalité remontait au début du XIXe siècle et aux origines du pays, et explique pour une large part les écarts importants de productivité et de niveau de vie moyen observés pendant l'essentiel du XXe siècle. Cette avance a disparu à la fin du XXe siècle… »

Par ailleurs, « au-delà du cas étatsunien, je vais insister sur le fait que le passage de la révolution primaire et secondaire à la révolution tertiaire constitue un défi inégalitaire auquel aucun pays n'a su répondre de façon pleinement satisfaisante. » Or « ceci explique pour partie le phénomène général de montée des inégalités depuis 1980 et l'épuisement du modèle social-démocrate et de la coalition électorale qui l'avait rendu possible » (599).

« **Dans les années 1920**, les discussions au sein du Cartel des gauches n'aboutirent pas, à la fois car les radicaux ne voulaient pas inquiéter les petits propriétaires, mais aussi parce que **les socialistes étaient davantage intéressés par la question des nationalisations que par les projets fiscaux**. Il s'agit d'ailleurs là d'un des freins qui ont limité les avancées des mouvements sociaux-démocrates et socialistes sur l'impôt progressif sur la propriété ; le projet était souvent considéré comme trop effrayant par les partis du centre, et insuffisamment mobilisateur pour les forces les plus à gauche, attachées à l'objectif de propriété étatique des moyens de production » (665-666).

« Juncker promit que cela ne se reproduirait plus [le dumping fiscal exercé par le Luxembourg, E.J.], et les principales forces politiques au Parlement européen (non seulement son propre parti, celui du centre droit, mais aussi également les libéraux et le parti socialiste européen, regroupant les partis sociaux-démocrates et du centre gauche) choisirent de lui renouveler leur confiance » (794-795).

« Cette question de l'injustice éducative et de l'hypocrisie méritocratique n'a fait que gagner en importance depuis les années 1960… **L'inégalité éducative** constitue l'un des principaux facteurs qui ont conduit à l'éclatement de la « coalition électorale » sociale-démocrate au cours des dernières décennies. Les divers partis socialistes, travaillistes et sociaux-démocrates ont progressivement été perçus comme **de plus en plus favorables aux gagnants de la compétition socio-éducative**, et ont perdu le soutien dont ils bénéficiaient parmi les groupes sociaux les moins diplômés dans l'après-guerre » (828).

« **Au cours des années 1950-1980**, les classes populaires se reconnaissaient dans les divers partis socialistes, communistes, travaillistes, démocrates et sociaux-démocrates composant la gauche électorale de l'époque. **Ce n'est plus le cas au cours des années 1990-2020**, où ces partis et mouvements politiques sont devenus le parti des plus diplômés et sont parfois en passe de devenir le parti des plus hauts revenus et patrimoines. Cette évolution témoigne notamment de l'échec de la coalition sociale-démocrate de l'après-guerre à renouveler sa plate-forme programmatique, en particulier sur les questions fiscales, éducatives et internationales » (838).

« La similitude des trajectoires [aux États-Unis, en France et au Royaume-Uni] invite au scepticisme quant à des hypothèses étroitement nationales. Des explications plus globales, portant en particulier sur les raisons qui ont conduit une part croissante des groupes sociaux défavorisés à se sentir mal représentés (voire parfois abandonnés) par la gauche électorale, paraissent *a priori* plus plausibles. On pense notamment à l'incapacité de la coalition sociale-démocrate de l'après-guerre (au sens large) à renouveler suffisamment son programme, et en particulier à développer des normes de justice convaincantes et adaptées à l'âge de la mondialisation et de la tertiarisation éducative » (845).

« Les classes populaires se sont **senties moins bien représentées** par les mouvements politiques et les plates-formes programmatiques qui leur étaient proposées lors de la seconde période 1990-2020. » À cet égard, « il est frappant de constater que le passage au pouvoir du New Labour de Tony Blair en 1997-2007 et des socialistes français en 1988-1993 et 1997-2002 semble s'être accompagné d'une **chute particulièrement forte de la participation** parmi les catégories les plus modestes… »

De fait « la non-inscription peut atteindre ou parfois dépasser 10 % des personnes qui ont théoriquement le droit de vote, et ce phénomène est particulièrement marqué parmi les classes populaires – et notamment au sein des électeurs noirs aux États-Unis » (863).

« Le retournement du clivage éducatif, c'est-à-dire le fait que le vote à gauche soit progressivement devenu celui des plus diplômés dans les années 1990-2020 est un phénomène que l'on retrouve à l'intérieur d'un groupe de revenu et de patrimoine donné… » De fait, « on remarquera que la prise en compte du revenu et du patrimoine conduit cette fois-ci à rehausser le niveau de la courbe, ce qui est logique, étant donné le fait que les plus hauts niveaux de diplôme sont en moyenne associés à de plus hauts niveaux de revenu et de patrimoine », et que « les plus hauts revenus et les plus importants patrimoines renforcent en général la tendance au vote à droite… C'est le clivage politico-éducatif dans son ensemble qui a changé de sens (le vote à gauche était décroissant tout au long de la hiérarchie des diplômes, des plus bas, aux plus élevés, et il est devenu croissant tout au long de cette même hiérarchie)… »

En fait, « cet effondrement du vote ouvrier pour les partis socialistes, communistes, sociaux-démocrates, démocrates et travaillistes pendant les décennies de l'après-guerre est un phénomène bien connu que l'on retrouve dans tous les pays occidentaux…

En particulier, ce ne sont pas seulement les ouvriers de l'industrie qui ont cessé de voter pour les partis de gauche : on retrouve une désaffection tout aussi marquée parmi les salariés peu diplômés des services… »

D'évidence, « la gauche électorale et les classes populaires : anatomie d'un divorce… L'hypothèse sociale, qui me semble de loin la plus importante et la plus convaincante, est que les catégories populaires se sont graduellement senties abandonnées par les partis de gauche, qui se seraient progressivement tournés vers d'autres catégories sociales (et notamment vers les plus diplômés). » Tandis que « l'hypothèse nativiste est que ce sont au contraire les partis de gauche qui auraient été abandonnés par une partie des catégories populaires, happées par les sirènes du vote raciste et anti-immigrés. » Or, « cette seconde hypothèse est particulièrement répandue aux États-Unis… de multiples travaux ont insisté sur la montée en puissance depuis les années 1980 et 1990, en Europe comme aux États-Unis, de nouveaux clivages autour des enjeux migratoires et de la question du multiculturalisme qui auraient contribué à éloigner les catégories populaires de la gauche électorale… »

Ceci étant, « une explication naturelle pour cette désaffection vis-à-vis de la gauche électorale est la perception que cette dernière a totalement changé de nature et de plate-forme programmatique. » En résumé, « l'hypothèse sociale est que les catégories les plus populaires, au sens du niveau de diplôme, ont pu avoir l'impression que la gauche électorale s'intéressait désormais davantage aux nouvelles classes favorisées et diplômées et à leurs enfants, bien davantage qu'à ceux des milieux modestes. » Or « de multiples éléments plaident en faveur de cette interprétation et suggèrent qu'il ne s'agit pas seulement d'une impression…

C'est ainsi que l'ancien parti des travailleurs est devenu celui des gagnants du système éducatif, se séparant progressivement des catégories populaires, à l'image de la coupure entre les techniciens et les « populistes » (Young 1958) » (872-877).

« Les pays d'Europe qui constituent le cœur historique de la social-démocratie, notamment l'Allemagne [Gerhardt Schröder 1998-2005 ? E.J.], la Suède et la Norvège » (994).

« Repenser l'effondrement du système gauche-droite de l'après-guerre… Dans tous les cas, que les noms des partis soient restés les mêmes ou non, la structure du conflit politique dans les démocraties électorales occidentales au cours de la période 1990-2020 n'a plus grand-chose à voir avec celle de la période 1950-1980… » Car « dans tous les pays étudiés, les électeurs les moins diplômés ont peu à peu cessé de voter pour ces partis, provoquant un retournement complet du clivage éducatif, tout en réduisant fortement leur participation électorale. » Et « quand un divorce d'une telle ampleur se produit dans tant de pays, au cours d'un processus de long terme s'étalant sur plus de six décennies, il ne peut pas s'agir d'un malentendu…

Ces partis et mouvements politiques n'ont **pas su** renouveler leur plate-forme idéologique et programmatique et l'adapter aux nouveaux défis socio-économiques qui sont apparus au cours du dernier demi-siècle. » Or « parmi ceux-ci figurent notamment l'expansion éducative et la mondialisation économique… Cela a conduit à rapprocher les politiques sociales et fiscales des deux coalitions alternant au pouvoir. Par ailleurs, avec le développement des échanges commerciaux, financiers et culturels à l'échelle de l'économie-monde, les différents pays se sont retrouvés sous la pression d'une concurrence sociale et fiscale de plus en plus forte », ceci « au bénéfice des groupes disposant du capital éducatif ou financier le plus élevé. Or les partis sociaux-démocrates (au sens large) n'ont jamais véritablement cherché à développer leur programme de redistribution à l'échelle internationale, au-delà de l'État-nation. D'une certaine façon, ils n'ont jamais répondu à la critique que leur adressait déjà Hannah Arendt en 1951 », lorsqu' « elle notait que la régulation des forces débridées de l'économie-monde ne pouvait se faire qu'au moyen du développement de formes politiques transnationales nouvelles. » Au contraire, « ils ont au contraire puissamment contribué à lancer à partir des années 1980-1990 le mouvement de libéralisation généralisée des flux de capitaux, sans échange d'informations et sans régulation ni fiscalité communes (pas même au niveau intra-européen)… »

En fait, « d'une part, le processus de décomposition de la structure gauche-droite classiste de l'après-guerre prend place de façon graduelle au fil d'un mouvement qui débute dès les années 1960 et 1970, c'est-à-dire bien avant que le clivage migratoire ne devienne véritablement prégnant dans la plupart des pays occidentaux (généralement à partir des années 1980 et 1990, voire beaucoup plus récemment dans certains cas). » Mais « d'autre part, si l'on examine les différents pays occidentaux, il est frappant de constater que le retournement du clivage éducatif s'est produit un peu partout au même rythme au cours du dernier demi-siècle, sans relation apparente avec l'importance des clivages raciaux ou migratoires… »

Ainsi, « ce n'est pas le facteur [des clivages identitaires] qui a causé le retournement initial. Une interprétation plus satisfaisante est que le sentiment d'abandon des classes populaires face aux partis sociaux-démocrates (au sens large) a constitué un terreau fertile pour les discours anti-immigrés et les idéologies nativistes » (1000-1002).

« La **forte réduction des inégalités observée au milieu du XXe siècle** a été rendue possible par la construction d'un État social reposant sur une relative égalité éducative et sur un certain nombre d'innovations radicales, comme la cogestion germanique et nordique ou la progressivité fiscale à l'anglo-saxonne. » Or « la révolution conservatrice des années 1980 et la chute du communisme ont interrompu ce mouvement et ont contribué à faire entrer le monde depuis les années 1980-1990 dans une nouvelle phase de foi indéfinie dans l'autorégulation des marchés et de quasi-sacralisation de la propriété. » Et « l'incapacité de la coalition sociale-démocrate à dépasser le cadre de l'État-nation et à renouveler son programme, dans un contexte marqué par l'internationalisation des échanges et la tertiarisation éducative, a également contribué à l'**effondrement du système gauche-droite qui avait permis la compression des écarts dans l'après-guerre** » (1193).

3.4. Démocratie

« Ce petit livre part du *Manifeste pour la démocratisation de l'Europe*, lancé en décembre 2018 par une centaine d'intellectuels et responsables politiques européens, traduit dans plusieurs langues et qui a déjà recueilli 100 000 signatures » (3).

« En 2017, certains d'entre nous avaient formulé une première proposition de **Traité de démocratisation** » (7).

« Nos propositions reposent sur la création d'un **budget de démocratisation discuté et voté par une Assemblée européenne souveraine** » (12).

« Le projet de Traité de démocratisation » (13-14, 54).

« Ce budget de démocratisation » (15, 23, 27, 39).

« Notre projet repose sur une profonde démocratisation de l'Europe, avec la création d'une Assemblée européenne démocratique **composée de députés nationaux et européens**, qui aura le dernier mot sur les autres instances pour le vote du budget » (31).

« Le *Manifeste pour la démocratisation* est-il de gauche ou de droite ?
… Il est naturel de rattacher ce *Manifeste* à la gauche. Il s'agit dans le cas de ce *Manifeste* d'une **gauche vraiment européenne**, et vraiment de gauche » (37).

« Pourquoi appeler ce budget budget de démocratisation ?
L'exercice budgétaire est au cœur du processus démocratique : dans un pays, l'exercice budgétaire concrétise le projet politique du gouvernement et fait jouer les forces démocratiques via la proposition et l'adoption du budget annuel du gouvernement. » Donc « **le budget est l'acte fondateur d'une communauté politique** dans la mesure où il crée l'espace politique et le levier démocratique. Créer un budget européen, c'est créer une communauté politique européenne, un espace public et démocratique.
De plus, ce budget servira à financer les conditions mêmes de la viabilité de la démocratie en Europe » (39).

« C'est une instance démocratique (l'Assemblée européenne) et non une règle automatique qui décidera du rythme de remboursement. **Chaque pays continuerait de rembourser sa propre dette, mais à un taux d'intérêt identique pour tous.**
Il faut toutefois souligner que le T-Dem a été bâti principalement autour de la problématique de la justice fiscale, et en particulier autour de l'idée d'une Assemblée européenne adoptant des **impôts communs afin de financer un budget de démocratisation** » (43).

« Est-ce que la création d'une Assemblée parlementaire est le meilleur levier de démocratisation ? Il existe aujourd'hui bien d'autres pistes de démocratisation qui ne peuvent être négligées, à commencer par la palette large des outils de la démocratie participative. » Certes, « le traité pourra bien sûr être enrichi sur ce point, mais on aurait tort d'opposer la démocratie des parlements à celle des mobilisations citoyennes et des formes de contre-expertise. Tous les enseignements récents en la matière montrent que ces dernières ont vocation à être articulées et structurées aux formes de la démocratie représentative », en tout cas « si l'on souhaite éviter qu'elles ne demeurent des solutions cosmétiques comme c'est trop souvent le cas au niveau européen, national ou local. » Tout « au contraire, en faisant une greffe démocratique au cœur du bloc de pouvoir que constitue le gouvernement économique européen, on ouvre une brèche dans laquelle les causes citoyennes jusqu'ici évincées comme les voix hétérodoxes jusqu'ici marginalisées pourront désormais s'engouffrer » (53-54).

« La modification principale introduite ici tient à l'ouverture du Traité de démocratisation à la signature de l'ensemble des **27 États membres de l'Union, et non plus aux seuls membres de la zone euro**. C'est pourquoi nous parlons désormais d'Assemblée européenne et non plus d'Assemblée parlementaire de la zone euro. »

Ceci « est plus conforme à l'idée que nous nous faisons de la communauté de destin européenne…Le budget apparaît désormais dès l'article 1 comme élément central de la refondation démocratique de l'Union » (55).

« Par ailleurs, la version de 2018 du T-Dem est beaucoup plus ambitieuse en termes de justice fiscale et environnementale (avec la possibilité d'adopter des **impôts communs sur les hauts revenus, les hauts patrimoines et les émissions carbone, et non plus seulement les bénéfices des**

sociétés) et inclut un projet de budget permettant de mesurer concrètement le type de modèle européen de développement que cette proposition de démocratisation pourrait permettre de promouvoir » (56).

« NOTRE PROJET DE BUDGET DE DÉMOCRATISATION POUR L'EUROPE

Notre projet politique est de bâtir un **modèle européen original de développement social, équitable et durable**. Nos propositions reposent sur la création d'une Assemblée européenne, démocratique et souveraine, compétente pour adopter un budget et une fiscalité au niveau européen permettant de répondre ensemble aux défis de notre avenir » (57).

Chapitre 4

Données et méthodes

4.1. Chiffres et dates

Projet de budget de démocratisation pour l'Europe :

« a) Impôt sur les bénéfices des sociétés: 1,5 % du PIB.

Actuellement le taux national d'impôt sur les bénéfices des sociétés est en moyenne de 22 % dans l'Union européenne (alors qu'il était de 45 % au début des années 1980).

Nous proposons que l'Assemblée européenne crée un impôt européen commun au taux européen additionnel de 15 % des bénéfices, qui sera levé dans tous les pays signataires pour financer le budget commun. » Par ailleurs, « cet impôt européen n'est pas exclusif : chaque État restera libre de lever un impôt supplémentaire. De plus, nous proposons que l'Assemblés européenne établisse un taux minimal d'imposition (somme du taux européen et du taux national) égal à 37 % des bénéfices » (*72-73*).

« b) Impôt progressif sur les hauts revenus: 1 % du PIB.

En 2018, le taux marginal d'impôt sur le revenu applicable aux revenus les plus élevés était en moyenne de 40 % en Europe (alors qu'il était de 65 % au début des années 1980). L'objectif est de rétablir la progressivité fiscale au sommet de la hiérarchie des revenus en créant des taux marginaux additionnels prélevés au niveau européen sur les très hauts revenus » (*77*).

« c) Impôt progressif sur les hauts patrimoines : 1, 1 % du PIB.

Actuellement, l'imposition directe du patrimoine prend principalement des formes régressives en Union européenne, en particulier sous forme de taxation des biens immobiliers, sans prise en compte des actifs financiers (qui forment pourtant l'essentiel des plus gros patrimoines). Nous proposons donc la mise en place d'un impôt progressif sur les plus hauts patrimoines (patrimoines immobiliers, professionnels et financiers, nets de dettes). »

Ainsi « le taux marginal serait de 1 % sur les patrimoines nets individuels supérieurs à 1 million d'euros et de 2 % sur ceux supérieurs à 5 millions d'euros.

Les recettes apportées par ces taux marginaux de 1 % et 2 % sur les hauts patrimoines s'élèveraient à environ 1,1 % du PIB. Il s'agit d'une estimation relativement conservatrice : les recettes pourraient augmenter grâce à l'élimination des niches et une meilleure lutte contre l'évasion et la fraude » (*81-82*).

« Les patrimoines élevés représentent plus de cinq années de PIB européen, et les centiles supérieurs en détiennent une part considérable.

Par ailleurs, le rendement observé des patrimoines des plus grandes fortunes européennes est d'environ au moins 6 ou 7 % par an [**25 à 45 % selon certains auteurs** ? E.J.]. Un taux à 1 ou 2 % apparaît donc très raisonnable et pourrait, le cas échéant, être relevé » (*84*).

1789-1791 : Assemblée constituante.

1792-1795 : Convention nationale (133).

1793 juillet : Dans « une approche dite « linguistique » : tous les droits seigneuriaux et rentes foncières devaient être abolis immédiatement, sans compensation, dès lors qu'une terminologie se rattachant directement à l'ordre féodal ancien était utilisée pour les désigner » (134).

Il existe « une opposition très nette entre les Lumières « radicales » : Diderot, Condorcet, Holbach, Paine) et « modérées » (Voltaire, Montesquieu, Turgot, Smith). »

Adam Smith, adepte de la « main invisible », soutenait une vision du progrès humain « sans rupture violente, sans bouleverser les institutions politiques anciennes » (148).

1980-1990 : phénomène de remontée des inégalités (28).

L'organisation de « la société autour des trois classes cléricale, guerrière, laborieuse (avec une classe laborieuse unifiée et libre, tout du moins en théorie) se formalise **autour de l'an mil en Europe** et du IIe siècle av. J.-C. en Inde. En pratique, **les logiques esclavagistes et trifonctionnelles ont longtemps coexisté** au sein des mêmes sociétés » (248).

« Le recensement mexicain de 1921 faisait état d'environ 60 % de métis (*mestizos*), 30 % d'indigènes et 10 % de « blancs » L'identité pluriculturelle du pays a été intégrée dans la Constitution, et ces questions ne se sont plus posées dans les recensements actuels » (306).

Touchant les actifs étrangers franco-britanniques de 1914, entre un cinquième et un quart (entre 1 et 2 années de revenu national) de tout ce que possédaient les propriétaires français et britanniques (entre 6 et 7 années de revenu national) était détenu à l'étranger (333).

« C'est cette mécanique des traités inégaux » qui permit aux puissances coloniales de prendre le contrôle de nombreux pays et actifs étrangers… Le cas du Maroc est à cet égard exemplaire » (1845, 1860, 1907-1909, 1911-1912) (336).

En Inde, « les musulmans représentaient environ 20 % des quelque 250 millions de personnes recensées, lors des premiers recensements coloniaux de 1871 et 1881, et cette proportion atteignait 24 % en 1931 et 1941, compte tenu d'une natalité légèrement plus importante. » Mais « en 1951, lors du premier recensement organisé par l'Inde indépendante, la proportion de musulmans était tombée à 10 %, ce qui s'explique à la fois par la partition du pays (le Pakistan et le Bangladesh, où les musulmans étaient les plus nombreux, ne font plus partie de l'Inde et ne sont donc plus couverts par le recensement) » et aussi « par les transferts de population hindoue et musulmane consécutifs à la partition. La proportion de musulmans a par la suite légèrement progressé (du fait d'une natalité un peu supérieure à la moyenne), atteignant 14 % lors du recensement de 2011, au sein d'une population totale dépassant alors 1,2 milliard d'habitants » (366-367).

1868 : Réformes de l'ère Meiji au Japon (452).

1911-1912 : République bourgeoise en Chine, avant la Révolution de 1949.

1979 : République islamique (471).

Aux **USA, de 1920-1930 à 1980-1990, taux supérieurs à 70-80 % sur les plus hauts revenus et patrimoines** (491).

« Les salaires amorcent une timide progression au cours des dernières années du XIXe siècle et au début du XXe », en contraste « avec la stagnation quasi complète (voire la régression) observée pendant la première moitié du XIXe siècle et jusqu'aux années 1860, phase noire de l'industrialisation » (500).

« Des sources imparfaites indiquent des niveaux de concentration patrimoniale aux XVe-XVIIIe siècles sensiblement plus élevés que ceux observés au XXe siècle » (501).

« La valeur totale des propriétés était généralement comprise entre 6 et 8 années de revenu national, tout au long du XVIIIe et du XIXe siècle [Balzac, Austen, Proust]…

Les propriétés privées ne représentaient plus que l'équivalent de 2 années de revenu national en France et en Allemagne en 1950… Les propriétés privées britanniques valaient à peine plus de 3 années de revenu national dans les années 1950, contre plus de 7 dans les années 1910. » Aussi bien, « dans tous les cas, la valeur des propriétés privées a été divisée par un facteur compris entre 2 et 3 en quelques décennies » (506-507).

« Une **expédition militaire menée par le Royaume-Uni, la France et les États-Unis débarqua en 1918-1920 dans le nord de la Russie, dans l'espoir de venir étouffer la révolution**, sans succès » (509).

« La foi dans le capitalisme privé avait été fortement ébranlée par la crise économique de 1930… Dès 1932, le chômage touchait un quart de la population active industrielle aux États-Unis comme en Allemagne, au Royaume-Uni comme en France. » Alors « la doctrine traditionnelle de laissez-faire et de non-intervention de la puissance publique dans la vie économique, qui prédominait dans tous les pays au XIXe siècle et dans une large mesure jusqu'au début des années 1930, s'en trouva durablement discréditée… »

En outre, « en France et dans d'autres pays, ce climat général de défiance envers le capitalisme privé fut renforcé en 1945 par le fait qu'une bonne partie des élites économiques furent suspectées de collaboration avec l'occupant allemand et d'enrichissement indécent entre 1940 et 1944. » et « c'est dans cette atmosphère électrique que furent lancées les grandes vagues de nationalisations de la Libération, qui concernaient notamment le secteur bancaire, les mines de charbon et l'industrie automobile, avec en particulier la fameuse nationalisation-sanction des usines Renault. Le propriétaire Louis Renault fut arrêté comme collaborateur en septembre 1944 » (510-511).

« Dans un contexte marqué par une très forte inflation, inconnue avant 1914, et où les salaires réels n'avaient souvent toujours pas retrouvé leur niveau d'avant-guerre, il paraissait insupportable que les propriétaires fonciers puissent continuer de s'enrichir sur le dos des ouvriers et des classes sociales modestes et moyennes de retour du front. » Et « c'est dans ce contexte que se développèrent dans les différents pays de nouvelles réglementations visant à contrôler les loyers…

De façon générale, **la faiblesse des prix immobiliers en vigueur au cours des années 1950-1980**, indépendamment de toute règle supplémentaire, facilita mécaniquement l'accès à la propriété de nouveaux groupes sociaux et la diffusion du patrimoine » (512-513).

« Enfin **l'Allemagne de l'Ouest bénéficia lors de la Conférence de Londres de 1953 d'une suspension de sa dette extérieure, qui fut ensuite définitivement annulée lors de l'unification allemande en 1991** » (517).

« À la fin du XIXe siècle et jusqu'à la Première Guerre mondiale, les 1 % des Parisiens les plus riches en patrimoines bénéficiaient grâce aux revenus de leurs propriétés (dividendes, intérêts, loyers, etc.) d'un **niveau de vie moyen de 30 à 40 fois le salaire moyen de l'époque**. Les impôts payés sur les successions comme sur les revenus ne dépassaient pas 5 % » (527).

« Dans les années 1920, le niveau de vie de ce groupe d'écroula autour de 5, 10 fois le salaire moyen…

Cela ne signifie certes pas que toutes les familles concernées aient fini ruinées…

La position moyenne de ce groupe social s'effondre entre 1914 et 1950, et continue de s'abaisser par la suite, sans possibilité matérielle de reconstitution des niveaux précédents… »

En fait, « à l'issue de la Première Guerre mondiale, il devint matériellement impossible pour les propriétaires britanniques de maintenir leur train de vie d'avant-guerre… La seule solution était de vendre une partie des biens, et c'est ce qui se produisit à une vitesse accélérée au Royaume-Uni entre dans l'entre-deux-guerres » (529).

« Des années 1930 aux années 1960, de tels taux marginaux ont également eu un impact dissuasif majeur sur la fixation de rémunérations stratosphériques pour les dirigeants d'entreprise » (530).

« En pratique, l'emploi public travaillant dans les différentes administrations nationales et locales, écoles, lycées, universités, hôpitaux, etc., représente dans les années 2000-2020 autour de 15 % -20 % de l'emploi total dans les pays ouest-européens, contre 80 %-85 % pour l'emploi privé. » Et « cela est dû au fait que la plus grande partie des impôts et cotisations sert non pas à rémunérer des emplois publics mais à financer des transferts (retraites, allocations, etc.) et l'achat de biens et services au secteur privé (bâtiments et travaux publics, équipements, prestations extérieures, etc.). » Ainsi : (En 2017, les salariés du secteur public (État, collectivités locales et hôpitaux) représentent 21 % de l'emploi total en France, contre 79 % pour l'emploi privé (12 % pour les indépendants non salariés et 67 % pour les salariés du secteur privé). » En plus de « la part des impôts dans le revenu national (40 %-50 % en Europe occidentale) et la part de l'emploi public dans l'emploi total (15 %-20 %), il existe une troisième façon d'évaluer **le poids de l'État**, consistant à mesurer sa part dans le capital national. Suivant ce dernier critère, nous verrons que la part de l'État a beaucoup baissé au cours des dernières décennies, et est même devenue négative dans de nombreux pays » (538).

« Les **taux de 70 %-80 % appliqués aux plus hauts revenus et successions entre les années 1920-1930 et les années 1960-1970** ne concernaient certes qu'une petite fraction de la population (généralement de 1 % ou 2 %, parfois à peine 0,5 %)… À eux seuls, les taux de l'imposition n'auraient jamais pu suffire à rapporter les recettes nécessaires pour financer l'État social… »

« Entre les années 1920-1930 et les années 1960-1970, il existait en Europe comme aux États-Unis un écart considérable entre le taux moyen d'imposition (qui était d'environ 20 %-40 % du revenu national, en progression) et les taux appliqués aux plus hauts revenus et patrimoines (qui atteignaient souvent 70 %-80 %, voire davantage). » Donc « le système était clairement progressif, et chacun dans le bas et le milieu de l'échelle sociale pouvait comprendre que les efforts les plus importants étaient demandés au sommet de la hiérarchie, ce qui favorisait à la fois la réduction des inégalités et le maintien du consentement à l'impôt. »

« Cette double nature de l'État fiscal au XXe siècle (progressivité de grande ampleur, financement de l'État social) permet également de mieux comprendre pourquoi la baisse à long terme de la concentration de la propriété n'a pas empêché le processus d'investissement et d'accumulation de suivre son cours. L'accumulation de capital productif et éducatif s'est poursuivie depuis la Seconde Guerre mondiale à des rythmes supérieurs à ceux observés avant 1914... » Or « **la situation en vigueur dans les années 1990-2020 est rigoureusement inverse** (le taux moyen d'imposition appliqué aux classes moyennes et populaires est égal ou supérieur aux taux appliqués au sommet)... »

De fait, « la **montée en puissance extrêmement rapide de l'impôt progressif, avec des taux de 70 %-80 % sur les plus hauts revenus et successions dès les années 1920-1930**, aurait-elle pu avoir lieu sans la Première Guerre mondiale ? Plus généralement, les sociétés de propriétaires, qui paraissaient si solides et inébranlables en 1914, se seraient-elles transformées avec la même célérité sans la violence destructrice inouïe qui se déchaîne entre 1914 et 1918 ?... »

De fait, « l'irruption du premier conflit mondial a tellement perturbé l'ensemble des dynamiques sociales, économiques et politiques qu'il est maintenant très difficile d'imaginer une trajectoire historique en son absence » (540-541).

1942 : le *Victory Tax Act* porte le **taux supérieur de l'impôt sur le revenu aux États-Unis à 91 %**, en mobilisant même pour ce faire Donald Duck le canard héros de cartoon.

« Autour de 1800, la France (environ 30 millions d'habitants) est moitié plus peuplée que l'Allemagne (guère plus de 20 millions)... En 1910, l'Allemagne est maintenant peuplée moitié plus que la France : plus de 60 millions d'Allemands pour environ 40 millions de Français » (551).

« Les **dettes allemandes furent annulées en 1931**, alors que le monde entier avait sombré dans la Grande Dépression » (554).

1924 : rédaction de *Mein Kampf*.

1927 : *La trahison des clercs* de Julien Benda (556-557).

1944 : *La route vers la servitude* de Friedrich Hayek.

1945 : Charte des Nations unies (562-563).

1950-1990 : Guerre froide.

1990-2020 : période postcommuniste (565).

1950-1980 puis 1980-1990 : sociétés sociales-démocrates, l'**égalité inachevée** marquée d'essoufflement (567).

« En France, au début du XXe siècle, les 10 % les plus riches bénéficiaient d'environ 50-55 % du revenu total, et les 50 % les plus pauvres d'une part de l'ordre de quatre fois plus faible (autour de 13 % du revenu total). » Or « les premiers étant par définition cinq fois moins nombreux que les seconds, cela signifie que le revenu moyen des 10 % les plus riches était environ 20 plus élevé que celui des 50 % les plus pauvres. » Cependant, « dans les années 2010, ce même rapport est de près de 8 : le revenu moyen des **10 % les plus riches** en 2015 était en moyenne d'environ 113 000 euros par adulte, contre 15 000 euros pour les 50 % les plus pauvres. » Donc « on voit donc que la société sociale-démocrate, si elle est moins inégale que la société de propriétaires de la Belle Époque ou que les autres modèles de sociétés de par le monde, demeure une société fortement hiérarchisée sur le plan économique et monétaire. Quant aux États-Unis, on constate que le rapport approche de 20 » (574-575).

1919 : Constitution de Weimar (580).

1988-1993 : Chirac ; 1997-2002 : Jospin ; 2012-2017 : Valls (587).

« Le mouvement ouvrier est historiquement moins puissant et structuré en France qu'en Allemagne ou au Royaume-Uni, et moins étroitement lié aux partis politiques » (587).

Mobilisations sociales de 1936, 1945, 1968, 1981, 1995 (Balladur) (588).

« Concrètement, pour que la part des 1 % les plus riches dans le revenu total dépasse à elle toute seule la part allant aux 50 % les plus pauvres, il faut et il suffit que le revenu moyen du premier groupe soit plus de 50 fois plus élevé que celui du second. C'est précisément ce qui s'est produit. » En effet, « jusqu'en 1980, le revenu moyen des 1 % les plus riches était de l'ordre de 25 plus élevé que celui des 50 % les plus pauvres (environ 400 000 dollars par an et par adulte pour les 1 % les plus riches, contre 15 000 dollars par an et par adulte pour les 50 % les plus pauvres). En 2015, le revenu moyen des **1 % les plus riches est plus de 80 plus élevé que celui des 50 % les plus pauvres**...

Il est particulièrement frappant de constater que leur pouvoir d'achat a connu une stagnation quasi complète aux États-Unis depuis la fin des années 1960 » (612-613).

« Concernant l'évolution du **niveau de vie à l'époque soviétique**, il faut insister sur la fragilité des matériaux et des sources. D'après les meilleures estimations disponibles, le niveau de vie moyen, tel que mesuré par le revenu national par habitant, a stagné des années 1870 aux années 1910 en Russie aux alentours de 33 %-40 % du niveau oust-européen (défini par la moyenne du Royaume-Uni, de la France et de l'Allemagne) » ceci « avant de s'élever graduellement au cours de la période 1920-1950 et d'atteindre environ **60 % du niveau ouest-européen dans les années 1950**. La précision de ces comparaisons ne doit pas faire illusion, mais les ordres de grandeur peuvent être considérés comme significatifs » (682).

1970 : réédition du manuel classique en économie de Paul **Samuelson** (8ième édit.) (683).

« Dans le courant des années 2000-2010, la fortune cumulée des milliardaires russes enregistrés par *Forbes* a atteint l'équivalent d'environ 30 % - 40 % du revenu national russe, soit un niveau entre trois et quatre fois plus élevé que celui observé aux États-Unis, en Allemagne, en France ou en Chine... »

En fait, « la particularité de la Russie des années 2000-2020 est que le pays et ses richesses sont, pour une large part, détenus par un petit groupe de propriétaires très fortunés résidant en Russie, ou parfois partiellement en Russie et partiellement à Londres ou Monaco, à Paris ou en Suisse. » Et « leurs possessions s'organisent au travers de structures juridiques (sociétés-écran, trusts, etc.) localisées dans des paradis fiscaux de façon à pouvoir échapper autant que possible à d'éventuels soubresauts du système légal et fiscal russe (pourtant peu regardant). » En effet, « le développement de montages et d'entités juridiques permettant de placer ses actifs dans des juridictions extérieures au territoire national considéré, et offrant des garanties solides à leurs propriétaires », ceci « alors même que les activités économiques réelles se déroulent toujours sur le territoire en question est d'ailleurs une caractéristique générale de la mondialisation économique, financière et juridique en plein développement, depuis les années 1980-1990. » (696-697).

« L'idéologie dominante au sein des économistes officiant dans les institutions et intervenant dans les débats au début des années 1990 était beaucoup plus proche du capitalisme anglo-saxon de type reagano-thatchérien que de la social-démocratie européenne ou de la cogestion germanique et nordique. En particulier, la perception la plus répandue parmi les conseillers occidentaux œuvrant alors à Moscou était que l'Union soviétique avait péché par un excès d'égalité », et donc que « la question de la possible montée des inégalités consécutive aux privatisations et à la « thérapie de choc » devait être considérée comme un souci secondaire et non prioritaire… »

Or « le problème n'était donc pas tant le niveau excessif d'égalité en tant que tel que l'organisation de l'économie et de la production, caractérisée en Union soviétique par la planification centralisée et l'abolition absolue de la propriété privée des moyens de production… »

Alors « on a choisi d'offrir à un petit groupe de personnes (les oligarques) de prendre durablement possession de l'essentiel des richesses du pays, le tout avec une *flat tax* de 13 % sur les revenus (et 0 % sur les successions permettant de pérenniser cette situation… »

En fait, « l'**absence de mémoire historique et la faible capacité d'apprentissage** des expériences partagées prennent parfois des proportions étonnantes [Ce qui n'empêche pas l'auteur de soutenir par ailleurs que les expériences historiques laissent **des traces** – éventuellement pourrait-on ajouter plus ou moins refoulées, E.J.] » (702).

« La Chine semble se stabiliser autour d'une structure de propriété que l'on peut qualifier d'**économie mixte** : le pays **n'est plus communiste**, puisque la propriété privée représente dorénavant près de 70 % du total des propriétés ; mais il **n'est pas non plus complètement capitaliste**, puisque la propriété publique représente toujours un peu plus de 30 % du total, ce qui est certes minoritaire mais très substantiel » (707).

« Les pays occidentaux ont depuis longtemps cessé d'être des économies mixtes… Compte tenu de la hausse continue de l'endettement public, la part du capital public net dans le capital national est devenue quasi nulle (moins de 54 %) dans les grands pays capitalistes, et elle est même devenue négative aux États-Unis et au Royaume-Uni » (709).

« Compte tenu d'un tel accès de générosité (transferts nets de l'ordre de 0,2 %-0,3 % de leur PIB venus des principaux pays européens, à commencer par l'Allemagne, la France et le Royaume-Uni), **on comprend**

mal en Europe de l'Ouest la frustration et la rancœur qui s'expriment à l'Est, parfois sous la forme de l'élection de gouvernements nationalistes en rupture ouverte avec Bruxelles, Berlin et Paris, notamment en Pologne et en Hongrie… »

En effet, « les investisseurs venus de l'Ouest (les Allemands et les Français notamment) se sont servis des pays de l'Est comme d'un réservoir de main-d'œuvre à bon marché, où ils ont réalisé d'immenses profits. » En fait, « après l'effondrement du communisme, les investisseurs occidentaux sont graduellement devenus propriétaires d'une part considérable du capital des ex-pays de l'Est : environ un quart si l'on considère l'ensemble du stock de capital (immobilier inclus), et plus de la moitié si l'on se limite à la détention des entreprises (et plus encore pour les très grandes entreprises) » (743-744).

« En particulier, **cette hausse des inégalités s'est accompagnée d'un abaissement de la croissance**. Il faut en outre préciser que les inégalités sont toujours restées extrêmement fortes en valeur absolue. En particulier la concentration de la propriété n'a en réalité jamais cessé de se situer à des niveaux impressionnants dans les différents pays européens. » En réalité, « cette concentration patrimoniale est en progression depuis les années 1980-1990, **avec à peine 5 % du patrimoine privé total détenu par les 50 % les plus pauvres, contre 50 %-60 % pour les 10 % les plus riches** » (760).

« Il est possible que le fonctionnement des marchés financiers soit structurellement biaisé en faveur des portefeuilles les plus importants, qui parviennent à obtenir des rendements réels beaucoup plus élevés que les autres, avoisinant même les 8 %-10 % par an pour les portefeuilles des plus importantes dotations universitaires étatsuniennes au cours des dernières décennies [**Certains auteurs mentionnent des rendements bien plus importants pour certains *hedgefunds* et autres patrimoines, 25 % à 45 %**, ce dont on a déjà parlé, E.J.] » (799).

« Les revendications féministes qui s'exprimèrent au cours de la Révolution française furent rapidement tues et oubliées, et le Code civil napoléonien de 1804 consacra la toute-puissance juridique du chef de famille et de l'homme propriétaire… »

En fait, « en France, la part des femmes au sein des 1 % des revenus du travail les plus élevés est ainsi passée de 10 % en 1995 à 16 % en 2015. Le problème est que cette évolution est extrêmement lente » (802).

« La période 1950-1980 correspond dans la culture occidentale à une forme d'**âge d'or du patriarcat** » (804).

« Il ne s'agit pas de mettre l'entière responsabilité de tout ce qui arrive en Afrique sur le dos des ex-puissances coloniales…

Tout cela dans une atmosphère idéologique caractérisée **à partir des années 1980-1990 par un certain dénigrement de l'État** et de l'impôt progressif, particulièrement aux États-Unis et au sein des organisations internationales basées à Washington (FMI et Banque mondiale)… »

Notamment, « le régime de concurrence fiscale exacerbée et de la libéralisation des flux des capitaux sans coordination politique et sans échange automatique d'informations bancaires, mis en place sur l'initiative de l'Europe et des États-Unis depuis les années 1980-1990, a eu des conséquences extrêmement indésirables et dommageables pour les pays pauvres, notamment en Afrique. » De fait, « d'après les estimations disponibles, les actifs détenus au travers de paradis fiscaux représentent au moins 30 % des actifs financiers totaux détenus en Afrique, soit trois fois plus qu'en Europe » (810).

« Le total des propriétés privées (immobilières, professionnelles et financières, nettes de dettes) détenues par les ménages atteint dans les années 2010 environ 500 %-600 % du revenu national dans la plupart des pays riches (contre à peine 300 % dans les années 1970-1980)… »

En fait, « les banques et leur conseil d'administration ne sont pas mieux outillés pour administrer la totalité des propriétés d'un pays que ne l'était le système de planification centralisé en Union soviétique.

Le néopropriétarisme et le nouveau régime monétaire…

La **financiarisation de l'économie a atteint des proportions phénoménales au cours des dernières décennies**. » Notamment, « l'ampleur des détentions financières croisées entre entreprises et entre pays a progressé à des rythmes sensiblement plus rapides que la taille de l'économie réelle et du capital net » (815).

2000-2010 : « Dans les années 2000 et 2010, le Labour devint le premier parti des diplômés, devant les tories » (829).

« Malgré ses forces évidentes, cet équilibre politique [réalisé lors des élections françaises de 2017] n'en est pas moins extrêmement précaire. Le premier symptôme déjà évoqué est le phénomène de retrait électoral des catégories populaires…

Le risque est cependant que cela mine à terme la légitimité même du régime électoral et politique, ouvrant la voie à des révolutions violentes et des pouvoirs autoritaires… » (897).

2017 : **« Bloc bourgeois » cristallisé lors les élections présidentielles** (927).

« En 1932… Roosevelt continuait de s'appuyer sur les démocrates ségrégationnistes dans les États du Sud, où les Noirs n'avaient pas le droit de vote…

Mais c'est surtout à partir du moment où les administrations Kennedy et Johnson épousèrent la cause des droits civiques en 1963-1964, en grande partie contre leur gré et sous la pression des militants africains-américains, que l'électorat noir se rallia massivement au parti démocrate. » Dès lors, « dans toutes les élections présidentielles menées de 1964 à 2016, on constate que les Noirs ont voté à environ 90 % faveur du candidat démocrate…

C'est ainsi que le parti démocrate, après avoir été celui de l'esclavage jusqu'aux années 1960 puis celui de la ségrégation raciale jusqu'aux années 1960, est devenu le parti préféré de la minorité noire (avec l'abstention). »

Au contraire, « le parti républicain, après avoir été celui de l'abolition de l'esclavage, est devenu à partir des années 1960 le refuge de tous ceux qui avaient du mal à accepter la fin de la ségrégation et la diversité ethno-raciale croissante des États Unis… »

Ceci dit, « il ne fait aucun doute que ces voix **racistes (ou nativistes**, pour employer un terme plus neutre) ont joué un rôle important dans la plupart des victoires républicaines ultérieures, en particulier dans celles de Nixon en 1968 et 1972, Reagan en 1980 et 1984 et Trump en 2016 » (946-947).

1986 : « Le **taux supérieur de l'impôt fédéral sur le revenu, qui avait été en moyenne de 81 % de 1930 à 1980, tombe à 28 % à l'issue de la réforme fiscale de 1986**, qui est la réforme emblématique et fondatrice du reaganisme » (963).

Outre les États-Unis et le Royaume-Uni, « La France représente quant à elle un troisième cas de figure. Compte tenu notamment du système électoral et de la fragmentation historique du système de partis, on a assisté en 2017 à l'arrivée au pouvoir d'une coalition rassemblant à la fois les plus hauts diplômes et les plus hauts revenus patrimoines », en fait « rassemblant les segments les plus aisés des anciens partis de la gauche électorale et de la droite électorale.

Ces trois situations très contrastées sont intéressantes, car elles illustrent à quel point rien n'est écrit d'avance. Tout dépend notamment des stratégies de mobilisation et des rapports de force politico-idéologiques [super-. E.J.] en présence [Redite]. » Certes, « il existe dans les trois pays des **tendances lourdes communes**, liées au fait que le système de partis gauche-droite de type classiste dans l'après-guerre a été progressivement remplacé par un système d'élites multiples » formé d'« une « gauche brahmane » attirant les plus diplômés et d'une « droite marchande » attirant les plus hauts revenus et patrimoines. Mais **au sein de ce schéma général, de multiples évolutions et trajectoires sont possibles**, d'autant plus que le nouveau système est extrêmement fragile et instable » (978-979).

« Si l'on considère la population résidente au Royaume-Uni, indépendamment de la nationalité et de l'inscription sur les listes électorales, la proportion de musulmans déclarés avoisine les 7 % - 8 % suivant les sources à la fin des années 2010, soit approximativement le même niveau qu'en France » (981).

2004 : « Les pays d'Europe de l'Est viennent de rejoindre l'UE en 2004 (en particulier la Pologne, la Hongrie, la République tchèque et la Slovaquie (celle-ci depuis peu en zone euro) » (987).

1951 : Hanna Arendt « notait que la régulation des forces débridées de l'économie-monde ne pouvait se faire qu'au moyen du développement de formes politiques transnationales nouvelles....

Tant que le manque d'ambition redistributive qui est à l'origine de ce sentiment d'abandon n'aura pas été corrigé, on voit mal ce qui empêcherait ce terreau d'être exploité toujours davantage » (1002-1003).

« Au Brésil, « la première élection présidentielle au suffrage universel se déroula en 1989, et l'ancien ouvrier syndicaliste Lula da Silva se qualifia pour le second tour, où il réussit à réunir 47 % des voix autour de sa candidature, soutenue par le parti des travailleurs. » De fait, « son élection triomphale en 2002, avec 61 % des voix au second tour, puis sa réélection en 2006, avec le même score, lui qui avait été tant moqué par les élites brésiliennes traditionnelles pour son manque d'éducation, et dont on disait qu'il ne pourrait représenter dignement le pays à l'étranger, marquent d'une certaine façon l'entrée symbolique du Brésil dans l'ère du suffrage universel. » Puis « le PT arracha deux nouvelles victoires aux élections présidentielles après que Lula eut laissé la place à Dilma Rousseff, avec toutefois des marges de plus en plus réduites (56 % en 2010, 52 % en 2014). Finalement, la victoire du candidat nationaliste-conservateur Jair Bolsonaro en 2018, avec 55 % des voix au second tour contre 45 % pour le candidat du PT Fernando Haddad marqua un nouveau tournant dans l'histoire politique du pays… »

En d'autres termes, « la sortie de la dictature militaire, de même qu'en Inde après l'indépendance, la structure du vote n'était pas spontanément classiste au Brésil. C'est après l'arrivée au pouvoir de Lula que la composition sociale du vote PT va nettement évoluer. Au cours des élections de 2006, 2010, 2014 et 2018, on constate que le PT fait systématiquement ses scores les plus importants parmi les électeurs les moins diplômés et ceux disposant des revenus les moins élevés » (1095-1096).

« La diffusion de la propriété ne s'est jamais véritablement étendue aux 50 % les plus pauvres, dont la part dans le patrimoine privé s'est toujours située autour de 5 %-10 % (voire au-dessous de 5 %) dans tous les pays et à toutes les époques pour lesquelles les données sont disponibles… » (1127).

« Le total des patrimoines privés est de l'ordre de 5-6 années de revenu national dans l'ensemble de ces pays : Europe, États-Unis, Chine. Une dotation en capital égale à 60 % du patrimoine moyen par adulte équivaut donc à 3-3,5 années de revenu national moyen par adulte, pour un coût total de l'ordre de 5 % du revenu national à partir du moment où une telle somme est distribuée chaque année à 1,5 % de la population adulte » (1131).

« Rajeunissement de la propriété…

En moyenne dans l'Union européenne, les différents types d'impôts sur la propriété (prélevés annuellement ou lors des successions ou des transactions) rapportent près de 3 % du revenu national. Dans le système proposé ici, l'impôt annuel sur la propriété rapporte environ 4 % du revenu national et l'impôt successoral 1 %, soit au total 5 %, mais **avec une beaucoup plus forte progressivité que dans les impôts existants, ce qui permet d'abaisser ces impôts sur les patrimoines modestes et moyens** » (1133).

« [Aujourd'hui] il s'agit en réalité d'impôts lourdement régressifs sur le patrimoine **avec des taux réels d'imposition beaucoup plus lourds sur**

les patrimoines les plus faibles que sur les plus élevés. S'agissant des impôts progressifs sur la fortune, expérimentés dans différents pays au cours du XXe siècle, en particulier en Europe germanique et nordique, ainsi qu'en France au cours des dernières décennies avec l'ISF, les taux varient généralement de 0 % pour les patrimoines les plus faibles jusqu'à 2 %-3 % pour les plus élevés… »

Or « on peut montrer que l'impôt successoral idéal (pour un objectif social de type rawlsien) implique des taux extrêmement élevés (70 %-80 % ou davantage) sur les successions les plus élevées…

On notera qu'un impôt prélevé au taux proportionnel de 1 % sur tous les patrimoines privés (y compris les actifs financiers, soit au total 500 %-600 % du revenu national) rapporterait par définition 5 %-6 % du revenu national », un fait « qui montre au passage que les recettes envisagées pour l'impôt progressif sur la propriété et sur l'héritage n'ont rien d'extravagant… »

On préconise que « le taux d'imposition soit de 0,1 % pour les patrimoines inférieurs au patrimoine moyen, avant de s'élever graduellement à 1 % au niveau de deux fois le patrimoine moyen, 10 % au niveau de cent fois le patrimoine moyen, 60 % au niveau de mille fois le patrimoine moyen (soit 200 millions d'euros si le patrimoine moyen par adulte est de 200 000 euros) et 90 % au niveau de dix mille fois le patrimoine moyen (soit 2 milliards d'euros)… » En fait, « pour les milliardaires, le taux de 90 % reviendrait à diviser immédiatement leur patrimoine par dix et à ramener la part des milliardaires dans le patrimoine total à un niveau inférieur à ce qu'elle était au cours de la période 1950-1980 » (1135-1136).

« Absurdité, injustice et archaïsme du système fiscal en vigueur [en France], directement issu du début du XIXe siècle » (1144).

« Dans le cadre du système fiscal proposé sur le tableau 17.1, l'impôt progressif sur la propriété (impôt annuel et impôt successoral réunis) apporte des recettes annuelles équivalant à 5 % du revenu national, contre 45 % du revenu national pour l'impôt progressif sur le revenu… »

En réalité, « j'ai inclus pour simplifier au sein de l'impôt progressif sur le revenu non seulement l'impôt sur le revenu au sens strict mais également les cotisations sociales et les autres prélèvements sociaux assis sur les salaires, les revenus d'activités non salariées et parfois les revenus du capital… »

Ceci étant, « la différence essentielle est que ces prélèvements sont généralement versés non pas dans le budget général de l'État, mais dans des caisses sociales dédiées par exemple au financement de l'assurance-maladie, du système de retraite, des allocations-chômage, etc. Il me semble tout à fait essentiel que de tels systèmes de prélèvements dédiés et de caisses séparées puissent continuer à s'appliquer. » En fait, « compte tenu du niveau global très élevé des prélèvements obligatoires (ici fixés à 50 % du revenu national, mais qui dans l'absolu pourraient être encore plus importants si les besoins le justifiaient), il est capital de tout faire pour favoriser une meilleure appropriation citoyenne des impôts et de leurs usages sociaux », exigence « qui peut passer par des caisses séparées pour différents types de dépenses, et plus généralement par la plus grande transparence possible sur l'origine et la destination des prélèvements » (1151).

« La meilleure façon de bâtir une norme de justice acceptable par le plus grand nombre…

Une solution parfois évoquée est celle de la carte carbone, consistant à distribuer un quota égal pour tous d'émissions annuelles (par exemple 5 ou 10 tonnes), tout en permettant à chacun de vendre tout ou partie de son quota. » De cette manière, « les plus pauvres ou les moins polluants verraient immédiatement l'intérêt financier de permettre aux plus riches ou aux plus polluants d'émettre davantage. Cela revient cependant à admettre de nouveau **un droit de polluer sans limites** pour les personnes disposant de moyens financiers suffisants… »

En fait, « notre barème est donné à titre illustratif et peut constituer un point de départ compte tenu du fait que la moyenne des émissions mondiales est actuellement autour de 5-6 tonnes par habitant. Il devrait toutefois être rapidement renforcé si l'on souhaite tenir l'objectif de limitation de hausse des températures à 1,5-2° C », critère qui exige d'après les estimations disponibles de réduire les émissions à environ 1-2 tonnes par habitant d'ici à la fin du siècle » (1158).

4.2. Méthodologie expérimentale de la pensée complexe

Les deux ouvrages de T. Piketty sur le Capital mobilisent un appareil impressionnant de quelque 300 graphiques, ce qui n'existe, à ce que je crois, dans aucun autre ouvrage de synthèse de cette ambition.

Ce n'est pas pour rien que Hegel, qui n'aimait pas trop les mathématiques, a rendu un jour hommage à Descartes d'avoir été le héros qui avait réveillé la philosophie moderne après un sommeil de mille ans. Hegel voulait dire à peu près que Descartes avait su reprendre à partir d'Aristote une méthode de pensée (« dialektikê »), qui, à travers Kant puis Fichte et Schelling, avait abouti à sa propre encyclopédie dialectique (~~Dieu~~ (Idéal) – Nature – Homme = Universel – Particulier – Singulier).

Or le dispositif binaire-ternaire que l'on qualifie d'axes de coordonnées cartésiennes, dont le célèbre philosophe mathématicien a été l'inventeur, est bien un objet scientifique particulier où s'illustre le nouveau mode complexe de la pensée moderne, à qualifier de dialectique, en ce que, à partir de l'hypothèse d'un donné, son analyse particulière en un couple de termes singuliers (l'abscisse x et l'ordonnée y) génère un troisième terme, la valeur z de la fonction, exprimée par la nouvelle position d'un troisième point dans l'espace.

Une présentation classique de la méthode de la recherche scientifique, en fait inspirée par une simplification venue de l'empirisme anglais (Stuart Mill) et du positivisme comtien, se présente sous les trois temps suivants : observation (hypothèse) → expérimentation (analyse) → vérification (synthèse).

Cette présentation schématique s'est d'abord illustrée dans l'histoire de l'empirisme anglais par le modèle formulé par Francis Bacon (1561-1626) de l' « induction », du raisonnement inductif. L'induction consiste, à partir de la perception d'un fait singulier (Bacon), à en produire l' « analyse des éléments » (Condillac), soit encore des « conditions » particulières (Stuart Mill), avant de prendre le risque final d'en produire une « synthèse » généralisante, ou encore visant l'universel.

Or c'est toujours dans la promotion de ce troisième temps que la logique trop faible de l'empirisme franco-britannique (Mill-Condillac) a régulièrement fait défaut : d'un trop de singularité, on parvient bien à quelque particularité, mais on ne sera jamais sûr de l'universalité de la conclusion. Alors que dans l'échec du modèle communiste sous sa forme soviétique telle que T. Piketty nous en suggérait plus haut l'analyse, c'est le contraire qui se serait passé : on serait descendu de l'universalité étatique vers la particularité collective de l'entreprise, mais sans jamais pouvoir rejoindre à partir de là la singularité individuelle.

Ceci dit, le renouveau des études marxistes à partir des années 1960 (Althusser, Sève) a permis de mettre en évidence des considérations de Marx sur un nouveau modèle complexe (dialectique) de la recherche scientifique. Au lieu des trois temps de la logique faible de l'empirisme,

Marx proposerait les trois temps suivants d'une logique dialectique plus forte : « donné perçu → catégorie → donné pensé ».

La différence avec la faiblesse de la logique propre à l'empirisme, c'est que le « donné » perçu dont on part n'est pas une perception singulière, mais une observation déjà par elle-même riche de la complexité résultant de l'intégration de multiples points perceptifs. C'est disons un singulier déjà par lui-même complexe. À partir de là, se produit l'analyse appliquée à l'éventail des « catégories » cognitives dont ce donné initial complexe est tissé. Enfin le troisième temps produit une nouvelle forme du concret, de la concrétude, concret pensé – élaboré par la synthèse, le retissage, en parcours inverse, de l'ensemble des catégories dégagées par l'analyse.

Il n'est pas inutile de remarquer au passage que les quatre règles formulées par le Discours de la méthode de Descartes (1636) formulent par anticipation l'ensemble du propos précédent : 1. Évidence (thèse) ; 2. Analyse (antithèse) ; 3. Synthèse ; 4. Complétude de la synthèse. Cela se trouvant déjà du reste dans les 4 temps de la méthodologie de l'exposé dans la Somme de Thomas d'Aquin, ce dont j'ai parlé plusieurs fois ailleurs et sur quoi ce n'est pas ici le lieu de s'attarder.

La recombinaison, le retissage de l'analyse par la synthèse en sens inverse, c'est ce que Piaget de son côté a appelé « réversibilité », en en faisant la caractéristique principale de l'intelligence opératoire.

Or voyons ce qui se passe en regardant travailler T. Piketty, à partir du graphique où il démontre que les partis sociaux-démocratiques sont devenus avec le temps le point d'attraction électoral des « diplômés ».

Il s'agit tout d'abord du graphique 14.1 de la page 842, qui nous présente l'évolution du vote pour les partis de gauche en France en fonction des trois critères « diplôme », « revenu » et « patrimoine ». En lui-même, ce graphique représente le premier temps de la démarche, celui de l'observation, où l'on voit qu'il s'agit d'un donné perçu hautement complexe, qui n'a rien d'une perception simple selon le modèle de l'empirisme classique, mais condense déjà dans l'apparence d'un seul percept-concept des milliers de points perceptifs.

Dans le deuxième temps, celui de l'analyse d'un tel simple-complexe, la catégorie principale « diplôme » à mettre en relief ne prend sens qu'à être **rapprochée et différenciée** des catégories subordonnées « revenu » et

« patrimoine ». Et du reste, chacune des trois sur sa propre courbe par rapport contrasté avec les deux autres, et ceci « après contrôle », c'est-à-dire selon la méthode « toutes choses égales par ailleurs » consistant à neutraliser l'intervention des variables jugées non pertinentes. L'enjeu consistant **toujours dans l'analyse comparée du jeu de ce faisceau de variables à identifier ce qui va dans le même sens et ce qui va dans le sens opposé.**

De façon plus technique, on dira que **la méthode consiste à étaler, sur un continuum temporel, un faisceau de courbes dont sont contrôlés les écarts en différences significatives opposées aux non-significatives. Cette méthode de contrôle des similarités-différences au long d'une histoire est incontestablement de caractère dialectique**, même si le statisticien, en tant que technicien, n'en sait rien, et même ne veut rien en savoir. Mais le point capital est que **la démarche dialectique acquiert avec cette manière de faire, cette *praxis*, un caractère authentiquement scientifique.**

Dans le troisième temps, celui de la synthèse, on va produire un « donné pensé » sur le rôle du « diplôme en général », en étendant le résultat obtenu en France à ceux observables sur un autre graphique (14.2 page 844) en Europe et aux États-Unis. Mais on part alors d'un autre « donné perçu », un autre simple-complexe, portant sur un éventail plus vaste de populations.

Un autre procédé fréquent dans la démarche de T. Piketty consiste dans **la comparaison oppositive, le rapprochement contrasté des trois tranches de la distribution des catégories sociales : les 10 % les plus aisés, les 40 % suivants, et enfin les 50 % les moins favorisées.**

Cependant, l'ensemble des recherches partielles ordonnées par ces 300 graphiques converge vers **une super-synthèse, comme de forme spirale, où se démontrerait le rôle privilégié des idéologies dans la formation et la préservation sociale des inégalités.**

Chapitre 5

Problèmes 1

Les deux chapitres qui suivent fournissent des données d'appoint, qui pourront parfois sembler disparates, mais n'en seront pas moins à même d'appuyer, d'éclairer, de rendre plus accessibles et de mieux faire comprendre l'ensemble des propos précédents.

« D'après les estimations de l'OCDE, l'Europe a structurellement la capacité de croître autour d'un rythme de 1,2 % par an. Les États-Unis, en revanche, ont la capacité de croître autour de 2 % par an » (*68*).

« Le désastre communiste a même réussi à faire passer au second plan les dégâts causés par les idéologies esclavagistes, colonialistes et racialistes, ainsi que les liens profonds qui les rattachent à l'idéologie propriétariste et hypercapitaliste, ce qui n'est pas un mince exploit… »

De fait, « il existe également un usage péjoratif de la notion d'idéologie, et cet usage est parfois justifié. Est souvent qualifiée d'idéologique une vision caractérisée par le dogmatisme et le manque de souci pour les faits. Le problème est que ceux qui se revendiquent du pragmatisme absolu sont souvent les plus idéologiques de tous (au sens péjoratif) » : car « leur posture prétendument post-idéologique dissimule mal leur manque d'intérêt pour les faits, l'ampleur de leur ignorance historique, la lourdeur de leurs présupposés et de leur égoïsme de classe. En l'occurrence, **ce livre sera très factuel** » (22-23).

« En ce qui concerne les idéologies, les sources utilisées seront naturellement très diverses. Je solliciterai bien sûr les sources classiques : débats parlementaires, discours politiques, programmes et plates-formes électorales des partis. J'utiliserai les textes des théoriciens comme ceux des acteurs politiques, car les uns et les autres jouent un rôle important dans l'histoire. » En effet, « ils nous apportent des éclairages complémentaires sur les schémas de justification de l'inégalité qui ont eu cours aux différentes époques. Cela vaut par exemple pour les textes d'évêques du début du XIe siècle justifiant l'organisation trifonctionnelle de la société en trois classes cléricales, guerrières et laborieuses », de même que « pour l'influent traité néopropriétariste et semi-dictatorial publié au début des années 1980 par Friedrich Hayek (*Law, Législation and Liberty*), en passant par les écrits consacrés par le sénateur démocrate de Caroline du Sud et vice-président des États-Unis John Calhoun à la justification de l'esclavage comme bien positif (*slavery as a positive good*) dans les années 1830. » Mais « cela vaut également pour les textes de Xi Jinping et du *Global Times* sur le rêve néocommuniste chinois, qui sont tout aussi révélateurs que les tweets de Donald Trump ou les articles du *Wall Street Journal* ou du *Financial Times* sur la vision hypercapitaliste étatsunienne et anglo-saxonne. » De fait, « toutes ces idéologies doivent être prises au sérieux, non seulement car elles ont un impact considérable sur le cours des choses, mais aussi parce qu'elles témoignent toutes à leur façon de **tentatives (plus ou moins convaincantes) de donner du sens à des réalités sociales complexes**. » Assurément, « les êtres humains ne peuvent faire autrement que de tenter de donner du sens aux sociétés dans lesquelles ils vivent, aussi inégales et injustes soient-elles. Je pars du principe qu'il y a toujours des choses à apprendre dans l'expression de ces différents schémas idéologiques », et qu'ainsi « seul un examen de l'ensemble des discours et trajectoires historiques peut permettre de dégager des leçons utiles pour la suite.

J'aurai également recours à la littérature, qui constitue souvent l'une des meilleures sources capables d'illustrer les transformations des représentations des inégalités. » Ainsi « dans *Le Capital au XXe siècle* j'avais notamment utilisé le roman classique européen du XIXe siècle, en particulier les textes de Balzac ou de Jane Austen, qui nous offrent un point de vue irremplaçable sur les **sociétés de propriétaires qui s'épanouissent en France et au Royaume-Uni dans les années 1790-1830**… »

« Dans *La Volonté et la Fortune*, magnifique fresque publiée en 2008, quelques années avant sa mort, Carlos Fuentes dessine un tableau édifiant du capitalisme mexicain et des violences sociales qui traversent son pays. » De même, « dans *Le Monde des hommes*, publié en 1980, Pramo edya Ananta Toer nous donne à voir le fonctionnement du régime colonial et inégalitaire néerlandais dans l'Indonésie de la fin du XIXe siècle et du début du XXe, avec une brutalité et une vérité qu'aucune autre source ne peut atteindre. » Également « dans *Americanah*, Chimamanda Ngozie Adichie nous offre en 2003 un regard fier et ironique sur les trajectoires migratoires d'Ifemelu et d'Obinze, du Nigeria aux États-Unis et en

Europe, et par là même un point de vue unique sur l'une des dimensions les plus fortes du régime inégalitaire actuel. »

Par ailleurs, « pour étudier les idéologies et leurs transformations, ce livre s'appuiera également sur une **exploitation systématique et originale des enquêtes postélectorales** réalisées dans la plupart des pays où des élections se sont tenues depuis la Seconde Guerre mondiale ». En dépit de « toutes leurs limites, ces enquêtes fournissent un observatoire incomparable sur la structure et les dimensions du conflit politique, idéologique et électoral », depuis « les années 1940-1950 jusqu'à la fin des années 2010, non seulement dans la quasi-totalité des pays occidentaux (et en particulier en France, aux États-Unis et au Royaume-Uni, pays sur lesquels je me pencherai plus particulièrement), mais également dans un grand nombre d'autres pays que j'examinerai également, en particulier l'Inde, le Brésil ou l'Afrique du Sud. » Car « l'une des limites les plus importantes de mon livre de 2013, outre son caractère occidentalo-centré, est sa tendance à traiter les évolutions politico-idéologiques autour des inégalités et de la redistribution comme une sorte de boîte noire » (29-30).

« **Le monde entrait à partir des années 2000-2010 dans une nouvelle torpeur**... Prétendre que tous ces épisodes observés depuis le XVIIIe siècle jusqu'au XXIe siècle étaient nécessaires et indispensables n'aurait guère de sens. D'autres trajectoires et régimes inégalitaires étaient possibles, d'autres trajectoires et régimes plus égalitaires et plus justes sont **toujours possibles** » (35).

« Depuis 1980... [on peut observer] ce que l'on peut appeler la courbe de l'éléphant : Essor des pays émergents ; les 50 % du bas ont capté 12 % de la croissance ; décrochage des classes moyennes et populaires des pays riches ; prospérité des 1 % du haut dans tous les pays riches ; Les 1 % du haut ont capté 21 % de la croissance » (40-41).

« Dans les années 1950, les différentes dimensions (diplômes, revenus, patrimoines) étaient politiquement alignées » (57).

« Ces différentes explications ont sans doute **chacune leur part de vérité**, mais l'analyse des multiples trajectoires et chronologies suggère qu'elles peuvent être englobées dans un même facteur : **l'incapacité** [? E.J.] **de la coalition égalitaire sociale-démocrate de l'après-guerre à approfondir et à renouveler son programme et son idéologie**. Plutôt que de blâmer la mondialisation libérale (qui n'est pas tombée du ciel **[Liée à**

tout l'évolution de la pensée anglo-saxonne depuis le XVIIe siècle, E.J.]) ou le supposé racisme populaire (qui n'a rien de plus spontané que celui des élites), il est plus constructif d'expliquer ces évolutions par l'idéologie et en l'occurrence par la faiblesse idéologique de la coalition égalitaire » (59). [**Oui, mais pourquoi ? Par faiblesse intellectuelle due à la crise universitaire, ou par blocage hostile contre la pensée marxiste** ? E.J.].

« Le besoin de sécurité [auto-conservation, Freud et d'autres, E.J.] et celui de sens ont toujours été deux besoins sociaux essentiels » (81).

« Les sociétés trifonctionnelles et leurs multiples variantes ont laissé elles aussi **une empreinte essentielle** sur le monde moderne et méritent toute notre attention. En particulier elles reposaient sur des constructions politico-idéologiques [super-] sophistiquées visant à décrire les conditions d'une inégalité juste, conforme à une certaine vision de l'intérêt général, et les moyens institutionnels d'y parvenir » (125-126).

« Il est impossible de comprendre la structure des inégalités modernes sans commencer par prendre en compte le lourd héritage inégalitaire de l'esclavage et du colonialisme » (298). [**C'est même là que se trouve la clé en même temps que la preuve de la thèse marxiste fondamentale de la production de la plus-value par la force de travail**, E.J.].

« Le système colonial était tellement inégalitaire dans son fonctionnement qu'il semble dans une large mesure **irréformable**.

Il faut certes prendre en compte le fait que tous les systèmes éducatifs de l'époque étaient extrêmement élitistes, y compris bien sûr en métropole » (326).

« Le **processus de diffusion de la propriété et de renouvellement des élites s'est également accompagné d'une accélération de la croissance économique, qui n'a jamais été aussi élevée** dans l'histoire qu'au cours de la seconde moitié du XXe siècle » (502).

« Importance du lien entre le propriétarisme, le colonialisme, et plus généralement le processus d'internationalisation des relations économiques et des rapports de propriété » (505).

« Les **taux applicables aux revenus et successions les plus élevés furent de nouveau relevés à l'issue de la Première Guerre mondiale**, à tel point qu'il devint matériellement impossible pour les propriétaires britanniques de maintenir leur train de vie d'avant-guerre. Ce difficile processus d'ajustement est évoqué par exemple dans la série *Downton Abbey*... Il n'était pas suffisant de réduire légèrement le nombre de domestiques. La seule solution était de vendre une partie des biens, et c'est ce qui se produisit à vitesse accélérée au Royaume-Uni dans l'entre-deux-guerres » (529).

« Au-delà de la question de l'impôt progressif, cette **montée en puissance de l'État fiscal et social** a joué un rôle central dans la transformation des sociétés de propriétaires en sociétés sociales-démocrates » (534).

« Les sommes exigées plaçaient l'Allemagne dans un état de dépendance éternelle vis-à-vis des vainqueurs, et notamment de la France... L'état de dévastation de l'Allemagne des années 20 [1945 ! ?] n'avait rien à voir avec celui relativement florissant des années 1870... Les sommes exigées étaient dix fois plus élevées... Leur remboursement n'a jamais véritablement commencé » (553). [**Propos étonnant de la part de T. Piketty : l'Allemagne qui avait déclaré la guerre la première avait détruit en 1914-1918, avec 8 départements, le tiers de la richesse française, et ce avant de retirer son armée sans encourir aucune destruction matérielle sur son propre territoire.**]

« Le lien exclusif entre actionnariat et pouvoir décisionnaire dans les entreprises ne fut pas brisé. En revanche, la grande loi de nationalisation de 1982 entreprit de compléter les nationalisations de la Libération en englobant dans le secteur public la quasi-totalité du secteur bancaire et les principaux groupes industriels, et en y nommant par conséquent des administrateurs choisis par l'État » au lieu « des administrateurs choisis par les actionnaires. Autrement dit, les socialistes français considérèrent que l'État et ses hauts fonctionnaires étaient capables d'intervenir dans tous les conseils d'administration du pays, mais que les représentants des salariés n'y avaient pas leur place. »

Ensuite, « le retour au pouvoir en 1986-1988 des partis gaullistes et libéraux, dans le contexte nouveau des privatisations et dérégulations thatchériennes-reaganiennes et de l'effondrement graduel du bloc communiste, conduisit à la mise en vente de l'essentiel des entreprises nationalisées en 1945 et en 1982. » D'ailleurs, « le mouvement de privatisations s'est en partie poursuivi pendant les législatures 1988-1993 [Chirac], 1997-2002 [Jospin] et 2012-2017 [Ayrault-Valls], au cours desquelles les socialistes étaient au pouvoir, sans pour autant que la cogestion germano-nordique soit mise en place, à l'exception de la timide et tardive loi de 2013. » En fait, « les socialistes et communistes français auraient également pu choisir d'imposer la cogestion dès 1945-1946, mais préférèrent se concentrer sur d'autres combats, comme les nationalisations et la Sécurité sociale.

Il n'est pas certain toutefois que l'explication pour ce peu d'appétence pour la cogestion soit attribuable à la faiblesse du syndicalisme français » (587).

« Il apparaît clairement qu'une politique de transferts (qu'ils soient monétaires ou en nature) ne peut pas suffire à régler de façon satisfaisante une déformation aussi massive de la nature des revenus primaires (c'est-à-dire avant impôts et transferts) » (616).

« En France, la contribution foncière (rebaptisée taxe foncière) a cessé de financer l'État central et est devenue un impôt local à la suite de la création de l'impôt sur le revenu de 1914 » (658).

« L'exemple type est **la stratégie budgétaire suivie sous Reagan dans les années 1980** : on choisit de réduire fortement les impôts sur les plus hauts revenus, ce qui creuse le déficit, et ce qui conduit ensuite à mettre la pression pour réduire les dépenses sociales. Dans de nombreux cas, les baisses d'impôts sur les plus riches ont ensuite été financées par des privatisations d'actifs publics », ce qui finalement « revient à un transfert gratuit des titres de propriété (on baisse les impôts de 10 milliards de dollars sur les plus riches, qui ensuite utilisent ces 10 milliards pour acheter les actifs en question). » Or « cette stratégie s'est poursuivie aux États-Unis et en Europe jusqu'à nos jours et est directement liée à une trajectoire d'accroissement des inégalités et de concentration croissante de la propriété privée.

Plus généralement, cette évolution peut aussi se voir comme la conséquence de l'impossibilité perçue de l'impôt juste » (716).

« La **dérégulation des marchés a contribué à de nombreux enrichissements**, la puissance publique s'est endettée pour faire face à la récession et sauver les banques et les entreprises privées, et au final les patrimoines privés ont poursuivi leur progression, **laissant aux contribuables modestes et moyens le soin de régler l'addition** pour les décennies suivantes… »

En premier lieu, « que la Chine soit devenue si vite beaucoup plus inégalitaire que l'Europe n'avait rien d'évident, et cela représente clairement un échec pour le régime. Dans les années 1980, le niveau d'inégalité des revenus était proche des pays européens les plus égalitaires, comme la Suède ; dans les années 2010, le niveau est plus proche des États-Unis… »

Cependant, « le fait de passer du niveau d'inégalité de la Suède à celui des États-Unis, tout cela en quelques décennies, n'est pas une évolution anodine pour un pays comme la Chine, qui continue officiellement de promouvoir un socialisme aux caractéristiques chinoises… »

De fait, « à partir du moment où l'Europe démontre la possibilité d'obtenir la prospérité tout en limitant les inégalités, il n'est pas aisé de comprendre pourquoi le socialisme chinois devrait tolérer des niveaux d'inégalité dignes du capitalisme étatsunien… »

De façon concrète, « les réformes économiques ont surtout bénéficié aux centres urbains, et les ruraux n'ont pu en bénéficier autant qu'ils l'auraient souhaité…

Ajoutons que l'assouplissement du *hukou*, qui reste un mécanisme très autoritaire, est allé de pair au cours des dernières années avec le développement d'un système de contrôle social potentiellement beaucoup plus intrusif », surtout « avec les dispositifs de « notation sociale » et de « crédit social » basés sur la collecte d'informations à grande échelle sur les réseaux sociaux » (717-720).

« Rien ne garantit que le régime chinois parvienne à éviter une évolution kleptocratique à la russe…

Sans doute faut-il y voir une nouvelle manifestation du sentiment d'exceptionnalité qui caractérise tant de sociétés dans l'histoire, et du refus d'apprendre des expériences des autres. » Par ailleurs, « il faut également mentionner un facteur historique et politico-idéologique plus spécifique à la Chine, à savoir la violence inouïe de la période du maoïsme et de la Révolution culturelle, qui a profondément marqué les perceptions de l'inégalité, et en particulier des transmissions familiales… » Car « des pans entiers de la société chinoise actuelle, en particulier au sein de la classe dirigeante, ont eu des parents, des grands-parents ou des membres de leur famille tués ou très durement traités pendant la Révolution culturelle. » Or « après une remise à plat aussi violente du processus de transmission, après un prix aussi chèrement payé par les familles, l'idée selon laquelle la logique de l'accumulation doit reprendre ses droits, au moins pour un temps, semble avoir acquis une plausibilité particulière en Chine » (727). [**Comme l'expression d'un certain droit naturel à une forme de retour en arrière, marqué par la jouissance de la propriété** ? E.J.].

« Le régime parlementaire, avec des élections au suffrage universel direct tous les quatre ou cinq ans permettant de choisir des représentants qui ont ensuite le pouvoir d'écrire la loi, constitue une forme spécifique et historiquement déterminée d'organisation politique. Celle-ci a ses vertus et ses limites, qui doivent être sans cesse réinterrogées et dépassées. » Or, « parmi les critiques traditionnellement adressées aux institutions parlementaires occidentales par les régimes communistes, notamment russes et chinois, deux méritent une attention particulière. » Par ailleurs, « il faut ajouter une critique générale, selon laquelle l'écriture de la loi se fait dans les régimes parlementaires occidentaux, sous le contrôle d'une Constitution et de juges constitutionnels plus ou moins rigides, ce qui conduit souvent à diverses formes de sanctuarisation des droits de propriété privée établis dans le passé ». Ceci dit, « la première est que **l'égalité des droits politiques est une illusion dès lors que les médias d'information sont capturés par les puissances d'argent, qui vont ainsi pouvoir prendre le contrôle idéologique des esprits et permettre aux inégalités de perdurer.** » En outre, « la seconde est étroitement liée à la première : **l'égalité politique reste théorique si le financement des partis politiques permet aux plus riches d'exercer une influence sur les programmes et les politiques suivies.** » À vrai dire, « cette crainte d'une capture du processus politique par les plus riches s'est exprimée de manière particulièrement forte aux États-Unis depuis les années 1990-2000, dans un contexte où la Cour suprême a fait voler en éclats la quasi-totalité des limites à l'usage de l'argent privé en politique. » Cependant, « il s'agit en réalité d'un problème de portée beaucoup plus large.

De façon générale, notons que **cette question du financement des médias et des partis politiques n'a jamais été véritablement pensée dans toutes ses implications**... »

Mais, « en s'appuyant sur les leçons de l'histoire, il est toutefois possible de dégager des solutions nouvelles, permettant d'une part de développer des médias non lucratifs et participatifs, et d'autre part d'assurer l'égalité des citoyens face au financement des mouvements politiques » (730-731).

« La démocratie électorale, la frontière et la propriété. La question du **rôle de l'argent dans le financement des médias et des partis**, aussi importante soit-elle, n'est pas la seule critique qui peut être adressée aux régimes électoraux et parlementaires occidentaux, tant s'en faut. Supposons que le problème de l'égalité d'accès aux médias et aux financements politiques soit entièrement réglé. » Il reste que « la théorie démocratique occidentale serait toujours confrontée à trois limitations conceptuelles majeures. Pour résumer, il lui manquerait toujours **une théorie de la frontière,**

une théorie de la propriété et une théorie de la délibération… » [Problème de la Constitution politique ? E.J.]

[**Dans le cas de la capture médiatique, on se trouve bien dans une situation dans laquelle la base économique, l'infrastructure – où plonge pour une part l'institution médiatique –, manipule, et même formate directement la superstructure idéologique. La machine à décerveler, comme dit Alfred Jarry, est reconnue comme fonctionnant sous le magistère du « bâton à phynances ». Et à vrai dire sont relativement peu nombreux sont les passages où T. Piketty évoque le rôle du formatage par les médias de l'opinion publique**. E.J.].

Une réponse plus satisfaisante consisterait à articuler une théorie transnationale de la démocratie, fondée sur un social-fédéralisme démocratique et la construction de normes de justice socio-économique [infrastructure, E.J.] au niveau régional puis mondial. La tâche est tout sauf simple, mais il n'existe pas beaucoup d'autres options » (733).

« Cet argument – d'inscrire dans la durée certains aspects du système légal, social, fiscal et éducatif, et d'éviter les changements trop brutaux – a été abondamment utilisé par les idéologies propriétaristes pour inscrire dans les Constitutions des règles empêchant de facto toute possibilité d'une redéfinition des droits de propriété dans un cadre légal et apaisé », ceci même « dans des situations extrêmes d'hyperconcentration, ainsi d'ailleurs que dans des situations où les modes d'appropriation initiale sont particulièrement douteux, voire totalement indéfendables…

Cela va d'ailleurs au-delà des régimes communistes au sens strict. » Ainsi « lors des indépendances africaines de nombreux pays mirent en place des systèmes de parti unique, au moins provisoirement, parfois pour éviter le séparatisme et la guerre civile, et parfois aussi au prétexte qu'il était impossible de juger des effets de certaines politiques sociales ou économiques au bout de quatre ou cinq ans seulement… »

Or, « à toutes ces questions, complexes et légitimes, le régime chinois a une réponse. C'est en s'appuyant sur des corps intermédiaires tels que le PCC (autour de 90 millions de membres en 2015, soit environ 10 % de la population adulte) qu'il est possible d'organiser la délibération et la prise de décision, et de concevoir un modèle de développement stable, harmonieux et réfléchi à l'abri des pulsions identitaires et des forces centrifuges du supermarché électoral occidental… »

Et, « au lieu de s'appuyer sur quelques minutes d'attention superficielle tous les quatre ou cinq ans de la part de tous les électeurs, comme le pratique la démocratie électorale occidentale, la démocratie partidaire et encadrée à la chinoise reposerait sur une minorité significative constituée des membres du parti (en l'occurrence environ 10 % de la population), pleinement impliqués et informés, et délibérant longuement et collectivement pour le bien du pays » (734-735).

« La demande principale porte avant tout sur la démocratie, au sein d'un ensemble chinois fédéral et démocratique s'appuyant à la fois sur la libre circulation des personnes et le multipartisme, perspective qui est clairement refusée par le PCC chinois…

Du parti unique et de la réformabilité de la démocratie encadrée…

Au niveau le plus élevé… on constate une surreprésentation spectaculaire des milieux d'affaires et des responsables chinois. » Dans pratique, « le mode de scrutin est indirect à plusieurs degrés, et tous les candidats aux différents degrés doivent être approuvés par des comités contrôlés par le PCC. La presse occidentale a souvent fait état de ces éléments pour montrer l'hypocrisie du régime chinois… »

Plus généralement, « l'idée chinoise d'une délibération approfondie au sein d'une minorité éclairée de membres du parti pose en l'état actuel des choses un problème majeur…

Il n'en reste pas moins que les multiples critiques adressés par le modèle chinois aux systèmes politiques occidentaux doivent être prises au sérieux. » (736-739).

« Surtout **cette hausse des inégalités n'admet aucune justification évidente. En particulier, elle s'est accompagnée d'un abaissement de la croissance**. [C'est le fameux r > g. E.J.] Il faut en outre préciser que les inégalités sont toujours restées extrêmement fortes en valeur absolue. En particulier la concentration de la propriété n'a en réalité jamais cessé de se situer à des niveaux impressionnants dans les différents pays européens. Or cette concentration patrimoniale est en progression depuis les années 1980-1990, avec à peine 5 % du patrimoine privé total détenu par les 50 % les plus pauvres, contre 50 %-60 % pour les 10 % les plus riches » (760).

« On constate que le rapport entre le revenu moyen des 10 % les plus riches et celui des 50 % les plus pauvres est égal à environ **8 en Europe, 19 aux États-Unis et 35 en Afrique du Sud ou au Moyen-Orient**…

La prise en compte des autres impôts et transferts réduit d'environ 20 %-30 % les inégalités (telles que mesurées par exemple par le rapport entre le revenu moyen des 10 % les plus riches et les 50 % les plus pauvres) en Europe et aux États-Unis. La redistribution fiscale est plus faible en Afrique du Sud et au Moyen-Orient (où les inégalités seraient réduites d'à peine 10 %, voire pas du tout, compte tenu de la faiblesse ou de l'inexistence des impôts progressifs et de la prépondérance des impôts indirects) et conduirait donc à accroître les écarts entre pays indiqués sur les graphiques 13.5-13.6 » (766-767).

« La propension des couples à se former entre personnes disposant d'apports patrimoniaux comparables (et non seulement de niveaux de salaires ou de diplômes comparables) s'est également accrue de façon significative au cours des dernières décennies dans un pays comme la France. Cela représente une **forme de retour à un monde balzacien et austenien**, même si les niveaux d'homogamie patrimoniale restent en ce début de XXIe siècle moins élevés que les sommets observés au XIXe siècle...

En théorie, cette évolution pourrait être le complément logique d'un mouvement vers une plus grande égalité professionnelle hommes-femmes, doublé d'une évolution vers une plus grande individualisation des trajectoires » (806).

« De la paupérisation des États pauvres et de la libéralisation commerciale...

La relative et paradoxale **paupérisation des États les plus pauvres de la planète** au cours des dernières décennies, particulièrement en Afrique subsaharienne et en Asie du Sud et du Sud-Est » (807).

« Il existe un assez large consensus pour considérer que l'intervention massive des banques centrales a permis d'éviter que la grande récession de 2008-2009, qui, avec une chute moyenne d'activité d'environ 5 % aux États-Unis et en Europe, fut la plus importante de l'après-guerre dans les pays riches, ne se transforme en une « grande dépression » comparable à la crise des années 1930 (avec des chutes d'activité de l'ordre de 20 %-30 % dans les principales économies entre 1929 et 1932). » Aussi bien, « en évitant les faillites bancaires en cascade et en assumant leur rôle de prêteurs de dernier ressort, la Fed et la BCE n'ont pas répété les erreurs des banques centrales de l'entre-deux-guerres, dont les doctrines orthodoxes et liquidationnistes (autrement dit, les mauvaises banques doivent faire faillite et l'économie repartira) avaient contribué à précipiter le monde vers l'abîme. »

De ce fait, « le risque est que ces politiques monétaires, en permettant d'éviter le pire, aient contribué à donner l'impression qu'aucun changement structurel plus profond des politiques sociales, fiscales et économiques n'était nécessaire. Or, les banques centrales ne sont pas équipées pour résoudre tous les problèmes du monde et pour proposer une régulation d'ensemble du capitalisme (sans parler de son dépassement). »

Il est intéressant de noter que le consensus anti-liquidationniste de 2008 vient pour partie de la relecture monétariste de la crise de 1929. En dénonçant la politique restrictive et la déflation causée par la Fed au début des années 1930, Friedman aboutit à la conclusion qu'une politique monétaire adaptée (assurant une inflation modérée et régulière) aurait suffi pour éviter la dépression et faire repartir l'économie. » En d'autres termes, « nul besoin de New Deal et de sécurité sociale ou d'impôt progressif pour réguler le capitalisme : une bonne Fed suffit. Dans les États-Unis des années 1960-1970, où une partie des démocrates rêvaient de parachever le New Deal, mais où l'opinion commençait à s'inquiéter du déclin relatif des États-Unis au regard d'une Europe en pleine croissance, ce message politique simple et fort eut un énorme impact. » Alors « les travaux de Friedman et de l'École de Chicago contribuèrent à développer un climat de méfiance face au rôle croissant de l'État [**Thème déjà en vogue dès le XVIIIe siècle anglais et même français. La tradition de l'empirisme libéral est d'une considérable monotonie à travers le temps** : William Godwin, David Thoreau, Herbert Spencer, Robert Nozick, et en France Vincent de Gournay, Frédéric Bastiat (Wikipédia). E.J.], et à forger le contexte intellectuel menant à la « révolution conservatrice » de 1980.

Pour lutter contre l'excès de dérégulation financière, la montée des inégalités ou le réchauffement climatique, il faut d'autres institutions publiques », c'est-à-dire « des lois, des impôts, des traités internationaux, le tout construit par des parlements s'appuyant sur la délibération collective et des procédures démocratiques. La force des banques centrales est leur capacité d'action extrêmement rapide. À l'automne 2008, aucune autre institution n'aurait pu mobiliser aussi vite des ressources aussi importantes. » De fait, « en cas de panique financière, ou bien d'une guerre ou d'une catastrophe naturelle d'une gravité exceptionnelle, seule la création monétaire peut fournir à la puissance publique les moyens d'une intervention immédiate. » Et « par comparaison, les impôts, les budgets, les lois et les traités demandent parfois des mois de délibérations parlementaires, sans compter que la recherche de majorités politiques adéquates peut exiger de nouvelles élections, sans garantie de résultat.

En même temps, cette force des banques centrales est aussi leur principale faiblesse : » car « elles ne disposent pas de la légitimité démocratique suffisante pour s'aventurer trop au-delà de leur sphère d'expertise étroitement bancaire et financière.

Dans l'absolu, rien n'empêcherait les banques centrales de décupler leur taille, voire davantage. » À cet égard, « rappelons par exemple que le total des propriétés privées (immobilières, professionnelles et financières, nettes de dettes) détenues par les ménages atteint dans les années 2010 environ 500 %-600 % du revenu national dans la plupart des pays riches (contre à peine 300 % dans les années 1970-19801). » Certes, « d'un point de vue strictement technique, il serait possible pour la Fed ou la BCE de créer l'équivalent de 600 % du PIB ou du revenu national en dollars et en euros et de tenter de racheter la totalité du capital privé des États-Unis et de l'Europe de l'Ouest. » Mais « le problème est que cela poserait de sérieux problèmes de gouvernance : les banques centrales et leur conseil d'administration ne sont pas mieux outillés pour administrer la totalité des propriétés d'un pays que ne l'était le système de planification centralisé en Union soviétique. » (814-815).

« La France se caractérise depuis le XIXe siècle par un très grand nombre de partis politiques et par un renouvellement quasi permanent des structures partisanes…

Le système anglo-états-unien pousse à la concentration des voix sur les deux partis placés en tête, alors que le système français (scrutin uninominal à deux tours) permet de faire émerger et perdurer un plus grand nombre de partis » (854).

« Aux États-Unis, la participation électorale a toujours été relativement faible… elle se situait autour de 60 %-65 % dans les années 1950, et elle a généralement fluctué autour de 50 %-55 % des années 1970 aux années 2010 » (861).

« Les clivages classistes de la période 1950-1980 laissaient une large place à la diversité des trajectoires et des subjectivités individuelles…

Le **conflit électoral de type classiste avait au moins un mérite : il s'accompagnait d'une forte mobilisation** de toutes les catégories sociales dans des proportions comparables. La confrontation politique accordait alors une large place aux questions de redistribution… Chaque coalition apportait à ces débats ses expériences et ses aspirations contradictoires… » Mais « à l'inverse, **le régime électoral à base d'élites multiples** en vigueur dans les années 1990-2020 met toujours en scène les clivages sociaux (puisqu'une coalition politique attire notamment les suffrages des plus diplômés, alors que l'autre recueille ceux des plus hauts revenus et patrimoines) », tandis qu' « il **oblitère pour une large part le débat sur la redistribution et s'accompagne du retrait du jeu politique des catégories**

populaires, ce qui peut difficilement être considéré comme positif » (864). [Polarité classes/élites multiples. E.J.]

« **La gauche au pouvoir a joué un rôle pour mettre en place la libéralisation des flux de capitaux dans les années 1980 et 1990**, sans échange d'informations ni coordination sociale et fiscale [Redite], ce qui a fortement contribué à accélérer le processus de concurrence au profit des plus aisés et des plus mobiles », ainsi que d'« alourdissement d'impôts pour les classes perçues comme immobiles (notamment **sous forme de taxes indirectes et de prélèvements accrus sur les salaires bas et moyen**)… » [D'autres eussent parlé, dans leur langage, de trahison de classe. E.J.]

« **Les lycées** sont restés séparés en trois types d'établissements (lycées généraux, technologiques et professionnels)…

L'âge de la scolarité obligatoire a été porté de 14 à 16 ans en 1967 (avec application à partir de la génération née en 1953), mais il a fallu **attendre 1973 pour la mise en place du collège unique** (c'est-à-dire la possibilité pour tous les enfants de 11 à 15 ans d'accéder en principe à un même cursus au sein d'un collège d'enseignement général)… »

Pratiquement, « les enfants issus des classes favorisées sont surreprésentés dans les classes préparatoires et les grandes écoles, qui bénéficient d'un financement public par étudiant entre deux et trois fois plus élevé, selon les cas, que le financement correspondant pour les filières universitaires », lieu « où se concentrent les enfants issus des classes moins favorisées. Pour justifier ce système, **une expression qui se veut positive a été forgée : « élitisme républicain** »… »

Ainsi « les classes préparatoires aux grandes écoles scientifiques et commerciales sont basées depuis le XIXe siècle dans les meilleurs lycées d'enseignement général, si bien que l'ensemble se déroule en dehors du système universitaire…

Sous la conduite du parti socialiste, la gauche électorale a occupé le pouvoir à de multiples reprises depuis le début des années 1980 (un peu plus de la moitié du temps). » De ce fait, « elle **disposait à chaque fois des majorités parlementaires** qui lui auraient permis de transformer le système français d'enseignement supérieur…

Les ressources fiscales méritaient d'être affectées à d'autres priorités (y compris dans certains cas sous la forme de baisses d'impôts bénéficiant aux plus favorisés)… »

Rappelons que « le parti socialiste a dirigé le gouvernement et disposé d'une majorité absolue de députés à l'Assemblée nationale (parfois seul, parfois avec ses alliés communistes, radicaux et verts) en 1981-1986, 1988-1993, 1997-2002 et 2012-2017 » (878-880).

« De nombreux travaux ont montré que les écoles, collèges et lycées socialement les plus défavorisés bénéficiaient d'enseignants moins expérimentés, et en particulier d'un plus grand nombre d'enseignants vacataires et d'absences non remplacées… »

De ce point de vue, « ces travaux ont montré que les **écarts observés étaient particulièrement élevés en France**…

Certains établissements comptent des **proportions incomparablement plus élevées d'enseignants contractuels et inexpérimentés**…

Les lycées les plus prestigieux du centre-ville des grandes agglomérations, où l'on trouve le plus grand nombre de professeurs agrégés et expérimentés… »

Ainsi, « on constate que la **rémunération moyenne est d'autant plus élevée** que le pourcentage d'élèves issus de classes sociales favorisées inscrits dans l'établissement est important. La relation est rigoureusement croissante, au collège comme au lycée. » Ceci étant, « les effectifs moyens par classe ayant également tendance à être plus élevés dans les établissements plus favorisés, les deux effets se compensent et la dépense moyenne par élève est presque exactement constante. » Cependant, « on peut cependant penser que **les élèves des collèges et lycées les plus favorisés sont au final les mieux traités par la puissance publique** : ils sont certes un peu plus nombreux par classe, mais le niveau moyen des élèves est plus élevé, et surtout ils bénéficient d'enseignants plus expérimentés, mieux formés et mieux rémunérés. » Et « en tout état de cause, le fait même que **de telles informations ne soient pas rendues publiques** de façon annuelle et systématique et ne servent pas d'appui à une politique évolutive et vérifiable pose de sérieux problèmes » (881-883).

« Cette situation s'explique par la forte ségrégation résidentielle, par le contournement de la carte scolaire par le recours au privé, et plus encore par l'absence d'une véritable politique publique visant à changer cette situation… »

Certes, « il ne s'agit pas de prétendre ici que ces différents éléments expliquent à eux seuls le retournement du clivage éducatif observé au cours des dernières décennies, et que les catégories sociales les plus défavorisées se soient senties de plus en plus mal représentées par les partis de gauche. » Toutefois « il paraît clair que **des inégalités éducatives aussi criantes ont pu contribuer à une certaine défiance vis-à-vis des gouvernements socialistes** au pouvoir, et à forger l'impression selon laquelle ces derniers se souciaient davantage des couches les plus diplômées et de leurs enfants que de ceux des catégories modestes. »

Par ailleurs, « **depuis la crise financière de 2008, la stagnation des budgets éducatifs** a fortement contribué à accroître les frustrations, en particulier au sein des jeunes issus des classes populaires, auxquels on avait laissé entendre que les efforts scolaires et l'obtention du baccalauréat ouvriraient rapidement les portes de l'enseignement supérieur et de l'emploi… »

En fait, « le nombre d'étudiants a augmenté de 20 % de 2008 à 2018, passant d'à peine 2,2 millions à près de 2,7 millions d'étudiants… **le budget par étudiant a diminué de 10 %**. Les moyens disponibles pour les étudiants admis dans les filières élitistes et sélectives, le plus souvent issus de catégories favorisées, ont certes été préservés… On voit « des bacheliers généraux, souvent issus de milieux plus favorisés, mais qui faute de pouvoir tous accéder aux filières bien dotées des classes préparatoires préférer souvent aller en IUT plutôt que dans les filières universitaires générales (où l'encadrement est particulièrement faible et les débouchés professionnels parfois incertains) » (884-885).

« À partir des années 1990-2000 dans un système d'élites multiples : les plus hauts diplômés votent à gauche, alors que les plus hauts revenus votent à droite. Toute la question est de savoir combien de temps durera une telle situation… si bien que **les élites multiples finiront par se réunir dans un même parti**. » De fait, « une telle hypothèse est loin d'être exclue, et nous verrons qu'elle n'est pas loin d'être réalisée, notamment en France et aux États-Unis. Les choses sont cependant plus complexes. En particulier, deux raisons centrales contribuent à expliquer pourquoi les hauts diplômés et les hauts revenus ne votent pas nécessairement pour les mêmes partis », ainsi « par exemple lors de l'élection présidentielle et des élections législatives de 2012, et pourraient continuer d'occuper **des terrains différents à l'avenir (ce qui ne les empêche pas de s'accorder le cas échéant** sur de nombreux points, en particulier sur le fait que la réduction des inégalités n'est pas la priorité)… »

Il est certain que « la détention patrimoniale apparaît comme un déterminant quasiment implacable de l'attitude politique : les plus riches en patrimoines ne votent presque jamais à gauche, et les plus pauvres en patrimoines votent très rarement à droite » (888-889).

« Un électeur d'origine maghrébine mais sans religion vote beaucoup plus fortement pour les partis de gauche qu'un électeur sans origine étrangère (ou avec une origine européenne), pour des caractéristiques socio-économiques [infra-] équivalentes. » Cependant, « cette propension au vote à gauche est encore plus forte si l'électeur en question est également de confession musulmane.

Cet effet cumulatif... ne peut raisonnablement s'expliquer que par la perception par ces électeurs d'une hostilité particulière vis-à-vis de la religion musulmane de la part des partis de droite et particulièrement d'extrême droite. » En fait, « indéniablement, il existe de nombreuses raisons justifiant ce type de perception. **Les discours antimusulmans** ont joué un rôle important dans l'idéologie coloniale européenne et particulièrement française depuis le début du XIXe siècle (Paul Leroy-Beaulieu en France)... Le FN d'ailleurs a enregistré depuis ses débuts des scores particulièrement élevés parmi les colons français rapatriés d'Algérie, notamment-clans le sud de la France. » Car « l'hostilité aux musulmans, qui venaient d'obtenir l'indépendance algérienne en 1962 et de mettre un terme à près d'un siècle et demi de présence française (1830-1962), était pour des raisons évidentes particulièrement vive au sein de ce groupe » (910-911).

« L'élection française de 2017 constitue une sorte de point de rupture de l'ancien système de clivages, et **en même temps cette rupture se situe dans la continuité [schème dialectique hégélo-marxien**. E.J.] des évolutions antérieures, et en particulier dans la lignée de la montée en puissance de la gauche brahmane et du système d'élites multiples... »

Donc « il ne s'agit donc que du prolongement d'une tendance longue en cours depuis plusieurs décennies, sauf que cet ultime prolongement a fini par mettre en évidence à quel point la nouvelle configuration à base d'élites multiples était instable. » Ainsi, « **la partie la plus aisée de la « gauche brahmane » a opté pour le vote Macron, consommant ainsi la rupture avec la fraction moins aisée de l'ancienne gauche électorale**, qui est orientée vers le vote Mélenchon/Hamon » (921).

« Une telle évolution est déjà en cours dans l'idéologie du Front national depuis plusieurs décennies, et le risque est que les événements de 2017-2019 (et en particulier la crise des Gilets jaunes) accélèrent cette transformation. Dans les années 1980-1990, le FN avait déjà un discours violemment anti-immigrés mais le reste de son idéologie était relativement élitiste sur le plan social et économique, ce qui limitait sa dangerosité. » Notamment, « le parti gardait encore la trace d'un vieux fond poujadiste anti-impôts, et continuait à la fin des années 1980 de réclamer par exemple la suppression complète de l'impôt sur le revenu. Puis **le FN a commencé à amorcer à partir des années 1990 et 2000 un tournant social** », ceci « en prenant de plus en la défense des bas salaires et du système de protection sociale (à partir du moment où ce dernier était réservé aux natifs). Ce tournant, à un moment où la gauche « brahmane » donnait l'impression d'abandonner les classes populaires, a contribué à élargir et à diversifier la base électorale du parti. » Ainsi, « en 2017-2019, le FN put ainsi demander le maintien puis le rétablissement de l'ISF, alors même qu'il défendait lui-même la suppression de toute forme d'impôt quelques décennies auparavant.

Il ne faut certes pas surestimer la sincérité et la profondeur de cette conversion sociale et fiscale, qui doit beaucoup à l'**opportunisme**. » Fondamentalement, « le discours programmatique du FN repose en premier lieu sur l'exclusion des immigrés et les bénéfices considérables qu'il espère en retirer, et il est probable que le repli national qu'il préconise ne ferait qu'exacerber la tendance au dumping fiscal en faveur des plus riches », ainsi que « cela a pu se voir aux États-Unis depuis l'arrivée de Trump au pouvoir. Il reste que ce discours peut s'avérer payant et que le risque d'un piège social-nativiste attisé par la politique pro-riches sans complexe menée par le gouvernement Macron correspond à une réalité en France. » Et « le fait que les augmentations de la taxe carbone mises en place en 2017 (et finalement annulées en 2019) ont *de facto* servi à financer la suppression de l'ISF (et d'autres impôts en faveur des plus riches) et non pas la transition écologique constitue de ce point de vue le scénario idéal pour valider les accusations d'hypocrisie traditionnellement adressées par les nativistes aux « globalistes ». »

Voyons à présent « l'Europe et les classes populaires : la construction d'un divorce…

Cette perception d'une Union européenne fondée sur la concurrence de tous contre tous et fonctionnant avant tout au service des classes socialement les plus favorisées contribue d'ailleurs à expliquer la désaffection populaire vis-à-vis de la construction européenne », en tout cas « telle qu'elle s'est notamment exprimée en France lors du référendum sur le traité de Maastricht en 1992, puis de nouveau avec le référendum sur le traité constitutionnel européen (TCE) en 2005.

Ces deux consultations sont importantes, car elles permettent de prendre conscience de l'ampleur du divorce. » Lors du référendum de 1992, qui avait pour objet principal la mise en place de l'euro, le « oui » l'emporta d'une courte tête, avec 51 % contre 49 % grâce notamment à une mobilisation de dernière minute du président socialiste, après que plusieurs sondages avaient annoncé la victoire du « non »…

« Ces deux votes de 1992 et 2005 sont révélateurs, car la structure très nettement classiste des suffrages exprimés, quelle que soit la dimension de stratification sociale considérée (diplôme, revenu, patrimoine), était différente de celle des blocs gauche-droite tels qu'ils existaient encore à l'époque. » En fait, « ce sont les classes aisées du centre gauche et du centre droit, venues de la « gauche brahmane » et de la « droite marchande », qui se sont *de facto* rassemblées pour faire avancer la construction européenne, bien avant la tentative de constitution d'une telle alliance au niveau politique sous la forme du bloc bourgeois de 2017. »

Or, « comment expliquer un tel divorce entre les classes populaires (au sens le plus large) et la construction européenne ? Il me semble que l'explication la plus plausible est la perception (en grande partie justifiée) que **le grand marché unique européen bénéficie avant tout aux acteurs économiques les plus puissants et aux groupes sociaux les plus favorisés.** » En fait, « **il est peu contestable que la concurrence fiscale entre pays européens conduit ces derniers à déformer la structure de leurs impôts** au bénéfice des acteurs les plus mobiles et au détriment des plus modestes...

Le nationalisme des pauvres n'est pas plus spontané que celui des riches : il se construit et se déconstruit, historiquement, socialement et politiquement... »

D'ailleurs, « des travaux récents ont montré que **la concurrence fiscale entraîne à elle seule une perte de niveau de revenu et de bien-être très substantielle (comprise entre 10 % et 20 % suivant les estimations) pour les 50 % les plus pauvres en Europe**...

Quant aux possibles gains apportés par l'intégration financière, les études disponibles suggèrent des bénéfices beaucoup plus réduits (moins de 1 % du revenu national)... »

En fait, « tant que l'Union européenne n'aura pas été mise au service d'une politique de justice sociale et fiscale claire et visible (comme un impôt européen sur les plus hauts revenus et les patrimoines), on voit mal ce qui pourrait mettre fin à ce violent divorce entre les classes populaires et la construction européenne.

De l'instrumentalisation néopropriétariste de l'Europe... »

On se souvient que « lors des élections françaises de 2012, le candidat socialiste avait évoqué la possibilité de renégocier le nouveau traité budgétaire (TSCG) négocié quelques mois auparavant, et qui aboutissait à un durcissement considérable des règles en matière de déficit. Mais faute de proposition précise, cela n'aboutit sur rien. »

« Les évolutions observées au cours des dernières années ne font qu'aggraver le gouffre entre l'UE et les classes populaires. En particulier, le pouvoir politique issu des élections françaises de 2017 se prétend proeuropéen, tout en instrumentalisant une fois de plus la construction européenne au service d'une politique pro-riches d'une façon particulièrement grossière... »

À vrai dire, « je [T. P.] précise avoir voté pour le oui en 1992 (mon premier vote) et en 2005 comme ma classe de diplôme [**Pour moi, il n'en a jamais été question,** E.J.], dans l'espoir que l'Europe sociale et fiscale finirait par venir. Cette posture d'attente béate me semble toutefois de plus en plus dangereuse et difficile à tenir... »

En fait, « le problème est que cette justification n'a clairement aucun sens : un portefeuille financier investi aux quatre coins du monde ne crée aucun emploi en France, alors que la construction d'une maison ou d'un immeuble en crée immédiatement. La justification évoquée n'aurait d'ailleurs pas plus de sens si les deux placements avaient lieu en France » : car « il n'existe en règle générale aucun lien entre la forme juridique d'un placement (financier ou immobilier) et l'efficacité sociale ou économique de l'investissement en question. En revanche, il existe un lien très clair avec le montant de la fortune : la quasi-totalité des patrimoines les plus importants prend la forme d'actifs financiers », de sorte que « l'exonération de ces derniers a surtout permis une suppression quasi complète de l'ISF pour les plus riches, sans l'assumer clairement, et en feignant de croire que cela découlait d'un objectif d'investissements et de créations d'emploi...

Nous reviendrons sur les **similarités frappantes entre idéologies et politiques fiscales trumpistes et macronistes**... »

Toutefois « il faut signaler l'indigence extrême des données rendues publiques sur l'ISF depuis sa création, qui s'explique par une volonté politique et administrative de se préserver un monopole sur une information jugée sensible, ainsi que par une certaine hostilité de principe de la haute administration des finances à l'égard de cet impôt... »

Premièrement, « l'idée selon laquelle les actifs financiers auraient massivement fui la France pour échapper à l'ISF ne repose sur aucune base sérieuse... Au total, les recettes de l'ISF ont été multipliées par plus de quatre entre 1990 et 2018, alors que le PIB nominal n'a fait que doubler. » En fait, « cette progression reflète certes un phénomène général de remontée du niveau et de la concentration des patrimoines (et notamment des plus hauts portefeuilles financiers) observé sur le plan mondial depuis les années 1980-1990. Il reste que l'hypothèse d'une fuite massive entraînée par l'ISF ne résiste pas à l'analyse. »

En second et « surtout, même en supposant que la fuite des actifs financiers hors de France soit avérée (ce qui n'est absolument pas le cas), la conséquence logique est que le gouvernement français devrait s'ingénier à mettre fin à de telles pratiques, sauf à supposer que rien ne peut être fait en ce sens. » En fait « l'idée selon laquelle il serait impossible de faire quoi que ce soit pour améliorer le contrôle et l'enregistrement des actifs financiers ne repose sur rien. Les intermédiaires financiers sont légalement tenus de transmettre automatiquement au fisc les informations sur les intérêts et dividendes versés aux uns et aux autres. » Et « si le système de déclarations préremplies applicable pour les revenus n'a jamais été étendu aux déclarations de patrimoines (et en particulier aux actifs financiers détenus dans les banques françaises), cela relève d'un choix politique et en aucune façon d'une impossibilité technique. » Or « rien n'interdit d'appliquer ce système immédiatement au niveau français (ce qui aurait déjà permis un bien meilleur recouvrement de l'ISF et des recettes encore plus fortement en hausse), tout en œuvrant avec énergie pour son extension au niveau international. » Car « il suffit pour cela de dénoncer et de réécrire les traités organisant la libre circulation des capitaux en imposant une obligation de transmission automatique d'informations aux administrations fiscales, comme l'ont par exemple imposée les États-Unis en 2010 à la Suisse et aux autres pays. » En ce qui concerne « les actifs résidentiels et professionnels localisés en France, et plus généralement toutes les entreprises qui ont une activité ou un intérêt économique en France, il n'appartient qu'au gouvernement français de décider que leurs propriétaires soient systématiquement et immédiatement enregistrés auprès de l'administration fiscale », de manière à « pouvoir faire figurer automatiquement ces informations sur les déclarations préremplies et améliorer ainsi le recouvrement de l'impôt. Le gouvernement français ne s'est lancé dans aucune de ces réformes – démontrant assez clairement que son objectif n'est pas celui-là pour des raisons qui sont avant tout politiques et idéologiques », quand bien même « elles sont dissimulées derrière des considérations techniques (ce qui ne peut qu'exacerber la suspicion)...

Expliquer aujourd'hui qu'il n'existe d'autre choix que d'exonérer les plus hauts patrimoines financiers car ces derniers refusent de payer l'impôt et qu'il est trop difficile de les contraindre d'accepter », ceci « au moment où la montée des inégalités et le changement climatique posent des défis planétaires redoutables, cela relève d'une forme d'inconscience (et sans doute aussi d'ignorance historique). Quoi qu'il en soit, cette façon d'instrumentaliser l'Europe, la concurrence européenne et les traités européens et internationaux pour mener une politique biaisée en faveur des plus favorisés est extrêmement dangereuse », vu qu'« elle ne peut conduire qu'à attiser les sentiments antieuropéens et anti-mondialisation, et plus généralement à exacerber un sentiment de désillusion face à toute possibilité d'une économie juste. Or c'est précisément ce nihilisme qui nourrit les replis identitaires et le piège social-nativiste. » Mais « avant d'étudier les conditions de son dépassement, il nous faut d'abord sortir du cadre français » (923-932).

« Là où les élites intellectuelles insistent sur des valeurs de pondération et d'ouverture et sur le rôle de la délibération et de la culture, à l'image de ce que Barack Obama et Hillary Clinton entendaient représenter, les élites du monde des affaires insistent sur les deals rondement menés, la débrouillardise et l'efficacité virile (dont Donald Trump se veut l'incarnation). » En d'autres termes, « le système d'élites multiples est sans doute loin d'avoir dit son dernier mot, car il repose au fond sur **deux idéologies méritocratiques différentes et complémentaires**. D'autre part, l'élection présidentielle étatsunienne de 2016 a montré les dangers de se laisser décrire trop ouvertement comme le parti des gagnants de la mondialisation. » Car « le risque est de se placer à la merci d'idéologies antiélites de toute nature, et en l'occurrence de l'idéologie marchande-nativiste développée par Donald Trump…

Rien n'est écrit d'avance… [Redite ; cependant que **d'une autre manière aussi « rien n'est oublié » (Freud) et « rien n'est achevé » (Politzer)**. E.J.]

Le fait de se donner des leaders ouvertement anti-intellectuels et anti-« brahmanes » de type Donald Trump n'est pas propre au parti républicain étatsunien » : de fait, « on retrouve cette tendance avec Silvio Berlusconi en Italie et Nicolas Sarkozy en France » (944).

« Cette *southern strategy* des républicains s'avère particulièrement payante lors de l'élection présidentielle de 1972, où Nixon parvient à capter les voix qui s'étaient portées sur Wallace en 1968. Il est triomphalement réélu face au démocrate McGovern », lui « fortement opposé à la guerre du Vietnam et partisan du développement de nouvelles politiques sociales afin de parachever le New Deal de Roosevelt et la War on Poverty de Johnson, perspective à laquelle Nixon s'oppose avec succès…

L'une des stratégies les plus communes consiste par exemple à stigmatiser les *welfare queens* (les « reines de la sécurité sociale »), terme péjoratif régulièrement employé pour désigner les mères noires célibataires. » Notamment « il fut utilisé par Ronald Reagan lors des primaires républicaines de 1976, puis de nouveau pendant la campagne de 1980…

De façon générale, l'exploitation de la thématique raciale joua un rôle important dans le mouvement conduisant au triomphe de la « révolution conservatrice » dans les années 1980. » En fait, « la nouvelle idéologie conservatrice qui s'est développée autour de Goldwater en 1964,

Nixon en 1972 et Reagan en 1980 se fonde à la fois sur un anticommunisme virulent et un discours violemment opposé au New Deal et à la montée en puissance de l'État fédéral et de ses politiques sociales. » Car « ces dernières sont accusées de favoriser les moins travailleurs et la tendance à l'oisiveté des populations de couleur (thème classique depuis l'abolition de l'esclavage)…

Trump s'en prend donc aux latinos, dont il parle en des termes particulièrement peu amènes, et qui lui ont inspiré son combat en faveur de la construction d'un vaste mur », sorte de « symbole de l'importance qu'il accorde à la question de la frontière. Plus généralement, il s'est attaqué pendant la campagne de 2016 et depuis son élection à toutes les populations non blanches présentes aux États-Unis, en particulier à la minorité musulmane (pourtant quasiment absente du pays) » (951-952).

« Aux États-Unis… les électeurs déclarant une origine étrangère européenne (principalement en provenance d'Espagne, du Portugal et d'Italie), soit environ 20 % de la population, ne se perçoivent pas et ne sont pas perçus comme une minorité, et encore moins comme une minorité latino. » De la même façon, « les électeurs déclarant une origine étrangère extraeuropéenne (en pratique principalement en provenance du Maghreb et d'Afrique subsaharienne), soit environ 10 % de la population, ne constituent en aucune façon un groupe homogène, et encore moins une catégorie ethnique ou religieuse. » D'ailleurs, « beaucoup ne déclarent d'ailleurs aucune religion, si bien que ce groupe ne coïncide que très partiellement avec celui des personnes se déclarant de confession musulmane.

De la fluidité des identités et du danger des catégories figées… »

En réalité, « à partir du moment où les processus d'intermariage atteignent un certain niveau, on voit que la **notion même d'identité ethnique doit être envisagée de façon extrêmement souple**. Les origines et les identités se mélangent en permanence, comme le montre par exemple le très rapide renouvellement des prénoms au travers des générations » (956).

« Face à ce type de discours, plusieurs types de réponses sont nécessaires. Il existe tout d'abord de nombreux travaux montrant que les soupçons visant à insinuer que les immigrés ou les minorités lesteraient les finances publiques de leurs abus ne reposent sur rien. » Au contraire, « de multiples recherches ont établi les discriminations professionnelles dont font l'objet les personnes issues de l'immigration extraeuropéeenne et de minorités, et qui compliquent considérablement l'accès à l'emploi pour un même diplôme initial… »

En outre, « on peut aussi et surtout voir cette évolution comme la conséquence de la chute du communisme, de la montée du fatalisme identitaire et de la perte de tout espoir de transformation socio-économique fondamentale » (959).

« Au début du XXe siècle, et jusqu'aux années 1950-1960, le parti démocrate avait une ambition égalitaire forte pour les États-Unis, non seulement sur le plan fiscal, mais également sur celui du système éducatif. En particulier, l'objectif était d'assurer que la totalité d'une classe d'âge accède non seulement à l'éducation primaire mais également à l'enseignement secondaire. » Donc « sur ce terrain comme sur l'ensemble des questions sociales et économiques, les démocrates apparaissaient clairement comme moins élitistes et plus soucieux des classes populaires (et au final de la prospérité du pays) que les républicains.

Or c'est cette perception qui s'est totalement transformée entre les années 1950-1970 et 1990-2010. » En effet, « le parti démocrate est devenu le parti des plus diplômés, au sein d'un système universitaire hautement stratifié et inégalitaire, où les classes populaires n'ont quasiment aucune chance d'entrer dans les meilleures filières. Dans une telle situation, et en l'absence de réforme structurelle de ce système, il n'est pas anormal que les catégories les plus modestes se sentent délaissées par les démocrates » (962).

« Plusieurs événements et évolutions récents suggèrent que la phase ouverte avec l'élection de Reagan en 1980 est maintenant en passe d'être refermée. D'une part, la crise financière de 2008 a montré les excès de la dérégulation. D'autre part, la prise de conscience croissante à partir de la fin des années 2000 et du début des années 2010 de l'ampleur prise par la montée des inégalités « ainsi que la stagnation des bas revenus depuis les années 1980 a entraîné une réévaluation graduelle du tournant reaganien. Ces facteurs ont contribué à réorienter les débats politiques et économiques aux États-Unis, comme le montre par exemple le duel très serré entre Hillary Clinton et Bernie Sanders lors des primaires démocrates de 2016 » (967).

« Depuis l'élection de Corbyn à la tête du parti [travailliste] en 2015… Il s'agit en particulier de mesures favorables aux syndicats et donnant plus de pouvoir aux représentants des salariés, avec la mise en place d'un partage des droits de vote entre salariés et actionnaires dans les conseils d'administration, de façon comparable à la cogestion germanique et nordique, ce qui n'a jamais été fait au Royaume-Uni. » Pour finir, « les travaillistes défendent désormais la gratuité complète de l'enseignement supérieur (comme cela existe en Allemagne et en Suède), ce qui constitue un changement complet de perspective par rapport aux hausses de droits d'inscription mises en place par le New Labour entre 1997 et 2010… [Et la situation en France. E.J.] »

« La position officielle du parti travailliste lors du référendum était d'appeler à voter pour le « Remain ». C'était également la position de plus de 90 % des députés travaillistes, contre environ la moitié des députés conservateurs. » En fait, « le vote travailliste est associé à une position qui est globalement plus favorable à l'Europe que le vote du parti conservateur (qui était à l'initiative du référendum de 2016). Cela a pu contribuer à un vote travailliste particulièrement élevé en 2017 parmi les diplômés du supérieur, qui sont très majoritairement hostiles au Brexit » (977-978).

« La République irlandaise reste dans l'UE, tandis que l'Écosse envisage l'organisation d'un nouveau référendum visant à sortir du Royaume-Uni et à entrer dans l'UE…

II est important d'insister sur la multiplicité des trajectoires possibles… »

Or « si l'on examine la structure du vote pour le Brexit en 2016 en fonction du niveau de diplôme, de revenu et de patrimoine, les résultats sont extrêmement clairs. Quelle que soit la dimension retenue, les catégories les plus modestes ont massivement voté pour le « Leave », et seuls les 30 % les plus favorisés ont soutenu le « Remain » » (988-989).

« L'émergence du social-nativisme : le cas italien.

Par comparaison aux autres démocraties électorales occidentales, la première particularité du cas italien est que le système de partis en place dans l'après-guerre s'est violemment effondré à la suite des scandales financiers révélés par les juges antimafia en charge de l'enquête *Mani Pulite* (mains propres) en 1992. » En fait, « ces événements provoquèrent la chute des deux partis qui avaient dominé la scène italienne depuis 1945 : le parti de la démocratie chrétienne et le parti socialiste. À la droite de l'échiquier politique, les démocrates-chrétiens furent remplacés dans les années 1990 par un ensemble complexe et changeant de partis, dont le mouvement libéral-conservateur Forza Italia de Silvio Berlusconi et la Lega (la ligue du Nord)… »

Ceci étant, « par-delà les changements de noms, il faut rappeler que la structure de l'électorat des partis de gauche (PS, PC, PDS, PD) s'est totalement transformée en Italie au cours des dernières décennies. Alors que ces partis faisaient leurs plus gros scores parmi les catégories populaires dans les années 1960 et 1970, la situation s'est par la suite totalement inversée. » De fait, « dès les années 1980 et 1990, le PS et le PC (puis le PDS) obtenaient de meilleurs résultats parmi les plus diplômés. Cette tendance s'est accentuée pendant les années 2000 et 2010. Lors des élections de 2013 et 2018, le vote pour le PD était de 20 points plus élevé parmi les électeurs les plus diplômés qu'au sein du reste de la population. » Or « les politiques menées par le PD – en particulier l'assouplissement des procédures de licenciement (le *Jobs Act*) décidé par le gouvernement Renzi peu après son arrivée au pouvoir, qui provoqua une forte opposition des syndicats et d'immenses manifestations (1 million de personnes à Rome en octobre 2014) – contribuèrent à accroître l'impopularité du PD parmi les catégories populaires et les salariés modestes. » Et « le fort soutien public apporté à la réforme par la chancelière allemande chrétienne-démocrate Angela Merkel et la certitude que l'adoption parlementaire reposait *de facto* sur une coalition de voix entre le PD et Forza Italia ont contribué à asseoir l'idée que le PD n'avait plus grand-chose à voir avec ses origines socialistes-communistes de l'après-guerre. » [Déclin dramatique du PC italien dans la trahison de classe malgré la présence de personnalités de valeur (après Gramsci), par exemple Togliatti. E.J.]

« Le dernier venu dans le paysage politique italien est le mouvement 5 étoiles (M5S). Fondé en 2009 par l'humoriste Beppe Grillo, le M5S se présente comme un parti antisystème et antiélites, inclassable dans les typologies gauche-droite habituelles, mais dont un des leitmotive est la création d'un revenu de base. » À le comparer au PD, « le M5S fait ses plus gros scores chez les électeurs moins diplômés, dans les catégories populaires du sud du pays et parmi les déçus de tous les partis, séduits par les promesses sur les questions sociales et le développement des régions délaissées. » En peu d'années, « le M5S a réussi à capitaliser sur le mécontentement face aux partis ayant déjà exercé le pouvoir, à commencer par Forza Italia et le PD, et à rassembler entre un quart et un tiers des suffrages suivant les élections.

Lors des élections législatives de 2018, l'électorat s'est divisé en **trois grands blocs** : le M5S a obtenu 33 % des voix, le PD 23 %, et la coalition des partis de droite 37 %. » Or « cette dernière était elle-même très hétéroclite, puisqu'elle comprenait un pôle anti-immigrés avec la Lega (17 %), un pôle libéral-conservateur avec Forza Italia (14 %) et d'autres petits partis nationalistes-conservateurs (6 %) oscillant entre les deux. Aucun pôle n'ayant obtenu seul la majorité des sièges, une coalition était nécessaire pour former un gouvernement. » Ceci dit, « une alliance fut un moment envisagée entre le M5S et le PD, mais la méfiance réciproque était trop forte. Le M5S et la Lega, qui avaient déjà fait cause commune lors de l'opposition au *Jobs Act* de Renzi au Parlement italien et dans les grandes manifestations de 2014, se sont alors accordées pour gouverner le pays sur la base d'un programme tentant de faire la synthèse entre les deux partis », ceci « avec d'une part, la mise en place du système de revenu minimum garanti prôné par le M5S et d'autre part, la politique antiréfugiés intransigeante défendue par la Lega. Ces deux piliers s'incarnent dans la nomination du jeune leader du M5S (Luigi Di Maio) au ministère du Développement économique, du Travail et des Politiques sociales », celui-ci « en charge notamment du revenu minimum et des politiques d'aménagement du territoire et d'investissements publics dans le sud du pays, alors que le chef de la Lega (Matteo Salvini) occupe le poste stratégique de ministre de l'Intérieur. » En fait, « cela lui a permis de mener dès l'été 2018 des opérations antimigrants spectaculaires, et en particulier de bloquer tout accès aux côtes italiennes pour les bateaux humanitaires venant en aide aux réfugiés en Méditerranée.

La coalition M5S-Lega au pouvoir on Italie depuis 2018 est clairement une alliance politico-idéologique de type social-nativiste », qui fait clairement « penser aux gouvernements PiS en Pologne et Fidesz en Hongrie. Certes rien ne garantit la stabilité de l'attelage italien, qui repose à ce jour sur deux piliers qui n'ont aucunement l'intention de fusionner. Les tensions entre les deux partenaires sont d'ailleurs très vives, et tout semble indiquer que le versant nativiste est en passe de l'emporter. » En effet, « les opérations antiréfugiés de Salvini lui apportent une popularité croissante et pourraient permettre à la Lega de dépasser le M5S lors des prochaines élections, voire de s'en passer entièrement. » Reste le fait « que le simple fait qu'une telle coalition sociale-nativiste a pu voir le jour dans une vieille démocratie électorale ouest-européenne comme l'Italie (par ailleurs troisième économie de la zone euro) montre que le phénomène n'est pas limité à l'Europe de l'Est postcommuniste. » Les responsables sociaux-nativistes des différents pays, en particulier Orbán et Salvini, n'ont d'ailleurs pas manqué de mettre en scène publiquement leur connivence antiélites et les perspectives communes qu'ils entendent offrir à l'Europe, à la fois sur le terrain anti-immigrés et sur le plan social. »

Parlons alors « du piège social-nativiste et de la désillusion européenne.

Il est naturel de se demander si une coalition politico-idéologique du même type peut s'étendre à d'autres pays, et en particulier en France, ce qui aurait des conséquences considérables sur l'équilibre politique d'ensemble de l'Union européenne. » Or « si l'on examine la répartition des voix lors des élections italiennes de 2018, avec une division en trois blocs (ou plutôt en quatre blocs, si l'on distingue au sein de l'alliance des partis de droite les composantes Lega et Forza Italia, qui se sont d'ailleurs séparées sur la question de l'alliance avec le M5S), » alors « on constate que cette structuration de l'espace idéologique comporte à la fois des points communs importants et des différences significatives avec la répartition en quatre quarts observée lors du premier tour de l'élection présidentielle française de 2017. » En fait, « **dans le contexte français, l'équivalent le plus proche de l'alliance M5S-Lega serait un rapprochement entre le mouvement de gauche radicale LFI (La France insoumise) et le Front national (rebaptisé en 2018 Rassemblement national, RN)**. À ce stade, une alliance LFI-RN paraît toutefois inenvisageable. » Car « l'électorat RN rassemble les électeurs les plus farouchement anti-immigrés, alors que l'électorat LFI (tel qu'il s'est exprimé en 2017) regroupe au contraire les personnes les plus favorables à l'immigration.

Lors d'une conférence de presse commune tenue à Milan en août 2018, le Premier ministre hongrois a déclaré » en ces termes : « « Nous avons prouvé que l'immigration peut être arrêtée par la terre, il [Salvini] prouve qu'elle peut être stoppée par la mer. » Le ministre de l'Intérieur italien a quant à lui précisé : « Aujourd'hui commence un parcours commun qui sera suivi de nombreuses autres étapes dans les prochains mois, pour mettre au premier plan le droit au travail, à la santé et à la sécurité. Tout ce que les élites européennes nous refusent. » » Or « les élections européennes de 2019 ont également confirmé que le versant nativiste de la coalition italienne était en passe de prendre le dessus sur le pôle M5S » (1009-1013).

« La concurrence interétatique et la montée de l'idéologie marchande-nativiste.

En ce qui concerne la coalition M5S-Lega, il est particulièrement intéressant et révélateur de noter que le M5S a accepté de faire figurer dans le contrat de gouvernement la proposition de *flat tax* portée par la Lega pendant la campagne des législatives de 2018 (et issue de la tradition anti-impôts qui caractérise la Lega depuis ses origines). » Or « si cette mesure était appliquée dans son intégralité, cela impliquerait la mise en place d'un impôt pesant à un même taux proportionnel sur tous les niveaux de revenu, et par conséquent le démantèlement complet du système d'impôt progressif (c'est-à-dire avec des taux plus élevés sur les revenus importants et plus faibles pour les plus modestes). » En fait, « cela entraînerait une énorme perte de recettes fiscales au bénéfice des revenus moyens et élevés, qu'il paraît impensable de compenser par une hausse équivalente pesant sur les plus bas revenus, et qui serait donc financée par une fuite en avant vers l'endettement, à la façon des réformes reaganiennes des années 1980. » En réalité, « le fait même que le M5S a pu souscrire à une telle proposition en dit long sur le **manque de colonne vertébrale idéologique** qui caractérise mouvement [Redite.] On comprend mal comment il est possible de financer un ambitieux revenu de base et de vastes programmes d'investissements publics, le tout en supprimant toute forme d'impôt progressif sur les plus hauts revenus. »

Or « ce peu d'appétence des sociaux-nativistes du XXIe siècle pour l'impôt progressif peut s'expliquer de différentes façons. Il est possible d'y voir une volonté de ne surtout pas se rattacher à une tradition passée, associée à la gauche sociale-démocrate, socialiste, travailliste ou rooseveltienne. » De fait, « le M5S est séduit par le revenu de base, qui lui semble novateur et moderne, mais pas par l'impôt progressif permettant de le financer, qui lui paraît compliqué et poussif… »

Par ailleurs, « à partir du moment où la BCE a créé des milliers de milliards d'euros pour sauver ses banques, il est très difficile pour les sociaux-nativistes d'admettre qu'il faille en passer par des impôts complexes et potentiellement injustes et contournables pour financer le revenu de base ou les investissements dans l'économie réelle… »

Enfin, « le peu d'appétence des sociaux-nativistes pour l'impôt progressif est aussi la conséquence de plusieurs décennies de déferlement idéologique anti-impôts et de **sanctification du principe de la concurrence absolue de tous contre tous**. [Hobbes, E.J.] De fait, l'hypercapitalisme de ce début du XXIe siècle se caractérise par une concurrence interétatique exacerbée. » En fait, « la concurrence pour attirer les hauts revenus et les détenteurs de capitaux existait déjà à la fin du XIXe siècle et au début du XXe siècle. Mais elle n'avait pas la même ampleur…

Par exemple, il est possible et souhaitable de dénoncer les traités organisant la libre circulation des capitaux et de les remplacer par un système régulé fondé sur un cadastre financier public permettant aux pays qui le souhaitent de mettre en place des impôts redistributifs sur les patrimoines transnationaux et leurs revenus. » Néanmoins « cela exige de se lancer dans des coopérations internationales importantes et des formes ambitieuses de dépassement de l'État-nation, notamment pour les États qui se trouvent être de petite taille à l'échelle mondiale (comme les États européens).

Il paraît donc très peu probable que les mouvements sociaux-nativistes du début du XXIe siècle se mettent à développer des formes ambitieuses d'impôt progressif et de redistribution sociale. » Mais « le plus vraisemblable est qu'une fois arrivés au pouvoir, qu'ils le souhaitent ou non, ils se retrouvent dans l'engrenage de la concurrence fiscale et sociale et de la promotion de leur territoire économique. » Et « c'est uniquement par opportunisme que le rassemblement national en France s'est opposé lors de la crise des Gilets jaunes à la suppression de l'ISF. S'il devait arriver au pouvoir, il est probable qu'il se lancerait dans une trajectoire de dumping fiscal exacerbé pour attirer les investissements et supprimer les impôts des plus riches » ceci « d'une part parce que cela correspond mieux à son vieux fond anti-impôts et à son idéologie de la concurrence entre les peuples, et d'autre part parce que son refus de la coopération internationale et du fédéralisme l'enfermerait dans une logique de dumping » (1019-1022).

« Ce faisant, chacun des deux gouvernements prend le risque de renforcer la tendance à la montée des inégalités et le sentiment d'abandon des idéologies populaires et moyennes face à la mondialisation. Le président étatsunien pense s'en sortir en insistant sur le fait qu'il contrôle beaucoup mieux les flux migratoires que ses opposants démocrates, et qu'il est beaucoup plus vigilant que ces derniers vis-à-vis des concurrences commerciales déloyales venant du reste du monde. » En outre, « il parvient avec habileté à présenter les *job creators* comme autrement plus utiles que les élites intellectuelles du parti démocrate dans la grande guerre économique mondiale que les États-Unis mènent avec le reste de la planète. Les élites intellectuelles sont sans cesse dénoncées comme condescendantes et donneuses de leçons, toujours promptes à inventer de nouvelles lubies culturelles plus ou moins dangereuses pour les valeurs et la société étatsuniennes. » En particulier, « Trump s'évertue à dénoncer la nouvelle passion climatique, inventée selon lui par les scientifiques, les démocrates et tous les peuples jaloux qui entourent le pays pour nuire à la grandeur de l'Amérique. » Mais « cet anti-intellectualisme est également utilisé par d'autres gouvernements nativistes en Europe et en Inde, ce qui montre au passage l'importance cruciale d'une plus grande diffusion de l'éducation et d'une meilleure appropriation citoyenne des connaissances scientifiques. »

Ceci étant, « le président français fait le pari inverse. Il espère se maintenir au pouvoir en repoussant ses opposants vers le nativisme et l'antimondialisme, et en misant sur l'attachement majoritaire des électeurs français à la tolérance et à l'ouverture », ce « qui empêchera les

Français, le moment venu, de choisir la voie sociale-nativiste (qui en pratique aurait de toute façon toutes les chances de se transformer en voie marchande-nativiste, à la Trump). Au fond, les deux idéologies font le pari qu'il n'existe pas d'alternative au dumping fiscal en faveur des plus riches », et qu'en fait « la seule dimension de différenciation politique qui demeure porte sur le clivage internationaliste-nativiste. Chacune repose sur une **simplification abusive de la réalité et une bonne dose d'hypocrisie.** » Car « d'une part, des politiques de redistribution ambitieuses peuvent encore être menées au niveau national, y compris dans des États-nations de petite taille comme les pays européens. *A fortiori*, au niveau des États-Unis, le gouvernement fédéral a parfaitement les moyens de faire respecter ses décisions en matière fiscale pour peu qu'il en ait la volonté politique... »

Envisageons « la possibilité d'un social-fédéralisme en Europe :

Pour sortir du piège social-nativiste, la solution la plus naturelle serait de développer une forme de social-fédéralisme, consistant à s'appuyer sur l'internationalisme et le fédéralisme démocratique pour promouvoir la redistribution des richesses et la justice sociale. » Ceci dit, « je n'ignore pas que la voie est étroite. **L'hypothèse d'une refondation apaisée et harmonieuse de l'Europe n'est malheureusement pas la plus probable**... »

Ainsi, « par exemple, si le Luxembourg, qui comprend environ 500 000 habitants, soit à peine 0,1 % de la population de l'UE (510 millions), souhaite pouvoir taxer les profits de toutes les entreprises à un taux de 0 %, et siphonner ainsi l'assiette fiscale de ses voisins, nul ne peut l'en empêcher... »

Mais « le problème est que le Conseil des ministres des Finances (ou des chefs de gouvernement) constitue une référence totalement inadaptée pour développer une véritable démocratie parlementaire européenne...

Dans ces conditions, il est tout simplement impossible d'avoir une délibération apaisée » (1024-1029).

« L'idée selon laquelle une telle instance pourrait un jour se retrouver à délibérer et à adopter les lois fiscales s'appliquant à des centaines de millions de personnes n'a guère de sens. On sait depuis fort longtemps, au moins depuis le XVIIIe siècle et les révolutions atlantiques que le vote de l'impôt est la compétence parlementaire par excellence, et que l'établissement patient des règles fiscales, des assiettes et des taux, exige une délibération publique et contradictoire, sous le regard des citoyens et des journalistes. » Mais « il faut pour cela que la pluralité des opinions au sein de chaque pays soit pleinement et largement représentée. Par définition, **un Conseil des ministres des Finances ne remplira jamais de telles conditions.** » Et en résumé : « les instances européennes actuelles, qui sont bâties autour du rôle central et dominant joué par les Conseils ministériels, et qui cantonnent le Parlement européen dans un rôle secondaire, ont été conçues pour réguler un grand marché et pour conclure des accords intergouvernementaux ; elles n'ont absolument pas été conçues pour adopter des politiques fiscales et sociales… »

On notera « tout d'abord qu'une démocratie européenne viable exigerait en tout état de cause une refonte complète des règles de transparence et d'organisation des **lobbies** qui caractérisent actuellement la vie politique bruxelloise, et qui posent de très sérieux problèmes. » En outre, « il faut prendre conscience du fait qu'un tel transfert de souveraineté fiscale au Parlement européen impliquerait que les institutions politiques des États membres ne seraient pas représentées directement dans le vote de l'impôt européen… »

Quant « aux États-Unis… ce système où aucune des deux chambres n'a l'ascendant sur l'autre n'est pas un modèle du genre, et il conduit fréquemment à des blocages. Mais il fonctionne à peu près, en particulier grâce au fait qu'il existe un certain équilibre entre la taille des différents États » (1030-1031).

Chapitre 6

Problèmes 2

« Pour résumer, ce discours [d'Angela Merkel] consiste à voir dans chaque proposition d'impôt commun ou de budget commun une tentative des pays d'Europe du Sud et de la France (réputés mal gérés) de s'approprier une partie des richesses durement produites par les Européens du Nord (supposés vertueux et travailleurs)… »

[Oui, et comment les partisans du T-Dem vont-ils surmonter une pareille opposition ? E.J.]

« À l'inverse, il est évident que le discours germanique selon lequel tous les problèmes européens seraient réglés si chaque pays alignait son système économique sur le modèle allemand n'a guère de sens…

Les échanges privés apportent des bénéfices importants à tous les pays, et notamment à ceux (comme l'Allemagne) qui ont réalisé des investissements très profitables chez leurs voisins. » À ce sujet, « rappelons que les flux privés de profits sortants des pays d'Europe de l'Est dépassent de beaucoup les flux publics entrants… »

En tout cas, « il reste que dans l'**état de méfiance** qui existe actuellement entre pays européens, après dix années de crise financière où chacun estime avoir été maltraité par les autres, il paraît peu probable qu'un gouvernement allemand (ou d'ailleurs un gouvernement français ou d'un autre pays) puisse convaincre son opinion de transférer des compétences fiscales et budgétaires à une Assemblée européenne **sans plafonner au préalable les transferts** qui pourraient en résulter… »

En fait, « les revenus moyens ne sont pas très différents au sein des principaux pays de la zone euro, si bien que le véritable enjeu est avant tout la réduction des inégalités à l'intérieur des pays (et non pas entre pays). » En d'autres termes, « les classes populaires et moyennes de tous les pays (y compris bien sûr en Allemagne) ont beaucoup à gagner d'une plus grande justice fiscale, par exemple d'un système fiscal qui imposerait enfin à un taux plus élevé les plus grandes sociétés que les petites et moyennes entreprises, les plus hauts revenus et patrimoines que les plus faibles, et les plus fortes émissions carbone que les moins élevées. » En réalité, « le simple fait de pouvoir mettre en place des impôts plus justes à l'intérieur de chaque pays et de se placer à l'abri du risque de concurrence fiscale (car ces nouveaux impôts seraient appliqués en même temps dans plusieurs pays) constitue en soi un progrès décisif, y compris en l'absence de tout transfert… »

Enfin, « l'objectif à terme est évidemment que les ressortissants des différents pays appréhendent cet instrument en tant que membres d'une même communauté politique, et non pas au travers du prisme des soldes nationaux, dont on peut espérer qu'ils auront de moins en moins de sens » (1038-1040).

« Sortir de la crise permanente de la dette publique en Europe » (1040).

« Pour résumer, la zone euro a réussi **par sa seule faute** à transformer une crise financière venue initialement du secteur financier privé étatsunien en une crise européenne durable des dettes publiques. Or ceci a eu des conséquences dramatiques pour les pays européens, en particulier avec la montée du chômage et des mouvements anti-immigrés… »

De fait, « les nouvelles règles fixées par le traité budgétaire (TSCG) de 2012 prévoient en théorie que le déficit ne doit pas dépasser 0,5 % du PIB. Sauf « circonstances exceptionnelles, le non-respect de ces règles entraîne en principe des pénalités automatiques. Mais en pratique, ces règles sont totalement inapplicables, tellement elles sont absurdes… »

Cependant, « il faut mesurer les conséquences sociales et politiques d'un tel choix. Cela voudrait dire que l'on consacre pendant des dizaines d'années des ressources gigantesques à rembourser des dettes et des intérêts aux détenteurs de patrimoines financiers », ceci « alors même que l'on manque de moyens pour investir dans la transition énergétique, la recherche médicale ou la formation.

En pratique, ces règles ne sont pas appliquées et ne le seront sans doute jamais…

Mais en réalité cela n'a aucun sens d'écrire des règles hyperrigides, puis de choisir de les ignorer tant elles sont absurdes. »

Or « le problème est qu'en pratique tout ceci n'est pas assumé clairement, si bien que les demandes faites aux différents pays sont souvent incohérentes et à géométrie variable…

La meilleure preuve que les nouvelles règles budgétaires ne sont guère prises au sérieux est que de nombreux responsables politiques européens continuent de se référer à « la règle des 3 % » et ne semblent pas avoir compris que la cible de déficit est désormais de 0,5 %... »

En 2015, il y a clairement eu un choix politique d'humilier la Grèce, coupable aux yeux des autorités européennes (allemandes et françaises en particulier) d'avoir élu un gouvernement de gauche radicale en portant au pouvoir la coalition anti-austérité Syriza, issue de la fusion de divers partis communistes, socialistes et écologistes », tous « situés à gauche du parti socialiste grec (le Pasok, discrédité par son passage au pouvoir lors de la tourmente financière de 2009-2012). Syriza remporta les élections et tenta d'adoucir les termes de la politique budgétaire imposée par les dirigeants européens, ce que ces derniers avaient promis. » Toutefois « pour éviter d'offrir une victoire symbolique à Syriza, dont on craignait qu'elle ne mène à un phénomène de contagion (en particulier en Espagne où le mouvement Podemos était alors en forte progression), on décida d'imposer à la Grèce une nouvelle purge budgétaire, avec une cible d'excédent primaire de 3 % du PIB », ceci « alors même que le niveau d'activité économique était toujours 25 % au-dessous de son niveau de 2007. Ce faisant, on oublia au passage que Syriza, malgré ses défauts, avait le mérite d'être un mouvement internationaliste, ouvert à l'Europe et solidaire avec les migrants arrivant sur les côtes grecques. » Certes, « il aurait été plus judicieux de s'appuyer sur de tels mouvements pour développer des politiques fiscales plus justes en Europe, y compris en mettant mieux à contribution les riches grecs, comme d'ailleurs les riches allemands et français » s'agissant notamment « des annulations de dettes dont a bénéficié l'Allemagne dans les années 1950. Les mesures prises découragèrent peut-être les électeurs de gauche radicale. Mais trois ans plus tard, en 2018, c'est un gouvernement social-nativiste qui est arrivé au pouvoir en Italie », avec « une coalition dont l'un des principaux ciments est la chasse aux étrangers, mais avec laquelle on est bien obligé d'être plus conciliant, compte tenu de la taille du pays…

Si l'on consacrait de telles sommes à la formation et à la recherche, alors l'Europe pourrait devenir le premier pôle mondial d'innovation, devant les États-Unis. » Or, « en tout état de cause, de tels choix devraient pouvoir être débattus dans une enceinte démocratique. En cas de nouvelle crise financière, ou simplement en cas de remontée des taux d'intérêt, on se rendrait vite compte du caractère explosif des règles budgétaires fixées en 2012 », mesures « dont il faudrait bien prendre acte du caractère inapplicable, avec un risque considérable que les rancœurs et tensions entre pays remontent à la surface, faute de s'être donné à temps un cadre démocratique légitime pour traiter de ces questions complexes et trouver le meilleur compromis. »

S'appuyer sur l'histoire de la dette, dégager des solutions nouvelles.

La solution proposée ici consiste à **faire confiance à la démocratie parlementaire** » (1042-1046).

« Cela étant, le droit n'est pas une science exacte, et rien ne garantit que la CJUE donnera son aval auquel cas les États porteurs du projet d'union parlementaire renforcée seraient contraints de prendre leurs responsabilités et de dénoncer les traités (c'est-à-dire de **sortir des traités européens existants** afin de contraindre les différents États signataires d'en renégocier de nouveaux). »

Du reste, « il faut également souligner qu'indépendamment des modalités permettant l'adoption d'un traité de démocratisation (ou d'un texte similaire), la mise en place d'impôts communs au sein d'un noyau dur de pays entraînera presque inévitablement des tensions avec ceux choisissant de rester en dehors… » Mais « tout laisse à penser que des sanctions imposées avec détermination par les plus grands pays de la zone euro **vis-à-vis du Luxembourg et de l'Irlande** permettraient d'obtenir gain de cause rapidement. » Néanmoins, « encore faut-il que cette détermination soit véritablement présente, d'autant plus que les pays sanctionnés ne manqueront pas, là encore, de dénoncer dans de telles sanctions des violations caractérisées des traités existants. »

Notamment, « la répartition des profits imposables en fonction des ventes revient à imposer des droits de douane sur les exportations de biens et services dans le ou les pays en question, avec pour seule particularité que ces droits de douane sont proportionnels aux profits réalisés par l'entreprise en question au niveau mondial (une entreprise ne réalisant aucun profit ne serait pas imposée). »

Ainsi, « considérons par exemple la menace brandie par les États-Unis en 2010 de retirer aux banques suisses leur licence bancaire – ce qui a permis de débloquer la situation en contraignant l'État suisse à revoir (partiellement) sa législation bancaire et à transmettre au fisc étatsunien les informations adéquates sur les contribuables étatsuniens ayant ouvert des comptes dans les banques suisses. » Or « dans le contexte européen, il est probable que, si l'Allemagne, la France et l'Italie avaient adressé (ou adressaient à l'avenir) de telles menaces à l'encontre du Luxembourg ou de la Suisse, alors ces pays ne manqueraient pas d'expliquer que de telles sanctions ne sont pas conformes aux traités européens existants. » En fait, « de telles sanctions sont malheureusement indispensables pour changer le cours des choses, et il est même probable qu'il faille les appliquer effectivement un certain temps pour avoir un réel impact.

Pour résumer, le véritable enjeu n'est pas juridique ou institutionnel : il est avant tout politique et idéologique. » Et « la question centrale est de savoir si les pays qui souffrent le plus de la concurrence fiscale, en particulier les pays de plus grande taille (France, Allemagne, Italie, Espagne), considèrent que l'enjeu est suffisamment important pour justifier une stratégie volontariste » et « pouvant aller jusqu'à des sanctions dissuasives à l'encontre des pays non coopératifs (ce qui peut nécessiter une sortie unilatérale des traités existants). Jusqu'ici l'approche suivie par la plupart des gouvernements et mouvements politiques, en particulier par les partis socialistes et sociaux-démocrates de diverses tendances au pouvoir dans ces pays » aura été de « considérer que la concurrence fiscale était certes un problème, mais qu'il était malheureusement impossible de le résoudre tant que le Luxembourg, l'Irlande et l'ensemble des pays concernés n'acceptent pas volontairement de renoncer à leur droit de veto. Or il est clair depuis longtemps qu'une telle approche ne mène nulle part. » En réalité, « la difficulté est que les gouvernements au pouvoir dans les grands pays ont jusqu'ici considéré que l'enjeu n'était pas suffisamment important pour prendre le risque de diviser l'Union européenne en créant des institutions politiques séparées (comme l'Assemblée européenne proposée ici) pour un sous-groupe de pays prêts à aller de l'avant. » Certes, « les hésitations face à ce risque sont compréhensibles. Mais pour finir, les risques posés par le *statu quo*, à savoir un divorce définitif et potentiellement mortel entre les classes populaires et la construction européenne, me semblent supérieurs. On peut également penser que le processus de construction d'une souveraineté fiscalo-parlementaire transnationale et d'un espace de débat démocratique permettant d'organiser la délibération à cet effet est un processus fragile », et qui pour cela « doit presque inévitablement débuter avec un nombre réduit de pays, avant de pouvoir être étendu à d'autres (après en avoir démontré concrètement la viabilité). Autrement dit, si l'on attend pour lancer ce processus (qui aurait gagné à être entamé beaucoup plus tôt) que les 27 ou 28 pays soient prêts à aller de l'avant, il est probable que l'on attende indéfiniment. »

En fait, « le processus aurait pu commencer quand la CEE comptait six pays (France, Italie, Belgique, Pays-Bas, Luxembourg), comme cela était le cas de 1957 à 1972.

Au fond, si le processus n'a pas déjà eu lieu, c'est sans doute que de nombreux acteurs et mouvements politiques, en particulier **en Allemagne et en France, au centre droit mais aussi au centre gauche**, continuent de penser que les bénéfices de la concurrence fiscale » – notamment « pour mettre la pression sur les États pour qu'ils évitent de devenir trop dispendieux, dans un contexte où les niveaux de prélèvements obligatoires ont déjà atteint des niveaux historiques inédits – l'emportent sur les coûts associés à cette course poursuite sans fin au profit des plus mobiles, ou tout du moins ne justifient pas les complications politiques considérables qu'impliquerait toute tentative d'y mettre fin. »

Or, « il est possible de répondre à cette préoccupation légitime sur le niveau global des prélèvements obligatoires en reversant aux États membres tout ou partie des recettes obtenues par les impôts communs, afin notamment de financer la réduction des prélèvements pesant sur les classes populaires et moyennes. » Et « si nécessaire, ceci peut être inscrit dans le traité ; ce n'est pas l'option la plus souhaitable, mais il s'agirait là d'une amélioration importante par rapport à l'existant.

Un autre facteur idéologique tout aussi puissant est que la construction européenne s'est longtemps appuyée sur le droit sacro-saint des États à s'enrichir par le commerce et la libre circulation des biens, des capitaux et des personnes », et enfin « à s'enrichir une seconde fois en siphonnant la base fiscale de ses voisins. Il s'agit là d'une construction idéologique très spécifique sur le plan historique et politique, et qui aboutit à enrichir les classes sociales élevées de tous les pays (y compris d'ailleurs allemandes et françaises) bien davantage qu'elle ne bénéficie aux classes populaires et moyennes (y compris irlandaises ou luxembourgeoises). » Cependant « ce droit a été proclamé pendant tellement longtemps qu'il a fini par être perçu comme légitime.

Concluons en notant que, si le fait d'être prêt à sortir des traités est sans doute une condition nécessaire pour parvenir à en mettre en place de nouveaux, il ne s'agit nullement d'une condition suffisante. » En effet, « depuis la crise de 2008, de **nombreux mouvements politiques comme Podemos en Espagne et LFI en France**, ont développé l'idée d'une menace de sortie visant à imposer de nouvelles politiques en Europe et en particulier l'harmonisation fiscale et sociale. » Mais « **le problème est que ces mouvements n'ont jusqu'à présent pas indiqué précisément quel était le nouveau système politique qu'ils souhaitaient mettre en place en Europe**. Pour résumer, on sait de quels traités il faut sortir, mais on ignore dans quels nouveaux traités il faudrait entrer. »

De la sorte, « cela fournit un argument de poids pour disqualifier ces mouvements politiques aux yeux d'une opinion publique inquiète par la perspective d'un démantèlement de l'Europe, et donc pour les empêcher de se porter au pouvoir. » Cependant, « si ces mouvements y parvenaient néanmoins, par exemple en France, il existe un risque que **la méfiance**

accumulée entre les différents États membres (en particulier entre la France et l'Allemagne) débouche de fait sur un processus de sortie chaotique et non maîtrisé des traités européens dans le cadre d'une trajectoire où les rancœurs et les incompréhensions entre pays finiraient par l'emporter sur l'attachement commun à l'idéal européen. » Par ailleurs, « l'autre risque, au moins aussi probable à mes yeux, est que cet attachement commun permette d'éviter le démantèlement, mais que l'absence d'engagement précis concernant les nouvelles institutions européennes et les contours exacts de l'harmonisation fiscale et sociale débouche finalement sur un compromis peu ambitieux et décevant », ceci « faute d'un débat public préalable et d'une appropriation citoyenne suffisante de ces questions complexes et néanmoins éminemment politiques.

Il ne s'agit certes pas de défendre ici l'idée selon laquelle il suffirait qu'un gouvernement français soit élu sur une proposition précise de refondation européenne pour que cette dernière s'impose aux autres pays. » En revanche, il paraît établi qu'**un gouvernement français annonçant une renégociation des traités européens, comme le fit par exemple le candidat socialiste à l'élection présidentielle de 2012, sans fournir la moindre indication précise sur ce qu'il souhaite obtenir ne serait pas en très bonne situation pour obtenir quoi que ce soit une fois élu** » (1051-1056).

« Le soutien à l'indépendance [de la Catalogne] est tiré de façon spectaculaire par les catégories les plus favorisées, et en particulier par les revenus les plus élevés…

Il est extrêmement frappant de constater que le régionalisme catalan est beaucoup plus marqué parmi les catégories sociales plus favorisées que parmi les plus modestes. » De ce point de vue, « il est particulièrement intéressant de comparer ce profil social du vote à celui observé lors des référendums sur l'Europe organisés en France en 1992 et 2005 et au Royaume-Uni en 2016, où l'on avait à chaque fois observé que les catégories favorisées plébiscitaient l'Europe, alors que les catégories modestes la rejetaient. » D'ailleurs, « les deux profils sont d'ailleurs parfaitement cohérents, dans le sens où les catégories favorisées qui soutiennent l'indépendance catalane (ou une plus forte autonomie) n'ont aucune volonté de quitter l'Europe, bien au contraire » (1058-1059).

« Les dépenses publiques de santé ont stagné en Inde au cours de la période récente, et les dépenses d'éducation ont même baissé (en pourcentage des richesses produites). Or c'est notamment sur ce terrain que s'est creusé l'écart avec la Chine (qui a su mobiliser des ressources plus importantes pour élever le niveau de formation et de santé de l'ensemble de sa population) » et aussi que « se jouera le développement futur du pays. Un équilibre complexe doit donc être trouvé entre la réduction de la pauvreté monétaire et ces investissements sociaux...

Ces débats vont continuer dans les années qui viennent. Ils auront une importance de plus en plus déterminante pour le reste de la planète », d'une part du fait du rôle croissant de l'Inde à l'échelle mondiale, et d'autre part parce que ces débats se structurent autour de questions identitaires et inégalitaires qui sont finalement assez proches de celles discutées dans les démocraties électorales occidentales. »

Ceci étant, « plusieurs trajectoires sont envisageables pour l'avenir, allant du raidissement identitaire, religieux et inégalitaire à la mise en place d'une coalition sécularisté et redistributive. En tout état de cause, les choix qui seront faits et les rapports de force changeants et instables qui s'établiront auront un écho qui ira bien au-delà de l'Inde... »

« À un moment où les sociétés occidentales s'interrogent sur la faible présence des enfants des classes populaires dans les filières éducatives les plus sélectives, aussi bien d'ailleurs qu'au sein des assemblées parlementaires et des fonctions politiques et administratives les plus élevées », alors « les expériences indiennes et les modalités de leurs transformations méritent d'être regardées de près, sans chercher à les idéaliser ni à les noircir excessivement. Certes, rien ne pourra remplacer un financement adéquat des services éducatifs et sanitaires ouverts au plus grand nombre » ainsi qu' « une politique ambitieuse de réduction des inégalités de revenus et de redistribution de la propriété. II reste que des systèmes visant à prendre en compte les origines sociales dans les mécanismes d'affectation scolaire ou les procédures électives [par des avantages donnés *a priori* aux plus défavorisés] peuvent se justifier, en complément à ces autres politiques. »

De façon inverse, « les évolutions politico-idéologiques qui se produiront en Europe et aux États-Unis auront un impact décisif sur les trajectoires qui se dessineront en Inde. Nous avons déjà évoqué l'impact de la « révolution conservatrice » anglo-saxonne des années 1980 sur les politiques fiscales menées dans le reste du monde, et en particulier en Inde. Il en ira de même à l'avenir... »

De fait, « si l'Europe se mettait à bâtir un véritable social-fédéralisme, ou si les États-Unis renouaient avec la forte progressivité fiscale qu'ils ont déjà appliquée avec succès dans le passé, comme cela est évoqué avec de plus en plus d'insistance au sein du parti démocrate », dès lors « il y a fort à parier que le débat en Inde et dans les autres parties du monde prendrait une autre tournure. A l'inverse, si la concurrence fiscale continue de plus belle parmi les pays riches, alors il sera d'autant plus difficile pour des propositions comme celles de la coalition SP-BSP de convaincre l'opinion indienne », ceci « compte tenu de la forte hostilité des milieux d'affaires et de leur influence sur le financement de la vie politique et des médias du pays.

La politisation inachevée de l'inégalité au Brésil.

Nous venons de voir avec l'Inde l'exemple d'une démocratie électorale où un système de partis nés après l'indépendance a évolué dans une direction classiste au cours des dernières décennies », ceci « à rebours des transformations observées dans les pays occidentaux...

Rappelons que **le Brésil est le dernier pays de l'espace euro-atlantique à avoir aboli l'esclavage, en 1888, et plus généralement que le pays est resté l'un des plus inégalitaires de la planète**. Rappelons également qu'il fallut attendre la fin de la dictature militaire (1964-1985) et la Constitution de 1988 pour que le droit de vote soit étendu à tous, sans condition d'éducation. »

« La Constitution postesclavagiste de 1891 avait pris soin de préciser que les personnes non alphabétisées n'auraient pas le droit de vote, règle reprise par les Constitutions de 1934 et 1946. En 1950, plus de 50 % de la population adulte était encore privée du droit de vote... »

« Cette évolution est également spectaculaire au niveau régional. Les régions brésiliennes les plus pauvres, en particulier dans le nord-est du pays, votent de plus en plus massivement pour le PT, alors que les régions les plus riches s'en détournent progressivement. Lors des scrutins de 2014 et 2018, le Nordeste brésilien continue de donner de larges majorités à Rousseff et Haddad, alors que les régions des villes du Sud (comme São Paulo) rejettent nettement le PT. » Or « cette structure sociale et géographique du vote s'accompagne d'un clivage racial très marqué. À partir de 2006, on constate que les électeurs qui se déclarent comme noirs ou métis (soit un peu plus de la moitié de la population) votent beaucoup plus fortement pour le PT que ceux qui se décrivent comme Blancs », ceci « y compris après avoir pris en compte les effets des autres attributs socio-économiques individuels.

Le fait que le vote PT a évolué dans cette direction est cohérent avec les politiques menées. À partir de 2002, les gouvernements PT vont concentrer leurs efforts sur la réduction de la pauvreté, notamment avec le programme de transferts sociaux Bolsa Familia. » Alors « on constate dans les données brésiliennes une forte progression des revenus les plus bas, en particulier dans les régions les plus déshéritées du pays, d'où une grande popularité de Bolsa Familia et du PT parmi les populations concernées (ouvriers agricoles, paysans pauvres, domestiques et salariés modestes des services ou de la construction, etc.). » Mais « à l'inverse, parmi ceux qui emploient ces personnes, ces programmes sociaux ont souvent été perçus comme excessivement dispendieux, alimentant des exigences salariales néfastes. En l'occurrence, les gouvernements PT ont également mis en place des augmentations importantes du salaire minimum, dont la valeur réelle s'était effondrée sous la dictature », mais « qui a retrouvé au début des années 2010 le niveau qui était déjà le sien dans les années 1950 et au début des années 1960. Le PT a également développé des mécanismes d'accès préférentiel aux universités pour les classes populaires noires et métissées, jusqu'ici largement absentes des campus. »

Ceci dit, « il est peu contestable que ces politiques de redistribution et cette montée en puissance d'un clivage classiste ont contribué à engendrer une certaine volonté de reprise de contrôle de la situation de la part des élites brésiliennes traditionnelles, mouvement qui s'est exprimé lors de la destitution de Rousseff en 2016 puis de l'élection de Bolsonaro en 2018. » De fait, « ce dernier se présente comme le président qui mettra fin à la dérive socialisante du pays. Il ne cache pas sa sympathie pour la dictature militaire et son goût pour l'ordre social, le respect de la propriété et les politiques ultrasécuritaires. Comme Trump, Bolsonaro s'appuie également sur l'exploitation des clivages raciaux et sur la nostalgie de l'ordre de l'homme blanc », ceci « dans un pays où les Blancs ont officiellement cessé d'être majoritaires. Pour autant, il est bien évident que l'usure naturelle du pouvoir dans une démocratie électorale a joué son rôle dans ce retournement politique, tout autant que les insuffisances évidentes des politiques menées par le PT entre 2002 et 2016. » À cet égard, « on pense naturellement à l'incapacité du PT à s'attaquer sérieusement au problème de la corruption au Brésil, quand il n'a pas lui-même contribué à pérenniser le système en bénéficiant de versements occultes, dans un pays où la question du financement des campagnes politiques et des médias n'a jamais fait l'objet d'une régulation adéquate... » Or « malgré des victoires présidentielles répétées et massives, avec nettement plus de 50 % des voix aux seconds tours de 2002 à 2010, le PT n'a jamais eu une majorité de députés pour mener sa politique. Il a dû pactiser avec de nombreux partis pour faire adopter ses lois et ses budgets. » Malgré tout, « ces enjeux en termes de transparence de la vie publique et de réforme des financements politiques n'ont jamais été clairement expliqués au pays, si bien que le PT a donné l'impression de s'accommoder du système en place et de ses zones grises. »

Il convient « également souligner le bilan en demi-teinte du PT sur le front des inégalités. S'il est clair que les bas revenus ont bénéficié des politiques menées, avec une augmentation de la part du revenu allant aux 50 % les plus pauvres entre 2002 et 2015, le problème est que cette amélioration s'est faite entièrement aux dépens des classes moyennes, ou plus précisément des groupes sociaux compris entre le 50 % les plus pauvres et les 10 % les plus riches, et aucunement au désavantage des 10 % les plus riches, qui ont réussi à maintenir leur position (pourtant inhabituellement élevée au Brésil). » Même, «s'agissant des 1 % les plus riches, on observe entre 2002 et 2015 une augmentation de leur part dans le revenu total qui reste deux fois plus élevée que celle allant aux 50 % les plus pauvres. Ces résultats décevants et paradoxaux s'expliquent simplement » : c'est que « le PT n'a jamais entrepris de véritable réforme fiscale. Les politiques sociales ont été financées par les classes moyennes et non par les plus riches, pour la bonne et simple raison que le PT n'a jamais réussi à s'attaquer à la régressivité fiscale structurelle du pays, avec de très lourds impôts et taxes indirectes sur la consommation » ceci « allant par exemple jusqu'à 30 % sur les factures d'électricité, alors que les impôts progressifs sur les plus hauts revenus et patrimoines sont historiquement peu développés (par exemple, les plus hautes successions paient au maximum un taux de 4 %).

Là encore, ces insuffisances dans les politiques menées ont pour origine à la fois **des limitations doctrinales et idéologiques, mais aussi l'absence d'une majorité parlementaire adéquate**. Au Brésil comme en Europe et aux États-Unis, il est **impossible de réduire les inégalités autant qu'il serait souhaitable sans transformer également le régime politique, institutionnel et électoral**. On notera par ailleurs, de même que pour l'Inde, l'importance des influences extérieures... » Mais « à l'inverse, l'aggravation du dumping fiscal jouerait objectivement en faveur des orientations inégalitaires et identitaires incarnées par Bolsonaro et la mouvance nationaliste-conservatrice, de la même façon que pour Modi et le BJP en Inde. »

Voyons à présent la polarité : « **Clivage identitaire, clivage classiste : la frontière et la propriété** :

De même que celui de l'Inde, le cas du Brésil montre à quel point il est essentiel de sortir du cadre occidental pour mieux comprendre les dynamiques politiques en jeu autour des inégalités et de la redistribution. Au cours des années 1990-2020, alors que le système gauche-droite de clivage classiste qui prévalait en Europe et aux État-Unis dans les années 1950-1980 s'effritait et était menacé d'effondrement », au contraire, « des formes de clivages classistes se mettaient en place en Inde et au Brésil, suivant des cheminements socio-politiques spécifiques et avec des fragilités et des potentialités particulières. Ces différentes trajectoires illustrent également le caractère fondamentalement multidimensionnel des conflits politiques et idéologiques » [super-, E.J.]

Notamment, « on peut nettement distinguer dans chacun des cas étudiés **un clivage de type identitaire et un autre de type classiste**. Le clivage identitaire porte sur la question de la frontière, c'est-à-dire sur les limites de la communauté politique à laquelle on s'identifie, les origines et les identités ethno-religieuses de ses membres. » Alors que « le clivage classiste porte sur les questions d'inégalités socio-économiques et de redistribution et en particulier sur la question de la propriété. Ces clivages prennent des formes diverses en Europe et aux États-Unis, en Inde et en Chine, au Brésil ou en Afrique du Sud, en Russie ou au Moyen-Orient. » Cependant « on retrouve ces deux dimensions dans la plupart des sociétés le plus souvent avec de multiples ramifications et sous-dimensions.

De façon générale, le clivage classiste ne peut l'emporter que si l'on parvient à dépasser le clivage identitaire : pour que le conflit politique puisse se focaliser sur les inégalités de propriété, de revenu et de diplôme, il faut d'abord que l'on s'accorde sur les frontières de la communauté. » Ceci étant, « le clivage identitaire n'est pas simplement une invention des acteurs politiques qui cherchent à l'instrumentaliser pour se hisser au pouvoir (même si de tels acteurs sont aisément repérables dans toutes les sociétés). **La question de la frontière recouvre des interrogations complexes et fondamentales.** » En effet, « dans une économie-monde où les différentes sociétés sont liées par de multiples flux commerciaux, financiers, migratoires et culturels, mais où elles continuent de fonctionner comme des communautés politiques séparées, au moins en partie, il est crucial de décrire la forme que doivent prendre ces relations, dans une perspective dynamique. » De fait, « le monde postcolonial a donné naissance à des interactions et des mélanges au sein de mêmes sociétés de groupes humains qui auparavant n'avaient quasiment aucun contact entre eux (autrement que par l'intermédiaire des armes ou des rapports de domination de type colonial). » En réalité, « il s'agit d'un progrès civilisationnel considérable, mais qui dans le même temps a conduit au développement de clivages identitaires nouveaux.

Parallèlement, l'effondrement du communisme a eu tendance à affaiblir, **au moins pour un temps**, l'espoir dans la possibilité même d'une économie juste et d'un dépassement du capitalisme par la justice sociale et fiscale. » En d'autres termes, « au moment même où **le clivage identitaire se durcissait, le clivage classiste s'effaçait. Là se trouve sans doute l'explication principale** pour la montée des inégalités observée depuis les années 1980-1990. » En réalité, « les explications fondées sur la technologie ou l'économie manquent l'essentiel, c'est-à-dire le fait qu'**il existe**

toujours plusieurs façons d'organiser les relations économiques et les rapports de propriété, comme le montre l'extraordinaire diversité politico-idéologique [super-. E.J.] des régimes inégalitaires que nous avons étudiés dans cette enquête. »

Donc, « durcissement du clivage identitaire et des conflits sur la frontière, affaiblissement du clivage et des débats sur la propriété : ce schéma se retrouve dans quasiment toutes les régions du monde. Mais au-delà de ce schéma général, les variations entre sociétés sont profondes. **Loin des déterminismes de toute sorte, la diversité des trajectoires montre l'importance des stratégies de mobilisation sociale et politique. La perspective longue et comparative** est ici essentielle. » En fait, « des transformations profondes des régimes inégalitaires ont eu lieu dans l'histoire, bien avant les deux guerres mondiales du XXe siècle, et il serait particulièrement conservateur et déplacé de s'en remettre à de tels chocs pour envisager un nouveau mouvement de réduction historique des inégalités. » Par ailleurs, « l'étude de l'Inde et du Brésil a également montré que la domination des clivages identitaires sur les clivages classistes n'avait rien d'inéluctable. Dans ces deux pays, les classes populaires issues d'origines et d'identités diverses ont pu se retrouver dans de mêmes coalitions politiques redistributives. » Ainsi « tout dépend des outils institutionnels et des politiques sociales et fiscales que l'on se donne afin de permettre à des groupes d'origines diverses de comprendre que ce qui se rassemble l'emporte sur ce qui les divise.

L'étude d'autres configurations électorales nationales apporterait d'autres illustrations de cette réalité générale. »

Il convient de « souligner que cette multidimensionnalité des conflits politico-idéologiques est aussi à l'œuvre dans des pays qui ne sont pas des démocraties électorales pluralistes, comme la Chine, la Russie, l'Égypte ou l'Arabie Saoudite. Simplement elle est plus compliquée… »

De ce point de vue, « le cas d'Israël fournit sans doute l'exemple le plus extrême d'une démocratie électorale où le conflit identitaire a tout emporté sur son passage. La question de la relation avec les populations palestiniennes et les Arabes israéliens est quasiment devenue la seule question politique significative. » En fait, « au cours de la période 1950-1980, les travaillistes israéliens occupaient une place centrale dans le système de partis et mettaient l'accent sur la réduction des inégalités socio-économiques [infra-. E.J.] et le développement de formes coopératives originales. » Mais « faute d'avoir su penser à temps une solution politique viable et adaptée aux communautés humaines en jeu, ce qui aurait impliqué la création d'un État palestinien par le développement d'une forme originale d'État fédéral binational, le parti travailliste a quasiment disparu de la scène électorale israélienne pour laisser la place à des escalades sans fin entre factions sécuritaires. »

Toujours en Israël, « le vote travailliste, très fort parmi les catégories populaires dans les années 1960-1970, avait déjà commencé à se concentrer sur les catégories plus diplômées dans les années 1980-1990, ce qui semble refléter à la fois la transformation du contexte idéologique global (perte de vitesse du socialisme) et l'évolution du clivage entre d'une part les Israéliens d'origine européenne ou nord-américaine (ashkénazes) et d'autre part ceux d'origine moyen-orientale ou nord-africaine (mizrahims, séfarades)… »

Quant « au sein des pays musulmans, on constate que les dimensions religieuses et sociales du conflit électoral se sont combinées de façon différente dans le temps et suivant les pays…

Nous l'avons vu dans le cas de l'Inde ou du Brésil : la capacité des forces politiques en présence à promouvoir des stratégies crédibles de redistribution et à donner de la voix au clivage classiste », elle « dépend de façon importante des évolutions en cours dans les pays occidentaux…

Compte tenu du poids économique, commercial et financier des États-Unis et de l'Union européenne, et de leur impact déterminant sur le cadre légal dans lequel s'organisent les échanges, les transformations politico-idéologiques [super-] en cours au sein de ces deux ensembles auront un poids déterminant. » Quant aux « évolutions à venir en Chine et en Inde, et à moyen terme au Brésil, en Indonésie ou au Nigeria, elles joueront également un rôle croissant, au sein d'un paysage idéologique mondial de plus en plus connecté. Ce qui est certain, c'est que **le poids de l'idéologie n'est pas près de diminuer, bien au contraire**… »

Du reste, « les cas évoqués plus haut illustrent **également l'importance des influences extérieures dans les dynamiques partidaires**. [Ce facteur externe, comment faut-il l'articuler à l'égard du facteur idéologique précédent ? E.J.]. En Indonésie, mais aussi en Malaisie, en Thaïlande et en Turquie, l'héritage de la guerre froide et l'écrasement des mouvements communistes et socialistes ont handicapé la formation de clivages classistes et favorisé l'émergence de partis religieux. » Quant à « l'Afrique du Sud, la défense des propriétaires blancs par les gouvernements occidentaux (tout récemment par Donald Trump) ne facilite pas la mise en place d'une réforme agraire ambitieuse. En Israël, il est bien évident que la structure du conflit politique pourrait changer du tout au tout si les États-Unis ou l'Union européenne décidaient d'imposer un règlement politique au conflit israélo-palestinien… »

Pour la « France, il est ainsi devenu courant depuis l'élection présidentielle de 2017 de ranger dans **la même rubrique de « populiste »** les électorats rassemblés au premier tour par Jean-Luc Mélenchon et par Marine Le Pen, en oubliant au passage que le premier regroupe les électeurs qui sont en moyenne les plus ouverts à l'immigration et le second ceux qui y sont le plus farouchement hostiles. » Pour ce qui est des « États-Unis, il n'était pas rare en 2016 de mettre dans la case populiste à la fois le socialiste internationaliste Bernie Sanders et le businessman nativiste Donald Trump. En Inde, on pourrait aussi choisir de qualifier de populiste à la fois le BJP antimusulman de Modi et les partis socialistes et communistes ou les mouvements de basses castes proposant des plates-formes et des options rigoureusement inverses. » Quant « au Brésil, le label populiste est parfois utilisé pour désigner alternativement le mouvement autoritaire-conservateur incarné par Bolsonaro ou le parti des travailleurs de l'ex-président Lula » (1091-1106).

« Certaines idées présentées ici, en particulier au sujet de la circulation de la propriété et de l'imposition des successions et des patrimoines, sont proches en esprit de celles d'auteurs issus du socialisme solidariste français comme **Léon Bourgeois** et **Émile Durkheim** (voir chapitre 11, p. 654-655). » On notera « également la proximité avec la notion de *property-owning democracy* développée notamment par **James Meade**. Le problème est que cette notion (de même que les concepts rawlsiens) a parfois été utilisée de façon nettement conservatrice. Voir par exemple B. Jackson, « Property-Owning Democracy : A Short History », in M. O'Neill, T. Williamson, *Property-Owning Democracy.* **John Rawls** *and Beyond*, Blackwell, 2012. » Ceci dit, « par construction, les options défendues ici s'appuient sur les expériences historiques des différents pays depuis le XIXe siècle et mêlent donc plusieurs traditions intellectuelles…

Tout d'abord, personne ne dispose de ce temps quasi infini. En particulier, les mouvements et partis disposent souvent de très peu de temps » afin d' « essayer de communiquer leurs idées et propositions aux citoyens compte tenu de l'attention limitée que ces derniers leur accordent (souvent pour de bonnes raisons, car ils peuvent avoir d'autres priorités dans la vie que de les écouter). » [**Argument tout de même étonnant – tout le monde est pressé, même pour les affaires les plus importantes** – et qui interroge la vie sociale dans les termes de la psychopathologie collective contemporaine, pour peu que les éléments en existent (Marie-France Castarède et Samuel Dock : *Le Nouveau Malaise dans la civilisation*, Plon, 2017 ; Jalley : *Trajectoires*, L'Harmattan, 2017].

« Aucun livre, aucun être humain ne pourra jamais définir à lui seul le régime de propriété idéal, le système de vote parfait ou le barème fiscal miracle. Seule une vaste expérimentation collective, au fur et à mesure de l'histoire des sociétés humaines, pourra nous permettre de faire quelques progrès dans cette direction » ceci « en s'appuyant sur l'expérience de chacun et la délibération la plus étendue possible (à défaut d'être infinie). Les éléments développés ci-après visent simplement à indiquer **quelques pistes d'expérimentations possibles, sur la base des trajectoires historiques** analysées au cours des chapitres précédents. »

Envisageons le « **dépassement du capitalisme et de la propriété privée**...

En principe, les propriétaires du capital immobilier peuvent décider à qui ils souhaitent le louer et à quel prix, alors que **les propriétaires du capital financier et professionnel détiennent seuls les rênes de la gouvernance des entreprises, suivant le principe une action, une voix, ce qui leur permet notamment de décider souverainement qui embaucher et pour quel salaire**. » [Il s'agit bien ici de **ce que la vulgate marxiste appelle les « rapports de production » RP, lesquels relèvent de la couche supérieure du mode de production MP, soit encore de la formation économique et sociale FES, ou encore de l'infrastructure socio-économique**, voir Nikitine, p. 9. Le même schéma rend par ailleurs tout à fait clair que les notions de « capitalisme » – un type historique de mode de production – et « propriété privée » – une forme de propriété des moyens de production – relèvent du dispositif caractéristique propre à la catégorie d'infrastructure, E.J.]

Il s'agit de « transformer la propriété permanente en une forme de propriété temporaire. Autrement dit, chaque génération peut accumuler des biens considérables, mais à la condition qu'elle en rende une part conséquente à la collectivité lors du passage à la génération suivante ou aux autres héritiers potentiels, qui doivent ainsi repartir sur de nouvelles bases. » Ceci étant, « **l'impôt progressif sur le revenu, dont les taux ont atteint des niveaux comparables à ceux de l'impôt successoral au XXe siècle (voire encore plus élevés dans les pays anglo-saxons** [70 %-80 % entre 1920 et 1980, E.J.]), et qui historiquement visait avant tout les plus hauts revenus du capital », a aussi eu pour effet de « compliquer considérablement la perpétuation dans le temps de propriétés importantes (sauf à accepter de réduire drastiquement son train de vie) » [cf. *Downtown Abbey*, E.J.]).

« Partager le pouvoir dans les entreprises : une stratégie d'expérimentation :

Commençons par la propriété sociale...

Aussi prometteuse soit-elle, la cogestion germanique et nordique comporte de nombreuses limitations, à commencer par le fait que les actionnaires détiennent toujours la voix décisive en cas d'égalité des votes. » Or « pour aller plus loin, deux voies semblent particulièrement intéressantes. D'une part, la déconcentration de la propriété permise par l'impôt progressif, la dotation en capital et la circulation des biens, que nous analyserons plus loin, peut permettre aux salariés d'acquérir des actions de leur entreprise et de faire basculer la majorité » ceci « en ajoutant des voix actionnariales à la moitié des voix dont ils disposent comme salariés. D'autre part, les règles reliant apports en capital et droits de vote doivent elles-mêmes être repensées… »

En réalité, « la question est de savoir s'il ne serait pas justifié de plafonner les voix des actionnaires les plus importants dans les entreprises de plus grande taille, au-delà du fait que la moitié des voix irait en tout état de cause aux représentants des salariés » (1116-1120).

« Jeux de rôle stéréotypés auxquels la cogestion conduit parfois…

L'impôt progressif sur la propriété et la circulation du capital :

Quelle que soit son importance, **le dépassement du capitalisme par la propriété sociale et par le partage du pouvoir et des droits de vote au sein des entreprises** ne suffit pas… »

En fait, « la concentration de propriété a été sensiblement plus faible depuis le second conflit mondial (avec généralement autour de 50 %-60 % des biens détenus par le décile supérieur et 20 %-30 % par le centile supérieur) que ce qu'elle était avant 1914, **alors que la croissance s'est accélérée**… [r > g, E.J.] » De plus, « la forte remontée de la concentration de la propriété observée depuis les années 1980-1990 aux États-Unis, ainsi qu'en Russie, en Inde, en Chine et à un degré moindre en Europe, montre que l'inégalité patrimoniale extrême peut se reconstituer pour toutes sortes de raisons », telles que « des privatisations avantageuses ou des rendements financiers structurellement plus élevés pour les plus hauts portefeuilles, **sans que cela soit nécessairement porteur d'une croissance plus élevée pour la majorité de la population, bien au contraire** » [Idem : r > g, E.J.].

En vue d' « éviter qu'une concentration démesurée de la propriété ne se reconstitue de nouveau, les **impôts progressifs sur les successions et les revenus doivent continuer de jouer à l'avenir le rôle qu'ils ont rempli au cours du XXe siècle, avec des taux atteignant ou dépassant 70 %-90 %** au sommet de la hiérarchie des patrimoines et des revenus pendant des décennies (notamment aux États-Unis et au Royaume-Uni) », en fait « décennies qui avec le recul dont nous disposons apparaissent comme les **périodes de plus forte croissance jamais observées**. L'expérience historique indique cependant que ces deux impôts ne sont pas suffisants et qu'ils doivent être complétés par un impôt progressif annuel sur la propriété, qui doit être considéré comme l'outil central permettant d'assurer une véritable circulation du capital… »

[**Les taux d'accroissement de l'accumulation du capital (financier ?) et de la croissance seraient en raison inverse : r > g. Or, s'il s'agissait d'une « loi », dans quelle mesure inclut-elle ou ignore-t-elle le déterminisme ? Par ailleurs, quel serait son rapport avec la notion marxiste de baisse tendancielle du taux de profit (pour le capital industriel ?)**. E.J.]

« Si l'on se limite à utiliser un impôt progressif sur le revenu, alors cela implique presque mécaniquement que les plus hauts patrimoines acquittent des impôts minuscules en proportion de leur richesse… »

En réalité, « dans tous les pays où il existe un impôt sur le patrimoine immobilier (qu'il s'agisse d'ailleurs de logements, de bureaux ou de biens professionnels de toute nature), comme la *property tax* aux États-Unis ou la taxe foncière en France, personne ne songerait à exempter d'impôt les propriétaires importants (particuliers ou entreprises) au motif qu'ils n'en tireraient aucun revenu… »

En fait, « les montants rendus publics pour des milliardaires d'autres pays, par exemple Liliane Bettencourt en France au début des années 2010, sont similaires : un revenu au sens fiscal et donc un impôt sur le revenu de quelques millions d'euros, à comparer à une fortune de plusieurs milliards d'euros… »

Par ailleurs, « Il faut également souligner que les **impôts annuels sur la propriété actuellement appliqués (comme la *property tax* aux États-Unis ou la taxe foncière française**), en dépit de toutes leurs limitations, ont toujours permis de prélever des recettes beaucoup plus significatives que l'impôt successoral tout en étant beaucoup moins impopulaires que ce dernier » (1122-1125).

« De façon générale, ces dispositifs institutionnels reposent sur une vision de la propriété comme relation sociale [infra- RP, E.J.], et qui doit par conséquent être régulée comme telle. L'idée selon laquelle il existerait une propriété strictement privée et des formes de droits naturels et inviolables de certaines personnes sur certains biens ne résiste guère à l'analyse. » En fait, « **l'accumulation de biens est toujours le fruit d'un processus social, qui dépend notamment des infrastructures publiques** [**ceci en conformité avec la vulgate marxiste**, E.J.] (en particulier du système légal, fiscal et éducatif), de la division du travail social et des connaissances accumulées par l'humanité depuis des siècles. » De la sorte, « il est parfaitement logique que les personnes ayant accumulé des détentions patrimoniales importantes en rendent une fraction chaque année à la communauté, et qu'ainsi la propriété devienne temporaire et non plus permanente. » En réalité, « le seul argument qui s'oppose vraiment à cette logique est celui de la boîte de Pandore, selon lequel la remise en cause des droits de propriété privée déboucherait inévitablement sur le chaos généralisé, et qu'il vaudrait mieux par conséquent ne jamais ouvrir cette boîte. » Cependant, « cet argument conservateur a été définitivement battu en brèche par l'expérience du XXe siècle, qui a démontré qu'une très forte progressivité fiscale non seulement pouvait aller de pair avec une croissance rapide, mais qu'il s'agissait d'un élément constitutif d'une stratégie de développement fondée sur une relative égalité socio-éducative… »

Ceci dit, « je parle ici d'expérimentations à grande échelle, à la suite de transitions politiques et de l'arrivée au pouvoir de nouveaux gouvernements. Je ne néglige pas l'importance des expérimentations locales dans la production de connaissances, mais il me semble que **seules des expérimentations à échelle réelle** peuvent permettre de faire évoluer de façon décisive les perceptions sur ces questions… »

« La meilleure solution serait la constitution d'un **cadastre financier public** permettant aux États et aux administrations fiscales d'échanger toutes les informations nécessaires sur les détenteurs ultimes des actifs financiers émis dans les différents pays. De tels registres existent déjà, mais ils sont pour une large part à la main d'intermédiaires privés… »

Par ailleurs, « je reviendrai plus loin sur la façon dont on peut envisager la transformation du cadre légal organisant la mondialisation et la **réécriture des traités** régulant les échanges financiers et commerciaux, afin de développer une forme de **social-fédéralisme** au niveau mondial. » À cette étape, « je veux simplement souligner que les États disposent de marges de manœuvre importantes pour avancer dans la direction de la réduction des inégalités et d'une propriété juste sans attendre que de telles coopérations internationales se mettent en place. » Du reste, « cela est évident pour des États de grande taille comme les États-Unis ou encore la Chine, et demain l'Inde. Dans le cas des États-Unis, il ne fait aucun doute que le gouvernement fédéral, s'il en a la volonté politique, a parfaitement les moyens de faire respecter ses décisions en matière fiscale… »

Or « dans les débats en cours sur l'introduction d'un impôt fédéral sur la fortune aux États-Unis, il est intéressant de noter que ces propositions s'accompagnent de mesures radicales permettant d'appliquer rigoureusement ce type de mesure, par exemple avec une *exit tax* égale à 40 % de la valeur des actifs des personnes qui choisiraient de renoncer à la nationalité étatsunienne et de relocaliser leur patrimoine dans d'autres parties du monde… »

De plus, « il est également important de faire remarquer que les États de plus faible taille, par exemple la France, s'ils ont évidemment plus à gagner du développement de coopérations internationales, disposent eux aussi de très larges marges de manœuvre pour mettre en place leur propre politique au niveau national. Cela vaut non seulement pour la mise en place de nouvelles règles concernant le partage du pouvoir et des droits de vote dans les entreprises », tout comme « le montrent des pays comme l'Allemagne ou la Suède, qui appliquent de telles règles depuis des décennies, sans attendre leur lente diffusion internationale), mais également pour ce qui concerne l'impôt progressif sur la propriété et la réduction des inégalités de revenus et de patrimoines. » Or « ceci est important, en particulier car cela va **à l'encontre du discours fataliste** tenu par de nombreux acteurs au cours des dernières décennies...

En pratique, on observe par exemple que les recettes de l'impôt sur la fortune (ISF) ont été multipliées par plus de quatre entre 1990 et 2018, c'est-à-dire plus de deux fois plus vite que le PIB », ce qui prouve « assez clairement qu'il est possible d'appliquer un tel impôt dans un seul pays tout en bénéficiant de rentrées fiscales en forte hausse. Encore faut-il préciser que l'administration de cet impôt a toujours été gravement défaillante... »

On vérifie que « **les plus hauts patrimoines financiers ont progressé plus fortement que les patrimoines immobiliers, qui ont eux-mêmes progressé plus vite que le PIB**...

De façon plus générale, rien n'interdit à un État de taille moyenne (comme la France) de mettre en place une beaucoup plus grande transparence patrimoniale, y compris en l'absence de toute coopération internationale... »

De cette manière, « en utilisant également les informations sur les portefeuilles financiers, transmises par les banques et institutions financières, l'administration fiscale française (comme celle des autres pays) pourrait parfaitement transformer la taxe foncière en un impôt progressif sur le patrimoine net individuel », ceci « en prenant en compte automatiquement l'ensemble des biens résidentiels ou professionnels détenus en France, directement ou par l'intermédiaire d'actions, de parts ou d'actifs financiers de diverses natures... »

Une telle « transparence patrimoniale permettrait de mettre en place un impôt progressif et unifié sur la propriété, issu de l'ancienne taxe foncière et de l'ancien impôt sur la fortune, avec à la clé une forte diminution d'impôt pour tous ceux qui détiennent des patrimoines modestes et moyens ou qui sont en voie d'accession à la propriété », ainsi qu' « une augmentation pour ceux qui détiennent déjà des patrimoines importants…

L'absurdité, l'injustice et l'archaïsme du système fiscal en vigueur, directement issu du début du XIXe siècle…

La France pourrait parfaitement imposer ces nouvelles obligations de transparence aux entreprises et autres entités et personnes morales détenant des biens sur son territoire sans que ceci nécessite l'accord d'autres pays… »

Ceci dit, « le respect dû aux propriétaires continue d'imprégner nombre de constitutions encore en vigueur en ce début de XXIe siècle, qui devraient notamment être amendées pour permettre la mise en place d'un véritable système de circulation de la propriété et de dotation en capital. » Et « par la même occasion, il serait important d'inscrire dans les constitutions un principe de justice fiscale fondé explicitement sur la notion de progressivité, de façon que les impôts payés ne puissent représenter une proportion des revenus et des propriétés plus faible pour les citoyens plus riches que pour les plus pauvres… »

Or « ces questions sont d'autant plus importantes que le manque d'informations suffisamment détaillées est souvent l'un des principaux facteurs limitant les possibilités de mobilisation et le contrôle citoyens sur ces questions… »

Par ailleurs « il faut rappeler que les différentes cours suprêmes et autres tribunaux constitutionnels chargés de veiller au respect des constitutions et de trancher les litiges en dernier recours dans les différents pays occidentaux se sont souvent montrés extrêmement conservateurs sur les plans social et économique. » Sitôt que « la Constitution leur laisse un interstice leur permettant de faire valoir leurs opinions partisanes, les juges s'y engouffrent et tentent de les faire passer pour des règles de droit. De multiples épisodes issus de l'histoire des cours suprêmes, depuis le XIXe siècle jusqu'au début du XXIe siècle », démontrent « **à quel point la prudence et la méfiance vis-à-vis du pouvoir des juges sur les questions économiques et sociales sont justifiées**…

Pendant les années 1930, la Cour suprême s'illustra de nouveau en censurant à de multiples reprises des législations sociales et financières adoptées par le Congrès dans le cadre du New Deal », pour la raison que « certaines de ces régulations constituaient une atteinte inacceptable à la liberté d'entreprendre et à la liberté contractuelle privée…

Depuis les années 1970-1980, à la suite des nominations faites par les présidents républicains, la Cour suprême a repris un cours de plus en plus conservateur », en particulier « en décidant d'abolir une à une toutes les législations visant à limiter l'usage de l'argent privé dans la vie politique et le financement des campagnes, tout cela au nom de la défense du *free speech* et de la nouvelle interprétation que les juges avaient décidé de faire de cette notion. » Le résultat est que, « si les démocrates décidaient l'avenir de remettre en place des législations en ce domaine, il leur faudrait commencer par changer la Constitution (ce qui est complexe, mais a été fait à de nombreuses reprises dans le passé, et ne doit pas être perdu de vue comme horizon lorsque cela est indispensable) » ou alors « par changer la loi fixant la composition de la Cour suprême, ce qui est plus simple mais généralement considéré avec suspicion… »

[À aucun moment, T. Piketty ne nous parle de l'éventualité et de l'opportunité d'avoir à **changer la Constitution française de 1958, à l'évidence de tradition bonapartiste, avant** de pouvoir envisager la perspective de la moindre chance de succès pour le corps très important, et même de portée considérable, pour ne pas dire révolutionnaire, des réformes qu'il propose, E.J.]

« En règle générale, les **intellectuels** étatsuniens proches des démocrates sont devenus **relativement conservateurs** sur les questions constitutionnelles. S'agissant de la Cour suprême, ils considèrent souvent que **le mieux que l'on puisse faire est de revenir à l'équilibre antérieur** consistant à laisser chaque président procéder aux nominations de son choix… »

À l'évidence, « le gouvernement Hollande ne souhaitait pas appliquer à tous les revenus le cadre d'une nouvelle tranche permanente de l'impôt sur le revenu…

Il me semble que le plus sage serait d'inscrire dans les constitutions un principe minimal de justice fiscale fondé sur la notion de non-régressivité » – à savoir que « les impôts ne doivent pas représenter une proportion du revenu et de la propriété plus faible pour les citoyens plus riches que pour les plus pauvres, et de contraindre les gouvernements à rendre publiques les informations adéquates sur la répartition du prélèvement permettant d'en juger » (1139-1150).

On conclura « enfin en mentionnant le problème particulier posé par la coexistence d'établissements publics et privés, aussi bien au niveau du primaire et du secondaire que du supérieur. En pratique, les **établissements privés** bénéficient généralement de financements publics, directement ou indirectement, au travers d'un statut légal et fiscal spécifique. » Mais « surtout, ils participent à l'exercice d'un service public essentiel, à savoir le droit de chaque enfant à la formation et au savoir. Dans ces conditions, il est indispensable qu'ils fassent l'objet d'une régulation commune avec les établissements publics, à la fois pour ce qui concerne les moyens disponibles et les procédures d'admission », sans quoi « tous les efforts faits pour construire des normes de justice acceptables dans le secteur public seront immédiatement contournés par le passage dans le privé. En France, les écoles, collèges et lycées privés disposent de moyens publics substantiels, auxquels s'ajoutent les moyens apportés par les parents », de même que « le droit de sélectionner les élèves aux origines sociales qui leur conviennent. Cela forme **un ensemble difficilement justifiable en termes de justice éducative**…

Aux États-Unis… le problème est que les plus riches universités ne savent déjà plus très bien comment dépenser leur argent », et, au contraire, que « les universités et collèges publics accessibles aux catégories sociales les plus défavorisées manquent cruellement de moyens » (1168-1169).

« Depuis le milieu du XXe siècle, on s'imagine parfois que les institutions politiques des sociétés occidentales auraient atteint une espèce de perfection indépassable sous la forme de la démocratie électorale et parlementaire. En réalité, **ce modèle est éminemment perfectible, et il est d'ailleurs de plus en plus contesté**. »

Or « la plus évidente parmi ses limites est son incapacité actuelle à faire face à la montée des inégalités…

La transformation du régime politique [infra-, E.J.] et celle de la structure des inégalités continueront d'aller de pair…

Il est un autre aspect du régime politique auquel il est urgent de s'intéresser davantage : celui du financement de la vie politique et de la démocratie électorale. » Au moins « en théorie, le suffrage universel repose sur un principe simple : une femme (ou un homme), une voix. En pratique, **les intérêts financiers et économiques, soit directement au travers du financement des partis et des campagnes, soit indirectement au travers des médias, des think tanks ou des universités, peuvent avoir un effet décuplé sur les processus politiques**. » Ceci étant, « nous avons déjà évoqué plus haut le cas des **sociétés de médias à but non lucratif**, qui pourraient devenir la norme pour organiser la production d'informations, ce qui permettrait de placer les organes de presse et d'information dans une situation de beaucoup plus grande indépendance » à l'égard de « leurs financeurs (et en particulier face aux actionnaires les plus importants, grâce au plafonnement des droits de vote)…

Compte tenu par exemple de l'hostilité souvent radicale des personnes les plus aisées à la mise en place d'une fiscalité plus progressive.

Or on constate que cette question des financements politiques n'a jamais été véritablement pensée de façon cohérente… »

Au contraire, « il est frappant de constater à quel point ces tentatives ont été morcelées, incomplètes, et surtout ne se sont pas vraiment appuyées les unes sur les autres…

Selon Julia Cagé, le soutien apporté au développement de nouveaux médias citoyens et participatifs devrait également s'accompagner d'une prise de contrôle publique – ou tout du moins d'une régulation publique extrêmement forte des plates-formes digitales en situation de quasi-monopole », tout autant que de « l'imposition de règles extrêmement strictes permettant de lutter contre les contenus sponsorisés et **l'extension sans limites de la publicité** (qui pollue désormais jusqu'aux devantures des monuments historiques) et de promouvoir l'épanouissement d'une délibération démocratique et égalitaire… »

De fait, « les dispositifs touchant au rôle de l'argent en politique semblent avoir été conçus de façon presque complètement indépendante dans les différents pays. Les travaux récemment réalisés par Julia Cagé ont pourtant permis de montrer à quel point un examen méticuleux de cette histoire mouvementée était riche d'enseignements. » En particulier, « l'analyse des différentes mesures qui ont été expérimentées jusqu'ici suggère qu'un système particulièrement prometteur serait celui des bons pour l'égalité démocratique.

Actuellement, l'importance des financements privés biaise de façon considérable les processus politiques… » Ceci se voit « notamment en France, où les dons politiques des personnes privées aux partis sont autorisés à hauteur de 7 500 euros par an et par contribuable, et de surcroît donnent lieu à une réduction d'impôt égale aux deux tiers du don réalisé (soit 5 000 euros sur un don de 7 500 euros). » Dans la pratique, « on constate sans surprise que ce sont principalement des contribuables très aisés, en particulier au sein du centile supérieur de la répartition des revenus, qui approchent de ces plafonds. Autrement dit, les préférences politiques des plus riches sont directement et explicitement subventionnées par le reste de la population. » Et « les sommes en jeu sont loin d'être négligeables : le montant total des réductions d'impôt pour dons aux partis et organisations politiques avoisine les 60-70 millions d'euros par an », soit environ « les mêmes ressources que la totalité du financement public accordé officiellement aux partis politiques en France (en proportion des voix et des sièges obtenus lors des dernières élections législatives)… »

De façon concrète, « le régime actuellement en vigueur en France revient à consacrer environ 2-3 euros par an et par citoyen au financement officiel des partis, et à ajouter à cela des réductions d'impôt allant jusqu'à 5 000 euros pour subventionner les préférences des plus riches.

Les bons pour l'égalité démocratique permettraient de supprimer totalement les réductions d'impôt liées aux dons politiques et de réutiliser l'ensemble des sommes d'une façon égalitaire… »

De manière inverse, « l'Allemagne a innové dans l'après-guerre en mettant en place un système novateur de financement public des partis et des fondations pluralistes rattachées à chaque parti et consacrées à la production d'idées et de programmes politiques. » En même temps, « l'Allemagne a omis d'interdire les dons des personnes morales, si bien que toutes les grandes entreprises allemandes subventionnent tous les partis, ce qui n'est peut-être pas sans rapport avec les positions observées sur des sujets comme l'exportation et la taille de l'excédent commercial du pays… »

Ceci dit, « le champ de la démocratie directe doit être étendu, par la voie du budget participatif et des bons égalitaires comme par celui du référendum…

En France, le système est particulièrement hypocrite : les religions ne reçoivent officiellement aucun financement public », mis à part « les lieux de culte construits avant 1905 (qui se trouvent être essentiellement des églises catholiques) et les écoles, collèges et lycées privés déjà en place (qui se trouvent être catholiques dans leur immense majorité). » Il y a à préciser « enfin que le régime spécifique des cultes et de leur financement par les contribuables toujours en vigueur en Alsace et en Moselle ne concerne pas le culte musulman qui se trouve, comme dans le régime général, exclu du système… »

Dans la pratique, « l'illusion démocratie directe spontanée, sans assemblée ni intermédiaire, peut aisément conduire à des confiscations du pouvoir encore plus extrêmes que celles auxquelles on pense remédier. Il faut notamment prendre soin de définir des modes de financement concernant les campagnes référendaires », sans quoi « elles peuvent être capturées par les lobbies et les intérêts financiers. Toutes ces questions sont surmontables, mais doivent être pensées soigneusement… »

Par ailleurs, « on considère d'une part que les relations entre les pays doivent être organisées sur la base de la libre circulation la plus absolue des biens, des services et des capitaux, et que des pays qui refuseraient ces règles s'excluraient quasiment du monde civilisé. » D'autre part « on considère « que les choix politiques à l'intérieur des pays, notamment en termes de système fiscal, social, légal, ne concernent que ces seuls pays et doivent faire l'objet d'une souveraineté strictement nationale. Le problème est que ces postulats conduisent immédiatement à des **contradictions dont l'ampleur n'a fait que s'accroître** au cours des dernières décennies, et qui menacent de faire exploser le cours actuel de la mondialisation.

Le commerce et la finance doivent devenir ce qu'ils auraient toujours d'être : un moyen au service d'objectifs plus élevés. [Notion déjà défendue dans le modèle tripartite de la République de Platon. E.J.].

L'une des contradictions les plus évidentes du système actuel est que la libre circulation des biens et des capitaux est organisée d'une façon telle qu'elle **réduit considérablement les capacités des États** à choisir leurs politiques fiscales et sociales » (1168-1176).

Chapitre 7

Commentaires, questions et réflexions

7.1. Dialectique de l'origine de la valeur

T. Piketty, à l'instar d'ailleurs de Marx, parle beaucoup dans ses deux « Capital 1 et 2 » de l'esclavagisme en des termes qui font bien comprendre, fût-ce de manière indirecte, que c'est d'abord le travail humain, la force de travail, qui est à l'origine de la valeur économique – soit encore la valeur d'échange, le prix de la marchandise. Même si à aucun moment il ne défend de manière explicite cette thèse fondamentale, qui, même aujourd'hui n'est pas admise par tous les économistes, fussent-ils de l'école hétérodoxe (par exemple Steve Keen 2014).

Dans son Capital 1, T. Piketty souligne que la base accumulative originaire du capitalisme étasunien a été le système esclavagiste. Il précise même que le cheptel des esclaves a représenté à une certaine époque la majeure partie de la valeur en capital du système économique des États sudistes, en tout cas plus que la valeur foncière des terrains où étaient installées les plantations.

Dans le Capital 2, T. Piketty reprend la question à propos de l'épisode captivant du dédommagement par l'État britannique des propriétaires d'esclaves lors de l'abolition de l'esclavage en 1833. « Ce sont ainsi quelque 20 000 000 de livres sterling, soit environ 5 % du revenu national du Royaume-Uni de l'époque, qui ont été versés à 4 000 propriétaires d'esclaves. Si un gouvernement décidait aujourd'hui de consacrer à une telle politique une même proportion du revenu national britannique de 2018, alors il faudrait verser quelque 120 milliards d'euros, soit environ 30 millions d'euros en moyenne pour chacun des 4 000 propriétaires. Rapportée au revenu de 2018, la compensation de 120 milliards d'euros correspond à une indemnisation moyenne d'environ **150 000 euros pour**

chacun des 800 000 esclaves, soit un versement d'environ 30 millions d'euros pour un propriétaire moyen possédant 200 esclaves » (253-254).

Ce chiffre tout de même considérable pour le prix d'un « homme » atteste de soi-même que les propriétaires de l'époque avaient clairement conscience que l'esclave représentait par lui-même ni plus ni moins qu'un capital de base relativement important, un capital d'autant plus précieux qu'il était vivant, et dont la mise en activité générait l'accroissement progressif et continu de la masse totale du capital global de l'entreprise. Que la force de travail non rémunérée, mis à part l'unique appoint d'un facteur minimal de subsistance, soit à l'origine de l'accumulation du capital, c'est clair comme le jour.

Différents auteurs ont fait la remarque que, mis à part la différence du cadre juridique défini par le droit social propre à chaque époque, le sort du serf médiéval n'était guère différent de celui de l'esclave antique, et celui du prolétaire moderne souvent pire que celui du serf médiéval. C'est ce qui donne tout son sens à la fameuse dialectique du maître et de l'esclave (mieux peut-être valet : *Knecht*) de Hegel, dont en définitive la contradiction du capital et du salariat de Marx ne diffère pas de façon essentielle – tout au plus phénoménale.

Dans l'Antiquité, on ne maltraitait pas toujours systématiquement les esclaves, pas plus que les animaux de trait et les bêtes de somme, car leur acquisition coûtait cher. On sait aujourd'hui que l'on épargnait le plus souvent possible la vie des gladiateurs, qui étaient des vedettes de spectacle, dont la formation et l'entretien étaient très onéreux. L'entretien d'un cheptel d'esclaves coûtait beaucoup d'argent aux propriétaires des plantations de l'époque classique : 20 % mouraient pendant le transport et 20 % encore pendant la première année du débarquement. Quant au prolétaire moderne, si on achète pour un prix et une durée limités convenus sa force de travail, on n'a pas, Dieu merci, à l'acheter lui, à se procurer la totalité de sa personne. Il est remplaçable à tout instant par un nouvel intrant venu de l'armée de réserve des chômeurs, et il peut bien crever s'il le veut, sans fleurs ni couronnes, car il n'est en lui-même sans aucune valeur, n'a ni valeur ni dignité, en dehors de son énergie vitale achetée environ seulement 12 heures sur 24, en tout cas déjà au XIXe siècle, et même toujours aujourd'hui si l'on tient compte de la durée de bien des transports reliés au lieu de travail.

Marx n'a pas inventé qu'il était naturel de détourner en profit l'énergie des travailleurs en ne leur laissant qu'une rémunération au seuil de subsistance (soit environ 20 % de la valeur créée estime T. Piketty). Il ne fait que recueillir une opinion déjà courante depuis au moins un siècle chez les premiers économistes. À ne leur en accorder que 50 % (chiffre supposé par Vincent Laure Van Bambeke et François Morin 2017), il n'y a qu'une différence de degré, non de nature.

Le paysan français contemporain qui ne dispose que d'un revenu mensuel de 3 500 euros – un tiers d'entre eux – et qui finit par se suicider en est à niveau probablement pire que celui du serf médiéval, qui se nourrissait modestement des produits de son terrain – sur les médaillons des portails médiévaux il vendange et tue le cochon ! – et jouissait par ailleurs de nombreux jours de festivités dans l'année.

L'idée que 1. : la valeur économique, la valeur d'échange de la marchandise tient à ce que celle-ci condense du travail non intégralement payé a pour corollaire l'idée connexe que 2. : la mesure d'une telle valeur n'est rien d'autre que la mesure de la quantité de travail qui s'y trouve incorporée, lequel n'est pas forcément celui d'un esclave, mais peut-être celui d'un artisan autonome et indépendant.

Aujourd'hui encore, certains artisans, tels par exemple les garagistes facturent leurs interventions, outre la valeur des pièces neuves utilisées, en fonction de la quantité d'heures de travail incorporées dans leur opération. Chaque catégorie d'artisans connaît le prix social moyen de son type de travail.

François **Quesnay** (1694-1774), dans son *Traité du droit naturel*, cherche à définir le rôle de l'artisan dans la production industrielle. Il vend la matière première et le travail qu'il y a incorporé pour la rendre utilisable. Le prix de vente représente simplement les frais de la production (prix de la matière première, entretien de l'artisan et de sa famille). Le prix ne représente pas la marchandise, mais ce que l'artisan doit consommer pour lui et les siens. Donc – conclusion qui nous paraît aujourd'hui erronée, voire absurde, en dépit d'un raisonnement globalement juste – l'artisan, ne produisant rien, appartient à la classe stérile. Car seule pour l'époque, la propriété foncière agricole produit de la valeur. En réalité, son travail produit au moins la valeur nécessaire à sa propre subsistance, ce qui, pour être incomplet, est déjà assez juste.

Étienne Bonnot de **Condillac** (1714-1780) a fait œuvre d'économiste dans son livre intitulé *Du Commerce et des Gouvernements considérés relativement l'un à l'autre* (1776).

Seule est réelle l'estime que le vendeur et l'acheteur font de la valeur de la marchandise [C'est déjà la loi de l'offre et de la demande]. À quoi tient **cette estime** ? Selon Turgot elle **vient du travail incorporé dans la marchandise**. Mais cela est faux, pense Condillac, à l'encontre de Turgot, qui n'a pas tort. L'« estime », pense Condillac, vient du besoin que l'acquéreur ressent ou croit ressentir de l'objet qu'il achète, c'est l'aveu de son désir, naturel ou factice. [C'est l'esquisse de la loi de l'offre et de la demande, formulée quelque soixante ans plus tard (1838) par Augustin Cournot.] On convient, pour mesurer la valeur, d'utiliser une marchandise spéciale, l'or ou l'argent. Mais, pas plus que n'importe quelle autre marchandise, l'or et l'argent n'ont une valeur propre et invariable [Idée de l'école dite classique selon laquelle la monnaie n'est qu'un véhicule]. Leur valeur ne peut être estimée que par rapport à d'autres marchandises. L'estime n'est possible, de cette façon, que si l'or et l'argent peuvent circuler facilement, si l'échange est aisé, ce qui n'est pas le cas actuel au XVIIIe siècle… La nécessité du change des monnaies, les difficultés du transit des marchandises entre régions voisines, favorisent les entreprises des monopoleurs. Ceux-ci accaparent marchandises et monnaie, et font artificiellement monter les prix. C'est ce que répéteront d'abord Hébert, et d'autres conventionnels…

Condillac continue. L'impôt frappe à peu près exclusivement les salariés et ceux-ci dépendent des propriétaires qui les payent. Ils en reçoivent **un salaire réduit au plus bas par la concurrence et correspondant juste à ce qu'il faut pour subsister**. [C'est très exactement la loi d'airain des salaires, formulée par Marx et reprise par Lassalle.] La liberté entière des échanges rétablirait aussitôt l'équilibre, selon le principe des vases communicants. Alors partout les richesses se répandent et tendent à se mettre au même prix. Tous gagnent, aucun ne gagne trop. Les fortunes des particuliers sont immédiatement ramenées à un niveau moyen qui interdit les jouissances exclusives. Mais l'égalité absolue est exclue, car il faut tenir compte de la diversité des talents.

Un peu plus tard, David **Ricardo** (1772-1824) est le premier à soutenir une autre idée qui sera reprise par Marx : **le capital peut lui-même être considéré comme du travail accumulé** (Hutin 1958, 40).

7.2. Une histoire d'enfance

Pour des raisons biographiques, il me semble avoir toujours compris les formulations précédentes aussi élémentaires pour moi que le « cogito » que Descartes. Voici :

Mon grand-père paternel était un agriculteur installé dans la région de Lons-le-Saunier dans le Jura, encore pendant la Deuxième guerre mondiale entre 1940 et 1945. Son exploitation fonctionnait selon un dispositif économique très archaïque, tout y étant fait à peu près entièrement « à la main », avec deux ou trois valets de ferme, un cheval, un attelage de deux bœufs, des machines mécaniques assez simples (faucheuse, faneuse), une vaste panoplie d'outils manuels traditionnels depuis des siècles.

Énorme travailleur, cet homme, parti d'un patrimoine de 5 hectares environ, en avait acquis environ 50 au bout de quelque 25 ans, obligé de s'arrêter là, car à cette époque, une telle surface représentait la limite de ce qui était maîtrisable avec une main d'œuvre manuelle de 3 ou 4 hommes. Mon grand-père était donc devenu le cultivateur le plus important du village et même de sa région.

Pour ce qui est des valets, et c'est ce qui est intéressant, ils étaient traités à peu près comme les esclaves antiques. Et cette façon de faire était encore courante à l'époque dans toute la région. Mon grand-père passait pour un brave homme, affable, serviable, même si sa femme était un peu plus rude à gérer. Les valets donc étaient en général des enfants placés par l'Assistance publique, on les rétribuait en les nourrissant midi et soir, et en leur accordant le coucher à l'écurie, dans une stalle garnie de paille, à côté du cheval et des bovins, avec l'appoint d'une vieille couverture militaire. Outre cela, le « patron » leur donnait un petit pécule mensuel, d'un montant ridicule, 100 frs les mois d'hiver et 200 frs les mois d'été, alors que ma mère qui était institutrice dans le même village à un niveau encore modeste de l'échelle des salaires, gagnait 3000 frs par mois, soit 30 fois plus. Ce pécule permettait à la rigueur à ces pauvres hères d'acheter leur paquet de tabac gris pour rouler leurs cigarettes, mais pas d'aller au bistrot, ce qui était réservé aux « patrons », rares à y aller, pour boire leur « chopine » – petite bouteille de 50 cl – de vin ordinaire. L'alcool, les valets l'avaient en quantité modérée au cours des repas. On a vu certains d'entre eux cultiver eux-mêmes leur tabac par économie dans un coin du jardin familial. Levé et couché avec le soleil, on travaillait sans relâche toute la journée.

Par ailleurs, comme l'époque était difficile et que l'on requérait partout de la force de travail, j'avais aussi été investi de la fonction de berger chez mon grand-père pendant les trois mois de vacances d'été, de juillet à septembre, cela entre l'âge de 5 à 10 ans pendant toute la Guerre de 1939-1945. Pour l'anecdote, j'ai raconté ailleurs comment je partais chaque jour emmener le troupeau de la ferme sur les « communaux » donc, seul avec les bêtes et le chien, du matin jusqu'au coucher du soleil, avec le frugal casse-croute de midi (pain et tranche de lard) dans ma musette.

À la ferme, je regardais travailler les valets et parlais aussi avec eux des petites choses de la vie. Aussi bien, dès que j'ai lu Marx beaucoup plus tard, la théorie de la valeur-travail m'a d'emblée paru aussi évidente, ai-je dit, que le « cogito » de Descartes

Dans cet exemple, aussi clair et net qu'une expérience de laboratoire, il est obvie que le patrimoine final de mon grand-père avait été acquis, pièce par pièce, par le fait même du travail accumulé par ces 3 ou 4 hommes. La valeur totale de son domaine, d'ailleurs mesurable par le prix courant de l'hectare de terre dans la région, avait, aurait eu pour mesure la quantité énorme d'heures de travail accumulé au fil de leurs années de bagne rural par ces esclaves. Ou plutôt la première valeur donnait, eût donné la mesure de la valeur horaire de leur travail, restant autrement sans estimation précise. En fait, un tel calcul en principe aurait pu être faisable avec un peu de patience par une méthode toute simple.

Ce n'est pas tout. Mon grand-père vendait à l'occasion ses produits agricoles dans l'entourage. Ainsi son cahier de compte dit qu'il a vendu des pommes de terre par quantités de 50, 100, 120, 150 (les plus fréquentes), 500 kilos aussi, à des prix différents, 10, 11, ou 12 frs le kilo selon qu'il s'agit de clients plus ou moins proches ou estimés aussi plus ou moins riches.

Ici, on se trouve à un niveau qui est celui de **la loi de l'offre et de la demande. Mais ce niveau complète, il n'exclut en rien la référence précédente à la valeur mesurée par la quantité de travail incorporée**. Car le prix des pommes de terre, si celles-ci doivent être vendues avec un bénéfice raisonnable, est estimé par référence au bilan annuel de l'exploitation, dont le solde global est généré par la force de travail des valets.

Or il se trouve que les livres courants rédigés à l'antienne de la doctrine classique et néo-classique en économie, ne prétendent connaître, pour expliquer la formation des prix que le modèle monotone de l'offre et de la demande, avec son graphique à deux courbes descendante (demande) et ascendante (offre) croisées, ceci à l'exclusion du modèle de la quantification du prix par le travail incorporé. Le premier concerne la relation dérivée d'un acheteur avec le vendeur d'un produit déjà fabriqué, le second le rapport plus originaire et inconscient du producteur à la marchandise pas encore commercialisée. Mais il va de soi que **les deux modèles qui se présentant comme opposés, par manque de culture philosophique, peuvent être simultanément « vrais »** (Cela, c'est Kant qui nous l'avons d'abord appris en philosophie – encore que cela se trouve aussi, comme beaucoup d'autres choses encore, dans la philosophie médiévale chrétienne).

Il existait encore, dans cette campagne jurassienne archaïque, deux autres pratiques dont j'ai déjà parlé dans mon livre précédent sur *L'Économie au XXIe siècle*, et à propos desquelles je vais me redire ici, ce que j'essaie toujours d'éviter.

La première consistait dans ce qu'on appelait les « communaux », s'agissant d'une plus ou moins grande zone de prairies située à la périphérie du village, appartenant à la communauté villageoise, et sur laquelle on envoyait paître en général toute la journée le troupeau communal qu'une bande d'enfants bergers très jeunes rassemblait à partir de toutes les maisons dès le matin dans la rue centrale du village. Fils de l'institutrice locale, j'ai fait partie, souvent les Jeudis et les Dimanches, d'une de ces petites bandes d'enfants de conduite parfois libertaire, se nourrissant eux-mêmes à partir des produits des champs voisins, qu'ils faisaient cuire à même la nature, dans de petits fours de terre. L'été, j'emmenais moi-même le troupeau de mon grand-père sur ces communaux

Or ces communaux, dont l'existence remontait probablement à la nuit des temps de l'Ancien régime, avaient un statut juridique tout à fait comparable à celui de ce type de propriété dont certains économistes hétérodoxes appellent la création aujourd'hui sous l'expression de « biens communs « (Gaël Giraud), et en tout cas T. Piketty sous la dénomination de « propriété sociale » – ni plus ni moins. On rappellera aussi que Marx la décrit en Angleterre comme ayant été capturée et clôturée (*enclosures*) au cours de XVIIIe siècle par l'aristocratie pour y élever des moutons dont la laine était destinée aux premières filatures activées par les machines à vapeur. Les agriculteurs étant alors chassés de manière violente vers les villes afin de « servir » les métiers à tisser.

Une deuxième pratique consistait dans ce qu'on appelait « faire à moitié » : un propriétaire plus riche, par exemple mon grand-père, donnait pour un an – par un pacte tacite renouvelable en général à la Toussaint – une parcelle de terre à un métayer non propriétaire et plus pauvre, à charge pour lui de la cultiver pendant l'année à venir et de lui en procurer au moment de la récolte exactement la moitié du produit. L'un au l'autre des partenaires, selon le cas, produisait l'engrais sous forme en l'occurrence de la fumure générée par le bétail enfermé dans l'étable.

Si je parle de cela, c'est inspiré par le dernier livre de François Morin sur *L'économie du XXIe* siècle (2014), où il présente les travaux d'un auteur néo-marxiste nommé Vincent Laure Van Bambeke (L'Harmattan), qui reproduit en tableaux certains bilans d'entreprise, dont deux des colonnes, figurant côte à côte, présentent le « profit » et les « salaires », avec des chiffres exactement égaux. Ce qui signifie, dans la vulgate marxiste, que la plus-value est de 100 % (moitie/moitié comme dans l'exemple agricole franc-comtois).

Il y a là comme une intuition géniale, à suggérer que l'une des découvertes de Marx a été de faire l'hypothèse que lorsqu'un travailleur vend sa force de travail, il travaille en général une heure pour lui, au prix d'un juste salaire, mais en outre une heure de valeur en plus pour le propriétaire du capital – heure qui n'est pas rémunérée. Et tout cela plus ou moins dans l' (in)conscient social, ce en quoi Marx est l'un des inventeurs de l'inconscient tout juste une trentaine d'années avant Freud. Je dis « plus ou moins » parce que les plus avisés, les plus futés, le savent bien qu'une partie du travail n'est pas payé. Le propre de l'inconscient, c'est de s'offrir sous les yeux comme vu sans être vu. On voit parfaitement la chose mais sans la voir.

7.3. Psychologie éthologique : l'homme archéo-animal

J'en viens, sur ce dernier propos, à la question de la psychologie, celle aussi bien du conscient que de l'inconscient – la dernière appelée aussi par Freud en son temps « psychologie des profondeurs » (*Tiefenpsychologie*).

T. Piketty parle à ce propos d'apprentissage social, d'expérimentation collective (voir Index), notions qui ont été explorées avec plus ou moins de succès par la psychologie collective, d'inspiration psychanalytique ou non (les deux ayant existé sans pouvoir ici entrer dans le détail).

Il insiste aussi sur le fait que l'expérience historique laisse des « traces », idée à laquelle Freud et Jung ont profondément cru. Et qui reste l'un des postulats quotidiens profonds de l'approche psychothérapique des troubles psychiques. Mais c'est une idée qui mène loin, parce que ces traces qui marquent l'histoire de France contemporaine, il convient d'aller les chercher par exemple jusqu'aux guerres coloniales (Indochine, Algérie), jusqu'à la honte de Vichy, jusqu'à l'abandon de l'Espagne par la pusillanimité de Léon Blum, sans parler de la fusillade sur les gueules noires commandée par Jules Moch, etc. Personnellement, je suis en plein accord avec cette perspective, qui reste tout de même très difficile à faire admettre à la jeune génération très formatée par la nouvelle psychologie cognitive des structures de surface.

J'en viens maintenant, pour ce qui est de la psychologie à la question de l'évolution possible du sentiment de la propriété. La psychologie a une grosse importance dans le champ des sciences humaines et sociales (SHS) en ce qu'elle est une discipline qui se tient à la frontière de la culture et de la nature (Freud, Wallon et Piaget ont formulé cette idée-force chacun dans leur langage).

T. Piketty est très branché sur la culture étasunienne, ce qui est une situation contingente liée à son trajet personnel et que l'on ne songera pas un instant à lui reprocher. Par contre moi pas du tout, en raison de très bien connaître (à ce que je crois du moins) la psychologie aussi bien que la philosophie des États-Unis, ce sur quoi je m'expliquerai un peu plus loin.

Il existe deux courants principaux dans l'idéologie philosophique américaine, l'un culturaliste (Karen Horney, Abram Kardiner, Ralph Linton, George Herbert Mead, Margaret Mead, Judith Butler, parmi bien d'autres encore), l'autre au contraire naturaliste (Thoreau). Ces deux courants ont toujours été en tension, chacun ayant, comme dit assez souvent T. Piketty « sa part de vérité ». Or, par ailleurs, les positions souvent réaffirmées par T. Piketty le situent clairement du côté du culturalisme, ce qui est bien son droit à condition de la savoir : tout vient de la culture, à peu près rien de la nature. C'est un poncif à la mode.

Or la psychologie comparée apprend que les conduites animales présentent parfois de grandes ressemblances, en dépit de grandes différences simultanées – et ce point de vue reste toujours très difficile à tenir, et bien plus pour la philosophie française et anglo-américaine que pour l'allemande (au moins jadis) – avec les conduites humaines.

Tout d'abord il existe des sociétés animales, d'une organisation parfois très compliquée, mais toujours très subtile, ceci à tous les degrés de la hiérarchie animale, des insectes jusqu'aux primates. Par exemple, la vie très brève des abeilles (un mois) suit une carrière, d'abord nourrices à l'intérieur de la ruche, elles deviennent gardiennes à l'entrée, puis les plus expertes deviennent exploratrices et butineuses à plusieurs centaines de mètres à l'extérieur.

Avec les sociétés animales, il y a lieu de ne pas confondre les phénomènes de hiérarchies animales, eux aussi d'une variété immense, parfois chez des espèces très éloignées de l'homme. Par exemple dans les basses-cours existe le *peck-order* (l'ordre des coups de bec), qui fait qu'une poule accepte de recevoir des coups d'une seule qui lui est immédiatement supérieure, et se fait accepter comme persécutrice d'une seule immédiatement inférieure. Observez des chiens qui se rencontrent. Les agriculteurs savent qu'entre six vaches dans un pré s'établit aussitôt un ordre de dominance.

Enfin d'une considérable variété sont les conduites territoriales, qui ont pour effet de faire adhérer l'organisme animal à un espace de survie, d'étendue et de qualité variable. Les limites territoriales – la frontière nous dit T. Piketty – peuvent être défendues avec acharnement jusqu'à un endroit précis, par exemple chez les chiens de garde. De ces conduites font partie les mises en réserve alimentaires (miel des abeilles, exploitation de colonies de pucerons par des fourmis, provisions de noisettes des écureuils). La préservation d'un espace propre en vue de la survie semble un registre de conduite profondément enraciné dans l'organisation animale encore très loin de l'émergence d'une culture humaine. À moins d'appeler déjà « culture » le champ des sociétés animales. Mais c'est entrer là dans une discussion philosophique sans fin.

Enfin, les conflits entre petits enfants pour l'appropriation et la maîtrise des petits objets de leur environnement sont d'observation quotidienne. Henri Wallon, le plus grand psychologue français, mentionne, collectées par la psychologie autrichienne Charlotte Bühler, à un âge encore très précoce (de 6 mois à un an), des conduites très primitives de rivalité de jouets, dans un contexte de contemplation-parade, despotisme-soumission (Jalley 2006, 444, 450, 452). Il a produit également des descriptions célèbres de la crise d'opposition chez l'enfant (surtout entre 3 et 4 ans, donc plus tard que le niveau précédent), marquée par l'attitude de revendication, la recherche d'autonomie, l'usage des pronoms personnels Je, Moi, et des possessifs : mien, tien, le sens de la propriété et du prêt, la ruse, période qu'il appelle encore « âge du non, du moi, du mien ». De son côté, Freud décrit également son stade sadique-anal (lui entre 1 et 3 ans) comme l'âge du contrôle et de la maîtrise de l'objet, de l'échange du cadeau, alternativement offert et reçu.

Par ailleurs, T. Piketty a çà et là fait la remarque qu'il était essentiel pour la France d'en bas, la frange des 50 % qui n'aucun quasiment aucun patrimoine (5 %), de se voir réserver la perspective d'échapper à la tyrannie du loyer et d'accéder à la propriété du logement, que c'est le seul moyen d'un changement de statut social vers la classe moyenne, accompagné d'une réelle modification de la qualité d'existence. Or il va être très difficile d'expliquer à ces gens-là que l'espoir d'un avenir social meilleur, ne parlons pas des lendemains qui chantent, cela va être de se contenter de la propriété sociale de l'entreprise, tout comme de la perspective, au plan privé, de la « propriété temporaire », qui ne devrait concerner que les super-riches, cela au moins dans les promesses.

Un collègue m'expliquait qu'il avait eu des parents enseignants, donc instruits, qui expliquaient à propos de la politique communiste participant au Front Populaire en 1936 : « Ils vont nous prendre la maison ».

Déjà les architectes dans le vent commencent à nous expliquer que dans le futur où nous n'aurons plus de voiture, ne mangerons plus de viande, nous aurons aussi à songer à renoncer au concept de la maison individuelle même dans la France désertifiée, qu'il faudra songer à ne plus perdre de superficie, à regrouper les habitats en paquets, pourquoi pas en tours, on connaît déjà cela, à Montargis, à Montluçon. On installera des potagers jardins sur les balcons et les terrasses avec du compost fait de déchets ménagers recyclés.

7.4. Le modèle idéologico-philosophique nord-américain

Puisque j'ai pu paraître faire grief à T. Piketty d'être branché sur la culture scientifique américaine, ce qui n'est pas du tout le cas, et lui-même fait reproche à l'occasion aux États-Unis de l'ambiguïté de leur démocratie en partie née de l'esclavage, comme de la tendance conservatrice de leurs intellectuels, je voudrais expliquer ma position personnelle sur ce point, en large partie liée à des contingences biographiques et professionnelles.

J'ai été pendant 35 années enseignant en psychologie à l'université, dans des champs très variés de cette discipline : psychologie générale, psychologie de l'enfant, psychologie animale, psychologie clinique et psychanalyse, psychologie comparée, psychométrie, méthodologie, épistémologie, etc.

J'ai eu beaucoup à faire dans ce champ avec la psychologie nord-américaine classique (Watson, Hull, Skinner) et plus moderne (psychologie cognitive). Or, de ce point de vue, le modèle américain ne m'est guère jamais apparu que comme la vision doctrinaire tout autant que pratique d'un homme-machine. Ce que l'être humain est certes pour une part, à condition de ne pas l'y réduire. De fait, cette machine-là n'est pas comme les autres machines, elle est à la fois moins et plus parfaite, mais avec des possibilités considérables de dérèglement, ce qui change tout. En revanche, j'ai beaucoup travaillé aussi sur la psychologie continentale, en particulier mais pas seulement sur Freud, Wallon et Piaget, Lacan, mais aussi la très vaste école de psychanalyse européenne, pour l'essentiel française et britannique. Or ces personnalités ont toujours adopté une attitude très critique à l'égard de ce modèle nord-américain de l'homme-machine, du cyber-homme, du cyborg que perfectionnent encore aujourd'hui les nouvelles et problématiques tentatives de domestication totale de la conduite humaine par l'intelligence artificielle, dont les informations nous parviennent par exemple d'un pays comme la Chine.

En ce qui concerne la philosophie, j'ai eu la chance de rencontrer des maîtres exceptionnels (Hyppolite, Althusser, Canguilhem, Deleuze, Alquié, Jankélévitch, Gouhier, Vuillemin, Goldschmidt, Birault) qui m'ont formé de façon à peu près convenable à l'ensemble des territoires de la philosophie occidentale et même transatlantique : grecque, médiévale, classique, moderne et contemporaine. J'ai continué à pratiquer la philosophie, en même temps que la psychologie au cours de toute mon existence, soit 70 années de travail continu. En ce qui concerne le point particulier de la philosophie anglo-saxonne, que je crois bien connaître, mon opinion est que si les Britanniques sont à peu près tous des philosophes de grande, et même certains de très grande taille : Bacon, Hobbes, Berkeley, Hume surtout, puis Moore, Russell, Whitehead, Alexander, les philosophes américains en revanche, mis à part le cas exceptionnel du logicien de génie Pierce, ne sont pas du tout au même niveau (Emerson, James, Dewey, Mead, Perry, Sellars, Santayana), ceci malgré l'opinion de leur principal historien, l'estimable Georges Deledalle (1983, 1987, 1995), qui a entrepris de les hisser, avec enthousiasme mais à mon avis contre tout bon sens, sur un piédestal d'une importance mondiale. Ceci est une opinion très personnelle, que l'on ne sera pas forcément obligé de partager. Ce qui m'insupporte dans une large partie de la philosophie américaine, c'est ce ton de prédication constant (Dewey), appuyé souvent par un pédantisme logique importun, en faveur de ce qu'ils envisagent sans complexe comme la Grande communauté de la Démocratie universelle.

7.5. Retour vers le Capital 1 de 2013

On a certes écrit un nombre considérable de comptes rendus, d'éloges, de critiques, et de textes variés sur les travaux de T. Piketty. Toutefois, il semble, à moins d'erreur involontaire, que je serais le seul auteur à avoir écrit sur lui, avec son nom explicitement mentionné dans le titre, un livre sur lui, et même en deux volumes formant un ensemble de quelque 560 pages.

Le livre lui aurait été adressé à son adresse personnelle. Mais comme cet envoi ne m'a jamais valu aucune réponse, voire même un accusé de réception, je n'ai jamais essayé de savoir ce qu'il était advenu de cette bouteille jetée à la mer, soit que l'auteur débordé de tâches n'ait jamais eu le loisir d'y jeter même un coup d'œil, soit que le colis postal se soit perdu, ce qui peut toujours arriver, et même est de moins en moins rare, vu ce qu'est devenue depuis la privatisation progressive cette honorable institution publique que fut La Poste.

Dans ce livre, je faisais d'abord un commentaire aussi détaillé que possible du *Capital au XXIe siècle*. Ce n'est qu'ensuite que j'entreprenais de me lancer dans la même tâche pour le livre antérieur commun de Thomas Piketty, Camille Landais, Emmanuel Saez intitulé *Pour une Révolution fiscale*, paru en 2011 au Seuil.

Sans doute mon livre n'était-il pas très adroit, pour la bonne raison que ce que j'y recherchais ne s'y trouvait pas. En effet, comme je me faisais l'idée, à l'instar de plus d'un lecteur à l'époque, que Thomas Piketty était une sorte de « fils de Marx », je pensais intéressant de rechercher dans son livre où pouvait bien se trouver la notion fondamentale pour la Pensée-Marx de plus-value, de surprofit, cependant qu'elle ne s'y présentait pas d'emblée, et comme si elle y jouait à cache-cache dans un jeu intéressant à découvrir pour le lecteur.

En poursuivant mes lectures et mes réflexions dans le champ de l'économie, j'ai mis un certain à découvrir que la plus-value au sens marxiste d'une fraction non payée du salaire ne se trouvait pas dans le livre de T. Piketty, qu'elle ne pouvait pas s'y trouver et pourquoi, ce qui par ailleurs ne retirait à son livre rien de son intérêt capital et même de sa vérité incontournable. Voyons mieux cela.

La notion de taux de plus-value ou degré d'exploitation suppose un espace de la production industrielle où le « salaire », en tant que capital variable, s'articule à un capital constant, selon un engrenage complexe où interviennent par ailleurs les notions connexes de capital fixe et capital circulant. Voici à cet égard le schéma donné par le livre bien connu de Nicolas Nikitine intitulé *Principes d'économie politique* (Éditions de Moscou, 3ième édit., 1966, p. 90).

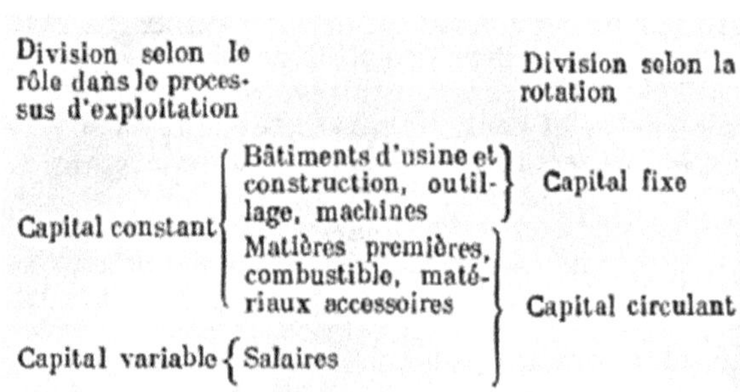
Division selon le rôle dans le processus d'exploitation		Division selon la rotation
Capital constant	Bâtiments d'usine et construction, outillage, machines	Capital fixe
	Matières premières, combustible, matériaux accessoires	Capital circulant
Capital variable	Salaires	

Or, dans l'ensemble de son livre, T. Piketty envisage le capital et le salariat comme si ces deux facteurs de production étaient des variables indépendantes, sans connexion intrinsèque. François Morin fait cette remarque que, « selon la théorie néoclassique, le travail ne peut pas être au fondement d'une théorie de la valeur et des prix, que le profit n'est alors rien d'autre que la juste rémunération d'un des facteurs de production, à savoir le capital » (pages 35-36). Bref, capital et salaire sont détachés l'un de l'autre, comme si le premier était seul à produire le profit, ce qui correspond aussi à une sorte de « vérité » répandue dans l'opinion commune, en outre sans cesse reformatée ad hoc par l'idéologie médiatique.

On nous dit que, en fonction de la première loi du capitalisme, le revenu du capital représenterait environ en moyenne 30 % du PIB, comme si cette entité économique s'accroissait de soi-même, de manière intrinsèque et comme automatique, en fonction du dispositif global interne des mécanismes de l'appareil économique. À l'encontre, on ne nous dira rien de ce que représente la proportion de la masse des salaires par rapport au PIB.

Le tableau ci-dessous se présente dans un *Dictionnaire de sciences économiques et sociales* tout récent (S d'Agostino, P. Reubel, J. Leverbe, M. Montoussé, Bréal). Mais ce serait ouvrir la « boîte de Pandore » que d'y faire figurer des chiffres précis :

La valeur ajoutée dans l'économie

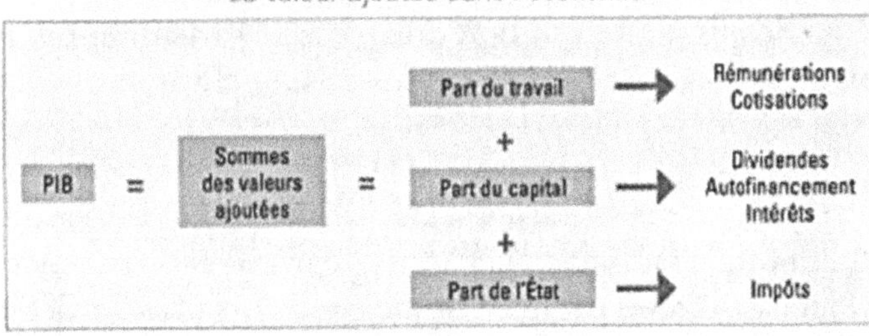

D'après les diverses inductions que l'on peut faire en glanant çà et là, puisque les ouvrages courants disponibles ne nous disent rien de bien précis, ou pourrait se risquer à dire que, si la part de l'État représentait 49 % (le montant total de la masse fiscale), les parts respectives du capital et du travail pourrait être 20 % et 30 %. Mais que si l'on prenait en compte les transferts de redistribution, les parts respectives de l'État, du capital et du salariat pourraient être de 26 %, 32 % et 42 %.

Supposé qu'il soit vrai que, d'après la formule centrale r > g, « r » le taux de rendement du capital et « g » le taux de la croissance économique, soient respectivement de 5 % et 1 %, alors on peut dire que, si le travail gagne 1 point par an, alors la plus-value récupérée par le capital, supposé qu'elle soit de 100 % (Morin, 2017, 160) gagne aussi 1 point. Alors la différence entre 5 et 1 points, soit 4 points de rendement du capital, ne s'explique pas par le montant de la plus-value produite par l'articulation du travail au capital dans l'espace industriel, mais bien plutôt **par la dynamique du capital dans la sphère financière**, soit 80 % du rendement du capital annuel, soit 24 % sur 30 % du PIB, ce qui est tout de même énorme.

T. Piketty soutient que le rendement actuel des patrimoines serait de 7 à 8 %. Mais d'autres auteurs (S. Keen ; F. Morin 2017) soutiennent des chiffres nettement plus élevés : 25 % (Morin, 2017, 100), et même bien plus : 60 % (chiffre abracadabrant cité par S. Keen, in Jalley, 2014, 1, 132). Les classements annuels des fortunes françaises établis par la revue *Challenges* exhibent parfois dans le top 10 des fortunes réalisant 30 à 40 % d'augmentation sur une année. La fortune Bettencourt citée en 2013 par T. Piketty aurait connu une plus-value annuelle de 45 % sur 10 années (Jalley, 2014, 2, 257). Ces temps derniers se diffusait la nouvelle que Bernard Arnaud avait atteint le 3ième rang des grandes fortunes du monde avec le montant de 100 milliards d'euros, mais que l'année en cours il aurait engrangé un bonus de 30 milliards, ce qui représente environ 33 % de la montagne précédente.

Plusieurs détails peuvent à bon droit retenir l'attention par rapport à la question qui nous intéresse de cet « excès » du chiffre 5 % à l'égard du chiffre 1 %.

Tout d'abord, après la parution du livre de 2013, l'américain **James Kenneth Galbraith**, économiste keynésien, dans *Dissent*, en vient à reprocher à T. Piketty comme un manque de précision dans sa définition du Capital. À lui reprocher notamment, de ne pas voir la différence entre le capital productif [« industriel », dit Marx, Pléiade, 2. 1084-1093], nécessaire à faire tourner la machine et le capital « financier », qui lui est « l'ennemi » sic Galbraith).

Donc, chose étonnante, le keynésien Galbraith reproche à T. Piketty de ne pas tenir compte de la distinction faite par Marx – ce que lui G. semble ignorer totalement – entre les deux formes du capital, industriel et financier, le second à partir d'un certain seuil entrant en contradiction avec l'autre, dans le cadre tensionnel d'une « dialectique du capital » (Pléiade, 2. 1924).

Dans Wikipédia (Le capital au XXIe siècle), Gaël Giraud (2015, 68-69) critique le modèle néoclassique, dit-il, retenu par T. Piketty dans sa notion du capital, qui l'empêcherait de prendre en compte la dérégulation financière liée à la monnaie. D'où une conception du capital qui « regroupe à la fois le patrimoine et les infrastructures productivistes, obérant ainsi toute analyse sérieuse des causes des inégalités ». D'après G. Giraud, **la hausse des inégalités de patrimoine dans les pays riches proviendrait de la bulle immobilière touchant les grandes métropoles : la hausse des valeurs immobilières renchérit le capital des riches ménages qui accèdent ainsi plus facilement au crédit, leur permettant alors d'effectuer des opérations financières à fort effet de levier**.

[Cela représenterait-il le nœud de la question dans le problème de l'ascension continue des prix de l'immobilier en particulier dans la capitale, laquelle fait débat dans la période actuelle ? E.J.]

Une discussion d'un contenu assez difficile entre Gaël Giraud et Thomas T. Piketty touchant les points d'achoppement liés au fond de cette question soulevée par Galbraith a déjà eu lieu l'année précédente (Revue Projet 2014/1, n° 338, 90-92), citée par moi-même dans 2019, 2, 108-115.

Le propre de la conception néoclassique, selon F. Morin (2017, 35-36) serait d'éliminer le travail comme « fondement d'une théorie de la valeur et des prix », ce qui permet d'envisager le profit comme « rien d'autre que la rémunération d'un des facteurs de production, à savoir le capital ». Pourtant, on ne peut pas soupçonner T. T. Piketty de se rallier tout uniment à pareille doctrine. On le voit bien, en effet, distinguer, à partir de leur caractère « toujours productif d'une façon ou d'une autre », le capital « de même que le travail » (1137).

Mais le dernier point qui nous intéresse le plus aujourd'hui se trouve dans un « Grand entretien » de T. Piketty accordé à la Revue *Alternatives économiques* à propos de la parution de son Capital 2 (octobre 2019 n° 384, pages 22-34. Or on y trouve page 30 un graphique illustrant la légende « Les plus riches préfèrent la finance » [sous-entendu : au rendement par la voie du capital industriel]. Voici ce graphique, reproduit page suivante 202, dont il importe de bien lire la dernière phrase du texte en bas : « Les très riches détiennent essentiellement leur fortune sous forme de placements sur les marchés financiers ». Cette zone de la fortune des très riches est représentée par le grand triangle noir allongé vers le haut sur la droite.

Dans certains passages du livre de 2013, on nous a expliqué déjà qu'au-delà d'une certaine limite (environ 6 fois le PIB), le capital n'est plus utile au rendement de l'économie réelle. Mais si ! L'embonpoint du capital excédentaire va nourrir le tourbillon de la spéculation financière, ce que certains auteurs appellent désormais « l'illusion financière » (Gaël Giraud), voire même « la frénésie financière » (Économistes atterrés).

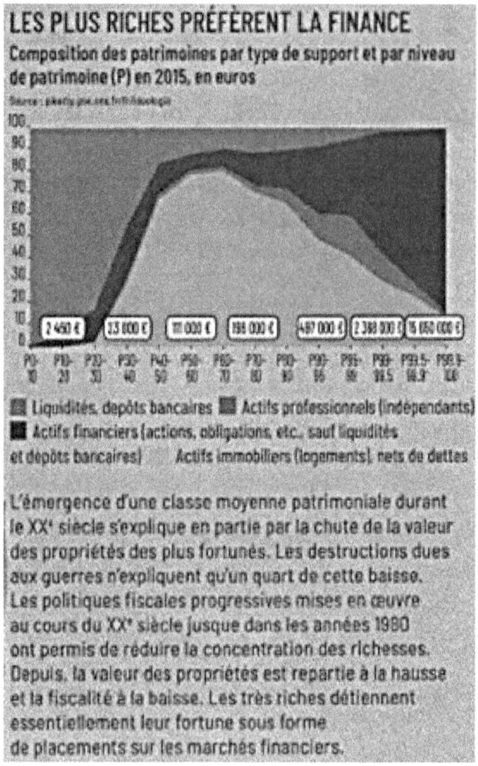

Ceci dit, la phénoménologie mise en évidence par T. Piketty au niveau des « structures de surface » – comme disait Chomsky – est très exacte et d'un considérable intérêt – même si elle n'éclaire pas les « structures profondes » du phénomène en jeu, ce qui n'est pas le rôle d'une simple description des phénomènes (encore faut-il les identifier avant de les décrire).

Le Capital, ce n'est pas seulement l'Entreprise, c'est aussi la Banque, ce que Marx savait déjà avant Hilferding (*Finanzkapital*, 1910).

Il est parfaitement **exact que le Travail court après le Capital selon une divergence croissant en fonction différentielle**, le Travail réel à la poursuite vaine d'un Capital de plus en plus virtuel, fictif, voisin du vide, proche du néant. Ce n'est plus l'histoire d'Achille courant après la tortue, ce serait plutôt le contraire, la pauvre tortue s'évertuant à rattraper Achille, un processus pervers qui met à terme l'Humanité et la Nature en péril.

Dans ce livre de 2014 consacré à T. Piketty, je parlais d'autre chose, à savoir de l'enseignement diffusé par les Jésuites depuis la fin du XVIe siècle jusqu'à leur expulsion sous l'influence de la Pompadour, et à leur retour effectif en fait après le Second Empire. Cela se justifiait et raison de l'intérêt des documents inédits en ma possession de même que de l'importance majeure que T. Piketty accorde à la formation dans la perspective d'une avancée de la société française.

Voilà, depuis les années 1580, les Jésuites, interdits d'accès à l'Université par la camarilla janséniste du Grand Arnaud, contrôlaient l'ensemble de l'enseignement courant de l'âge de 7 ans à 17 ans environ dans un vaste réseau national français de 80 collèges, ce qui était beaucoup pour un pays comptant alors une vingtaine de millions d'habitants.

On y dispensait un enseignement entièrement gratuit à une population d'enfants que les Jésuites s'ingéniaient à composer selon les trois tiers des grandes catégories de la société : noblesse, bourgeoisie de villes, et enfants des campagnes agricoles – ce dernier point étant la chose la plus singulière. On admettait par principe tous les enfants des villages que des curés avisés avaient repérés comme capables d'apprendre à lire et plus. Ces enfants pauvres logeaient en ville dans des « convents » où leurs parents venus des environs leur apportaient la nourriture. La gratuité de l'enseignement était assurée du fait des biens fonciers importants que l'Ordre recevait en dotations diverses : fermes, moulins, etc. En tout cas, un enseignement gratuit où puissent se côtoyer au quotidien petits riches et petits pauvres, cela existait dans la France de Louis XIV, et, s'il vous plaît, indiquez-moi donc un endroit de l'Europe moderne où cela puisse encore se trouver. Ce sont les paradoxes de l'histoire… Je passe ici sur nombre de détails de mon livre de 2014, que je n'ai pas à reprendre ici, mais qui auraient normalement dû passionner le public.

Leurs adversaires reprochaient aux jésuites de retirer de leur condition les enfants doués de la classe pauvre, en leur permettant d'accéder comme robins aux métiers de la magistrature, au lieu d'être enrôlés comme soldats par les recruteurs de l'armée royale.

Je publiais également à la fin du livre un texte autobiographique d'un Normalien, lieutenant SAS pendant la Guerre d'Algérie, à cette époque où l'on ratissait les campagnes au napalm, et regroupait les villageois dans des sortes de camps de concentration. Je m'y risquais en raison de cet état de la pathologie politico-sociale qui veut que, 60 ans après la fin de la Guerre d'Algérie, on continue à traiter les musulmans comme des citoyens de seconde zone, et à importuner régulièrement leurs femmes et filles pour des questions de foulards. En ce qui me concerne, dans la campagne française où j'ai vécu entre 1940 et 1955, presque toutes les femmes, surtout les plus âgées, portaient des foulards cachant les cheveux et noués sous le cou, tout simplement pour se protéger du soleil et du vent. Par ailleurs cette pratique était la règle dans tous les ordres religieux, tout comme dans l'iconographie pieuse depuis le Moyen Âge. Avez-vous jamais vu la Vierge Marie en chapeau de ville bourgeois avec des gants ?

7.6. T. Piketty et les économistes « hétérodoxes » contemporains

En avril 2019, j'ai publié un livre intitulé *L'Économie au XXIe siècle. Critique de la raison en économie. Tome 1 : Analyse. Tome 2 : Synthèse* (L'Harmattan). C'est à cette époque que j'ai entendu parler T. Piketty à la radio (France culture) de deux choses différentes et coordonnées. Tout d'abord d'un petit livre à paraître tout prochainement – et qui est paru effectivement quelques semaines plus tard – sous le titre : *Changer l'Europe, c'est possible ! Un manifeste porté par plus de 100 000 signataires* (Éditions Points Essais). Par ailleurs, l'entretien portait sur le fait que ce petit livre représentait l'annonce d'un autre ouvrage, beaucoup plus volumineux à paraître « à la rentrée en septembre ».

Mon ouvrage d'avril prenait pour perspective le fait que la crise financière de 2008 a été suivie par la publication en langue française d'une assez longue série de livres de fond et requérant un grand soin de lecture. Ces ouvrages sont au nombre de 36 entre 2011 et 2018, sauf trois titres plus anciens (1950, 1950, 1986), formant 7 500 pages environ. Ils sont portés par 12 auteurs individuels principaux (dont 10 hétérodoxes et 2 orthodoxes), 1 auteur collectif (hétérodoxe, avec 5 (- 1) individus), plus 15 auteurs plus secondaires de manuels (1), lexiques (2) et dictionnaires (4) divers.

Ces 12 (+1) auteurs principaux sont les suivants : Michel **Aglietta** 2016 ; Jacques **Attali** 2018 ; **Économistes atterrés** 2012, 2015, 2018 (avec : J.-M. Harribey, E. Jeffers, J. Marie, D. Plihon, J.-F. Ponsot) ; Susan **George** 2014 ; Gaël **Giraud** 2012 ; Thomas **Guénolé** 2018 ; Pierre **Ivorra** 2015 ; Steve **Keen** 2014, 2017 ; Laurent **Mauduit** 2018 ; François **Morin** 2015, 2017 ; Thomas **Piketty** 2013, 2018 (avec : Gabriel Zucman,

Lucas Chancel, Emmanuel Saez, Facundo Alvaredo) ; Dominique **Plihon** 2016, 2017, 2017 ; Jean **Tirole** 2016.

Parmi ces (12 + 1) auteurs, 2 (Tirole, Attali) sont à ranger plutôt du côté des orthodoxes, Attali étant pour moi le plus intéressant, alors je trouve le prix Nobel Tirole beaucoup plus conventionnel.

Dans mon étude, j'ai également mentionné le **Pape François**, pour une interview très intéressante sur les « produits dérivés » (dont les fameux *subprimes* qui ont déclenché la crise de 2018), et aussi pour son Encyclique Laudato Si (Loué sois-tu) sur « la sauvegarde de la maison commune », très critique vis-à-vis de l'univers contemporain de la bureaucratie, de la technique et de la financiarisation, que j'ai lue, mais que je n'ai par analysée de près dans mon livre.

La première constatation intéressante que l'on peut faire, c'est que le livre de T. Piketty ne mentionne aucun de ces auteurs « principaux » de la liste précédente. Dans le corps du texte en tout cas. Pour ce qui est des notes de bas de page, où j'ai déjà dit que se trouvait distribué l'ensemble de la bibliographie (auteurs et références), il me semble que c'est le cas aussi, mais pour le vérifier, il faudrait refaire par ordre alphabétique la bibliographie ordonnée dont l'ouvrage s'est dispensé. Mais cela exigerait un travail de Romain, que je n'ai pas encore fait et que j'hésite à faire (on verra plus tard).

J'ai déjà mentionné plus haut le petit cortège d'auteurs que T. Piketty mentionne comme ses compagnons de route (29-30, 765, 1197). Je n'en tire aucune conclusion particulière sinon que ses travaux semblent très coupés de ceux de ses contemporains francophones. T. Piketty, très centré, concentré sur sa direction de recherche, donne l'impression de s'avancer avec sa petite armée tout seul dans le désert, à la façon d'Alexandre se dirigeant vers l'Est pour y atteindre le bout du monde, là où Aristote lui aurait enseigné qu'on devait le trouver.

Un autre constat assez intéressant est à faire. Les auteurs principaux dont nous sommes occupé proposent une grande variété de remèdes, une liste de 30 en tout, que nous avons essayé de regroupe en un nombre plus réduit de paquets, 6 en tout, ceux-ci décrits aux pages 247-253 du tome 2 de notre livre. Or il se trouve que les deux propositions cardinales de T. Piketty – propriété sociale de l'entreprise, et triple fiscalité à l'échelle commune européenne portant sur les revenus, les patrimoines et les successions, avec en outre une taxe carbone, comme cadre d'un nouveau socialisme participatif et fédératif – rejoignent de façon seulement partielle et même très limitée, malgré leur grande importance centrale, le contenu d'un seul de ces paquets, soit le n° 5 dont nous reprenons ci-après le contenu littéral. On a marqué d'un caractère gras les points rejoints par les préoccupations de T. Piketty.

« Le paquet [n° 5] suivant regroupe les items à 2 voix, au nombre de 11 [n° 2, 4, 10, 11, 13, 15, 18, 21, 22, 25, 26, 27, ce qui donne le total fictif de 22 voix].

Il y est question d'une réforme des diverses institutions européennes (Union budgétaire, Parlement) et mondiales (FMI) [n° 2], d'un **impôt mondial ou à défaut européen** [n° 10, id. Piketty 2013, Morin 2015], d'un **registre mondial des titres financiers pour contrer l'évasion fiscale** [n° 11, id. Piketty 2013, George 2014], du contrôle des changes [n° 18], du rachat par la BCE des dettes souveraines [n° 21], de la **réforme de la fiscalité vers plus de progressivité** [n° 22], des **aspects liés à la formation, à l'éducation, à la recherche scientifique** des modèles économiques [n° 13], dont certains sont compatibles [n° 24 : 1 voix], de la construction d'une **économie sociale et solidaire** (ESS) [n° 26], notamment via le **changement de gouvernance de l'entreprise** [n° 25], d'une sortie ordonnée de l'euro [n° 27] ».

T. Piketty souligne également la nécessité d' « importants investissements publics » [n° 20, id. Morin 2015 et 2017, Économistes atterrés 2015 et 2018].

C'est tout, mais c'est déjà beaucoup. L'accent personnel propre de T. Piketty, c'est d'accorder l'importance majeure à la maîtrise de la question fiscale, au point d'en formuler une nouvelle définition de l' « État social » rénové sous forme d'un **État fiscal et social** – formulation très forte qui revient souvent dans le texte. Il considère qu'une telle maîtrise offre le principal levier efficace qui devrait permettre de faire « rentrer dans sa bouteille » le mauvais génie de l'hyper-financiarisation qui étouffe aujourd'hui la planète de son étreinte monstrueuse. Les autres aspects formulés par les différents auteurs, et dont on peut lire la liste (on ne peut pas la reprendre ici) aux pages 245-247, par exemple l'interdiction du pantouflage dans la haute fonction publique (Giraud 2013, Mauduit 2019), ou la séparation des activités bancaires de dépôt et d'affaires (Giraud 2013, Keen 2014, Morin 2015 et 2017, Économistes atterrés 2015), ne le retiennent pas, lui semblant probablement des détails trop techniques, voire des conditions non suffisantes pour résoudre la gravité des problèmes (245-246).

T. Piketty se dit d'un caractère foncièrement marqué par l'« optimisme », cette disposition d'esprit ayant probablement un rapport avec sa prise de position sur le plan théorique d'un refus du déterminisme historique. Mais cette option théorique s'avoue elle-même polarisée par une finalité d'ordre pratique, s'agissant de conjurer les démons du « pessimisme » (930) et du « fatalisme » (959). Rien n'est écrit d'avance... Tout peut encore être sauvé ! Mais combien de temps encore tout pourra-t-il être sauvé, par exemple pour la préservation de la Nature ? Cette position évoque d'une certaine manière celle de Kant, qui disait avoir « dû limiter le savoir pour préserver la foi » – subordonnant la raison théorique à la raison pratique –, position qui rejoint également celle d'une préoccupation pour les pratiques affichée par la plupart des philosophes anglais classiques du XVIIe au XIXe siècle, et qui était celle de Descartes déjà, celle aussi du pragmatisme américain plus tardif, mais tout aussi bien celle à peu près constante depuis l'Antiquité grecque soutenant l'utilité du savoir en vue de l'atteinte du bonheur (eudaimonia).

Les hétérodoxes contemporains ne sont pas tous accordés à une telle humeur positive. François **Morin** parle de la menace d'un « abîme économique » où nous conduisent les « mastodontes bancaires », il dit aussi qu'il faudra encore longtemps avant que s'use le prestige du « logiciel néolibéral ».

Le curieux livre de Jacques **Attali** dresse un tableau apocalyptique de la situation, avant de produire contre toute attente un revirement étrange consistant à soutenir que malgré tout, pour le gestionnaire avisé de sa propre existence, tout comme de son entreprise, il y aurait peut-être moyen de s'en sortir. En tout cas, on nous déballe, même si d'un certain point de vue « tout va très bien » (ch. 1), « la folie du monde (ch. 2), l'emballement (ch. 3), « partout des manœuvres de retardement » (ch. 4), « le piège se referme » (ch. 5), « jusqu'à quand sans crise majeure ? »

Steve **Keen** est bien le pire des frères de Cassandre. Prétendant avoir annoncé plusieurs années avant tout le monde, et sur la base d'indices statistiques précis, la crise de 2008 – ce qui serait vrai, il prévoit que s'en prépare une autre, encore bien désastreuse, qui peut se déclencher à tout moment, pour une liste précise de pays, à partir de l'année 2019 (nous sommes presque à la fin…). Que pour autant on ne prendra pas de mesure sérieuse avant au moins 10 ans. Et qu'à ce moment on commencera par comprendre qu'il n'y a pas moyen de faire autrement que de rembourser toutes les dettes.

Une autre forme de discordance entre notre aréopage des « économistes hétérodoxes » et T. Piketty concerne les relations actuelles mais surtout potentielles entre la France d'une part, l'Allemagne et les États-Unis d'autre part. Les premiers estimeraient, sinon en majorité, du moins pour une part non négligeable (7 voix sur 18), que toute modification actuelle soit mondiale, soit européenne – y compris dans le cadre de celle-ci de la situation française – rencontrerait une forte opposition aussi bien des États-Unis que de l'Allemagne. L'Allemagne tout comme les États-Unis tireraient profit, et auraient intérêt à la préservation de l'aliénation européenne (terme disparu du vocabulaire néolibéral moderne).

Or T. Piketty ne semble pas du tout envisager de la même manière le paysage européen, ou même mondial encadrant celui-ci. Il avoue que l'Allemagne, mais en complicité avec la France, se sont parfois comportées de façon bien peu conforme à l'économie sociale et solidaire (ESS) avec certains pays, y compris ceux de l'ancien empire de l'Est.

Mais l'idée semble quasi absente chez lui – à l'inverse de l'opinion bien connue de la journaliste **Coralie Delaume** – que la France pourrait bien être la vassale d'une Allemagne qui aurait visé déjà dès le Xe siècle (les huit empereurs saxons inhumés dans l'énorme cathédrale de Spire) à établir son propre « empire (Reich) » à partir de la *Mitteleuropa*. Thème du reste à ne pas confondre avec le souverainisme primitif et brutal, à base de racisme et de xénophobie, des orateurs du Rassemblement national. On va revenir plus loin sur ce sujet.

Certes on nous concède que l'OCDE attend un taux de croissance à venir de 1 % pour l'Europe contre 2 % pour les États-Unis, que l'Europe profite bien plus aux classes favorisées qu'aux classes populaires, qui pourraient même y perdre 10 à 20 points de leur niveau de vie. Mais ce n'est pas pour autant pointer l'index vers Berlin, comme n'hésite pas à le faire Coralie Delaume, franchissant le refoulement à cet égard, de la conscience collective (bien moins peut-être en Europe centrale).

Certains de nos économistes du corpus 2011-2018 – par exemple Dominique Plihon et Laurent Mauduit – tranchent de façon bien plus marquée que T. Piketty la frontière en 1980 entre deux formes comme opposées de capitalisme : l'un dit capitalisme fordiste ou encore rhénan, et l'autre dit anglo-saxon ou nouveau capitalisme, **en rapport avec les NTIC**. Ceci dit, il est vrai que T. Piketty identifie également dans son nouveau livre l'émergence d'un « hypercapitalisme », en rapport avec la « mondialisation digitale » (15, 756), bien que le reproche ait pu lui être adressé, comme on l'a déjà vu, par K. Galbraith et G. Giraud de l'avoir bien moins accentué dans son premier ouvrage de 2013 (pp. 201-202).

Cependant, il existe certains autres points de rencontre entre T. Piketty et les 12 (+1 collectif + 9 dans les « collectifs » + 1 en comptant le Pape François) auteurs de notre corpus 2011-2018, c'est qu'ils cherchent à peu près tous (sauf Morin et Ivorra) à éviter les références directes à Karl Marx (ne parlons pas de Hegel ni de Freud qui ont pourtant d'une certaine manière significative parfois touché à l'économie : Hegel 1820, Freud 1927 et 1930). Cela s'appelle malgré tout jouer à cache-cache avec ceux-ci, car ils sont en fait **tous présents « par-dessous »**, déguisés, comme jadis sur le Pont-Neuf fréquenté par l'enfant Molière, dans les personnages de la *commedia dell'arte* moderne.

Un autre point de rencontre encore, c'est que tout le monde aujourd'hui s'accorderait à éviter le thème marxiste traditionnel des « **nationalisations** », sauf un : François Morin qui préconise la nationalisation des 28 hyperbanques (dont 4 françaises) au sein de ce qu'il appelle l'« oligopole mondial ».

Sur ce sujet, T. Piketty produit une critique fort pertinente des nationalisations qui ont été décidées en France lors de l'avènement au pouvoir des socialistes en 1981. C'est que leur principe, somme toute **en trompe-l'œil**, consistait à installer à la direction un membre de la Haute fonction publique, mais sans toucher en rien à la structure interne du Conseil d'Administration, qui restait composé uniquement d'actionnaires, à l'exclusion des salariés.

Un autre point commun, c'est que tout le monde serait d'accord pour dire que la clé pour résoudre « le nouveau malaise dans la civilisation » se situerait au niveau d'une réorganisation de l'Europe – malgré le verrou germano-américain dont on a parlé – réorganisation dont par ailleurs personne ne présuppose, et c'est là bien étrange, que celle-ci pourrait avoir pour condition (en même temps que pour effet rétroactif) une réorganisation de l'organisation politique de la France.

Insistons. Le coup d'État et la Constitution de 1958, qu'il a permis d'installer, sont bien dans la tradition de la dérive créée par le Bonapartisme à partir de la République, aussi bien de la Première (Premier Empire) que de la Seconde (Second Empire). La Cinquième République a été créée pour et à la mesure d'un personnage d'exception, issu d'un milieu traditionnaliste hypercatholique, formé dans la tradition de l'idéologie maurassienne, par ailleurs sauveur de la Patrie – l'Armée Rouge et l'Armée américaine avec respectivement 9 à 14 millions (nul ne sait exactement) et 300 milliers de pertes (près de 50 fois moins) y ayant tout de même d'abord été pour quelque chose. On parle de Monarchie Républicaine, alors qu'il s'agit en fait d'une **persévération du Bonapartisme, sous forme de Troisième Empire**, à un détail près : l'élection régulière d'un nouvel Empereur (Mitterrand et Chirac respectivement 14 et 12 ans, contre 11 et 18 ans aux deux Napoléon).

Or, il n'est pas encore clair pour tout le monde que ce pouvoir présidentiel, en fait impérial, les communistes disaient jadis « pouvoir personnel », est la source probable à long terme (plus de 60 ans… du jamais vu) de la démoralisation totale et de la corruption en profondeur de la Démocratie française, de l'Esprit des lois comme disait Montesquieu dans le régime politique français. « Ça parle », comme disait Lacan, ou plutôt « ça déparle » partout par-dessous, dans les profondeurs de la cave, et même « ça pense » et « ça dé-pense » ! Seul un Jean-Luc Mélenchon, moqué par à peu près tout le monde soutient que le retour à une véritable République aurait pour condition l'installation justement d'une Sixième… République, ce qui aurait pour condition la convocation d'une Assemblée Constituante, ni plus ni moins qu'en 1789… Un discours évidemment que personne ne peut ni ne veut entendre, même parmi les Gilets Jaunes, avec leur fantasme de référendum oui-non, du reste critiqué par T. Piketty.

On doute tout de même que la « confiance dans la démocratie parlementaire » (sic T. Piketty, 1046), comme condition d'un débat démocratique à l'échelle européenne, puisse avoir la moindre chance de s'installer, portée par des hommes issus du terreau de la démocratie française, dans l'état où elle se trouve à l'heure actuelle. C'est pourquoi peut-être, dans son dernier livre, François Morin présente ses propositions dans le cadre de ce qu'il appelle, non sans une pointe probable d'humour « une utopie si possible réaliste » (2017, 256).

Ceci dit, il faut avouer que l'hypothèse d'un Traité de démocratisation européenne à débattre dans le cadre d'une nouvelle Assemblée européenne est d'une grande ingéniosité, du fait de son caractère profondément... répétons-le : dialectique. En quoi ? Eh bien en ce qu'elle produit un « dépassement-conservation » (*Aufhebung*) de l'ancien vers le nouveau. Or c'est cela même « le dialectique » (*das dialektisch*, comme dit Hegel dans sa Propédeutique 1809), cette chose dont la doxa française américanisée contemporaine a une horreur profonde (*horresco referens*, « j'ai horreur d'en parler », dit Virgile dans son *Énéide* de la fin de Troie dans l'incendie). On instituerait une Nouvelle assemblée, entre quatre pays pour commencer : Allemagne, France, Italie, Espagne (70 % du PIB européen), sans supprimer, donc comme en surimpression, ni le Parlement européen, ni les autres Parlements nationaux, au contraire en leur empruntant des fractions selon certaines règles.

Voilà qui est extrêmement astucieux – d'une perfection formelle digne des grandes qualités de l'humanisme classique. Ceci dit sans ironie, car si seulement... ! Mais imaginez-vous qu'un Macron, qu'un Hollande, qu'un Sarkozy n'aient jamais pu, ne pourraient jamais discuter d'une pareille folie avec une Merkel, et celle-ci en entendre le moindre mot ? T. Piketty s'est assis à Athènes parmi les élèves de l'Académie de Platon, il écoute le maître énoncer que le législateur – le « nomothète », le faiseur, le facteur de lois – ne peut être qu'un envoyé des dieux, et lui-même peut-être un « dieu » (théos). Voilà un discours noble, et qui suffit à lui seul à faire de T. Piketty un « philosophe sans le vouloir, sans le savoir, à son insu (?) », mais d'autant plus philosophe en somme, un « antiphilosophe » comme dit Badiou.

La prolixité des discours venus des économistes hétérodoxes ne se produit pas sans générer **une certaine insularité** qui a une certaine difficulté à faire synthèse. Et cette situation n'est peut-être pas sans un rapport paradoxal avec la difficulté pratique d'une gauche politique française aujourd'hui totalement éclatée, au point d'être incapable de formuler la moindre esquisse cohérente d'un véritable programme réformateur.

On n'imagine même pas qu'un Mélenchon, entouré de son petit cortège papillonnant d'orateurs dont certains sont assez bien doués, puisse lire à fond, étudier sérieusement, voire même et prendre en compte le livre de T. Piketty – ne parlons même pas des infortunées tentatives de passerelle d'un Jalley. Mais vous voulez rire !

Malgré l'universalisme incontestable de sa puissante recherche, T. Piketty n'est pas sans recréer non plus autour de lui une certaine insularité. On sait bien qu'il n'existe plus aucun mathématicien capable de dominer l'ensemble de la discipline, comme était encore en état de le faire un Poincaré. Que la physique moderne est clivée en deux espaces sans communication évidente : macro- et microphysique. Qu'il en est de même pour la psychologie : psychologie cognitive et psychologie clinique. Et que l'objectif principal d'une « pensée complexe » – vous avez dit « dialectique » ? –, ce serait de trouver des, sinon les, voies de passage entre ces espaces séparés.

On aura encore à revenir plus loin sur ce genre de commentaires.

Pour introduire au prochain chapitre, il est assez intéressant et même important de reproduire le barème proposé par T. Piketty pour sa « révolution fiscale » (sic, 2011), afin d'en confronter la réalité aux protestations des lectures conservatrices que l'on va, entre autres, y découvrir.

La circulation de la propriété et l'impôt progressif

Impôt progressif sur la propriété (financement de la dotation en capital versée à chaque jeune adulte)

Multiple du patrimoine moyen	Impôt annuel sur la propriété (taux effectif d'imposition)	Impôt sur les successions (taux effectif d'imposition)
0,5	0,1 %	5 %
2	1 %	20 %
5	2 %	50 %
10	5 %	60 %
100	10 %	70 %
1 000	60 %	80 %
10 000	90 %	90 %

Impôt progressif sur le revenu (financement du revenu de base et de l'État social et écologique)

Multiple du revenu moyen	Taux effectif d'imposition (y compris cotisations sociales et taxe carbone)
0,5	10 %
2	40 %
5	50 %
10	60 %
100	70 %
1 000	80 %
10 000	90 %

Chapitre 8

Les réactions au Capital 2 de T. Piketty

Elles ont été et continuent à être extrêmement nombreuses, et il faudrait une trop longue étude dans le cadre dont nous disposons, pour les prendre toutes en compte, sinon au moins les premières, les plus originelles, et les plus significatives.

On fera à cet égard un tri en présentant d'abord les contributions de caractère positif et même favorable à l'égard du nouveau livre de Thomas Piketty.

Nous avons découvert ces textes principalement dans **Alternatives économiques** (C. Chavagneux : AE octobre 2019, n° 384, 22-34), le **Nouvel Observateur** (Aeschimann-Riché : NO 2861 du 5-11/9/2019, 22-31) et **Marianne** (Rothé : 1176 du 27-9/3-10/2019, 52-53). Leurs références sont clairement indiquées sur le Web (Thomas Piketty). D'autres journaux et hebdomadaires encore ont peut-être publié des critiques positives sur le livre, mais nous ne les avons pas identifiés jusqu'ici, et par ailleurs nous ne souhaitons allonger trop cette étude des réactions au Capital 2 de Thomas Piketty.

À cet égard, les interventions les plus intéressantes sont celles qui prennent la forme d'entretiens où l'auteur répond à des questions précises (Aeschimann-Riché : NO 2861 du 5-11/9/2019, 22-29 ; Chavagneux : AE 394 octobre 2019, 26-34). Elles se font remarquer par leur contenu dense, précis, l'auteur s'y impliquant à préciser, mieux expliquer et parfois compléter par des notations inédites le contenu de son livre. Il y a aussi des textes de journalistes, favorables mais sans intervention directe de T. Piketty (Aeschimann-Riché : NO 2861 du 5-11/9/2019, 30-31, Rothé : M 1176 du 27-9/3-10/2019, 52-53 ; Chavagneux : AE 394 octobre 2019, 22-25) dans le cadre d'une interview.

À la suite de ce petit cortège des éloges, nous présenterons quelques-unes des réactions défavorables au livre T. Piketty. Elles sont de tonalité variable, l'une marquée d'une certaine qualité de communication habituelle entre collègues universitaires (Aghion : NO 2869 du 31-10/6-11/2019, 79-80). Une autre encore marquée d'un climat de sérénité objective bien que n'épargnant pas non plus des objections de fond, par Gaëlle Macke et Vincent Beaufils dans **Challenges** du 19/10/2019). Mais d'autres par contre sont franchement plus hostiles, avec du reste des qualités d'information variable, certaines faisant preuve d'un travail de lecture minimal (Jean-Marc Vittori : **Les Échos** du 19/9/2019), mais d'autres bien moins (Roland Lescure : NO 2869 du 31-10/6-11/2019, 72), tandis que d'autres encore en appellent à l'exorcisme contre le diable, un diable reconnu comme puissant, en avouant l'avoir à peine lu (Matthew Lynn : **The Daily Telegraph**, 3/10/2019).

On a tout de même cité ces quelques textes, au hasard parmi d'autres encore peut-être, qui valent d'une certaine manière la peine qu'on les inspecte, dans la mesure où ce sont des témoins significatifs de ce qu'est le climat de la lutte idéologique dans le champ de l'économie. On ne trouve pas de textes de ce degré de combativité dans les domaines de la philosophie, de la psychologie, disciplines où perdurent des conflits anciens mais rancis, sauf peut-être dans l'espace de la guerre des neurosciences contre la psychanalyse. On fera donc une place à ces interventions hostiles à la suite des premières tout à la fin de ce chapitre.

La présentation la plus riche et la plus intéressante des idées de T. Piketty se trouve dans un assez long « Dossier » publié par « Alternatives économiques », n° 394, d'octobre 2019, pages 22-34, intitulé « Le monde selon T. Piketty ». C'est lui que nous suivrons d'abord après avoir débuté par un texte très bref de présentation du livre dans le Nouvel Observateur, que voici.

4 septembre 2019 : **Le dernier livre de Thomas Piketty fait 1 232 pages. On l'a résumé en 1 232 caractères,** *L'Obs*, Pascal Riché.

Les inégalités ne sont jamais « naturelles » : tout régime les justifie par une idéologie et les construit par la loi, l'impôt, l'organisation de la propriété, le système éducatif. Cette idéologie peut changer : aux sociétés « trifonctionnelles » (clergé, noblesse, travailleurs) ont succédé les sociétés « propriétaristes » (État rationnel + droit sacralisé de la propriété), avec leurs dérives esclavagistes et coloniales. Les sociétés communistes ont échoué à cause de leur étouffant pouvoir centralisé. En Occident, les sociaux-démocrates ont fait baisser les inégalités au XXe siècle, mais l'idéologie reaganienne les a fait resurgir. D'où une concentration de la propriété inouïe, nuisible au collectif.

Or il n'y a pas de déterminisme : une bifurcation est possible, si la capacité de mobilisation politique et idéologique est là. Que faire ? Bâtir un « socialisme participatif » basé sur la propriété sociale (cogestion poussée dans les entreprises), la propriété temporaire (elle fondrait grâce à un impôt progressif sur le patrimoine), l'héritage pour tous (dotation en capital universel à 25 ans) et un investissement éducatif ambitieux. Mais pour vraiment avancer, il faudrait revoir les traités et accords commerciaux.

C'est très exact et très correct.

Le **Dossier d' « Alternatives économiques », donc « Le Monde selon T. Piketty. Grand entretien » (octobre 2019, n° 384**, pages 22-34), est constitué de deux parties : la première étant un article de Christian Chavagneux : **À bas la propriété** (pages 24-25), tandis que la seconde se développe sous forme d'un assez long entretien intitulé : « **Oui, on peut lutter contre les inégalités** » (pages 26-34).

L'entretien est illustré par 6 graphiques très intéressants – déjà 1 dans l'article préliminaire de Chavagneux – que l'on ne peut songer à reproduire ici, sous les deux rubriques :

– 1. La révolution patrimoniale du XXe siècle (page 25).

– Révolutions du XXIe siècle : 2. Un effondrement de la valeur des propriétés, 3. La montée de l'État fiscal redistributif, 4. Les plus riches préfèrent la finance (déjà reproduit précédemment) (page 30).

– Les moins favorisés abandonnés : 5. La gauche : le parti des diplômés, 6. et 7. : Le clivage européen (page33).

« Le voilà ! Le nouveau livre, attendu, de Thomas Piketty vient tout juste d'être publié en France, six ans après son best-seller mondial. Si l'économiste y reprend, en la complétant, son analyse de la dynamique historique des inégalités, il va plus loin. » En effet, « il traque, du XVIIIe siècle à nos jours [**En fait, il part de l'an 1000 environ**, où débutent en fait ce qu'il appelle les sociétés trifonctionnelles, et qui correspondent au féodalisme de la Pensée-Marx. E.J.], et dans de nombreux pays, les arguments pour justifier les inégalités. » Puis « il étudie les politiques qui, partout dans le monde, ont réussi à les réduire. Ce qui lui permet de proposer un programme pour combattre les inégalités d'aujourd'hui. Il livre ses analyses et ses propositions. »

Suit l'article de C. Chavagneux (À bas la propriété), dont on va donner d'assez larges extraits.

« Dans son dernier ouvrage, *Capital et idéologie*, Thomas Piketty analyse la formation des inégalités et leurs justifications idéologiques. Et donne des pistes pour un horizon plus égalitaire.

T. P. : C'est la première fois que je deviens président de quelque chose ! , lance Thomas Piketty avec un grand sourire en [**juillet 2019**] dernier. » En effet, « ses pairs viennent de l'élire à la tête d'Ecineq, une société savante destinée à lutter contre les inégalités. L'économiste profite de son discours présidentiel pour présenter en avant-première quelques-unes des idées fortes de son dernier livre *Capital et idéologie* publié en France mi-septembre, en attendant une sortie aux États-Unis au printemps 2020. »

Or « il sait qu'il est attendu au tournant. Après les 2,5 millions d'exemplaires vendus de son précédent ouvrage, les lecteurs critiques se demandent s'il est capable de se renouveler. Et l'effet de surprise du phénomène Piketty jouera moins. « Pourtant, c'est mon meilleur livre ! »... plus de 1 200 pages... »

Suit « UN BILAN HISTORIQUE. On y revient sur ce qui a fait le succès du livre précédent : **le constat empirique de la dynamique des inégalités sur longue période**. Le propos est à la fois plus historique – on remonte jusqu'au XVIIIe siècle [Même bien avant comme déjà dit] – et plus large, couvrant de nombreux pays européens », notamment « la France et le Royaume-Uni, mais aussi les États-Unis, avec de longs passages sur l'Inde et la Chine, des excursions au Brésil, en Russie, en Iran et dans bien d'autres pays. Bref, une approche moins occidentalo-centrée que le précédent, qui portait essentiellement sur la France et les États-Unis. »

[**Le Capital 1 de 2013 évoque déjà tout de même déjà** l'Europe, la France, le Royaume-Uni, l'Allemagne, l'Italie, la Suède, l'Amérique, les États-Unis, le Canada, l'Afrique, l'Asie, la Chine, le Japon, l'Australie, l'Antiquité. E.J.].

« On constate que **la Révolution n'a pas changé grand-chose à la concentration des richesses**. [Ce qui semblerait une vraie découverte, ignorée jusqu'ici des historiens ? E.J.]. En fait, à la veille de la Première Guerre mondiale, la France, comme le Royaume-Uni, est plus inégalitaire que sous l'Ancien Régime ! **La véritable révolution a lieu au cours du**

XXe siècle avec l'émergence d'une classe moyenne patrimoniale » : en effet « les 10 % les plus riches perdent du poids au profit des 40 % qui suivent. Une bonne partie du livre est consacrée à expliquer les raisons de cette dynamique historique.

AU-DELÀ DES CHIFFRES... Thomas Piketty en 1995 dans la revue *Quaterly Journal of Economics...* cherche à répondre à la question suivante : **pourquoi des gens de même niveau de revenus votent-ils différemment ?** La réponse était que les idées auxquelles ils sont confrontés au cours de leur vie jouent un rôle... »

Puis « un premier livre, *Les hauts revenus en France au XXe siècle* publié en 2001, avant son *best-seller* mondial de 2013 : Le *Capital au XXIe siècle.*

Dans celui qu'il vient de publier, le chercheur n'a pas oublié son questionnement des années 1990 : la partie la plus originale du livre propose une analyse socio-électorale des votes en fonction des niveaux de diplôme, de revenus et de patrimoine. » Et « il montre que les partis sociaux-démocrates en France, au Royaume-Uni, aux États-Unis et dans d'autres pays, aussi différents soient-ils, ont tous connu la même évolution : alors que des années 1950 à 1980, ils rassemblaient les votes des moins qualifiés et des plus pauvres, ils sont devenus **le parti des plus diplômés.** »

Dès lors, « abandonnant les moins favorisés à leur sort, ils ont enfourché l'idéologie « propriétariste » célébrant le droit de propriété, s'appuyant sur sa dimension émancipatrice – tout le monde a le droit de posséder quelque chose et de bénéficier de la protection de l'État pour le conserver –, mais en oubliant son aspect inégalitaire, les plus riches accumulant sans limite. » De fait, « plusieurs chapitres démontrent que c'est le retour d'une idée développée au cours du XIXe siècle.

LES MOINS FAVORISÉS ABANDONNÉS. Avant cela, la social-démocratie a développé l'État-providence au cours du XXe siècle, l'impôt progressif et la protection des chômeurs, les systèmes de retraites et le salaire minimum. » Donc « Thomas Piketty ne jette pas le bébé avec l'eau du bain. Mais il reproche aux partis de gauche d'avoir abandonné la défense des moins favorisés. » Alors « ces derniers se sont de plus en plus réfugiés dans l'abstention ou le soutien à l'extrême droite.

Et c'est bien dans ce sens-là que cela s'est produit : ce sont les partis de gauche qui ont abandonné ceux du bas, pas ceux du bas qui ont abandonné les partis de gauche. » [En fait, il y aurait à discuter et on le fera plus loin sur les différences d'attitude à cet égard du PS et du PCF en France depuis les années 1970]. « Le mouvement a démarré avant la montée des partis d'extrême droite en Europe et il a aussi eu lieu dans les pays sans clivage migratoire.

Aussi, la montée d'un électorat social-nativiste, selon le terme de Thomas Piketty pour désigner ceux qui se posent en défenseurs des petits contre les élites et les immigrés, n'a rien d'inéluctable. » Et « si les partis de gauche renouent avec des programmes de lutte contre les inégalités et remettent en cause l'accumulation sans limite de la propriété, ils pourront espérer regagner l'électorat populaire.

UN NOUVEAU SOCIALISME.

Comment faire ? Toute la fin du livre met sur la table plusieurs **éléments pour un socialisme participatif** [et fédératif au niveau européen… ! E.J.]. » Or « le capitalisme étant assimilé à la glorification de la propriété privée, le chercheur veut montrer qu'il est possible de dépasser réellement et durablement le capitalisme. Il n'existe pas de formule magique, ou mathématique, permettant de définir le niveau optimal d'inégalités. » Et « toute l'analyse historique et géographique du livre était là pour repérer les idéologies qui servent à justifier les inégalités et trouver, dans le champ des expériences historiques, les pistes qui pourraient être efficaces pour les réduire.

Et il y en a plusieurs » que voici « : **donner plus de pouvoir aux salariés dans les entreprises, revenir à une fiscalité très progressive, à taux élevé, comme celle qui avait cours entre les années 1930 et les années 1980, et profiter des recettes pour distribuer à chacun une dotation en capital, une sorte d'héritage pour tous.** » Et « **il faut aussi un fort investissement éducatif pour lutter contre l'injustice scolaire, une Europe plus démocratique qui remette en cause la libre circulation des capitaux et se donne les moyens de les contrôler pour savoir qui possède quoi**.

Comme rarement dans les livres économistes, le ton est humble » [On parlera plus loin de cette question, E.J.], « les propositions avancées avec prudence, mises en débat plus qu'en catéchisme. Humbles mais fermes sur le fond de l'analyse qui les nourrit : il n'existe aucun droit à une propriété privée inviolable. L'accumulation est le fruit d'un processus social, pas individuel. » Et « dans ces conditions, il est parfaitement logique que les personnes ayant accumulé des détentions patrimoniales importantes en rendent une fraction chaque année.

Qu'elles plaisent ou non, il va falloir faire avec les idées de Thomas Piketty. À 48 ans, l'économiste en est déjà à son deuxième livre majeur. Et ce n'est pas fini !, lâche-t-il dans un grand éclat de rire !

Christian Chavagneux. »

Effectivement, d'ores et déjà, on peut être à peu près certain que Marx le jeune nous livrera un jour un Capital 3.

« LA RÉVOLUTION PATRIMONIALE DU XXe SIÈCLE

Répartition de la propriété privée en France, en % (graphique n° 1).

Lecture : après un XIXe siècle très inégalitaire, **la classe moyenne patrimoniale a émergé au XXe siècle [de façon croissante de 1920 à 1980 à peu près, avec amorce de déclin depuis, au cours de la période appelée celle des « sociétés sociales-démocrates »**]. « Mais la moitié la plus pauvre de la population n'a jamais détenu plus de 10 % de la richesse vers les années 1990 avec déclin depuis » [5 % de nos jours.]. « Les inégalités remontent depuis les années 1980.

Entretien : Oui, on peut lutter contre les inégalités.

Thomas Piketty en six dates :

1971 Naissance à Clichy, en banlieue parisienne.

[1969 Élève de l'École Normale Supérieure (Section Sciences).]

1993 Docteur en économie, Prix de la meilleure thèse.

2001 Publie *Les hauts revenus en France au XXe siècle.*

2006 Premier directeur de l'École d'Économie de Paris.

2013 Publie le *Capital au XXe siècle*, vendu à plus de 2,5 millions d'exemplaires.

2019 publie *Capital et idéologie.* »

C. C. : « Votre regard historique et transnational montre que toutes les sociétés peuvent connaître de longues phases d'inégalités élevées. Elles sont justifiées au niveau le plus général par l'idéologie propriétariste. C'est-à-dire ? »

T. P. « C'est une idéologie politique qui place la propriété privée comme mode de régulation central des relations sociales permettant d'obtenir **la prospérité et l'harmonie de la société**. Elle se présente en opposition aux sociétés ternaires, que l'on trouve en France sous l'Ancien Régime, en Inde, dans les sociétés musulmanes, etc., » elles « fondées sur une partition en trois entre une classe cléricale, la noblesse et les roturiers. La propriété privée est présentée comme une source d'émancipation individuelle dans la mesure où tout le monde peut, en théorie, devenir propriétaire. Il y a une telle foi dans cette idée après la Révolution française que le XIXe siècle pousse le niveau de protection de la propriété à un niveau de sacralisation quasi religieux. » Ainsi « Prenez l'exemple de l'abolition de l'esclavage : on procède alors à l'indemnisation financière des propriétaires d'esclaves mais pas des esclaves eux-mêmes pour les traitements qu'ils ont subis !

La chute du communisme dans les années 1990 a joué le même rôle que celle des sociétés d'ordre au XVIIIe siècle, permettant le développement d'un néopropriétarisme qui justifie l'accumulation de droits de propriété sans limite. » Car « quel que soit le niveau de fortune atteint, on ne doit pas le remettre en cause et les dettes publiques doivent être intégralement remboursées, quitte à grever le destin de plusieurs générations nées au mauvais endroit ».

C. C. : « Historiquement, pour les pays riches, le XIXe siècle a été celui des inégalités les plus fortes. Pourquoi ?

T. P. : Il y a eu des débats sur une possible remise en cause de la propriété au moment de la Révolution française. Des projets d'impôts sur les successions, avec des taux de l'ordre de 70 %, voire 80 % pour les plus élevées, sont discutés, mais ils n'ont pas été adoptés. » Puis « les événements ont fait que les défenseurs de l'idée propriétariste ont repris le contrôle et on n'a pas eu le temps d'expérimenter ces politiques. Tout au long du XIXe siècle, l'imposition des successions restera à 1 %. » Et « il faudra attendre 1902 pour que la France commence à mettre en œuvre un impôt progressif en la matière, et il restera limité, avec un taux qui ne dépasse pas 6,5 % en 1910.

Au final, en 1914, la France affiche un niveau très élevé de concentration de la propriété, avec quasiment 60 % du patrimoine détenu par le 1 % les plus riches », donc « une part encore plus élevée qu'au moment de la Révolution et presque aussi forte qu'au Royaume-Uni, dont les inégalités proviennent d'une extrême concentration de la propriété des terres. Il y a **une grande hypocrisie de la part de la bourgeoisie française de la Belle Époque (1880-1914), qui avance l'idée** » que « **la France, contrairement à l'Angleterre, est une république et n'a pas besoin d'un impôt progressif tel qu'il est mis en place outre-Manche**. À cette instrumentalisation politique s'ajoute, il faut le reconnaître, le fait que les expériences pratiques de fiscalité progressive manquaient à l'époque. » Ainsi « les conservateurs avaient beau jeu de dénoncer la machine infernale et spoliatrice de l'imposition progressive des revenus et du patrimoine.

C. C. La véritable révolution historique majeure, c'est le XXe siècle. Avec une baisse de la valeur des propriétés et une réduction de leur concentration. Sur la valeur, d'abord, est-ce le résultat direct des destructions dues aux deux guerres ? »

T. P. « Ce n'est ni le seul, ni le principal facteur. Regardez le Royaume-Uni, qui n'a pas été touché par des destructions massives et dans lequel on assiste à la même évolution. **En Allemagne et en France, ces destructions expliquent en gros un quart de la baisse de la valeur des propriétés**. Ce n'est pas négligeable, mais les trois quarts restent à éclaircir. »

En fait, « une grande partie de l'épargne privée s'est investie dans le financement de la guerre par l'achat de titres de dettes publiques. L'inflation et des taxations exceptionnelles sur le capital au sortir des conflits vont quasiment ramener cette épargne vers zéro. » Et « le poids de la dette publique en pourcentage du produit intérieur brut (PIB) est en gros divisé par dix en Allemagne, en France et au Royaume-Uni. On fait alors le **choix de ne pas rembourser une dette publique jugée trop importante pour l'avenir des pays**. Ceci explique en gros un tiers à la moitié de la baisse des patrimoines privés. »

Pour le « le reste, il est dû aux évolutions politiques qui visent à limiter les droits des propriétaires. Par exemple, l'encadrement des loyers, qui réduit le prix des propriétés ; la montée du pouvoir des salariés dans les conseils d'administration (en Allemagne et dans les pays nordiques), qui réduit la valeur en Bourse des entreprises du fait de droits plus forts donnés aux salariés sur les actionnaires. »

C. C. « **Le XXe siècle est également marqué par une forte diminution de la concentration des patrimoines.**

T. P. : Un élément explicatif tient à l'importance prise à la veille de la Première Guerre mondiale par les portefeuilles étrangers. C'est d'autant plus vrai que l'on se situe dans le haut de la distribution des patrimoines. Ce sont donc eux qui seront les plus pénalisés » du fait de « l'effondrement de la valeur des actifs un peu partout entre 1914 et les années 1950. Le sommet inégalitaire de 1880-1914 était celui d'un monde propriétariste et colonial.

L'évolution des politiques publiques domestiques joue aussi un rôle central, avec la mise en place d'une fiscalité très progressive sur les revenus et les successions. » Et « toutes ces évolutions représentent un choc qui impose à ceux qui vivaient de leurs rentes de réduire considérablement leur train de vie.

Pour autant, après la Seconde Guerre mondiale, l'accumulation du capital, celle qui est nécessaire à la croissance, se poursuit, mais elle est le fait de nouvelles couches sociales : les classes moyennes. » À cause de « l'éducation, l'accumulation est bien plus large que dans les sociétés propriétaristes d'avant le premier conflit et de manière bien plus efficace avec des taux de croissance plus élevés.

C. C. : **C'est vraiment dans l'émergence d'une classe moyenne patrimoniale qui prend la place des plus riches que se produit une révolution. Car la situation évolue peu pour les 50 % du bas.** »

T. P. : « Tout à fait, je veux insister sur ce point : les sociétés sociales-démocrates d'après-guerre comportent, en dépit de toutes leurs réussites, une limite importante. La moitié la plus pauvre de la population n'a jamais vraiment accédé à la propriété. Les 50 % les plus pauvres n'ont jamais possédé plus de 10 % des propriétés, tandis que les 10 % les plus riches n'ont jamais possédé moins de 50 % des propriétés. »

C. C. : « Depuis les années 1980, les inégalités repartent à la hausse. Dans tous les pays riches, les partis de gauche au pouvoir ne les ont pas remises en cause. Pourquoi ?

T. P. : Trois facteurs sont à l'œuvre : **l'absence d'ambition éducative, l'absence de volonté de faire circuler la propriété et l'absence de réflexion** pour trouver des solutions en dehors des territoires nationaux dans une période de mondialisation. »

À propos de « l'éducation, lorsque l'on étudie le vote pour les partis sociaux-démocrates en Europe ou aux États-Unis, on s'aperçoit qu'ils sont devenus des **partis de diplômés, et non plus de travailleurs**. Dans les années 1950-1980, ce sont les moins diplômés qui votent pour eux, alors que dans les années 1990-2020, ce sont les plus diplômés. » Il s'agit d' « un processus graduel au fil des décennies qui manifeste que les gagnants du système éducatif, notamment ceux du supérieur, sont devenus la cible privilégiée des partis sociaux-démocrates, alors que le reste de la population se sentait abandonné. »

[On se souvient (?) du propos d'un cynisme surprenant prêté à F. Hollande sur **les « sans-dents »**.]

« Il est vrai que jusqu'aux années 1980, la voie à suivre était plus facile : amener une classe d'âge à un niveau d'éducation primaire, puis secondaire. Une fois cela réalisé, il est plus difficile d'amener toute la population au niveau master ou doctorat ! » Toutefois « cela n'empêchait pas de penser des politiques plus justes pour l'accès au supérieur, ce que les sociaux-démocrates n'ont pas suffisamment fait. On continue par exemple à dépenser plus d'argent dans les collèges et les lycées plus privilégiés que dans les autres, ou dans les filières sélectives du supérieur qu'à l'université. » Par ailleurs « tout cela se fait dans **un contexte général de réduction de l'investissement éducatif**, qui est passé de 1 % du revenu national au début du XXe siècle à un peu plus de 6 % dans les années 1990 – les dépenses d'éducation ont été multipliées par 6 au cours du XXe siècle – », ceci « avant de stagner, voire d'être orienté à la baisse depuis, en dépit de la forte augmentation du nombre d'étudiants. Ce qui, soit dit en passant, **explique en partie l'abaissement de la croissance**. Les sociaux-démocrates ont ainsi perdu le vote des moins diplômés en même temps que les plus riches continuent à voter pour les partis plus conservateurs, même s'ils ont tendance à se rapprocher des élites diplômées. »

C. C. : « Et sur les politiques publiques **concernant la diffusion de la propriété** ?

T. P. : **La promesse d'égalité des sociaux-démocrates n'a pas été tenue.** En partie parce qu'ils sont devenus des partis de diplômés. Mais la chute du communisme a joué son rôle. Les socialistes français et les travaillistes britanniques en sont restés à une approche centrée sur les nationalisations jusqu'aux années 1980, avant de passer sans coup férir aux privatisations. » Et « **en Allemagne ou dans les pays nordiques, qui avaient eu recours à la propriété sociale et à la cogestion dès les années 1950**, cette voie n'a pas été approfondie autant qu'elle aurait pu. Et sur le plan fiscal, les systèmes d'imposition progressive de la propriété et de circulation du patrimoine n'ont pas été sollicités comme ils auraient dû. »

C. C. : « L'absence de proposition face à la mondialisation a aussi joué un rôle dans la faible réponse des partis sociaux-démocrates à la progression des inégalités.

T. P. : La construction européenne aurait pu être leur réponse. À partir du moment où l'on accepte un cadre économique et financier transnational, il est normal que les régulations publiques économiques, fiscales et environnementales prennent une dimension transnationale. » Or « il est frappant de constater combien les sociaux-démocrates ont peu progressé sur le sujet. **Ils ne se sont jamais véritablement demandé comment** sortir de la règle de l'unanimité fiscale en Europe. Ils ont accepté la libre circulation des capitaux sans réclamer des systèmes d'échange d'informations entre pays sur qui détient quoi, ce qui empêche de taxer correctement ces patrimoines et leurs revenus. »

Ceci dit, « Hannah Arendt leur faisait le même reproche en 1951 dans *Les origines du totalitarisme* : les sociaux-démocrates de l'entre-deux-guerres étaient un peu perdus car ils tentaient de penser leur projet politique presque uniquement dans le cadre de l'État-nation. Par comparaison, les idéologies colonialiste, bolchevique, nazie ou le projet américain cherchaient à penser la régulation de l'économie-monde à un niveau explicitement transnational. »

Certes, « **les voies qui consistent à penser les souverainetés communes de manière démocratique ne sont pas faciles**, mais je pense qu'il en existe. Il est urgent de faire des propositions en ce sens. J'essaie d'y contribuer.

C. C. : Cela signifie-t-il, à l'inverse, qu'aucune solution nationale n'est efficace ?

T. P. : Non, je reste convaincu qu'en matière éducative, de circulation de la propriété, sur le plan fiscal, etc., **on peut faire beaucoup de choses au niveau national**. » Par exemple, « regardez l'impôt de solidarité sur la fortune (ISF) en France : ses recettes sont passées d'environ 1 milliard d'euros en 1990 à 5 milliards au moment de sa suppression, une multiplication par cinq pendant que le PIB était multiplié par deux. Si l'ISF avait été modernisé, avec des déclarations préremplies pour les patrimoines, comme il en existe pour les salaires, alors il aurait pu rapporter bien plus, de l'ordre de 10 milliards. »

De la même manière, « la taxe foncière reste extrêmement régressive, elle ne prend pas en compte l'état de vos dettes (celui qui dispose d'un logement de 200 000 euros avec 190 000 euros de dettes paie le même montant que celui qui a hérité du même logement et qui n'a aucune dette à rembourser) », ni non plus « la détention d'un patrimoine financier (celui qui en plus de son logement possède 2 millions d'euros de patrimoine financier paie la même taxe que celui qui n'en a pas). On peut avancer sur toutes ces questions. **La montée des inégalités n'est pas une fatalité**. Des politiques publiques peuvent être mises en œuvre pour lutter contre le propriétarisme ambiant. » :

C. C. : « Quelles sont vos propositions ?

T. P. : Elles suivent **deux grands axes : la propriété sociale et la propriété temporaire**. La propriété sociale, c'est distribuer, pour toutes les entreprises, la moitié des droits de vote aux conseils, comme cela se fait en Europe germanique et nordique depuis des décennies. On peut également expérimenter le fait de plafonner les droits de vote des actionnaires les plus importants. Si l'on veut réduire les inégalités, il faut évoluer vers une plus grande propriété sociale. »

Quant à « l'autre piste, c'est la propriété temporaire : un impôt progressif annuel sur la propriété et sur les successions. Actuellement, le patrimoine moyen par adulte en France est d'un peu moins de 200 000 euros. Si vous êtes en dessous la moyenne, la taxe sur la propriété serait très faible, de l'ordre de 0,1 % de la valeur du bien, soit bien inférieure à la taxe foncière actuelle. » Au contraire, « pour les détentions plus importantes et, surtout, pour les très importantes, dépassant la centaine de millions ou le milliard d'euros, on pourrait passer à des taux d'imposition allant jusqu'à 90 % pour les patrimoines de plus de 10 000 fois le patrimoine moyen, soit au-delà de 2 milliards d'euros. »

Ainsi « le barème que je propose mettrait fin aux énormes détentions tout en laissant la possibilité de détenir un patrimoine de plusieurs millions, voire de plusieurs dizaines de millions d'euros, pour les plus riches. L'idée qu'une seule personne puisse posséder plusieurs milliards d'euros [D'information toute récente, Bernard Arnaud, devenu la 3ème fortune du monde posséderait quelque 100 milliards d'euros, avec un gain de 30 milliards au cours de la seule dernière année, E.J.] est difficile à justifier. » Mais « je propose de revenir à **des taux d'imposition qui ne sont pas radicaux. Ils ont existé jusqu'aux années 1980 et l'expérience historique a montré qu'ils ne représentent pas un obstacle à la croissance.**

Avec les recettes fiscales récupérées, on pourrait établir une dotation universelle en capital, un héritage pour tous, distribuée à chacun à 25 ans, de l'ordre de 120 000 euros. » À l'heure actuelle, « si le patrimoine moyen est de 200 000 euros, la moitié des gens ne reçoivent rien du tout. Cette circulation de la propriété permettrait également de la rajeunir. Dans nos sociétés vieillissantes, le pouvoir économique est en effet de plus en plus contrôlé par les plus âgés. » Or « **cette socialisation de l'héritage** permettrait à chacun de recevoir des capitaux au moment où il en a le plus besoin dans sa vie, pour acheter un logement, créer son entreprise, etc. ?, **voire pour investir dans l'entreprise où il travaille**.

C. C. : Vous prônez effectivement le développement de l'actionnariat salarié. Mais si votre entreprise va mal, vous pouvez perdre à la fois votre emploi et votre épargne. »

T. P. : « L'actionnariat salarié ne convient pas dans tous les cas, mais il peut parfois représenter **un complément à la propriété sociale**. En plus de 50 % des voix données aux représentants des salariés, ces derniers pourraient également détenir une partie des actions de l'entreprise pour y exercer plus de pouvoir. » Mais « ce n'est pas un modèle universel, chacun reste libre de l'utilisation qu'il souhaiterait faire de sa dotation universelle. On entend souvent la critique selon laquelle même avec 50 % des voix pour les salariés, à la fin, ce sont toujours les actionnaires qui décident de tout. » En fait, « avec une petite partie d'actionnariat salarié, on pourrait s'assurer de faire basculer le pouvoir de leur côté.

C. C. : Plutôt qu'intervenir sur la redistribution, est-ce qu'il ne faudrait pas intervenir avant, sur la répartition primaire, en appelant par exemple à une hausse des salaires ?

T. P. : Le pouvoir de négociation apporté aux salariés va avoir cet effet-là. » Car « l'une des conséquences sera de permettre de rééquilibrer le partage salaires-profits. On peut jouer sur plusieurs paramètres, notamment une montée du salaire minimum, mais on ne peut pas agir que par le bas. Il me semble que le plus important est de donner une vraie place aux salariés dans la direction des entreprises. »

Note : « Décile, quintile, centile... : lorsqu'on classe les ménages par ordre croissant de revenu, de patrimoine, de diplôme, etc., on appelle premier décile les 10 % de ménages du bas de l'échelle, second décile les 10 % suivants, et ainsi de suite jusqu'au dixième décile, qui regroupe les 10 % les mieux dotés. Un quintile correspond à une tranche de 5 % et un centile à une tranche de 1 %. »

C. C. : « Vous abordez peu les questions de régulation financière. Or, dès qu'une crise survient, les autres débats passent à la trappe. De plus, la finance est également responsable de la montée des inégalités.

T. P. : Le développement de la finance depuis les années 1990 résulte, d'abord, de la libéralisation des flux de capitaux sans régulation. C'est là qu'il faut agir. » À cet égard, « **en Europe, on sera obligé, à un moment ou à un autre, de dénoncer les traités en vigueur qui permettent cette libre circulation sans contrôle. L'hypertrophie financière est en partie le fruit des mouvements de capitaux sans limite**, un monde dans lequel tout le monde possède tout le monde », cela « même si **une partie de ces transactions sont fictives et représentent des tentatives de contournement fiscal et réglementaire**. Contrôler la circulation des capitaux qui attaque la souveraineté des États est à mon sens **le bon moyen pour remettre le mauvais génie de la finance dans la bouteille**. »

Une « autre piste à creuser est l'établissement d'un taux d'intérêt commun pour l'ensemble des membres de la zone euro [François Morin]. Disposer d'une monnaie unique et de 19 taux d'intérêt ouvre la porte à la spéculation. On peut avancer dans cette voie sans procéder à une mutualisation des dettes publiques et à des transferts entre États. » Et « ce combat-là peut être gagné.

C. C. Le répertoire des idées est premier. Les idées disponibles peuvent faire basculer les trajectoires historiques, écrivez-vous. Mais seule l'expérimentation pratique réussie change la donne en faisant évoluer les rapports de force politico-idéologiques. Que conseilleriez-vous à un jeune : devenir cherche ou homme politique ?

T. P. : Les deux ! Il n'y a pas une seule bonne vie possible, cela dépend des aspirations de chacun. » Or « sur le plan des idées, je pense que l'une des raisons de notre désarroi démocratique tient à l'autonomie trop forte de la sphère et de l'expertise économiques et financières par rapport au reste de la société. Ce n'est pas une matière facultative. Tout le monde devrait s'approprier les questions économiques. J'essaie d'y contribuer. »

En ce qui me concerne, « ma trajectoire repose sur le métier de chercheur parce que c'est ce que j'ai à faire et je pense que c'est ce que je fais le mieux. **Les idées sont premières** et elles doivent diffuser le plus largement possible. Cela dit, au moment des élections, je ne reste pas dans ma tour d'ivoire et **je me force à m'engager, y compris quelques fois à accompagner des candidats qui ne sont pas entièrement satisfaisants** [T. Piketty a été conseiller temporaire de Ségolène Royal, François Hollande, et Benoît Hamon]... **Je le fais quand même** car cela me paraît important, et continuerai à le faire !

Propos recueillis par Christian Chavagneux. »

L'entretien est accompagné, nous l'avons dit, par 7 graphiques d'une grande importance, mais qui malheureusement ne peuvent pas être reproduits dans un livre – où ils auraient leur place, à cause de la contingence matérielle de la proscription des couleurs dans les canons ordinaires de l'édition.

Mais il s'accompagne également d'un encadré très intéressant intitulé « **Il ne faut pas abandonner les questions économiques aux économistes** ». Le voici.

C. C. « **Histoire, science politique, économie, sociologie** : votre appel au croisement des disciplines peut-il être entendu ?

T. P. : Je suis plus optimiste sur le fait qu'il puisse être entendu par les historiens, les sociologues et les politistes que par les économistes. Il faut que les jeunes générations de chercheurs en sciences sociales se saisissent des questions économiques et ils le font. » Assurément « il ne faut pas abandonner les questions économiques aux économistes. Certains sont ouverts [Apparemment ceux dits généralement « hétérodoxes » ?] mais beaucoup restent convaincus par l'idée d'une science économique autonome des autres sciences sociales [Ceux dits « orthodoxes » ? E.J.].

J'ai essayé de montrer dans *Capital et idéologie* que l'on ne peut pas progresser dans notre compréhension sur les inégalités entre classes sociales uniquement sur la base des outils économiques [Ce serait le cas, dans l'esprit de l'auteur, des « orthodoxes » mais probablement aussi des marxistes qui tendent à valoriser la « base économique », ce qu'ils appellent l'infrastructure, aux dépens de la superstructure idéologique. E.J.]. » En fait, « cela exige **une approche sociologique, historique, politique, culturelle. [On ne parle pas ici de la philosophie, ce dont on aura à reparler dans le chapitre suivant**. E.J.]. À l'école des hautes études en sciences sociales (EHESS), nous essayons de développer des approches plurielles, par exemple au sein du Centre d'histoire économique et sociale François-Simiand. » Et « il faut faire la preuve par des objets de recherche précis que les disciplines sont complémentaires sans perdre du temps dans des controverses méthodologiques stériles. Je suis confiant : **grâce aux autres sciences sociales, les frontières sont en train d'être redéfinies entre disciplines**. Les économistes devront bien finir par en tenir compte. »

C. C. : « Le livre montre qu'une partie des économistes comme Paul Leroy-Beaulieu, se met toujours au service des riches, du XIXe siècle à nos jours.

T. P. Le cas de Leroy-Beaulieu est particulièrement emblématique ! Les **économistes sont souvent très conservateurs**. Pour Adam Smith, les forces du marché suffiront à amener le progrès : on n'a donc pas besoin d'action politique particulière et surtout de rupture brutale pour abolir la Chambre des Lords ou l'esclavage. » Et « par rapport à Condorcet ou à Paine, il reste très en retard. On a eu ensuite Marx, mais ses épigones ont trop promis le renversement du capitalisme sans trop se soucier de ce qui se passerait le jour d'après. L'échec du socialisme à la soviétique porte une immense part de responsabilité dans le retour d'une idéologie néo-propriétariste. » Et, « ce n'est pas uniquement le résultat de l'idéologie des Leroy-Beaulieu d'aujourd'hui ! **[N'empêche qu'une petite caste d'entre eux est presque constamment présente dans les « débats » quasi-journaliers des chaînes télévisuelles, à exercer une pression continue sur le formatage de la conscience collective**. Leur rôle principal consiste, sous les auspices du « bâton à phynance », et de concert avec l'abyssale capacité d'aliénation liée à la publicité, à activer, dans la fabrique de l'idéologie populaire, la « **machine à décerveler** ». « Voyez, voyez la machin' tourner… Voyez, voyez la cervell' sauter… Hourra, cornes-au-cul, vive le Père Ubu ! », *Ubu roi*, Alfred Jarry. E.J.].

Thomas Piketty : Il est temps de dépasser le capitalisme. Les propositions choc de l'économiste star, *L'Observateur* n° 2861 du 5-11 sept. /2019, par Éric Aeschimann et Pascal Riché, pages 22-31.

« ... Dans la dernière partie du livre, il avance des pistes en faveur d'une propriété sociale (grâce à la cogestion) et temporaire (sous l'effet d'un impôt sur le patrimoine et d'une dotation en capital universel). De quoi dessiner un nouveau socialisme participatif susceptible d'inspirer la gauche. Il s'en explique en avant-première dans *l'Obs.*

N. O. : Pourquoi un nouveau gros livre, pourquoi maintenant ?

... Tous ces échanges m'ont poussé à renouveler mes réflexions. » En effet, « « Le Capital... » pour le résumer très brièvement, montrait comment, au XXe siècle, les deux guerres mondiales avaient conduit à une réduction très forte des inégalités héritées du XIXe siècle. Je pointais leur remontée inquiétante depuis les années 1980. Mais cet ouvrage avait deux limites. La première, c'est qu'il était très occidentalo-centré. » Or « dans ce nouveau livre, j'élargis le regard : je reviens sur le passage des sociétés ternaires (organisées en trois classes : noblesse, clergé, travailleurs, NDLR) aux sociétés de propriétaires, mais j'étudie aussi les sociétés esclavagistes, coloniales, communistes, postcommunistes, sociales-démocrates, le cas des castes en Inde ; au Brésil, en Chine, en Russie... » Par ailleurs, « la deuxième limite était qu'il ne faisait qu'effleurer la question des **idéologies qui appuient les inégalités [Elles les appuient mais ne les expliquent pas. Celles-ci s' « expliquent » plutôt, dans la base ou infrastructure économique, par l'appropriation d'un surprofit, en général non payé**. E.J.]. C'était une boîte noire que j'ai décidé d'ouvrir. Tout cela prend beaucoup de pages.

Suit un graphique sur « L'échec de la Révolution française : Part des 1% les plus riches et des 50 % les plus pauvres dans la propriété privée en France.

Ce graphique illustre l'échec de la Révolution française sur la question des inégalités » : de fait, « au XIXe siècle, les 1% les plus riches détiennent la moitié de la propriété privée, les 50% les plus pauvres ne possèdent presque rien, les inégalités sont abyssales. Ce n'est qu'au XXe siècle qu'elles seront vraiment réduites [dans la période 1920-1980 dite des « sociétés sociales-démocrates »], à partir de l'instauration de l'impôt progressif sur le revenu en 1914 après les deux guerres mondiales. » Cependant, « à partir des années 1980, avec l'effondrement du modèle communiste et le début de la révolution néolibérale [période néopropriétariste], les écarts recommencent à se creuser. »

Photographie : Jersey encourage les particuliers aux revenus d'au moins 1 million de dollars à s'installer sur l'île, où ils bénéficieront automatiquement du statut de résidents.

N. O. : « Vous trouvez cet ouvrage meilleur que le précédent ?
T. P. : Ah oui. J'ai fait des progrès. Si vous n'en lisez qu'un, lisez celui-là !

N. O. : Ce très long détour historique, décrivant les grandes bifurcations idéologiques, n'a-t-il pas pour but de démontrer que le passage à un autre système social est aujourd'hui possible ? Qu'il n'est pas si utopique ?...
T. P. : Les idéologies dominantes sont toujours beaucoup plus fragiles qu'on ne l'imagine. **L'inégalité est une construction politique, pas le produit naturel de l'économie ou de la technologie.** » [Ce que les marxistes appellent l'infrastructure. Mais c'est toute la **question, celle d'une relative autonomie et d'une éventuelle pluri-causalité**. E.J.] « Chaque société a **besoin de se raconter un récit plausible pour expliquer les inégalités, montrer pourquoi elles sont acceptables, justifier l'organisation des groupes sociaux, la relation à la propriété, à la frontière, le régime fiscal, le régime éducatif**... Revisiter cette histoire permet de mettre de la distance vis-à-vis des idéologies actuelles. » En fait, « on a souvent l'impression que les inégalités du passé étaient forcément injustes et despotiques et que celles du présent seraient forcément méritocratiques, dynamiques, ouvertes. Je n'en crois pas un mot. » Car « les premiers de cordée de Macron, les *job creators* de Trump, la glorification de la fortune quel que soit son nombre de zéros, tout cela relève d'un **discours tout aussi religieux [On y reviendra dans le chapitre suivant à propos du thème du Veau d'or introduit par Gaël Giraud 2012**. E.J.] que celui qui prévalait jadis. »

N. O. : « Vous le montrez à propos du XIXe siècle, véritable âge d'or de la propriété inégalitaire.
T. P. : Les sociétés d'ordres d'avant la Révolution française étaient fondées sur un principe explicitement religieux. La société de propriétaires qui leur a succédé n'a pas le même type de fondement, mais la propriété y fait l'objet d'une véritable **sacralisation. Cela tient à la peur du vide** : si on commence à remettre en cause le droit des propriétaires, **on redoute de ne pas savoir où s'arrêter. Par crainte d'ouvrir la boîte de Pandore** », on a été amené à « justifier toutes les accumulations de propriétés, y compris les plus criminelles. Ainsi, au cours du XIXe siècle, quand les États abolissent l'esclavage, ils prennent soin d'indemniser les

propriétaires... mais pas les esclaves ! Et Charles X impose à Haïti une énorme dette destinée à dédommager les anciens propriétaires d'esclaves. Une dette que l'île, qui avait osé se révolter, traînera comme un boulet jusqu'au milieu du XXe siècle. »

Quant à « la France de la Belle Époque, elle se prenait pour une société de petits propriétaires peu ou prou égaux mais était en réalité violemment inégalitaire : **70 % des Parisiens mouraient sans laisser aucun bien à leurs enfants.** « Une découverte qui m'a beaucoup marqué »... »

Or « rien n'est écrit d'avance, déplorant « le désenchantement actuel et un certain fatalisme face aux inégalités »...

T. Piketty n'hésite pas à prendre position pour des réparations financières en faveur des descendants d'esclaves. Cet économiste-là est **aussi un moraliste**, dans le meilleur sens du terme. »

N. O. « Mais pourquoi un tel engouement pour la propriété ?

T. P. : Au début du XIXe siècle, on avait encore en tête l'arbitraire du pouvoir royal d'avant la Révolution. La propriété, protégée par l'État rationnel, était donc vécue par les bourgeois comme un droit émancipateur, la promesse d'un monde plus ouvert... Ce n'était pas entièrement faux et du reste, je prends soin, dans ce livre, de ne diaboliser aucune des justifications idéologiques des inégalités : chacune peut avoir **sa part de vérité.** » Mais « le problème commence lorsqu'on tombe dans la sacralisation de la propriété. Elle a causé d'énormes dégâts par le passé et j'ai peur qu'on l'ait aujourd'hui un peu oublié. Depuis la chute de l'Union soviétique, on a renoué avec la crainte d'ouvrir cette boîte de Pandore en redéfinissant le droit de propriété. » Ainsi « le reaganisme s'est remis à justifier n'importe quelle concentration des richesses, comme si les milliardaires étaient nos sauveurs. Or, j'ai la conviction que cette peur du vide peut et doit être surmontée. Délibérer démocratiquement de la propriété, c'est compliqué, mais on peut y arriver. » Et « o**n peut s'appuyer sur les leçons de l'Histoire**, se souvenir des réductions des inégalités du XXe siècle. Le reaganisme a montré ses limites : **la croissance a été divisée par deux, les inégalités ont doublé**. Il est temps de sortir de cette phase de sacralisation de la propriété. De dépasser le capitalisme.

Un graphique illustre « l'échec du reaganisme. »

Voici : « Part des 1% les plus riches et des 50% les plus pauvres dans l'ensemble des revenus américains.

La révolution reaganienne, qui devait conduire à la prospérité de tous, a conduit à l'effondrement de la part des revenus des 50 % les plus pauvres dans le revenu total américain [déjà à partir de 1970 : 21 %] : en trente ans [1985-2015], elle passe de 20% à 12%, alors que les revenus des 1 % les plus riches ont suivi la trajectoire inverse [Les deux courbes se croisant à partir de 1995]. L'envolée des revenus des très riches n'est pas que symbolique : elle a des répercussions sur le plan macroéconomique. »

Photographie : Faisant face au quartier de la finance à Singapour, la piscine du Marina Bay Sands Hôtel, située au 57e étage.

N. O. : « Vous semblez bien optimiste sur la possibilité d'y parvenir. On a pourtant l'impression que l'idéologie capitaliste survit à tout…

T. P. : L'Histoire montre qu'il est impossible de prédire l'évolution des régimes inégalitaires. Prenez la Suède… Ce sont **les mobilisations politiques qui ont transformé** ce pays. Si quelqu'un avait prédit en 1910 que la Suède deviendrait sociale-démocrate, personne ne l'aurait pris au sérieux... C'est pourquoi je ne crois pas que le système actuel soit indestructible. Les moments de crise reviendront, et on piochera alors dans les idées et les propositions disponibles… »

N. O. : « Pourquoi cela n'a-t-il pas eu lieu lors de la crise de2008 : le système semblait à bout et on se jurait de tout changer ?

T. P. : On sortait tout juste de la phase post-1990 et le travail intellectuel nécessaire pour préparer l'étape suivante n'avait pas encore été fait. [Il y a **un état de crise intellectuelle, croissant depuis les années 1970 à nos jours, notamment dans les champs de la psychologie (du conscient comme de l'inconscient) et aussi de la philosophie, dont les rôles ont toujours été essentiels dans le développement de la pensée critique**. E.J.]. D'autant qu'un autre défi est apparu, lié cette fois à la fin du colonialisme : la montée de discours xénophobes, qui divisent les classes populaires. » Or « ces deux défis, post-communiste et post-colonial, ont étouffé l'émergence d'une pensée universaliste et socialiste. Mais les choses commencent à bouger. Aux **États-Unis**, les candidats Bernie Sanders et Elizabeth Warren et les jeunes élues démocrates reprennent ainsi le thème de la redistribution. »

N. O. : « Pour empêcher la concentration de la propriété, vous avancez plusieurs propositions. Premier axe : transformer la propriété privée en propriété sociale, en s'appuyant sur la cogestion des entreprises, à l'allemande.

T. P. : Le véritable enjeu de nos sociétés, c'est celui du pouvoir : **il y a une capture du pouvoir économique et politique par l'argent privé.** » [**Cela, ce n'est pas de l'idéologie** ! C'est cette capture qui permet en particulier mais pas seulement **la maîtrise de la machine à décerveler médiatique**.

E.J.]. « J'esquisse dans le livre une forme de socialisme participatif, à l'opposé du socialisme soviétique hyper-étatique, qui a conduit à des résultats désastreux. La cogestion offre cette possibilité. Seuls l'**Allemagne et les pays nordiques** ont suivi cette voie dans les années 1950, mais la réflexion commence à avoir lieu chez **les travaillistes britanniques et chez les démocrates américains.** » [**Chez qui l'on va chercher des exemples, tellement a chuté en France la capacité d'évaluation critique et de proposition idéologique**]. « En Allemagne, les salariés se voient attribuer la moitié des droits de vote au conseil d'administration pour les grandes entreprises. En Suède, c'est un tiers, mais cela s'applique aussi à de plus petites. Un tel système a permis qu'il y ait moins d'excès qu'ailleurs quant à la fixation des salaires des dirigeants et un meilleur investissement des salariés dans l'entreprise. » Or « je propose d'aller plus loin, en plafonnant (par exemple à 10 %) les droits de vote des actionnaires les plus importants, pour permettre à de plus petits actionnaires d'entrer dans le jeu et de former des coalitions avec les salariés. »

N. O. : « Au fond, vous programmez la fin de la propriété privée?

T. P. : Non, car ces dispositifs seront à ajuster en fonction de la taille de l'entreprise. L'objectif est de dépasser la propriété privée en instituant une propriété sociale et temporaire. Si quelqu'un met toutes ses économies pour créer un restaurant par exemple, il est normal qu'il dispose de plus de droit de vote que le salarié qu'il aura embauché la veille de l'ouverture. » Ainsi « la propriété privée de taille raisonnable est légitime, elle permet aux subjectivités individuelles de s'exprimer. Mais il faut éviter les concentrations excessives et trop durables des pouvoirs. Il existe beaucoup de secteurs dans lesquels la logique « une action=une voix » n'est pas celle qui prévaut (les universités, les entreprises culturelles, certains médias...) et cela se passe très bien. » En vérité, « il existe plusieurs régimes possibles de propriété, qui doivent cohabiter. Y compris la propriété publique, qui reste un instrument indispensable : j'ai signé la demande de référendum sur Aéroports de Paris, car je pense **que les aéroports, les hôpitaux, les universités, les écoles ou autres services publics doivent être gérés par l'État**. »

Graphique sur « la mue des partis gauche » [entre 1945 et 2015].

« Différence entre la part des votes allant vers les partis de gauche parmi les 10 % les plus diplômés et les 90 % les moins diplômés.

Les partis de gauche étaient ceux des travailleurs, ils sont devenus graduellement ceux des diplômés. Le phénomène est semblable en Suède et en Allemagne. Cela s'explique notamment par l'émergence au sein des partis de gauche d'une idéologie hyper-méritocratique » : selon laquelle

« les diplômes mesurent les efforts de chacun et les non-diplômés doivent s'en prendre d'abord à eux-mêmes. L'électorat populaire, pour qui l'accès aux diplômes n'est pas aisé, s'est senti abandonné et a commencé à rejoindre les partis anti-élites. »

Photographie : Dans une salle des coffres ultrasécurisée du port franc de Singapour. Situé près de l'aéroport, ce **no man's land fiscal** peut accueillir or, argent liquide et œuvres d'art.

N. O. : « La deuxième proposition consiste à instaurer **une propriété « temporaire », grâce à un impôt progressif sur le patrimoine**.

T. P. : On l'oublie souvent, mais le taux des tranches supérieures de **l'impôt sur le revenu, qui a été instauré après la Première Guerre mondiale dans la plupart des pays industrialisés, a atteint pendant les Trente Glorieuses des niveaux très élevés – jusqu'à 90 % aux États-Unis** – sans que cela bride la croissance, bien au contraire. » Donc « je propose de reprendre ce modèle et de le prolonger, en instaurant un impôt progressif sur la propriété. L'objectif est de limiter dans le temps le montant des biens qu'une même personne peut détenir. **C'était déjà l'objectif qui a guidé au XXe siècle l'imposition des gros héritages** : au bout d'une génération, une famille est tenue de rendre à la collectivité une partie de sa richesse. » En fait, « ce n'est pas suffisant, d'autant plus que l'espérance de vie a augmenté : quand vous gagnez 100 milliards à 30 ans, faut-il attendre que vous ayez 90 ans pour rebattre les cartes ? Il faut faire circuler la propriété tout au long de la vie. » [**Pourquoi, sinon parce qu'elle a été créée – via le profit du capital – par le travail collectif** ? E.J.].
Photographie : Un parcours de golf en Angola, un pays où les deux tiers de la population vivent avec moins de 2 dollars par jour.

N. O. : « En fait, vous proposez de rétablir l'ISF ?

T. P. : Je propose un **impôt annuel et progressif sur le patrimoine qui, en France, remplacerait la taxe foncière et l'Impôt sur la Fortune immobilière et s'appliquerait aussi aux actifs financiers**. Actuellement, le patrimoine moyen en France est de près de 200 000 euros par personne. » Or « dans mon barème – qui n'est qu'indicatif – si vous êtes en dessous, vous payez chaque année 0,1 %, ce qui est moins que la taxe foncière actuelle. Le taux monterait progressivement, passant à 5 % à partir de 2 millions d'euros, à 60 % au-dessus de 200 millions et 90 % au-delà de 2 milliards. »

N. O. : « Un entrepreneur serait donc obligé de vendre sa société lorsqu'elle prend de la valeur. C'est… radical.

T. P. : Mais la plupart des entrepreneurs ne sont pas des milliardaires ! Le système que je propose permet de **posséder plusieurs millions d'euros, voire plusieurs dizaines de millions, au moins un certain temps**. Par contre, ceux qui possèdent plusieurs centaines de millions d'euros ou plusieurs milliards devront effectivement partager le pouvoir avec les nouveaux actionnaires, qui pourraient être notamment les salariés. **Alors non, il n'y aura plus de milliardaires. Mais comment peut-on soutenir que leur existence soit nécessaire à l'intérêt général** ? » Car « contrairement à ce qui est souvent dit, leur enrichissement a été obtenu grâce à ces biens collectifs que sont les connaissances publiques, les infrastructures, les laboratoires de recherche [**et la partie du travail non payé** de la masse des salariés. E.J.]... **L'affirmation selon laquelle l'émergence des milliardaires aurait permis de booster la croissance est tout simplement fausse** ! La croissance du revenu national par tête était de 2,2 % par an aux États-Unis entre 1950 et 1990, elle est tombée à 1,1 % entre 1990 et 2020. On ne peut pas passer son temps à dénoncer le « populisme » tout en s'appuyant sur des *fake news* aussi grossières. »

N. O. : « Si tous les milliardaires vendent leurs actions pour payer l'impôt, cela fera chuter la Bourse, du moins la première année.

T. P. : **Cela fera également chuter les prix de l'immobilier, qui sont délirants à Paris**, et cela permettra à de nouveaux groupes sociaux de devenir propriétaires et actionnaires. »

N. O. : « Ce que vous préconisez, c'est exactement le contraire de ce que Macron a fait depuis deux ans. Il a tout faux ?

T. P. : La suppression de l'ISF a été une grave erreur : c'était un impôt très dynamique, dont les recettes – 5 milliards d'euros – ont augmenté 2,5 fois plus vite que le PIB depuis sa création en 1990. Il aurait même pu rapporter encore plus **si l'administration fiscale n'avait pas été aussi déficiente**. Dans les déclarations d'impôts, les revenus salariaux sont préremplis mais pas les patrimoines : du temps de l'ISF, les contribuables remplissaient leurs déclarations et pouvaient y inscrire n'importe quoi. »

N. O. : Macron a justifié sa suppression par la nécessité de favoriser l'investissement.

T. P. : L'argument ne tient pas la route. Si vous investissez 2 millions pour construire une maison ou un immeuble, vous payez la taxe foncière et l'IFI. Mais si vous placez ces 2 millions dans l'assurance-vie ou dans un portefeuille financier à l'autre bout du monde, vous ne payez rien.

Admettez que c'est complètement stupide ! **Le vrai objectif était d'exonérer les plus riches, purement et simplement.** »

N. O. : « La grande originalité de votre impôt sur la propriété est qu'il servira à financer une dotation universelle en capital ? De quoi s'agit-il?

T. P. : Actuellement, **la moitié de la population n'hérite de rien du tout.** J'imagine donc une sorte d'héritage pour tous : à 25 ans, toutes les personnes recevraient un capital de 120 000 euros, ce qui représente **60 % du patrimoine moyen en France.** » Alors « cela peut servir à acheter son logement : on évite ainsi une société divisée entre ceux qui paient des loyers – souvent de génération en génération – et ceux qui en perçoivent – de façon tout aussi héréditaire ! Ça encouragerait aussi la création d'une entreprise ou la prise de participations, par les salariés, dans le capital de leur entreprise. »

N. O. : « Le troisième terrain où se joue la lutte contre les inégalités, c'est l'éducation.

T. P. : Si l'on cherche une explication à la division par deux de la croissance depuis les années 1990, je suggère de s'intéresser au sous-investissement éducatif. Les dépenses d'éducation ont stagné dans tous les pays développés, alors que le nombre d'étudiants a fortement augmenté. En France, le budget de l'enseignement supérieur est de 10 milliards d'euros. » Or « si on y avait ajouté les 5 milliards d'euros de l'ISF, on aurait pu inverser la chute dramatique de l'investissement par étudiant Par ailleurs, est-il normal que l'État affecte plus de moyens publics aux lycées du centre de Paris, où les profs sont titulaires et plus expérimentés, et donc mieux payés, qu'en Seine-Saint-Denis, où il y a davantage de contractuels ? Il y a là un **degré d'hypocrisie hallucinant.** »

N. O. : « Propriété sociale et temporaire, capital universel, cogestion, justice éducative : tout cela fait presque un programme politique pour la gauche française, mais est-ce faisable dans un seul pays ou dans quelques pays?

T. P. : **Beaucoup de choses peuvent être faites dans un seul ou dans quelques pays.** Le partage des droits de vote dans les entreprises existe déjà **en Allemagne, en Suède, en Autriche** depuis un demi-siècle et cela fonctionne très bien. Il faut partir de là et aller plus loin. »

N. O. : « Et sur l'impôt sur la propriété et la dotation en capital ?

T. P. : L'ISF a bien fonctionné et il n'y a pas de difficulté à le remettre en route, avec des déclarations préremplies par l'administration. Mais sur le long terme, en effet, il faudra aussi mettre en place une coordination internationale qui conditionne les échanges commerciaux et les flux de capitaux à la réalisation d'objectifs contraignants en termes de justice fiscale et de justice climatique. »

Ainsi, « il y a des accords, y compris à l'intérieur de l'Europe, qui devront être dénoncés. On ne peut pas avoir la libre circulation des capitaux sans un système d'échange d'information et de coordination fiscale et réglementaire efficace et solide, c'est-à-dire l'établissement d'un cadastre financier pour les pays entre lesquels les capitaux continueront de circuler. » Et « cela permettra d'agir pour la justice fiscale et contre l'hyper-financiarisation de l'économie. Il faudra donc **sortir de ces traités, tout en proposant immédiatement des traités alternatifs.** »

N. O. : Votre livre est discret sur l'écologie. Pourquoi ne pas faire du défi climatique le levier du changement [**Attitude par exemple de Gaël Giraud 2012.** E.J.] ? »

T. P. : « Il est indispensable de changer de modèle économique pour résoudre la crise environnementale. Mais il **ne suffit pas de brandir l'étendard vert**. Il faut dire comment on pense changer de système, quel régime de propriété on propose de mettre en place : quel pouvoir pour les actionnaires ? Pour les salariés ? Quelle justice fiscale ? » Bien « trop souvent, le message écologiste reste dans le flou et on se retrouve ensuite avec la moitié d'EELV qui rejoint LREM et supprime l'ISF.

L'échec de la taxe carbone montre à quel point on a besoin de réduire les inégalités pour résoudre la crise climatique. » Et « il est impossible de demander aux classes populaires et aux classes moyennes de faire des efforts si l'on n'apporte pas la preuve incontestable que les plus riches en feront au moins autant » En fait, « dans la mesure fiscale qui a conduit aux gilets jaunes, au contraire, **on utilisait l'argent de la taxe carbone pour financer la suppression de l'ISF** ! On ne pouvait pas mieux tuer la possibilité même d'une politique écologique juste.

N. O. : « Il faut dépasser le capitalisme », dites-vous ? Pourquoi ce mot, pourquoi pas « sortir du capitalisme » ? »

T. P. : Je dis dépasser pour dire sortir, abolir, remplacer. Mais le terme dépasser me permet d'insister un peu plus sur la nécessité de débattre du système de rechange. » [**Dépasser : supprimer et remplacer, cela est très « hégélien »**, sans le savoir ? E.J.]. « Après l'échec soviétique, on ne peut plus promettre l'abolition du capitalisme sans débattre longuement et précisément de ce qu'on va mettre en place ensuite. J'essaie d'y contribuer.

LES 10 PISTES DE PIKETTY

1. Propriété sociale et cogestion : les salariés reçoivent 50 % des sièges dans les conseils d'administration et les droits de vote des plus grands actionnaires sont plafonnés (par exemple à 10% dans les grandes entreprises) » Plus » :

« 2. Propriété temporaire : création d'un impôt progressif (= proportionnellement plus lourd pour les riches) sur la propriété, dont les taux iraient de 0,1 % pour les petits patrimoines (jusqu'à 100 000 euros) à 90 % pour les patrimoines supérieurs à 2 milliards.

3. **Dotation en capital** universelle et circulation de la propriété : à 25 ans, chacun reçoit 60 % du patrimoine moyen, soit 120 000 euros, **financé par l'impôt progressif sur la propriété** » Plus :

« 4. Relèvement des taux des tranches supérieures de l'impôt sur le revenu et les successions (jusqu'à 90 %).

5. Constitutionnalisation du principe de la progressivité des impôts.

6. Justice éducative : rééquilibrage effectif et vérifiable des dépenses éducatives en faveur des zones défavorisées.

7. Taxe carbone individuelle et progressive grâce à une carte carbone permettant de mesurer la consommation et la situation de chacun » Plus :

« 8. Financement de la vie politique : les citoyens reçoivent de l'État des bons pour l'égalité démocratique à verser aux partis de leur choix ; plafonnement drastique des dons privés.

9. Insertion d'objectifs fiscaux et écologiques quantifiés et contraignants dans les accords commerciaux et les traités internationaux ; suspension des accords et traités (y compris européens) ne remplissant pas ces conditions » Enfin :

« 10. Création d'un cadastre financier international permettant aux administrations fiscales de savoir qui possède quoi. »

Piketty prêche-t-il dans le désert ?

L'économiste a vendu 2,5 millions d'exemplaires de son essai « Le Capital au XXIe siècle », mais **ses idées peinent à convaincre les politiques**. À commencer par Emmanuel Macron [Pas plus que la Caste de Bercy. Mais comment peut-on trouver cela étonnant ? E.J.]…

Par Éric Aeschimann et Pascal Riché, Nouvel Observateur, n° 2861 du 5-11/9/2019, pages 30-31.

« …six ans plus tard, il faut faire le constat : ses propositions n'ont quasiment eu aucune influence sur les décisions politiques. Son idée phare, qu'il reprend et affine dans ce nouveau livre, est d'instaurer une taxe sur la propriété **en généralisant l'ISF au niveau international**… L'idée n'a progressé qu'au sein de l'aile gauche du parti démocrate américain. En France, l'ISF est passé à la trappe. Pour le dire abruptement : beaucoup de lecteurs, peu d'électeurs ! »

Photographie : Donald Trump et Emmanuel Macron au sommet du G7 à Biarritz le 25 août dernier.

« L'économiste prend pourtant soin de ne se fâcher avec aucune famille de pensée. Il assume certes son positionnement à gauche (il a soutenu Benoît Hamon), mais fait tout pour ne pas apparaître comme un militant : « *Ma démarche est celle d'un chercheur en sciences* sociales, *c'est de travailler sur des solutions, au-delà des crispations insolubles entre groupes politiques* », répète-t-il. » Ainsi « Il a développé **un style Piketty : poli, modéré, optimiste, cherchant à rassembler**, il ne tombe ni dans le tragique, ni dans la dénonciation grandiloquente. Son histoire des inégalités ne ménage pas les élites qui se sont succédé depuis trois siècles, mais sur le mode de l'ironie. Il est mordant, il sait ne pas se faire récupérer (il a refusé la Légion d'honneur) », certes « il dit toujours en face ses critiques aux dirigeants politiques, mais il ne surjoue pas les clivages et il accepte de discuter avec tout le monde, et notamment avec des économistes libéraux. C'est **l'anti-Bourdieu**. »

Cependant, « du côté de la gauche radicale, on le trouve trop modéré, « soc-dem ». « *Avec Piketty, pas de danger pour le capital au XXIe siècle* », a persiflé Frédéric **Lordon**, économiste adulé par la gauche ultra. Les marxistes orthodoxes, eux, jugent sa définition patrimoniale du capital trop doucereuse : elle occulterait la part de violence sociale inhérente aux rapports entre capital et travail. En proposant de tout régler par l'impôt, Piketty évacuerait deux siècles de luttes sociales. »

Mais « la droite l'a également critiqué avec véhémence. En France, l'essayiste Nicolas **Baverez** a dénoncé son marxisme de sous-préfecture. Des économistes anglo-saxons ont pointé des erreurs dans les données – mais la polémique a fait long feu. L'argument à la fois le plus grossier et le plus sérieux est venu des défenseurs d'un capitalisme pur et dur » : mais « en quoi le creusement des inégalités est-il un problème à partir du moment où les plus pauvres ont désormais de quoi se nourrir et vivre ? Pour eux, dès que la politique commence à se préoccuper de justice sociale, elle ne peut que tomber dans le totalitarisme (ce qui était déjà la conviction de l'économiste libéral Friedrich Hayek). »

Or cette pensée pro-business et anti-État est loin d'être morte : c'est celle qui guide Donald Trump comme Jair Bolsonaro au Brésil. Inutile de dire que Piketty n'est pas sur leur table de chevet.

Mais « du côté des économistes proches de la pensée sociale-démocrate, le travail de Piketty a eu de l'influence. Son diagnostic est désormais accepté et les inégalités ne sont plus un sujet interdit. Il faut s'en féliciter : il y a vingt ans, l'idée aurait été balayée d'un revers de manche : toute une frange intellectuelle, de François Furet à Alain Minc, dénonçait « la passion égalitaire » des Français, qui aurait conduit hier à la Terreur et aujourd'hui à la stagnation économique. » Même « les inégalités seraient même utiles à la croissance, suggérait-on – notons que ce genre d'énoncé sort en général de la bouche de gens du bon côté de ces inégalités.

Un tel déni n'est plus de mise et le thème des inégalités s'est imposé. L'épidémiologiste britannique **Richard Wilkinson** a démontré que non seulement elles ne favorisent ni la croissance ni le bien-être collectif, mais qu'au contraire le stress qu'elles génèrent fragilise tout le corps social, y compris les plus riches. » Et « même le FMI, la Banque mondiale et l'OCDE ont changé de discours. Au point que, fin août, le G7 a mis la lutte contre les inégalités à son menu. Mais le travail de Piketty n'y était pas cité, et aucune des mesures qu'il défend depuis des années n'y a été discutée.

C'est que le mot « égalité » n'a pas le même sens pour tout le monde. » De fait, « quand Piketty parle de répartir le capital entre tous, les libéraux ne jurent que par l'égalité des chances (« *les inégalités d'origine* », « *les inégalités de destin* », « *les inégalités à la naissance* », résumait Macron en avril). Ils s'appuient, parfois en déformant leurs idées, sur des penseurs comme John Rawls ou Amartya Sen. » À cet égard, « chacun doit être « égal » sur la ligne de départ, et que la concurrence des mérites joue ! Une belle ruse idéologique pour dégonfler la question de la redistribution. »

Les politiques ont globalement ignoré Piketty : « *Je ne l'ai pas lu, il est trop lourd* », avait plaisanté avec sa subtilité habituelle Michel Sapin, ministre des Finances, au moment de la sortie du Capital au XXIe siècle. En janvier 2015, lors d'un colloque organisé à Bercy en présence de l'économiste, Macron, tout nouveau ministre de l'Économie, avait esquissé un pas vers lui » : ainsi « « *Nous sommes en échec, c'est la cruauté des constats de long terme que Thomas Piketty a établis, il faut bien le constater* ». Mais le naturel est revenu au galop : devenu président, Macron a mené une politique ouvertement pro-riches : théorie du premier de cordée, remplacement de l'ISF par un impôt sur le seul immobilier, *flat tax* pour les revenus du capital... »

En fait, « **Piketty croit à la puissance des idées. [C'est là qu'est probablement le fond de son apparence d' « idéalisme »**. E.J.]. Pour lui, c'est en prenant le temps d'expliquer les ressorts et les conséquences des choix économiques, en partageant des connaissances, en démocratisant le savoir, en rapprochant les disciplines, qu'on peut espérer emporter la conviction. » Or « cette ligne de conduite explique probablement **le large respect dont il continue de jouir, y compris chez ses adversaires**. Mais pour ce qui est de les faire changer d'avis, le moins qu'on puisse dire, c'est que ce n'est pas gagné. Best-seller ou pas. » [C'est à peu près ce que disait jadis dans un autre domaine, mais en mettant en jeu des mécanismes conscients et inconscients assez comparables, Freud de la « résistance à la psychanalyse. » E.J.].

Comprendre « Capital et idéologie » en quelques minutes », Marianne n° 1176 du 27-9/3-10/2019, pages 52-53, Agora Lecture, par Bertrand Rothé.

AGORA

Dans son dernier livre, l'économiste Thomas Piketty développe quatre idées claires, fortes, voire « révolutionnaires » pour certains. Elles pourraient ouvrir des perspectives réjouissantes en cette période difficile.

1. **Tous nos points de vue sont affaire d'idéologie**. Au cours de l'histoire, l'économie et la morale n'ont été que des moyens, des outils de propagande [Nietzsche] pour justifier les inégalités [Marx]. » Or « avec ce type de raisonnement, on a la sensation agréable de revenir aux années 60 : « *D'où parles-tu, camarade* ? » Dans la continuité des historiens des *Annales* [Lucien Febvre, Marc Bloch ?] et, peut-être moins consciemment, dans celle des économistes de la régulation [Michel Aglietta ?], notre auteur interroge les institutions, les régimes économiques qui construisent notre quotidien à travers le monde. » Alors « il commence son cycle avec la Révolution française et sa sacralisation de la propriété. Ce jour-là, c'est la fin des institutions trifonctionnelles qui régissaient l'Occident chrétien. L'aristocratie va rejoindre la bourgeoisie et former une classe sociale, l'Église s'efface, la déchristianisation est déjà bien avancée. » Dès lors, « avec son État régalien et le concept triomphant de propriété, le nouveau monde surgit. Alors que l'on attendait l'égalité et la fraternité, l'inverse est arrivé. Comme fréquemment, les clercs sont à la manœuvre pour enfumer le quidam. Nicolas de Condorcet affirme en

1794 que « *les fortunes tendent naturellement à l'égalité* », au moins « dès lors que l'on établit « *la liberté du commerce et de l'industrie* », et il n'est pas le seul. Pendant tout le XIXe siècle, « *une bonne partie des élites [de la Monarchie avant celles de la République] continuent de tenir des discours peu différents* » avec comme conséquence, écrit Piketty, « *une concentration de la propriété et du pouvoir économique et financier qui s'établit au début du XXe siècle à un niveau plus élevé que sous l'Ancien Régime* ». »

« 2. **Pour comprendre l'économie, il faut se plonger dans l'histoire** ou, pour reprendre le vocabulaire de l'auteur, faire une « *analyse historique* » de notre situation. Le premier propriétarisme se termine avec la création de l'impôt progressif sur le revenu voté dans la plupart des grands pays développés avant 1914. L'époque qui suit est heureuse. La période de 1920 à 1990 est marquée par une réduction des inégalités. » Ainsi « « *En Europe (comme aux États-Unis), on constate que les années de plus forte croissance correspondent à la période 1950-1990, quand les inégalités étaient les plus faibles et la progressivité fiscale était la plus forte.* » Et de conclure, quelques lignes plus loin : « *Cette réalité historique incontournable est riche d'enseignements pour l'avenir* ». » Mais « **reste à comprendre pourquoi les riches ont accepté cette évolution**. Les causes en sont multiples, mais deux sont assez surprenantes. « *Les populistes* [américains] *jouèrent un rôle central dans la campagne pour réformer* **l'impôt sur le revenu** », **ainsi que, en 1916, lors de l'instauration de l'impôt fédéral sur les successions**. Le communisme joue aussi un rôle important. Dès 1917, « *un aspect qui ressort clairement est la* **peur de la révolution**. » Quelques années plus tard, les chars du pacte de Varsovie à une semaine de Paris apprennent la modération aux plus ultras. » Par ailleurs :

« 3. **Depuis les années 80, nous sommes dans une période « néopropriétariste ». Les socialistes sont en France les grands acteurs de cette transformation. Pascal Lamy a repris le discours de Condorcet. L'ancien président de l'OMC et militant PS a très longtemps copié-collé le ministre Turgot (le doux commerce réglera toutes les inégalités), et il n'est pas très difficile de trouver les mêmes thématiques chez Emmanuel Macron.** » Mais « en attendant, les inégalités explosent. Pour notre chance, rien n'est écrit, il y a toujours des alternatives. Deux exemples : les Suédois n'ont pas un goût immodéré pour l'égalité. À la fin du XIXe siècle, c'est même un des pays les plus inégalitaires d'Europe, avant d'en devenir le parangon en matière sociale. » Par ailleurs, « qui se souvient que le taux marginal supérieur, c'est-à-dire le taux appliqué aux revenus les plus élevés, a atteint en moyenne 81 % [**Erreur** : 91 % en 1941. E.J.] aux

États-Unis entre 1932 et 1980, c'est-à-dire pendant près d'un demi-siècle, et 89 % au Royaume-Uni ? Il suffit de vouloir pour que le changement advienne. « *Tout dépend des institutions et des règles que chaque communauté humaine se donne, et tout peut changer très vite* » [bond qualitatif, Politzer. E.J.], ceci « *en fonction des rapports de force politico-idéologiques* [super-] *entre les différents groupes sociaux en présence.* » Alors on se met à rêver d'un monde plus humain, plus égalitaire, plus respectueux de la nature. » Alors :

« 4. **Que faire ? Notre Marx national au visage jovial** de poupon sympathique propose de bâtir un « *socialisme participatif* ». **Sus aux excès du propriétarisme, mais de façon soft**. Il suffit de continuer un processus qui a été arrêté en 1914 et 1945. Avant la Première Guerre mondiale, les grands pays développés **ont réfléchi à un impôt progressif sur la propriété mais aussi sur le patrimoine, mais ils n'ont voté que le premier** » : donc « il suffit de reprendre la discussion et de terminer le travail. Alors que le patrimoine est la première source d'inégalité, **la propriété temporaire doit fondre à chaque génération grâce à un impôt progressif**. En contrepartie, tout le monde touchera une dotation universelle en capital à l'âge de 25 ans. Un rêve qu'ont déjà théorisé les **vrais sociaux-libéraux italiens** de l'entre-deux-guerres. [Thomas Paine, etc., Wikipédia] » Or, « dans son précédent livre, l'économiste rappelait qu'**un peu plus de 17 % d'une classe d'âge reçoit par héritage plus d'une vie de revenu moyen, alors qu'une moitié n'hérite de rien**. Voilà donc une proposition réjouissante. Que les libéraux en peau de lapin ne se révoltent pas, nous ne serons peut-être pas les premiers à mettre en œuvre cette réforme. » Ainsi, « *Dans la perspective de l'élection présidentielle de 2020, certains candidats démocrates ont mis en avant la création pour la première fois aux États-Unis d'un impôt fédéral sur la fortune, par exemple avec un taux de 2 % sur les patrimoines compris entre 50 millions et 1 milliard de dollars, et de 3 % au-delà de 1 milliard de dollars, suivant la proposition faite par Elizabeth Warren début 2019. Le projet s'accompagne également d'une* exit tax *égale à 40 % du patrimoine pour ceux qui choisiraient de quitter le pays et d'abandonner la citoyenneté étatsunienne* ».

En outre, « il faut relancer la cogestion dans les entreprises pour rééquilibrer la propriété sociale. L'actionnaire ne doit plus gérer seul les affaires, les salariés doivent participer aux décisions. Certains hurlent déjà au communisme, mais nos voisins allemands et suédois pratiquent la chose **depuis le milieu des années 40** avec un certain succès. Évidemment, pour permettre tout cela, il faudrait revoir les traités et autres accords commerciaux. »

Donc, « si vous voulez réfléchir avec un des meilleurs économistes français, lisez ce livre passionnant, très bien édité, très riche, mais qui nécessite un bon mois de lecture.

À l'attaque des inégalités : Thomas Piketty propose de reprendre une idée qui n'a pas abouti en son temps pour cause de conflit mondial, celle d'un impôt progressif sur le patrimoine, avec en contrepartie une dotation universelle en capital à l'âge de 25 ans. »

Le capitalisme peut-il être juste ?

France Culture. T. Piketty est l'invité des « Matins » le 7 octobre 2019. Par Guillaume Erner.

« Après le succès de son ouvrage *Le Capital au XXIe siècle* en 2013, Thomas Piketty revient avec *Capital et idéologie.* Son travail questionne une nouvelle fois, et à une échelle plus large, la question des inégalités.

Après avoir connu un net recul au milieu du XXe siècle, les inégalités seraient en augmentation dans la plupart des pays depuis 40 ans. » Dès lors, « comment remettre en perspective historique la variation des inégalités ? Comment évoluent les discours portés sur ces inégalités au cours du temps ? Au nom de quoi faut-il ou non les combattre ?

Notre invité est Thomas Piketty, économiste, directeur d'études à l'EHESS et professeur à l'École d'économie de Paris. Il publie « Capital et idéologie » aux éditions Seuil. »

En fait, « toutes les sociétés ont besoin de raconter **des récits sur où commence l'inégalité** ». T. P.

La Russie et la Chine face à l'impôt :

« **La Russie de Poutine aujourd'hui, c'est que vous avez un impôt sur le revenu de 13 % que vous soyez riche ou pauvre. La Chine aussi**. [Si c'est vrai même en Chine aujourd'hui, alors on peut vraiment dire que « **l'histoire est un récit conté par un idiot, plein de bruit et de fureur, et qui ne signifie rien** », comme dit Shakespeare dans Macbeth. E.J.] Parce qu'ils ont été traumatisés par les échecs du communisme, du maoïsme, ces deux pays ont privatisé leur économie et supprimé l'impôt sur les successions. Quand on arrive à transmettre un capital privé sans impôt sur les successions, l'idéologie communiste est quand même très loin. » T. P.

Impôt, successions et patrimoine :

« En France, l'impôt sur les successions, qui est autour de 45 %, est plutôt dans la norme. » T. P.

« Le revenu comme le patrimoine sont des indicateurs de la capacité de chacun à contribuer aux charges publiques. Il ne faut pas opposer l'impôt sur le revenu et l'impôt sur le patrimoine. Le principal impôt sur le patrimoine en France, c'est la taxe foncière, qui apporte plus de 40 milliards d'euros. » T. P.

« Dans l'absolu, un impôt sur le patrimoine n'est pas injuste…. Mais la taxe foncière, en France, est un impôt très injuste. » T. P.

L'histoire des inégalités :

« Dans les années 80-90, l'effondrement du bloc communiste a conduit à une espèce d'**abandon de toute volonté** de redistribution. » T. P.

« Les crises et les révolutions ont joué un rôle très important dans l'histoire des inégalités… la conflictualité en tant quel telle, **la crise sociale en tant que telle, ne produit pas forcément de débouché politique**. »

En fait, « le mouvement de réduction des inégalités au 20e siècle a été un grand succès, il a produit plus de mobilité sociale notamment, mais c'est bien pour ça qu'il ne faut pas revenir en arrière. On continue d'avoir une structure de la propriété économique qui est extrêmement concentrée… Ce n'est pas adapté à **l'ambition de justice qui caractérise nos sociétés** ». T. P.

La crise climatique, un levier du changement vers la réduction des inégalités ?

« Quand on parle de changer de système économique pour résoudre la crise climatique, ça exige d'entrer dans ces thématiques économiques de justice fiscale. » T. P.

« Si on veut aller vers la sobriété énergétique, il faut aller vers la sobriété économique. » T. P.

On a laissé parler l'auteur dont on a produit une liste de citations significatives de sa pensée. Elle s'exprime comme se fondant incontestablement sur l'**idéal d'un humanisme moral engagé, d'un volontarisme pratique affirmé**.

On en arrive à présent aux interventions de caractère défavorable au livre de T. Piketty. On en a découvert jusqu'ici 5 : Jean-Marc Vittori dans « Les Échos », Matthew Lynn dans « The Daily Telegraph », Philippe Aghion dans le « Nouvel Observateur », Roland Lescure dans le même numéro, Gaëlle Macke et Vincent Beaufils dans « Challenges ».

19 septembre 2019 : **Anatomie d'un pamphlet anticapitaliste**.

Dans son nouveau livre, l'économiste Thomas Piketty décrypte les idéologies qui justifient les inégalités. **Son travail est impressionnant. Fondé sur des présupposés contestables, il débouche sur des propositions dangereuses. Et l'économie en est étrangement absente.**

Par **Jean-Marc Vittori**.

« Les grands chefs savent cuire à la perfection un saumon à l'unilatéral. Le grand économiste Thomas Piketty, lui, a réussi la performance d'écrire une œuvre magistrale à l'unilatéral. Malgré ses 1 232 pages, son dernier livre, *Capital et idéologie*, est **bancal** et débouche donc sur des propositions dangereuses. Il faut s'y intéresser de près, car **le propos puissant va avoir une vaste audience.** »

Ceci étant, « le chercheur de l'École d'économie de Paris, dont il est l'un des piliers, regrette que « le journaliste et le citoyen s'inclinent trop souvent devant l'expertise de l'économiste ». On s'efforcera d'éviter cet écueil. À vrai dire, ce n'est pas facile, tant les 1 100 premières pages sont époustouflantes. »

Certes « éclairage politique novateur.

Dans *Le capital au XXIe siècle* paru en 2013, Thomas Piketty brossait une vaste fresque des inégalités, mettant en lumière l'envolée récente des revenus et des patrimoines des plus riches. Dans *Capital et idéologie*, il tente de décrypter les idéologies qui ont justifié les inégalités, partout dans le monde. Ce faisant, il fait une formidable « économie politique et historique », selon sa propre expression. »

En fait, « **la perspective historique est saisissante. L'éclairage politique est novateur**, comme l'a souligné Branko Milanovic, un autre grand spécialiste mondial des inégalités. **La mutation du parti des travailleurs en partie des diplômés est sans doute une pièce essentielle et méconnue du puzzle politique de ces dernières décennies.** »

Reproduction du graphique de *Capital et idéologie*, page 976.

En réalité, « **la démarche, plus souvent descriptive qu'explicative, fondée sur des positions de principe qui ne sont pas justifiées, manque étrangement de raisonnements économiques**. En voici trois exemples.
Piketty, une inégalité faite homme.

Pour Piketty, **les inégalités**, c'est mal. [Alors que **c'est bien**]. » Celles-ci « relèvent d'une construction sociale et il faut les éradiquer, sauf quand elles relèvent de choix individuels. C'est évidemment **faux ou au moins partiel.** » Ainsi « Thomas Piketty en est un exemple : c'est une inégalité faite homme. Ses capacités de travail exceptionnelles, sa rare puissance de raisonnement, sa maîtrise unique de nombreux outils intellectuels ne reflètent pas une construction sociale, mais les hasards de la combinatoire génétique et son environnement familial, amical et professionnel. »

[Mode d'argumentation incohérent et passionnel. E.J.]

[J.-M. Vittori donne des références : « Le livre résumé en 1 232 caractères », *L'Obs* 4 septembre 2019, par Pascal Riché, voir ci-dessus.

« Après la Pikettymania, ce qui restera du « Capital au XXIe siècle », « Les Échos », article de 2014 par Jean-Marc Vittori].

Mais « surtout, Thomas Piketty ne s'intéresse ni aux causes ni aux conséquences économiques des inégalités. Il cite certes le philosophe John **Rawls** qui soutenait que certaines inégalités peuvent être acceptables, mais avec de longues pincettes. Or il faut regarder les deux côtés de la médaille. « Que la fortune de Jeff Bezos soit indécente n'autorise pas à passer sous silence **l'innovation** majeure qu'a représentée la création d'Amazon », souligne Jean Pisani-Ferry, ancien commissaire général de France Stratégie. » [**L'important, c'est que l'indécence ait des effets positifs**. E.J.].

En vérité, « pour Piketty, **la propriété**, c'est mal. [Alors que **c'est bien**]. Au moins au-delà d'un certain montant qu'il se garde de préciser. Il faut donc l'éradiquer très largement, en taxant jusqu'à 90 % à la fois patrimoine (chaque année), revenus et successions. Une **expropriation** qui va largement au-delà du taux d'impôt sur le revenu poussé à 91 % aux États-Unis pendant la Seconde Guerre mondiale, cité maintes fois par le chercheur. »

Le barème Piketty : reproduction du Tableau de la page 1130 de *Capital et idéologie*.

En réalité, « le problème, c'est que Piketty ne s'intéresse pas aux causes et aux effets économiques de la propriété. Significativement, il ne cite pas Pierre-Joseph **Proudhon**, l'un des intellectuels qui ont pourtant le plus réfléchi à la propriété au XIXe siècle. Connu pour avoir lancé « la propriété, c'est le vol », il avait rejeté ensuite « toute conclusion communiste » puis expliqué finalement que la propriété est « le triomphe de la liberté ». »

En fait, « Tentation autoritaire.

Le chercheur affirme que le progrès économique vient du progrès éducatif. Là encore, la perspective est unilatérale. La croissance depuis la Révolution industrielle a aussi été permise par l'essor d'un capitalisme fondé, comme le soulignait Proudhon, sur la propriété privée des moyens de production. Lui seul a su financer des investissements à la fois massifs et efficaces. **La propriété « temporaire et sociale » proposée par Piketty est bien trop floue** pour s'y risquer. »

[Le regard de Branko Milanovic ; Le regard de Jean Pisani-Ferry].

« Pour Piketty, enfin, **l'impôt**, c'est bien [Alors que **c'est mal**]. Cette idée constitue un fil rouge de son itinéraire intellectuel. Mais si l'impôt est nécessaire, légitime et souhaitable, il pose néanmoins question. » **L'overdose peut être mortelle. [Piketty montre que cela a été le contraire entre 1930 et 1980 aux U.S.A et en G.B., et que c'est la dérégulation liée à l'absence d'impôt qui tue probablement aujourd'hui le taux de croissance.** E.J.]. « Quand Keynes propose d'augmenter massivement l'impôt sur les riches « qui certainement aiment assez leurs métiers pour que leur travail puisse être obtenu à bien meilleur marché qu'à présent », il s'inquiète immédiatement après des effets économiques de cette hausse. Piketty s'en moque. »

Donc « avec son livre, Thomas Piketty devrait atteindre son objectif : « Il s'agit pour moi d'ouvrir le débat, jamais de le trancher » - même si l'on sent souvent dans son texte une tentation autoritaire. La question du partage va être centrale dans les années à venir. Même de richissimes Américains admettent que leur richesse est trop grande. Mais le débat ne doit pas être seulement moral, politique, sociologique. Pour éviter les erreurs du passé, il devra aussi être économique. »

Le texte de Vittori qu'on vient de lire comporte déjà le ton de l'alarme et même de la frayeur vis-à-vis d'un adversaire contestable, bancal, mais impressionnant, dangereux, puissant, autoritaire, ce qui rappellerait curieusement le coup de trompette célèbre qui marque le début du *Manifeste communiste* de Marx-Engels lancé en 1848 : « Un spectre hante l'Europe ! », à ceci près qu'il s'agit à présent de la dimension de la planète.

Mais ce n'est rien à côté de ce qu'on va lire à la suite.

Vittori n'ose pas accuser Piketty d'être un « communiste », ce qui est démodé et ne suggère plus guère l'idée d'un danger, mais de « tentation autoritaire », idée voisine de celle du totalitarisme de jadis.

Malgré tout, Jean-Marc Vittori semble avoir lu le livre de T. Piketty de plus près que l'auteur suivant Matthew Lynn qui concède n'en avoir à peu près rien lu, bien que payé pour le faire.

3 octobre 2019 : **Piketty plus dangereux que jamais**.

The Daily Telegraph – Londres.

Matthew Lynn : Pour ce chroniqueur britannique, l'auteur star du *Capital au XXIe siècle* serait un ennemi de l'esprit d'entreprise et de l'innovation. Et les mesures préconisées dans son nouveau livre auraient des effets catastrophiques si elles étaient appliquées.

« C'est sans aucun doute **le livre qui a eu le plus d'influence dans le domaine économique, et peut-être même dans tous les autres domaines, au cours des dix dernières années**.

Le *Capital au XXIe siècle*, de l'universitaire français Thomas Piketty, est une **énorme somme** de statistiques, d'analyses et d'arguments **qui a convaincu les responsables politiques et les médias de gauche du monde entier** que les inégalités augmentaient inexorablement et qu'il fallait une fiscalité et une réglementation agressives pour en venir à bout. »

L'auteur est « pour un taux d'imposition sur la fortune jusqu'à 90 %. **Doucement mais sûrement, cet ouvrage a fait son chemin dans les débats politiques autour de nous.**

Et voilà que Piketty fait son grand retour avec un nouveau livre plus dangereux que jamais. Dans *Capital et idéologie* [publié le 12 septembre au Seuil, et dont l'édition anglaise devrait paraître en mars], l'auteur va encore plus loin. Il veut abolir les milliardaires, imposer la fortune et le revenu à hauteur de 90 % et prône une forme de propriété « temporaire ». »

Bonnes gens, attention ! Car il a « déjà un best-seller au compteur.

Le travail de Piketty pose cependant deux gros problèmes : il se trompe sur les fondements de l'économie. Et il ignore complètement le rôle de l'innovation et de l'esprit d'entreprise. **Il ne fait aucun doute que son nouveau livre aura également une influence énorme – mais s'il est aussi repris que le précédent, il causera d'énormes dégâts.**

Les retombées du *Capital au XXIe siècle* ont été énormes. » Car « publié en français en 2013 et traduit dans le monde entier, il s'est classé en tête des best-sellers du New York Times et s'est vendu à environ 2 millions d'exemplaires. »

Heureusement, « beaucoup acheté, mais peu lu.

Pour autant, tout le monde ne l'a pas lu en entier. D'après un calcul amusant, sur la version Kindle (où le nombre de pages lues peut être comptabilisé), l'acheteur moyen n'a lu que 26 des 1 000 pages que compte l'ouvrage. Ce qui en fait l'un des livres les plus achetés, mais aussi sans doute les moins lus de tous les temps (**j'ai réussi à en lire un peu plus [que 26 pages], mais sans doute parce que j'étais payé pour**). » **[C'est l'argument d'un mercenaire sans complexe, ce qui ne l'incline pas pour autant à sous-estimer les capacités et la dangerosité de l'adversaire.** E.J.].

C'est que, voyez-vous, « son argument central, [au diabolique Piketty], c'est que les inégalités ne sont pas un dommage collatéral du capitalisme, mais bien sa caractéristique principale. **Tant que le rendement du capital dépassera le taux de croissance, les richesses resteront dans les mains d'un nombre toujours plus restreint de personnes. [C'est à peu près cela.** E.J.]. Des années 1930 aux années 1970, les inégalités se sont peut-être réduites, en raison de quelques facteurs, mais elles augmentent à nouveau inexorablement et **seuls l'impôt sur la fortune et l'intervention de l'État peuvent ramener l'équilibre.** » [Ce **n'est pas tout à fait cela.** E.J.].

18 octobre : **Piketty mène-t-il l'économie à sa perte ?**

Courrier international-Paris.

« L'économiste français vient de publier un nouveau livre où il propose des mesures pour dépasser le modèle capitaliste. Bon sens ou propos irresponsables ? Les opinions divergent.

Oui. Il menace l'esprit d'entreprise – « The Daily Telegraph » (extraits), Londres. »

Suit la reprise intégrale du texte de Matthew Lynn dans le Daily Telegraph du 3 octobre 2019.

19 octobre : **Fiscalité, succession, redistribution... La doctrine Piketty au banc d'essai**, par **Gaëlle Macke** et **Vincent Beaufils**.

« En plongeant dans l'histoire mondiale des inégalités, l'économiste cherche à montrer que leurs justifications sont idéologiques mais qu'elles ne sont pas irréversibles. Sur quatre thèmes majeurs, **Challenges** teste son programme alternatif. »

Certes, « Thomas Piketty n'a pas eu le prix Nobel mais il est certainement **l'économiste le plus influent de l'époque** depuis le succès hors normes de son ouvrage sorti en 2013 Le *Capital au XXIe siècle*, vendu à 2,5 millions d'exemplaires dans quarante pays. Son nouvel opus *Capital et Idéologie* (Seuil) lance un autre pavé dans la vitrine du capitalisme. » À vrai dire, « le sujet reste le même – les inégalités et la concentration du capital – tout comme la méthode – **un décorticage statistique et une mise en perspective historique planétaire**.»

En fait, « après avoir dénoncé l'aggravation des inégalités depuis trente ans, qu'il a théorisée comme une mécanique inéluctable du capitalisme, le chercheur entend démontrer, **au travers d'expériences du passé, que des alternatives existent et ont déjà été appliquées pour contrer la logique inégalitaire fondée sur « l'absolutisme de la propriété privée**. » Pour ce faire, « à une gauche tétanisée depuis le désastre communiste, l'auteur, engagé, offre un programme radical visant à **« dépasser le capitalisme » via une révision drastique du régime de propriété qui doit être plus « sociale et temporaire »**.

FISCALITÉ : L'impôt, son arme favorite puissance 3 »

Or « pour lutter contre la concentration du capital qui fabrique des fortunes privées démesurées et étire les inégalités par le haut, Piketty sort son arme favorite : l'impôt. Il en propose trois, puissamment progressifs : le premier sur les revenus (intégrant la CSG, les cotisations sociales, la taxe carbone et les revenus du capital, autant taxés que ceux du travail), le deuxième sur les successions et le troisième, annuel, sur la propriété (sur la valeur de tout le patrimoine, qui inclurait aussi la taxe foncière). » Ceci dit, « **concernant l'impôt sur le revenu, Thomas Piketty reste trop**

flou pour évaluer l'impact de sa réforme. Une certitude : cela va frapper beaucoup plus fort pour les contribuables très bien rémunérés. Mais **c'est surtout sur les impôts sur le capital que l'économiste change de magnitude.** Le chercheur base ses calculs sur un patrimoine moyen des Français de 200 000 euros. » Dès lors, « il taxe ceux qui possèdent le double à 1 % chaque année et 20 % sur les successions, ceux qui détiennent dix fois plus (2 millions) à respectivement ~~2 % et 50 %~~ [**Erreur ! :** 5 % et 60 %. E.J.], jusqu'aux très fortunés possédant plus de 10 000 fois le patrimoine moyen (2 milliards) où la taxation grimperait à 90 %. » De plus, « le taux s'appliquerait à l'ensemble du patrimoine (et non par tranches). **Une ponction délibérément confiscatoire pour les plus fortunés, alors que le rendement moyen du capital atteint péniblement 5 %.** »

Certes, « « C'est une proposition ambitieuse, tout est discutable », indique Piketty, qui souhaiterait que ce modèle fiscal soit adopté **au niveau européen voire mondial, mais pense qu'il est possible d'avancer au niveau national.** Et de rappeler que de 1936 à 1980, les **États-Unis ont taxé les revenus et successions** au-delà de 70 % sans entraver leur croissance ni provoquer de mutineries des riches. » Néanmoins, « Washington n'a **jamais instauré d'impôt sur la fortune** et ceux qui ont existé en Europe n'ont jamais prélevé plus de 3 % sur les patrimoines les plus élevés. En France, le défunt ISF taxait à 1,5 % au-dessus de 10 millions en exonérant l'outil professionnel... et faisait déjà fuir des riches. » N'empêche que « Piketty, au vu des recettes d'ISF entre 1990 et 2017, qui ont crû deux fois plus vite que le PIB, assure que ce spectre de l'exil fiscal, effectivement inchiffrable, est un « mensonge factuel ». »

Bien que *Challenges* soit une revue conservatrice, la présentation est plus objective et d'un ton plus modéré que les articles très combattifs de Jean-Marc Vittori et Matthew Lynn. La critique de ponction confiscatoire s'appuie sur une présentation numérique à peu près précise (malgré une erreur) des propositions fiscales de T. Piketty.

« Taxer les riches ne suffit pas. » Aghion répond à Piketty.

« Dans son dernier livre, Thomas Piketty propose de taxer jusqu'à 90 % les très grosses fortunes. L'économiste Philippe Aghion nous explique pourquoi il y est opposé.

Philippe Aghion, Économiste, est professeur au Collège de France. Il enseigne à Harvard et à la London School of Economics. Ses recherches portent sur la croissance et le rôle qu'y joue l'innovation.

Propos recueillis par Sophie Fay et Pascal Riché, Nouvel Observateur n° 2869 du 31-10/6-11/2019, pages 70-71. »

N. O. : « Dans *Capital et Idéologie*, Thomas Piketty estime que les inégalités ne sont pas nécessaires à l'économie. Elles seraient le fruit de constructions idéologiques et politiques. Partagez-vous son point de vue ?

P. A. : Pour moi, qui ai gardé un vieux fond marxiste, les inégalités ne sont pas seulement politiques et idéologiques. En dernier ressort, les forces économiques, les infrastructures sont le facteur déterminant. » De fait, « j'aurais du mal à expliquer le passage de la féodalité au bonapartisme sans considérer le rôle de la bourgeoisie. La société post-révolutionnaire n'est pas le fruit d'une idée, mais le résultat de l'émergence de la bourgeoisie, qui a conduit à des changements de système. » Quant à eux, « les discours idéologiques sont déployés a posteriori par les classes dominantes pour justifier le nouvel ordre.

N. O. : Un changement radical de système serait possible, selon Piketty, pour **peu que les forces militantes et les intellectuels se mobilisent**. Le capitalisme pourrait être « dépassé », dit-il… »

P. A. : « Je me suis longtemps intéressé à la transition vers le socialisme. Puis un jour un ami de mon père, Pierre Courtade, le correspondant de l'Humanité à Moscou, est venu dîner à la maison et a dit : Le socialisme, quelle belle idée! Quel dommage que ça ne marche pas… Donc **je crois davantage à la régulation du capitalisme, à la façon d'un Michel Aglietta, qu'à son dépassement.** » Cependant, « je crois dans la redistribution et dans la mobilité sociale. Je suis scandalisé qu'à Polytechnique il n'y ait pratiquement pas de filles et de fils d'ouvriers. L'idée que la naissance prédétermine l'avenir d'un enfant me révolte. Mais je crois aussi dans la croissance, une croissance inclusive. » En fait, « jusqu'en 1820, la croissance n'existait quasiment pas au niveau mondial, comme l'a montré l'historien et économiste Angus Maddison. Elle apparaît alors en Europe, mais pas en Chine, malgré toutes les inventions qui y ont été générées. » Mais « pourquoi ? Des historiens comme Joël Mokyr l'expliquent par une conjonction de facteurs : la liberté de circulation des idées, la codification du savoir – avec l'Encyclopédie –, les droits de propriété sur l'innovation, la concurrence entre pays européens.

N. O. Mais ces fortunes se transmettent de génération en génération...

Est-ce que vous en concluez qu'il faut laisser tranquilles les milliardaires, ceux-ci n'étant qu'un sous-produit de l'innovation ? »

P. A. : « … Il faut réguler le capitalisme.

La frontière n'est pas si claire. Quand Mark Zuckerberg développe Facebook sur une simple bonne idée, il se construit une rente...

La taxation joue certainement un rôle, mais dire au-dessus de tant, je prends tout, c'est assumer le **risque de tuer l'innovation et la croissance**. Je suis néanmoins favorable à une taxation plus progressive, en particulier sur les successions. » En réalité, « cela ne suffit pas. Il faut mener une politique de la concurrence plus active, pour empêcher les barrières à l'entrée. Il n'est pas acceptable de laisser des géants acheter sans limites toutes les sociétés qui émergent et qui les menacent. » Car « c'est ce qui explique le déclin de la croissance aux États-Unis. Enfin, il faut instaurer des règles très strictes de financement des partis politiques, afin que l'action publique ne soit pas biaisée par l'influence des plus riches.

N. O. : Au XXe siècle, la taxation des richesses était plus forte, il y avait moins de milliardaires, l'innovation n'était pas moindre et la croissance était plus vigoureuse… »

P. A. : « … Mon obsession, ce ne sont pas les riches, c'est de permettre une croissance qui réduise la pauvreté et une augmentation de la mobilité sociale. Dans les pays scandinaves, il y a des gens très riches, comme Monsieur Skype, mais ils n'ont pas la possibilité de bloquer le système. » Or « ce sont les pays les moins inégalitaires au monde, avec une mobilité sociale et une croissance élevée. Cela étant, je ne suis pas un adepte béat de tout ce qui se fait là-bas : la Suède, en particulier, a laissé son système éducatif et son système de santé se dégrader depuis quinze ans. »

N. O. : « La concentration croissante du capital dans quelques mains n'est pas à vos yeux un problème ?

Tant que cela n'empêche pas d'autres d'arriver au sommet, non.

N. O. : La perspective de pouvoir devenir milliardaire explique-t-elle vraiment l'innovation ? Les créateurs de start-up ne sont-ils pas surtout motivés par l'aventure ? »

P. A. : « … Si un innovateur pense qu'il se trouve dans un pays où, à un moment donné, on lui prendra plus que dans un autre, il changera de pays. **Sans l'appât du gain, hélas, il y aurait peu d'innovation**.

N. O. : Une lourde taxation du capital ne pourrait donc marcher que si elle était mondiale ?

N. O. Ils ont aussi supprimé l'impôt sur les successions...

N. O. : Le poids croissant du top 1 % dans l'ensemble des richesses, aux États-Unis en particulier, n'est-il pas une dérive du capitalisme ? »

P. A. : « … **Une politique globale de régulation du capitalisme**. »

[Un programme verbal qui ne mange pas de pain. E.J.].

« Piketty sera au cœur des débats de la primaire démocrate. »

« Pour le député LREM Roland **Lescure**, économiste, *Capital et Idéologie* est un livre qui répond surtout aux problèmes américains et conforte le modèle français.

Roland Lescure, 52 ans, préside la Commission des Affaires économiques de l'Assemblée. Économiste, il a été numéro deux de la Caisse de Dépôt et Placement du Québec, le deuxième fonds de pension canadien.

Propos recueillis par Sophie Fay, Nouvel Observateur n° 2869 du 31-10/6-11/2019, pages 72. »

N. O. : « Vous avez lu le nouveau livre de Thomas Piketty. Vous connaissez bien l'Amérique du Nord, où vous avez été élu député des Français de l'étranger. Comment cet essai, radical dans ses propositions fiscales, sera-t-il reçu aux États-Unis ?

R. L. : C'est là qu'il aurait dû être publié en priorité ! Thomas Piketty aurait dû l'écrire directement en anglais, devenir le conseiller d'Elizabeth Warren » [candidate à l'investiture démocrate pour la présidentielle NDLR]. « En France, il est moins utile car **ce qu'il prescrit n'est en réalité pas si loin du modèle français aujourd'hui**… [C'est n'importe quoi ! E.J.]…

N. O. : Dans son constat sur la France, Thomas Piketty se trompe-t-il ?

R. L. : Il se trompe de cible, parce que la France est sans doute l'une des économies occidentales le plus en phase avec les principes qu'il défend. » Et de façon plus globale, « il se trompe complètement sur le niveau d'imposition : **il préconise des seuils tellement confiscatoires qu'il oublie la face lumineuse du capitalisme, à savoir l'innovation**, l'incitation à développer des nouvelles technologies et la création de richesses. Il ne voit que la face sombre. »

N. O. : « On ne peut tout de même pas l'ignorer…

Il faut évidemment s'occuper de ces inégalités de revenus insoutenables et des pressions sur la planète qui le sont tout autant, mais sans oublier que **le capitalisme a permis de sortir un milliard de personnes de la pauvreté**.

Surtout, le livre est très léger sur l'écologie. »

Chapitre 9

Dernières remarques et conclusion

Quelques points, d'importance variable, mais d'interprétation délicate me paraissent, au moment de finir, encore mériter une discussion si possible plus approfondie.

En premier lieu se présente comme problématique l'attitude de T. Piketty touchant sa défiance, allant parfois jusqu'au rejet de toute espèce de **déterminisme** dans le champ étudié par lui de l'histoire des régimes économiques.

À vrai dire, il ne nous dit pas tout à fait clairement si c'est au niveau de la réalité des faits, ou si c'est seulement à titre de règle de prudence méthodologique qu'il invalide la notion de déterminisme.

Le déterminisme se définit de manière classique comme l'ensemble des conditions nécessaires ou conditions d'existence d'un phénomène et du processus de son évolution. On reconnaît à titre de principe de la science expérimentale le principe du déterminisme universel ou de légalité selon lequel tous les phénomènes naturels sont conditionnés par ceux qui les précèdent ou les accompagnent, liés les uns aux autres par des relations invariables ou lois (Pierre-Simon Laplace 1749-1827, Claude Bernard 1713-1878) (Cuvillier 34, Morfaux 80).

Une pétition de principe depuis Claude Bernard fait considérer le déterminisme comme absolu, c'est-à-dire portant sur l'ensemble des phénomènes physiques, biologiques et psychologiques.

On a expliqué plus haut que T. Piketty se proposait de prendre distance à l'égard de toute forme de détermination socio-économique rigoureuse sur la sphère politico-idéologique, en vue de préserver l'initiative d'une volonté efficace de changement social et politique.

Il s'agit de ce fait et surtout pour T. Piketty de se confronter, en s'en éloignant aussi, au modèle de la Pensée-Marx, propagé par la vulgate marxiste (VM) de la causalité jugée mécanique de l'infrastructure (économique) sur la superstructure (idéologique). On verra plus loin que ce n'est pas une question si facile.

Ses références fréquentes aux notions de justice, de norme de justice acceptable, de régime idéal (de propriété, de fiscalité) (voir Index des idées) nous semblent bien éclairer une attitude inspirée par **un idéal, on l'a déjà dit, d'humanisme moral étendu à l'ensemble de la vie sociale**. On a déjà relevé aussi que cette attitude, que l'on comprend parfaitement, a d'illustres précédents : par exemple Kant déclarant avoir dû limiter les prétentions du savoir pour faire place aux exigences de la vie morale.

Mettre le déterminisme en question (T. Piketty n'est pas le seul ni le premier à l'avoir fait), c'est placer la pensée et-ou l'action humaine sur le terrain opposé que l'on désigne par les termes de **contingence, indétermination, indéterminisme, voire même volonté, liberté, tous mots d'origine philosophique, qui ne sont pas entièrement synonymes, mais qu'en tout cas son livre n'utilise jamais.**

Nier le déterminisme, d'accord, mais c'est affirmer, poser, reconnaître quoi ?

Arrivé en ce point, on est obligé d'entrer dans le champ de la philosophie, ne serait-ce qu'en faisant remarquer que des parties non négligeables de son histoire ont été préoccupées par ce que l'on pourrait appeler « le choix entre la nécessité ou la liberté », par exemple chez des auteurs comme Charles **Renouvier** (1815-1903) ou encore Jules **Lequier** (1814-1862), qui se trouvent vivre justement en plein milieu de l'époque de la révolution industrielle.

T. Piketty a parlé plusieurs fois de l'environnement interdisciplinaire de la science économique, en 2013 (histoire, sociologie, politologie, anthropologie, 945), également dans l'entretien accordé à Alternatives économiques d'octobre 2019 (id. sauf anthropologie), mais quasiment jamais de champs du savoir tels que la philosophie (sauf une fois, 1197), la psychologie, la psychanalyse.

En 2013, il dit son estime pour Jacques Rancière (940), mais avoue peu d'atomes crochus avec « Sartre, Althusser ou Badiou » (949).

T. Piketty a reçu la base de sa formation à l'École normale supérieure où il est entré dans la Section Sciences (1989 S), la même année d'ailleurs que Gaël Giraud en Section Lettres (1989 L). Or, à mon souvenir (1955-1959), il a toujours été peu habituel que s'établissent des contacts entre les deux champs disciplinaires majeurs qui partageaient l'École, sauf de très rares exceptions (par exemple Badiou).

La philosophie ne figure pas non plus parmi les fréquentations favorites de la douzaine des économistes de la tendance hétérodoxe que j'ai étudiés dans mon dernier ouvrage de 2019. Pour ce qui est de la psychologie,

Jean Tirole dit s'intéresser à une certaine espèce de psychologie cognitive fabriquée *ad hoc* dans son entourage scientifique.

L'économie scientifique se ressent elle-même dans une sorte de voisinage avec la sociologie : la plupart des ouvrages de formation (Manuels de Terminales, Dictionnaires variés) traitent des connexions historiques anciennes et parfois aussi contemporaines entre économie et sociologie, en offrant des Tableaux synoptiques comparés des courants variés de ces disciplines (Passard 2015, Échaudemaison 2018). Pourtant le passage ne se fait pas dans les esprits à partir de la sociologie vers la psychologie sociale, puis vers la psychologie générale, et enfin vers la philosophie (en particulier des sciences), passage qui devrait s'offrir comme dans « l'ordre des matières » naturel, comme disait Descartes.

T. Piketty utilise plusieurs fois la notion très intéressante d'apprentissage social collectif (Index des idées), qui rappelle d'une certaine manière l'intérêt de la psychologie sociale pour les notions d'influence sociale (Jalley, 2006, 327), d'attitude, de stéréotype même. Tout comme d'ailleurs le propos captivant de Pascal que toute l'humanité apprend et retient à travers le temps comme si elle était un seul homme. Vont dans le même sens également les propos fréquents de T. Piketty sur les « leçons de l'histoire » (Ibid.).

Pour en revenir au problème de l'acceptation ou de la limitation du déterminisme, plusieurs voies ont été tentées dans l'histoire de la philosophie.

Cette histoire prend forme comme la question classique depuis la philosophie antique jusqu'à notre époque, du rapport entre le déterminisme et la liberté.

T. Piketty donc, comme déjà dit, ne nous parle jamais des opposés du déterminisme qu'il rejette, qui ont pour nom : contingence, voire liberté. Cependant, il nous parle bien de « mobilisation », en particulier dans les luttes politico-idéologiques, ce qui connote sans aucun doute l'idée d'une initiative, donc d'une liberté pratique. Par ailleurs, son insistance sur la question de l'inégalité, en rapport avec un souci de justice – terme très fréquent dans son texte (voir Index des idées) évoque tout à fait le concept de ce qu'un philosophe (Étienne Balibar) a qualifié d'« égaliberté », en référence à la trilogie républicaine « liberté-égalité-fraternité ». C'est pourquoi il nous est apparu tout à fait acceptable, à propos des conceptions de T. Piketty sur le rejet du déterminisme, d'en discuter en relation avec le problème philosophique classique de la « liberté », qui représente justement l'opposé logique et métaphysique du déterminisme.

Pour commencer, on peut dire que l'**aspect moral** du problème de la liberté est celui qui a commandé tous les autres dans l'élaboration de la question. Ce qui ne va pas sans certaines difficultés.

En tout cas, c'est intéressant de le souligner à l'égard de la perspective, que nous avons présumée chez T. Piketty, d'un humanisme moral comme horizon de ce qu'il formule comme la requête d'une « norme de justice », une « quête de justice », une « ambition de justice ».

En outre, la liberté, comme terme opposé à celui de déterminisme, se propose d'abord sous l'aspect banal premier du libre arbitre, autrement dit de la liberté d'indifférence. Divers **modèles de l'indifférence** vont alors se proposer qui vont tous échouer à résoudre la question, tout comme l'approche par la voie morale.

Or il existe une autre troisième approche, après les apories d'abord rencontrées tant par les modèles de l'indifférence que par celui de l'exploration par la voie morale, l'**approche par la psychologie**.

La meilleure réussite d'une telle approche justifie l'importance de la psychologie, tant du conscient que de l'inconscient, et en tant que telle partie essentielle de l'arborescence philosophique des savoirs, à l'égard des questions épistémologiques rencontrées dans les sciences humaines et sociales.

1. On va donc commencer, touchant le rapport entre déterminisme et liberté, par les philosophies de l'indifférence, dont il a existé plusieurs variétés.

Certains auteurs ont valorisé le sentiment de la liberté dans la décision volontaire comme une puissance de commencement absolu, s'exerçant de façon arbitraire et inconditionnelle (Renouvier 1815-1903). Dire qu'un acte est libre, ce serait dire qu'il n'est déterminé par rien de ce qui précède, ni facteur externe, ni même mobile interne.

Cette interprétation oppose nettement la liberté au déterminisme, pour l'envisager comme **libre arbitre**, pouvoir de choisir l'un ou l'autre de deux contraires, **liberté d'indifférence**, et à la limite faculté de se décider sans motif (Bossuet).

On voit alors aussitôt surgir une difficulté. Cette **liberté comme indétermination, contingence** pure est celle de l'âne de Buridan (1300-1358), qui mourrait à ne pas savoir se décider entre deux bottes de foin exactement semblables. Cette conception survit dans l'acte gratuit d'A. Gide (1869-1951), dans le projet fondamental de J.-P. Sartre (1905-1980), mais déjà dans le choix radical d'É. Kant (1724-1804).

Face à cette difficulté d'une liberté vide et sans poids, d'autres identifient la liberté comme une **causalité propre à la conscience**, en voyant dans le sentiment de la liberté la conscience vécue d'un certain élan, d'une certaine continuité ou productivité de la conscience : l'acte libre est celui qui jaillit du plus profond de notre personnalité (Bergson 1859-1941).

Face à la même difficulté, d'autres encore acceptent la coexistence de la liberté avec le déterminisme en la concevant comme **liberté morale, ou « autonomie »**, découverte par Kant dans l'attitude de l'agent moral qui se donne à lui-même la règle de sa propre action. On reviendra plus loin (3.) à ce modèle particulier, et on verra quelles difficultés il soulève.

Dans cette approche normative se trouve également la **liberté du sage ou liberté de perfection** qui, bien loin d'implique aucune indétermination, suppose au contraire l'impossibilité de faire le mal. Les philosophes qui ont défendu cette conception de la liberté ont soutenu en même temps le déterminisme universel le plus rigoureux (Stoïciens, Leibniz 1646-1716, Spinoza 1632-1677).

2. Une autre voie, plus périlleuse, a consisté à transposer cette expérience vécue du concept de liberté, difficile à défendre sous la forme du libre arbitre opposé au déterminisme, en transposant les coordonnées de la discussion vers un autre espace, soit métaphysique (noumène de Kant) soit cosmologique (indéterminisme scientifique).

– On trouve tout d'abord ici la question des **futurs contingents**, traitée initialement par Aristote (384-322). Aristote n'est pas un déterministe absolu, et admet que la contingence existe même en dehors de l'action humaine. De ce fait, il nie que la loi du tiers exclu soit applicable concernant les événements futurs particuliers. De toute nécessité, en 2022, Marine Le Pen, ou bien sera élue, ou bien ne sera pas élue ; mais cela ne veut pas dire ou bien que nécessairement elle sera élue ou bien que nécessairement elle ne le sera pas. Lorsqu'il s'agit du futur, aucune des contradictoires (élue/pas élue) ne serait, au moment où l'on parle, ni vraie ni fausse.

– Une caricature du déterminisme historique est le **fatalisme**, qui n'implique nullement l'idée d'un ordre régulier et constant des phénomènes. Sa conclusion pratique est ce qu'on a appelé l'**argument paresseux** : tout effort est inutile, puisque ce qui doit arriver arrivera fatalement, quoi qu'on fasse. Se rangent sous ce concept le fatalisme vulgaire, le fatalisme antique (Moïra des Grecs, *Fatum* des Latins), le *fatum mahumetanum* (Leibniz) des musulmans, et aussi le fatalisme théologique illustré par la doctrine de la prédestination (Saint Augustin, Calvin, Jansénistes).

On a parfois tenté de restreindre les droits du déterminisme, en lui accordant dans la science un **rôle purement méthodologique**, sous forme d'une hypothèse, ou encore d'un postulat. On a répondu à cela que les différents secteurs de la réalité interfèrent « tant en dehors de nous qu'au-dedans » (Durkheim) et que **le déterminisme est universel ou n'est pas** (Goblot).

Le déplacement de l'**indéterminisme dans le monde intemporel** est la solution adoptée par Kant. Déterminisme dans l'ordre des phénomènes, liberté dans l'ordre nouménal. Un ordre nouménal dont l'existence est discutable. Mais alors la liberté ne peut plus être ni saisie intuitivement ni démontrée.

– On va alors s'efforcer de penser l'**indéterminisme dans le monde des phénomènes**.

Renouvier ne place pas la liberté dans un monde intelligible, ni n'en fait un fait d'expérience. La liberté ne peut être selon lui, que l'objet d'une affirmation libre, et c'est cette affirmation libre de la liberté qui rend seule possible la vérité, et par suite, la science. J. **Lequier** disait de son côté que « la liberté est la condition de la connaissance ». C'est ce que l'on a appelé la théorie **volontariste** de la croyance.

Cette doctrine évoque des réminiscences du pari de **Pascal**, comme aussi de la théorie cartésienne du jugement (c'est la volonté qui en dernière instance décide). On la retrouve chez le Suisse Charles **Secrétan** 1815-1895), mais aussi dans le pragmatisme fidéiste de William **James** (1842-1910, *La Volonté de croire*). Son danger est qu'elle revient à faire « croire les choses parce qu'on veut qu'elles soient » (Bossuet), par exemple que Saddam Hussein possède des armes de destruction massive (Bush), ou que le réchauffement climatique n'existe pas (Trump).

On va alors tenter d'introduire l'indéterminisme au niveau non seulement du sujet, mais de l'ensemble de la nature, physique et enfermant la nature mentale.

Émile **Boutroux** (1845-1921) a écrit un ouvrage sur « la contingence des lois de la nature » (1898). Selon lui, la liberté de la volonté n'est que la forme la plus haute de la contingence qui se trouve au fond de la nature, sous forme d'une fonction d'innovation agissant dans le passage de toute « forme de l'être à une forme supérieure ».

Par la suite se proposent diverses orientations concernant l'**indéterminisme scientifique**.

Épicure (342-341 - 270) avait déjà opposé à la chute inflexible des atomes dans le vide selon **Démocrite** la possibilité pour les atomes d'une puissance spontanée de se mouvoir eux-mêmes (*clinamen*).

Descartes (1596-1650, 1649) supposait la possibilité pour l'âme, en agissant sur la glande pinéale, de changer la direction du mouvement des esprits animaux.

Des auteurs tels que le philosophe-mathématicien Antoine-Augustin **Cournot** (1801-1877), le philosophe déjà cité Renouvier, mais d'autres aussi : le mathématicien Adhémar Barré de **Saint-Venant** (1797-1886), le mathématicien belge Joseph **Delboeuf** (1831-1896), le mathématicien Joseph Valentin **Boussinesq** (1842-1929, 1878) ont suggéré que la volonté, sans avoir besoin d'aucune force externe, serait capable d'exercer des effets physiques.

Certains savants, dans le cadre de la physique contemporaine, ont conclu que le déterminisme serait une notion purement statistique, liée au calcul des probabilités, et ne tenant pas à la nature des choses. Idée d'une indétermination indécelable à nos « sens grossiers » déjà exploitée par Renouvier et Boutroux.

On est allé plus loin encore avec une certaine interprétation de la relation d'incertitude de Werner **Heisenberg** (1901-1976, 1927), jusqu'à affirmer une indétermination essentielle des phénomènes et une sorte de liberté ou de « choix » de la nature imaginé par l'anglais Paul **Dirac** (1902-1984, 1933). L'astronome anglais Arthur Stanley **Eddington** (1882-1944), le physicien danois Niels **Bohr** (1885-1962, 1922), et le physicien français Louis de **Broglie** (1892-1987) ont utilisé les expériences de Heisenberg dans le même sens.

En réalité, l'attitude indéterministe a soulevé, de la part des plus grands savants, de vives protestations (Albert **Einstein** 1879-1955, Max **Planck** 1858-1947, Paul **Langevin** 1872-1946 1929).

3. Si on déplace le problème de la liberté **sur le terrain moral**, son prétexte et son terrain d'élection dès la philosophie antique (Socrate, Platon : nul n'est méchant volontairement) on n'en évite pas pour autant les mêmes et aussi d'autres difficultés.

Kant, déjà évoqué plus haut, identifie la liberté au devoir, soit à l'autonomie sous la loi de la raison. On a pu faire remarquer que, ce faisant, il oscille (selon les textes) **entre un déterminisme rationnel et la liberté d'indifférence** (Paul Janet 1823-1899, 1874).

Il n'est **pas clair non plus que la notion de liberté soit, par nature, liée à celle de responsabilité**. Il existe une responsabilité objective sans rapport avec la liberté morale. Par ailleurs, le libre arbitre, vu comme la source d'une décision sans motif, de nature innée ou acquise, écarte déjà de soi la notion même d'une causalité invoquant la responsabilité (Jules **Lachelier**, 1832-1918, 1896).

Ces difficultés, liées aux trois modèles précédents (liberté d'indifférence, indéterminisme cosmologique, liberté-devoir) orientent progressivement vers l'idée que la liberté morale n'est pas de même nature que la liberté vue comme indéterminisme (Jules **Payot** 1859-1940, 1894). Mais qu'au contraire **la liberté morale ne serait « possible que dans et par le déterminisme »** (Gustave **Belot** 1859-1929, 1913).

Leibniz disait déjà que c'est au fatalisme, mais pas au déterminisme que la liberté est opposée (Théodicée §§ 55, 1710).

On a pu faire remarquer que l'existence des conseils, des exhortations, des promesses, des contrats, loin d'être une preuve à l'appui du libre arbitre, n'est un fait intelligible que dans **l'hypothèse déterministe, comme cadre d'une liberté réelle** (Hermann **Ebbinghaus** 1850-1909, 1910).

On peut soutenir dès lors que la croyance dans l'efficacité morale de l'effort implique évidemment la notion de solidarité de notre avenir avec notre présent et notre passé. Si rien ne se perd dans le domaine moral comme dans le domaine physique, s'il reste des « traces » (notion fréquente dans le livre de T. Piketty), c'est que « tout ce qui a été une fois inséré dans le tissu de la vie morale tend à y persister, à y faire sentir indéfiniment ses effets » (Henri **Marion** 1846-1896, 1880). « Rien n'est oublié » (Freud), ni « rien n'est achevé » (Politzer).

Le fait de lier la liberté au cadre même du déterminisme, plutôt que de l'assimiler à l'indéterminisme qui en est le contraire, s'effectue bien plus facilement si on quitte le terrain de la métaphysique et de la logique, pour en poser le problème **sur le terrain psychologique**. Telle a été la tentative intéressante de Bergson de proposer le nouveau modèle d'une « causalité psychologique ».

Le fait psychologique fondamental est que nous nous sentons libres (Descartes, Bossuet, Bergson). Bien que la critique en ait été produite par Leibniz et Spinoza. Bergson insiste sur le fait d'une intuition de la liberté comme « donnée immédiate de la conscience ». Bien qu'on ait pu reprocher aussi à la liberté bergsonienne de sembler plus proche de la spontanéité instinctive que de l'autonomie rationnelle, d'être « seulement élan et spontanéité », alors que la volonté serait surtout « arrêt et inhibition » (Belot 1913, André **Lalande** 1867-1963, 1930).

Mais rien n'oblige de réduire cette expérience vécue de la liberté au sentiment du libre arbitre, c'est-à-dire de l'indétermination, **bien que cette liberté d'indifférence existe dans certains cas** (Bossuet, Thomas **Reid** 1710-1796, 1828).

Plus tard encore, Lachelier (1896), en accord sur ce point avec Bergson, soutient qu'une soi-disant intuition de la liberté comme indétermination ne peut être qu' « un pur néant aux yeux de la conscience ».

En fait, rien ne garantit que ce sentiment de l'indéterminisme ne soit dans bien des cas qu'une illusion, souvent rétrospective, et même un sentiment entièrement trompeur par exemple chez les hypnotisés (Alfred **Fouillée** 1838-1912, 1887).

Par ailleurs, on peut comprendre sans peine que se déterminer sans motifs ou sans raisons, ce qui peut arriver, mais n'est pas le cas le plus fréquent, ce n'est nullement se déterminer sans causes.

Étant admis que la liberté ne saurait être cherchée dans une limitation ou dérogation apportée au déterminisme, il faudrait donc **chercher dans la nature même de la vie psychique les bases d'un déterminisme psychologique conciliable avec la liberté, ou mieux, identique à la liberté elle-même**.

De ce point de vue, se présente, par-delà le déterminisme proprement physique, la hiérarchie intégrative de trois ordres de déterminisme.

– Un déterminisme organique dont la complexité, – qui pratiquement se traduit par l'imprévisibilité, – offre déjà les apparences de la contingence et constitue une sorte d'équivalent physiologique de la liberté.

– Un déterminisme social ouvrant sur un facteur psycho-social, où peut s'envisager en principe la transformation graduelle de la contrainte en coopération (Émile **Durkheim** 1858-1917, 1912) et l'émergence progressive d'une personnalité individuelle.

La réalité sociale est le champ d'un déterminisme plus souple, où la liberté se justifie sociologiquement par le supplément de force reçu de la représentation des impératifs sociaux et de la participation à un idéal collectif (Paul **Fauconnet** 1874-1938, 1928).

– **le déterminisme volontaire enfin, apparaît comme un « déterminisme synthétique » qui « loin de s'opposer à la liberté coïncide avec la liberté elle-même »** (Armand **Cuvillier** 1887-1973, 1947).

Le déterminisme mécanique se déroule dans le temps, suivant la forme d'une pure succession où le passé n'est plus rien, et l'avenir n'est rien encore.

Cette activité de synthèse qui caractérise la volonté nous offre en fait une double possibilité et comme deux degrés de libération. D'abord, elle nous permet de prendre conscience des mobiles qui nous font agir et de nos actes eux-mêmes. Non seulement elle substitue ainsi à la nécessité aveugle des impulsions une nécessité comprise. Mais de plus elle prolonge l'action de ces motifs dans la conscience, et elle fait que nos actes eux-mêmes deviennent pour nous de nouveaux motifs d'agir (Jean **Nabert** 1881-1960, 1923).

C'est donc à ce niveau, celui d'une **hiérarchie complexe reposant sur l'intégration de plusieurs couches de déterminisme que se définirait la**

possibilité d'une inscription de « traces », ouvrant entre autres sur la perspective de « leçons de l'histoire » (T. Piketty).

En second lieu, c'est cette activité de synthèse qui introduit dans notre conduite l'unité et la rationalité du vouloir. La causalité proprement psychologique doit être cherchée dans cette détermination par la raison et par les concepts dans la mesure où elle nous permet de faire vraiment nôtres, par la délibération et la réflexion critique, les motifs venus du champ de la conscience sociale.

C'est dans ces actes qui expriment, comme le dit **Platon,** « notre âme tout entière », mais principalement les parties les plus élevées de notre âme, dans ces actes où nous nous sentons puissamment déterminés par le meilleur de nous-mêmes. Ainsi comprise, la conscience de la liberté ne saurait être illusoire : c'est la conscience que l'esprit prend de lui-même comme activité de synthèse et de choix.

Comme l'écrit encore Léon **Brunschvicg** (1869-1944) : « Autant il est agréable aux hommes de s'entendre dire qu'ils sont libres, autant il leur est pénible de se libérer effectivement. En fait, depuis Socrate, ce qui s'est opposé à la thèse de la liberté, n'est pas du tout l'antithèse du déterminisme, c'est l'antithèse du libre arbitre » (1927, 742).

Définir le niveau de la production idéologique via la dynamique d'une activité cognitive créative, le définir donc par l'évacuation du déterminisme, ce serait comme se tirer une balle dans le pied. Le déterminisme ne peut pas se situer dans une sphère du réel (la nature, plus une grande partie de la culture, entre autres matérielle), mais pas dans une autre (la sphère de l'histoire et des processus idéologiques). **Le déterminisme ne serait pas quelque part, pour n'être pas ailleurs. Il est partout ou nulle part**. Si le déterminisme est éliminé de champ de l'histoire et des processus culturels, alors le sujet historico-culturel ne pourra lui-même produire aucune détermination, qui au surplus puisse s'inscrire sous la forme d'une trace organisatrice d'une expérience de mémoire. Il s'agira d'un sujet vide, marqué par l'inconsistance, sans projet ni mémoire, celui que nous avons rencontré plus haut avec cette encombrante liberté d'indifférence. **Si existe le déterminisme, alors peut agir un sujet déterminant capable de produire de la détermination, celle-ci alors inscriptible dans des traces**. C'est dans ce cas seulement que l'histoire, comme dit Lacan « ne cesse pas de s'écrire », aussi bien dans le projet d'un avenir que dans la mémoire d'un passé. Tandis qu'elle « cesse de s'écrire » par principe, si devant elle ne s'ouvre que « le silence éternel de ces espaces infinis » que déploie la béance des contingences.

Pour prendre un exemple intéressant dans la démarche de Freud (1856-1939), c'est dans son livre sur la *Psychopathologie de la vie quotidienne* (1901) qu'il en vient à affirmer le postulat nécessaire d'un déterminisme psychologique, d'une chaîne de la « Nécessité » (*Anankê*) justement parce que tout est écrit, s'est écrit un jour quelque part, sur une autre scène.

Comme les notions de déterminisme et celle de « loi », de « légalité causale » s'entretiennent mutuellement, se co-déterminent si l'on peut dire, **on ne peut reléguer l'hypothèse du déterminisme sans abandonner toute espèce de projet de formuler des « lois ».**

Or, tout de même, c'est bien ce à quoi tend et ce qu'effectue toute l'entreprise de T. Piketty depuis le début, et avec quel talent !

Dans *Le Capital au XXIe siècle* (Capital 1), il entend mettre en évidence les deux lois fondamentales du capitalisme, celle concernant le rapport capital/revenu ($\alpha = r/\beta$, 2013, 92), et celle reliant le rapport capital/revenu au taux d'épargne rapporté au taux de croissance ($\beta = s/g$, ibid., 262). Sans parler de l'hyper-loi (qui préside aux deux autres ?) concernant elle, la force de divergence fondamentale $r > g$ (ibid., 53).

Lisez que le % du rendement du capital et celui du taux de croissance du revenu national tendent à se développer en relation inverse.

Dans *Capital et idéologie* (Capital 2), T. Piketty met au jour d'autres espèces de « légalité », par exemple la proposition concernant la promotion des diplômés dans le vote social-démocrate depuis un demi-siècle, et ce en convergence simultanée très étonnante dans les grands pays développés (France, G.-B., USA). Dans l'ensemble sa méthode consiste à dégager des tendances persistantes au long terme (*trends*) sur le plus vaste éventail possible de pays, ce qui s'insère bien dans une attitude de fidélité déontologique à un programme déterministe sous-jacent.

Le principe déterministe a revêtu d'autres formes historiques, par exemple dans l'Antiquité chez les **Stoïciens** l'idée de Providence (*Pensées* de **Marc Aurèle** (121-180)), avant d'être récupérée dans la théologie chrétienne comme gérée par un Dieu défini par la contradiction d'une omniscience coexistant avec la toute-puissance.

Dès l'Antiquité également, on a su que la mise en doute de cette Providence débouchait dans le scepticisme absolu, par exemple chez un **Pyrrhon d'Élée** (360-270) mentionné par **Diogène Laërce** (180-240) : « Celui qui veut être heureux doit considérer d'abord ce que sont les choses ; en second lieu quelles dispositions nous devons avoir envers elles ; enfin ce qui résultera de cette disposition. Pyrrhon déclare que les choses sont sans différences, instables et indiscernables, et que par conséquent nos sensations et nos opinions ne sont ni vraies ni fausses. Sur le second point, il dit qu'il ne faut avoir nulle croyance, mais rester sans opinion, sans inclinations, et être ferme dans ces formules : nulle chose n'est plutôt qu'elle n'est pas ; elle est et elle n'est pas ; ni elle n'est ni elle n'est pas. Sur le troisième point, Timon, le disciple de Pyrrhon, dit que de cette disposition résulteront le silence (*aphasia*) et ensuite l'ataraxie » (Jalley, GPC, 2007, 299).

Chez les modernes, la pétition d'une liberté radicale, ontologique, liée au Projet (*Entwurf* de Heidegger) d'un *Dasein* (Être-là de Heidegger), d'un Pour-soi (Sartre) va de pair avec une certaine mésestime de la science comme de la technique, en rapport avec leur carcan déterministe. Le jeune Sartre disait, parait-il, avec un cynisme rigolard, de la science que c'était, avec la morale, rien que « peau de balle ». Seulement, il faut savoir ce que l'on fait lorsqu'on jette par-dessus bord l'intérêt pour la Science et son cadre déterministe. On se rend incapable d'en assumer la critique efficiente dans ses divagations, telle aujourd'hui que la « frénésie financière », qui laisse muet de stupeur et de terreur, mais avant tout d'incapacité technique dans l'évaluation précise des phénomènes, la plupart des philosophes français de la nouvelle génération.

Venons-en à la question des « leçons de l'histoire » auxquelles T. Piketty déclare accorder tant de confiance que d'utilité dans la définition d'un projet rénové de démocratisation de l'existence sociale et politique. On a une certaine difficulté, au moins dans l'apparence livrée par un survol rapide du problème, à découvrir dans l'histoire de la philosophie des traces bien consistantes d'un pareil motif. Il faut dire que la plupart des philosophes ont choisi la voie d'un accomplissement d'ordre individuel et personnel plutôt que collectif et politique – sauf Marx, mais qui de ce fait peut-être sort du cadre traditionnel de la philosophie. Avant lui, Hegel, le dernier des philosophes peut-être, disait déjà de façon péremptoire que « ce qu'enseignent l'expérience et l'histoire, c'est que peuples et gouvernements n'ont jamais rien appris de l'histoire et n'ont jamais agi selon des maximes qu'on en aurait pu retirer » (1822).

On songe tout de même à l'attitude collective de la grande école littéraire des écrivains de la période classique du pouvoir absolu (le fameux Siècle de Louis XIV) dont l'un des leitmotiv, de consonance parfois à la limite de l'hypocrisie, dans leurs Préfaces, est que la peinture des vices de la Nature éternelle de l'Homme – « une et toujours la même » – , présente l'intérêt d'offrir l'occasion d'une meilleure gouvernance des Caractères, chez l'individu comme dans la vie sociale (Molière, Racine, La Fontaine, La Bruyère). La peinture des défauts du commun serait bien une « leçon » – comme une leçon de choses disait-on encore dans les classes élémentaires de la République de jadis –, pour la maîtrise des qualités de l'honnête homme.

À vrai dire et à y mieux regarder, les propos sur ce sujet se présentent dans la tradition enseignante (par exemple dans l'incomparable Manuel de Cuvillier, édition de 1937, 2 vol., 1 402 pages) plutôt sous une forme antinomique, non sans une grande ambivalence à toujours balancer vers le pôle contraire dans l'exposé tant de la thèse que de l'antithèse.

On commence par nous pointer les difficultés méthodologiques particulières de l'histoire. Le fait historique est un fait social. Un fait singulier. Il est connu indirectement (Cuvillier 2, 192-204).

La synthèse historique tend à mettre en valeur un mode de raisonnement par analogie du passé avec le présent. De cette manière, l'histoire apparaît comme rebelle à l'application de la notion de loi, sauf à recourir à l'appui des explications plus sûres produites par la sociologie.

C'est d'ailleurs de manière assez comparable que la méthodologie contemporaine juxtapose, dans les manuels et dictionnaires d'enseignements modernes consacrés à l'économie, deux volets différents, l'un consacré à l'économie proprement dite, l'autre à la sociologie.

Ce préambule de généralités étant installé, ledit Manuel de Cuvillier 1937 nous développe ses deux parties de considérations contradictoires quant au problème des « leçons de l'histoire ».

Certes, d'un côté, on nous dit que « les questions relatives à la société ont, de tout temps, attiré l'attention des philosophes (Platon, Aristote, Spinoza, Locke, etc.), plus tard celle des théologiens (saint Thomas, Bossuet, etc.) et des théoriciens réformateurs (Thomas Morus, Machiavel, Campanella, etc.). Assurément, ces études « avaient pour objet non pas de décrire et d'expliquer les sociétés telles qu'elles sont ou telles qu'elles ont été, mais de chercher ce que **les sociétés** doivent être, **comment elles doivent s'organiser pour être aussi parfaites que possible** ». » (Durkheim 1858-1917, 1914).

On insiste encore sur le fait qu'« autrefois on a pu attribuer à l'histoire, soit un but didactique – l'histoire était « une préparation pratique à la vie », une école de morale, de politique ou d'art militaire ; c'est ainsi que « **Polybe et Plutarque ont écrit pour instruire ; ils ont eu la prétention de donner des recettes pour agir** », – soit un but apologétique – elle avait pour but de démontrer la supériorité d'une religion, d'un régime politique [idée exprimée par la Correspondance de Napoléon, t. XVI, p. 575. E.J.], de faire l'éloge d'un prince, – soit un but esthétique – l'histoire ne fut pendant longtemps qu'un genre littéraire, il s'agissait surtout de plaire ou d'intéresser. »

Cependant, d'un autre côté et à l'inverse, on nous déclare que « l'histoire, comme la sociologie, comme toutes les sciences [sauf la moderne technoscience. E.J.], n'a directement qu'un but théorique, Toutes ces conceptions de l'histoire [mentionnées plus haut] peuvent être considérées comme périmées : c'est une illusion surannée, écrivent Charles-Victor **Langlois** (1863-1929) et Charles **Seignobos** (1854-1942, 1898), de croire que l'histoire fournit des enseignements pratiques pour la conduite de la vie : jamais en effet les circonstances ne se reproduisent identiques à ce qu'elles ont été ; et Gustave **Monod** (1885-1968, 1909) déclare : **Le but et l'utilité de l'histoire ne doivent point être cherchés en dehors de l'histoire elle-même**. »

Mais « **ceci ne veut pas dire que l'histoire comme la sociologie ne puissent rendre des services à d'autres connaissances théoriques**. D'abord il existe un échange continuel de services entre l'histoire et la sociologie elles-mêmes. » De même que « l'histoire comparée joue un rôle dans la méthode sociologique, inversement la sociologie est seule capable d'expliquer de façon rationnelle et méthodique les faits historiques. La sociologie, à son tour, peut rendre des services à la psychologie en montrant tout ce que la vie mentale de l'individu doit au milieu social, et même à la logique, en faisant connaître les origines de la pensée rationnelle. »

En réalité, « ce n'est qu'indirectement que l'histoire et la sociologie peuvent jouer un rôle pratique. Ce rôle est cependant bien loin d'être négligeable.

1) Si l'histoire ne peut guère fournir d'enseignements pratiques pour le présent, il n'en est pas de même de la sociologie qui a précisément pour objet de dégager les éléments généraux et les relations constantes entre les faits. Sans doute elle ne doit pas se laisser entraîner prématurément par le souci des applications pratiques. Il n'en est pas moins vrai qu'elle peut dès maintenant apporter à la morale des indications extrêmement importantes.

2) Mais c'est peut-être plus encore par l'état d'esprit qu'elles développent en nous que l'histoire et la sociologie ont une importance pratique considérable.

a) D'abord elles sont d'excellents instruments de culture intellectuelle,

α. Elles habituent à l'impartialité (Numa Denis **Fustel de Coulanges** 1830-1889, 1845)…

β. Elles développent l'esprit critique : en particulier, « la pratique de la méthode historique d'investigation est très hygiénique pour l'esprit, qu'elle guérit de la crédulité » (Langlois et Seignobos, 1898)… « Une attitude d'esprit à l'égard de la réalité » (Gustave **Lanson** 1857-1934, 1894)…

b) Enfin l'histoire et la sociologie nous inspirent, à l'égard des faits sociaux, une attitude pratique vraiment rationnelle. L'histoire nous enseigne la relativité de toutes choses et la transformation incessante des croyances, des formes d'art, des institutions. Par là, elle nous prépare à comprendre et à accepter des usages variés ; en faisant voir que les sociétés se sont souvent transformées, elle habitue à la variation des formes sociales et guérit de la crainte des transformations.

– La sociologie nous préserve du scepticisme que le spectacle de ces incessantes variations pourrait nous suggérer, en nous montrant qu'elles ne se font pas au hasard, mais selon certaines lois. Cette dernière notion a une importance pratique considérable…

[La sociologie] nous met en garde contre [le fait de] croire possibles de véritables miracles (Durkheim 1912)… le mirage des changements « catastrophiques » non préparés par l'évolution. Herbert **Spencer** (1820-1903) a bien mis en lumière cette influence modératrice de la sociologie.

– Ainsi, l'histoire et la sociologie nous détournent à la fois de l'étroitesse d'un conservatisme ignorant des réalités sociales et des illusions de ce mysticisme irrationnel qui s'imagine qu'on peut tout changer du jour au lendemain. »

On voudra bien, si l'on a bien voulu nous passer la dimension un peu longue de ce discours, tenter d'en évaluer la véritable dimension idéologique. Celle d'un **discours de caractère plutôt centriste, oscillant entre le conservatisme et la crainte d'une évolution brutale, admettant l'intérêt de l'histoire, à condition qu'elle reste l'objet d'une préoccupation intellectuelle** plutôt que le moyen d'applications débouchant sur une pratique réelle, en prise sur le changement des choses.

L'histoire, pour emprunter le langage de Jacques Lacan, devrait rester l'objet du « discours universitaire » plutôt que de se préoccuper de s'investir comme l'une des péripéties, bien moins rassurantes pour l'adversaire du changement, du « discours du maître ».

Après ce parcours à travers l'histoire de la philosophie, il serait intéressant de mieux envisager le problème de la justesse des vues de T. Piketty touchant le rapport, jugé trop déterministe par lui, entre l'infrastructure et la superstructure dans les formations économico-sociales.

De ce point de vue, la pensée véritable de Marx et sa vulgarisation, la vulgate marxiste, vont peut-être nous apparaître plus compliquées que la version courante qui en est donnée la plupart du temps d'une détermination unilinéaire et unidirectionnelle.

À cet égard, on peut avancer que trois thèses définissent la superstructure à l'égard de l'infrastructure :

- Elle est déterminée en dernière instance par la base (l'infra-) ;
- Elle dispose d'une autonomie relative ;
- Elle a une action en retour sur la base.

Si l'on n'oublie pas le second point, et c'est absolument essentiel, alors l'indépendance (même si ontologiquement relative) du champ phénoménal des idéologies sur lequel est centré l'ouvrage de T. Piketty, est entièrement sauve.

Ce n'est pas que l'on tienne ici absolument à « réconcilier » la démarche de T. Piketty (À quoi bon si ce n'est pas son choix et qu'il y répugne !) avec le modèle marxiste, soit encore à une *reductio Picketti ad Marxum*, mais tout de même à quoi bon développer les conflits quand ceux-ci sont inutiles !

On peut très bien admettre qu'une fois apparues d'une façon relativement inattendue, contingente même, dans un certain contexte socio-économique tout de même motivant, les idéologies – couche supérieure particulière de la superstructure (on va le voir) – développent leurs propres déterminations de façon relativement autonome. Et que par ailleurs elles aient la capacité de réagir sur leur base (autrement les meilleurs projets de « Traité de démocratisation » par exemple ne resteraient jamais que des chiffons de papier, et même que du vent (*flatus vocis*)).

Cependant, il faut reconnaître que la pensée de Marx, même si aujourd'hui peu populaire, demeure un objet plutôt difficile mais tout de même décisif à bien cerner, car la présence latente de Marx reste importante, que cela plaise ou non, dans le discours des idéologies économiques contemporaines.

Pour cela, nous avons eu recours à deux figurations empruntées à des ouvrages classiques sur le sujet.

La première se présente dans le très célèbre et longtemps jadis universellement répandu *Principes d'économie politique* de P. Nikitine (Éditions de Moscou, 1966, page 9).

Elle représente le schéma de l'infrastructure socio-économique – soit encore le « mode de production » (*Produktionsweise*, MP), qu'Engels qualifie encore comme la « structure économique (*ökonomische Struktur*) de la société, qui constitue chaque fois la base réelle (*reale Grundlage*) qui permet, en dernière analyse (*in letzter Instanz*), d'expliquer toute la superstructure (*Überbau*) des institutions juridiques et politiques, aussi bien que des idées religieuses, philosophiques et autres de chaque période historique » (Friedrich **Engels** 1820-1895, *Anti-Dühring* 1878).

Le mode de production s'articule en deux couches hiérarchiques : d'une part les forces productives (FP) avec deux sous-composantes, d'autre part les rapports de production (RP) avec trois sous-composantes.

C'est à partir de cette couche supérieure dans le MP des RP que Marx, le premier avant Engels, dans la *Préface* à la *Contribution à la critique de l'économie politique* (1859) présente déjà la batterie de son appareil explicatif (reprise à quelques détails près dans le texte d'Engels, une vingtaine d'années plus tard, qui part lui de l'ensemble du MP) :

« L'ensemble de ces rapports de production constitue la structure économique de la société (*die ökonomische Struktur der Gesellschaft*), la base concrète (*die reale Basis*) [variante de *Grundlage*. E.J.] sur laquelle s'élève une superstructure (*Überbau*) juridique et politique et à laquelle correspondent des formes de conscience sociale déterminées. Le mode de production de la vie matérielle conditionne le processus de vie sociale, politique et intellectuelle en général. Ce n'est pas la conscience des hommes qui détermine leur être ; c'est inversement leur être social qui détermine leur conscience. »

Il nous est dit encore plus tard (1895) que le mode de production (MP) est « ce qui constitue le fait fondamental de toute communauté humaine », que s'y rattachent les « rapports de production » et que cette « base de la société s'enveloppe [en se cachant par-dessous ?] de formes politico-juridiques et de certains courants de pensée ».

Les expressions de base (B) et de mode de production (MP) ont également pour synonymes le terme « formation économique et sociale » (FES). On trouve encore « régime économique » ou encore « régime économico-politique », par allusion à la sous-composante des « rapports de propriété ».

Les rapports de production (RP) signifient de façon plus concrète les « rapports sociaux », les « relations sociales ».

Parfois Marx distingue l'infra- de la superstructure par les expressions de **« genre de vie » et « genre de pensée », réminiscence plus que probable de la distinction faite par Hegel entre Nature et Esprit, mais peut-être aussi entre Société civile et État**. Cela se lit clairement sur le plan d'ensemble de l'arborescence de l'Encyclopédie. Par ailleurs, l'opposition-corrélation infra-superstructure se laisse suggérer facilement à partir de la simple lecture de la structure pyramidale ascendante de cette arborescence Être-Nature-Conscience de l'arborescence hégélienne, où ces éléments se laissent retrouver aisément. C'est même un jeu d'enfant dont la découverte et mise en jeu plus précoce aurait pu épargner toutes les affres de jadis à propos des tortures interprétatives de la période althussérienne.

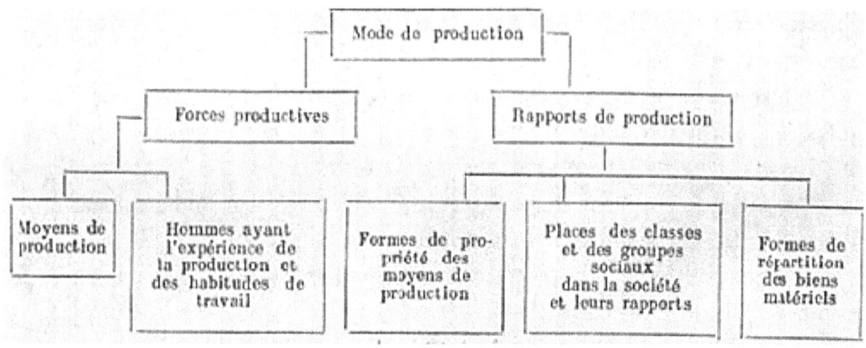

Le second schéma et son commentaire sont extraits du classique *Dictionnaire critique du marxisme* sous la direction de Georges **Labica** et Gérard **Bensussan** (P.U.F. 1982, page 562). Il permet de saisir les caractères assez complexes de l'articulation entre l'infrastructure et la superstructure, à laquelle ne s'intéresse pas la figure précédente.

« La célèbre Préface à la *Contribution* peut être ramenée au tableau suivant :

(2) RP (rapports de prod.) } **structure ou base /A/**
(1) FP (forces prod.)

Superstructure juridique/politique /B/ } **FES**
Formes de conscience /C/

Lequel schéma s'explicite en une série de propositions :

– le rapport A/B-C, dans sa généralité : le matérialisme ;
– l'ensemble A/B/C circonscrit le concept de formation sociale (FES) ;
– la contradiction FP/RP, où FP joue le rôle déterminant définit le procès révolutionnaire et provoque le bouleversement de toute la FES;
– l'hétérogénéité de ce bouleversement est double :
– du point de vue de sa connaissance : elle est scientifiquement rigoureuse pour la « base matérielle » ou les « conditions de production économiques » ; et scientifiquement non rigoureuse (proposition implicite) pour les « formes idéologiques ».
– du point de vue de sa temporalité : c'est « plus ou moins rapidement » que se transmet l'effet du changement dans la base à l'« énorme » (*ungeheure*) superstructure.

Ceci dit, les trois éléments A/B/C posent la question de savoir dans quelle mesure il convient de maintenir leur distinction en coupant la superstructure B-C en deux couches B/C, ou au contraire se laissent binariser en base A et supertructure B-C envisagée globalement.

Par ailleurs, la couche B, qui se laisse d'abord envisager comme « superstructure juridique et politique » – le droit intégré par l'État chez Hegel 1817-1830 – exprime vers le bas d'une part les « formes de propriété » subsumées dans les RP, mais s'exprime elle-même par le haut d'autre part en tant que « formes juridiques et politiques » déposées dans les formes idéologiques de la conscience sociale, puis individuelle.

On serait donc en présence de trois entités différentes :

– la propriété garantie par le droit, relevant de l'infra-, du **bottom**.

– le droit comme institution sociale externe, en rapport d'étayage réciproque avec l'État politique.

– le reflet dans les « formes idéologiques » – dans la doxa – dont se tissent les consciences sociale et personnelle, de ces institutions juridiques et politiques externes.

Ces deux dernières couches relevant du même niveau super- complexe **top**.

La doctrine nous dit aussi que l'idéologie est constituée de reflets (*Reflexe*) et d'échos (*Echos*) – ainsi déjà de la Caverne de Platon. Mais qu'en outre l'idéologie est un reflet inversé des rapports réels. C'est le monde à l'envers, sur la tête (*auf dem Kopf*), l'image de la *camera obscura* des peintres de la Renaissance. Le droit n'est qu'une illusion. C'est sur cette base que Politzer développe, sur la suggestion d'Engels, la notion de « conscience fausse », « conscience en partie vraie et en partie fausse », de la prolifération de toutes sortes de fausse conscience (1935-1936, 235-236).

Dans l'entretien avec *Alternatives économiques*, T. Piketty dit qu'il cherchait dans les années 1995 cherche à répondre à la question de savoir pourquoi des gens de même niveau de revenus votent différemment Et que la réponse était que les idées auxquelles ils sont confrontés au cours de leur vie jouent un rôle. D'accord, mais le phénomène s'explique aussi par la prolifération aliénante de toutes sortes d'idées fausses, mi vraies-mi fausses, « inadéquates » comme disait Spinoza, « aliénées » traduisait Hegel repris par Marx

Les propos précédents, quitte à ce qu'ils aient pu apparaître à certains lecteurs un peu pressés, comme une digression gratuite, nous font mieux comprendre la démarche de T. Piketty. Son intérêt privilégié pour la question des idéologies ne le fait pas tant se détourner de la question des infrastructures.

Tout d'abord et bien entendu, la structure du Capital s'informe à partir des forces productives (FP) comme capital constant (moyens de production) et capital variable (hommes dotés de force de travail). La dynamique du Capital intègre également l'ensemble des activités liées aux « relations sociales » (RP).

Lorsque T. Piketty entreprend de retracer la généalogie historique des « régimes de propriété » – notion qui relève du *bottom* – c'est bien au niveau des infrastructures (RP) que sa démarche opère, même si par ailleurs la notion de « sacralisation » de la propriété nous renvoie sans ambiguïté au niveau des formations idéologiques organisant l'étage sommital des superstructures.

T. Piketty croit – contre l'idée « dure » que le droit n'est qu'une illusion – que la quête de justice peut s'enraciner dans une législation fiscale efficace, dans la perspective d'un État fiscal et social juste – sans qu'il soit question à terme d'une disparition de l'État – encore une idée « dure » ?

L'idée est communément répandue selon laquelle la doctrine de Marx concernant l'idéologie est incomplète, est restée inachevée, même si la rubrique « idéologie » est assez bien fournie dans l'Index des idées de la Pléiade (Tome 2, page 1933-1934), et même si Marx-Engels ont écrit une *Idéologie allemande* (1845-1846). Ce n'est pas le lieu de reprendre cette considérable question à partir des textes de Marx, et même à partir des recherches estimables qui lui ont déjà consacrées (op. cit. : Labica-Bensussan 1985, pages 560-572).

On a déjà parcouru sur ce sujet les vues de Politzer (213, 231-234). À les réviser rapidement, on pourrait distinguer du bas vers le haut de l'échelle dans le :

Mode de production :

1 – structure économique (FP) ;

2 – structure sociale : (RP) ;

3 – structure politique [y compris l'aspect juridique] ;

4 – structure idéologique : religion, morale, science, philosophie, littérature, poésie, art.

L'idéologie « parfois simplement un état d'esprit, comporte des sentiments, sympathies, antipathies, espoirs, craintes, etc. »

La lutte sociale (RP) est la lutte des classes, qui enferme la lutte politique (niveau 3), de même que la lutte idéologique (niveau 4) (1935-1936, 213, 229).

T. Piketty nous parle bien de « mobilisation sociale (2), politique (3), idéologique (4) », de « luttes sociales », de « rapports de force » (Voir Index des idées).

Certains points demeurent obscurs pour nous :

Nous ne savons pas non plus comment distinguer clairement, dans le premier schéma (Nikitine) les « formes de propriétés » du niveau RP des « moyens de production » du niveau FP, qui relèvent de la propriété des actionnaires. Ils paraissent tous deux pouvoir être rapprochés de ce que Piketty appelle le « patrimoine ».

Par ailleurs, RP aurait un statut particulier par rapport à la contradiction, à l'antagonisme : d'une part ce serait d'abord en son sein que se déroulerait la lutte de classes. Par ailleurs, RP serait l'un des deux facteurs de la contradiction interne propre à l'économie (FP/RP). Mais l'antagonisme de classes se déroulerait également aux deux niveaux super- de la composante juridico-politique et en outre, de la composante idéologique, donc pratiquement à tous les niveaux de la formation économique et sociale (FES).

T. Piketty ne nous donne pas de très nombreux exemples des complexes politico-idéologiques auxquelles s'intéresse sa recherche. Mais il parle aussi de manière très suggestive de « récits ».

Il paraît donner une assez grande importance aux compétitions électorales, à leurs résultats, aux clivages sociaux nouveaux qui en résultent, et aux traces qu'elles laissent dans la mémoire collective.

Les slogans électoraux qui ont marqué la vie politique française depuis une vingtaine d'années ont créé une forte polarisation de l'opinion publique, en tant que facteur actif massif de l'idéologie sociale. Ainsi par exemple : « Non à la fracture sociale » (Chirac) ; « Travailler plus pour gagner plus » (Sarkozy) ; « Le changement c'est maintenant » (Hollande) ; « En même temps », mais quoi ? Le centre droit avec le centre gauche, tous deux « au-dessus des partis », au-dessus tant de la droite que de la gauche ? Mais il y a eu et surtout « Les premiers de cordée ». Pour mémoire, citons encore : « L'État, c'est moi (Louis XIV), et encore : « L'Empire, c'est la paix ! » (Napoléon III).

T. Piketty, dans son investigation dans le champ de l'histoire comparée, a mis en relief deux faits coordonnés d'une très grande importance, c'est le phénoménal effet d'illusion qu'ont engendré dans l'espace de la conscience collective les prétentions sociales affichées tant de la Révolution française que la Belle Époque. Se serait produit, au long cours dans l'espace 1789-1914, un grand retournement des valeurs – centré autour de l'ambiguïté du concept de liberté – qui aurait nourri un vaste processus de mystification socio-politique. Une autre espèce de retournement s'est produit autour des années de la « révolution conservatrice » dans les politiques fiscales dans les principaux développés (France, Grande-Bretagne, États-Unis).

On se demande s'il n'y a pas lieu rattacher ces deux découvertes de la recherche de T. Piketty à la notion classique de « cycle », dont l'histoire de l'économie a montré des exemples très variés (Juglar 1818-1905, Kitchin 1923, Kondratieff 1926).

On ne voit pas ici de « lois », mais certains faits marquants, de formes épisodiques de « régularité ».

Par ailleurs, ces processus caractéristiques de « régression », « retour en arrière » s'insèrent également – sans parler de l'histoire de la psychopathologie (John Hughlings Jackson 1835-1911, Freud 1900 et passim) dans la question philosophique de l'allure spirale du développement dialectique, en rapport aussi avec celle de l'inversion, de l'allure « à l'envers « du reflet (Politzer, 162, 165, 236).

Paraissent être des expressions des processus de « fabrication » politico-idéologiques les thèmes de la « sacralisation » de la propriété, tout comme de l' « égalité des chances » et de la « méritocratie républicaine ».

Mais le régime lui-même de la « propriétarisation » serait bien une structure d'ordre socio-économique se rattachant à la base (*bottom up*) plutôt qu'aux phénomènes de superficie politico-idéologique (*top down*), dont dépendraient de leur côté les formes de la conscience sociale reflétant cette « représentation » de la propriétarisation.

Plus outre, on peut se demander si la Déclaration des droits de l'homme, et dont l'hyper-valorisation socio-culturelle dont elle a été et reste l'objet, n'offriraient pas l'un des témoignages majeurs de l'idéologie sociale et politique dans l'Histoire de l'Occident. C'est bien une forme de « récit ». Ne pourrait-on pas en dire autant, en reculant encore, du thème de la « Monarchie de droit divin », de celui de la « Loi salique » (transmission du pouvoir par la lignée masculine en France) ? Ces deux thèmes majeurs ont été élaborés, comme on sait, par des « juristes » de l'entourage royal, et s'accompagnent d'un véritable récit social à épisodes : la cérémonie du couronnement, les lits de justice, la guérison des écrouelles.

En tout cas, les deux termes assez fréquemment utilisés par T. Piketty « socio-économique » et « politico-idéologique » (voir Index des idées) donnent bien le sentiment d'une référence implicite et constante à la distinction sous-jacente entre « base » (*bottom up*, niveaux 1 et 2 supra de Politzer) et « superstructure » (*top down*, niveaux 3 et 4 supra de Politzer). D'ailleurs, comment se passer dans les sciences humaines et sociales (SHS) de cette **polarité dessous-dessus, reflet de l'ancienne distinction philosophique entre l'essence et le phénomène** (Hegel).

Je vais revenir encore un moment sur la question de la philosophie, quitte à ce que le lecteur trouve incongrue cette insistance sur quelque chose dont notre auteur T. Piketty ne parle presque jamais. Justement.

Il existe sur le Web une vidéo captivante consacrée à un entretien entre Thomas Piketty et Alain Badiou. Ce document procure le sentiment vague mais prégnant d'une rencontre entre deux sommités du monde culturel. Les deux interlocuteurs s'y traitent avec beaucoup de déférence, notamment Badiou à l'égard de Piketty, ce qu'il n'a pas toujours fait avec toutes les célébrités, par exemple avec Alain Finkielkraut.

C'est peut-être ici le moment de rappeler qu'A. Badiou a proposé la création d'une catégorie particulière de philosophie qu'il a affublée de l'appellation paradoxale d'« antiphilosophie ». Il s'agirait selon lui d'auteurs qui présentent le paradoxe de se situer à la fois « à l'intérieur » et « à l'extérieur » de la philosophie ».

Les grands exemples historiques qu'il en fournit seraient Paul de Tarse, Pascal, Rousseau, Kierkegaard, Nietzsche, Wittgenstein.

Badiou ne va plus loin (Wikipédia). Il hésite quelque part un moment à y ranger Kant, mais s'en écarte aussitôt, car Kant demeure l'un des grands piliers exemplaires de la philosophie occidentale, bien qu'il ait adopté, tout comme Descartes, une attitude hypercritique à l'égard de ses antécédents dans l'histoire de la philosophie.

Dans l'antiphilosophie, il y aurait à ranger Marx, Freud, Lacan – de toute évidence pour leur double attitude d'engagement comme de retrait à l'égard d'une théorisation de portée universelle.

Je prendrais le risque d'en dire tout autant de Thomas Piketty, dont il y a à redire qu'il est (le) l'un des premier(s) économiste(s) du monde, en même temps que (le) l'un des premier(s) intellectuel(s) du paysage français contemporain.

Je ne le dis pas dans une attitude de flagornerie, qui, à mon âge, ne saurait plus me rapporter aucun avantage. Mais tout simplement parce qu'il faut savoir à la fois reconnaître les choses (un bon cru de vin, un grand livre éponyme), et cela fait, l'exprimer publiquement, à peu près toujours à contre-courant dans un pays où l'on tend à mettre la sourdine sur toute forme d'expression disons engagée.

Premièrement, que l'on nous cite un auteur ou chercheur ayant produit à son âge autant de pages de cette qualité tant scientifique que culturelle. Allez-y donc !

Deuxièmement, l'œuvre de T. Piketty fait retour vers un mode de pensée englobante et synthétique qui s'était progressivement effacé de l'espace culturel français depuis les années 1960, progressivement cancérisé par l'invasion d'un autre mode de pensée de source anglo-saxonne –

à vrai dire plus nord-américaine que britannique –, **pensée de type éparpillé, marquée par la prévalence de l'analyse sur la synthèse, de la juxtaposition associative sur la connexion dialectique**.

Tout a commencé à peu près avec l'anathème impitoyable jeté par Lévi-Strauss dans *La pensée sauvage* (1962), à balancer la grenade sur la « dialectique » – figurée selon lui par Sartre, en même temps que sur l'ensemble du collier des perles que cette première notion traînait avec elle : genèse-histoire/structure, continuité/discontinuité, dépassement, progrès, humanisme, psychologie, Hegel-Marx-Freud.

On ne peut pas dire que ç'ait été la partie la plus glorieuse de l'œuvre de cet homme renommé et partout célébré à l'envi.

À partir de là, un Louis Althusser – que je connaissais déjà bien pour avoir été son élève pendant quatre ans – s'ingéniait à reconstruire la pensée marxiste de façon privilégiée sur la notion de structure, aux dépens de celle d'histoire. Il y avait de quoi tomber malade, et c'est ce qui est arrivé, ce que je crois avoir vu arriver, et d'autres encore après moi, par exemple Clément Rosset qui en a parlé un jour.

Le paysage de la philosophie française contemporaine, philosophie de poche, gérée par des « micro-philosophes », des « mini-philodoxes » (Berkeley les appelait à son époque où il y en avait déjà des *minute philosophers*), générant encore à l'occasion des « essais » sur des perspectives étroitement délimitées (Balibar parle sans rire par exemple d'une « Philosophie de l'instrument de musique »), j'en ai parlé ailleurs, notamment de sa répréhensible responsabilité dans la détérioration de l'ensemble du climat culturel français, et je ne vais pas y revenir.

En bref, Madame la Dialectique avait été exilée par l'anathème du Grand Inquisiteur Lévi-Strauss, mais la voici depuis quelque temps déjà revenue, ressourcée, rajeunie, bien remaquillée, et rhabillée de nouveaux atours, dans la démarche de Thomas Piketty, sans crier gare et d'emblée déjà dans son livre de 2013, son Capital 1, dès le début du livre (page 53), avec sa « force de divergence fondamentale r > g ».

On aurait beaucoup parlé un certain temps paraît-il dans les dîners en ville de ce singulier « r > g ». Mais aucun philosophe français, à ma connaissance, n'aurait été capable d'essuyer et d'ajuster ses lunettes pour s'apercevoir qu'il pouvait s'agir d'une formulation de caractère dialectique fondamental.

Je ne peux pas m'attarder trop ici sur mes vues personnelles, liées à des recherches menées depuis longtemps, sur le « noyau rationnel de la dialectique ». Je signalerai seulement ici qu'un résumé en est donné plus loin dans ce livre pages 299-301.

Un point qui me paraît important est que ce noyau rationnel de la dialectique n'est pas un philosophème inventé par l'imagination spéculative des philosophes – la première mention accidentelle en a été donnée par Karl Marx (*Rationaler Kern*) – mais qu'il a été formulé en même temps que démontré par les principaux grands représentants de la psychologie scientifique moderne (Freud, Wallon, Piaget, Winnicott).

La psychologie a toujours été la principale partie agissante de la philosophie depuis l'Antiquité – ce qu'avait bien compris un Politzer, occupant de façon obstinée à travers les siècles deux des trois objets principaux de la philosophie occidentale (le moi, le monde et ~~Dieu~~ (idéal du moi), d'où Psychologia, Cosmologia, Meta-psychologia – Aristote, Suárez, Bacon, Descartes, Kant, Hegel).

Or le fait qu'une forme scientifique, et non plus métaphysique, de la psychologie en soit parvenue à démontrer le caractère dialectique de toute espèce de forme de la pensée, naturelle et scientifique, représente un événement culturel important, dans la mesure où il s'agirait de la mise en évidence de la possibilité d'une philosophie comme « science rigoureuse » – rêve caressé encore dans les temps modernes par un Edmund Husserl.

Aujourd'hui, dans le paysage français, la philosophie véritable, celle d'un Heidegger, d'un Sartre, semble s'être évaporée, volatilisée. En fait, la philosophie est toujours là, d'abord dans l'arborescence encyclopédique des savoirs (voir page 6). La science économique y trouve sa place dans la première à droite des trois branches principales de l'arbre, où se trouvent installées les sciences humaines et sociales (SHS).

Par ailleurs, la philosophie est toujours là, dans sa démarche initiale et fondamentale de « psychologie » (Psychologia) dès que quelqu'un dit Je, Moi, qu'il s'agisse d'un enfant, d'un adulte, ignorant ou savant. « Je pense », et si *Cogito*, alors *cogitatur*, « ça pense », ce qui ouvre la porte à la psychologie non plus de la surface, mais des profondeurs (*Tiefenpsychologie* selon Freud).

On se trouverait ici devant un paradoxe assez intéressant. S'il est vrai que la philosophie s'est de nos jours comme évaporée, il n'en reste pas moins vrai que la validité de son concept, de son idée de base comme encyclopédie des savoirs, aurait été comme démontrée, de manière indirecte et rétrospective, au moyen de la partie d'elle-même depuis toujours la plus importante, la psychologie, mais parvenue à un statut scientifique.

Cependant, en surplus du résumé de la page 299-301, il convient d'ajouter ce qui suit à propos de Freud, Wallon, Piaget, et Winnicott.

Freud n'a jamais parlé de dialectique, mais abondamment de « conflit » (*Konflikt*). C'est Wallon qui a parlé un jour d'une « dialectique freudienne » (1941). On ne peut s'attarder ici sur cet énorme sujet des formes de la conflictualité et de l'opposition en général (*Gegensatz*) dans la pensée de Freud. Sauf à signaler que l'ensemble de ses élaborations pourrait bien reposer sur la notion cardinale de ce qu'il appelé la « tendance au conflit » (*Konklitkneigung* 1937).

Or cette tendance au conflit – on dira le « mouvement de la différance » – ne saurait représenter une meilleure définition de la dialectique que celle illustrée dans les modèles variés qu'en ont donnés aussi bien Kant que Hegel et Marx.

Hegel parlait de « genèse immanente des différences » (« *Die immanente Entstehung der Unterschiede* »), coordonnée à la « nécessité de la liaison » (« *Die Notwendigkeit des Zusammenhangs* ») (Jalley WFP, 209-210).

Marx, de même que Politzer, reprenant tant Kant que Hegel, parlent d'antagonisme, de contradiction (*Antagonismus, Widerspruch*).

Les expressions de T. Piketty sur les « forces de convergence et de divergence », la « force fondamentale de divergence » (2013, 50, 53) se trouvent exactement dans cet espace de connotations.

Pour **Wallon**, selon ses propres termes en plusieurs endroits, la dialectique se définit par la connexion des contraires, l'induction réciproque des contraires, la loi des contraires ou de l'ambivalence (1938), le principe un en deux/deux en un, la pensée par couple puis par relation (1945), l'unité solidaire à travers les diversités et oppositions, l'unité faite de contrastes et de conflits (1947).

Piaget a abondamment décrit dans l'ensemble de son œuvre de psychologue, mais aussi et surtout dans tout la partie finale de celle-ci consacrée à l'épistémologie génétique (de 1950 à 1980) « la genèse des structures logiques élémentaires (1959) de la dialectique » (1980). On ne peut insister davantage ici.

Donald Winnicott (1958, 1971) et à sa suite le psychanalyste français René Roussillon (1991) décrivent chez le très jeune enfant l'émergence et le fonctionnement d'une « pensée paradoxale », dont le propre est de reposer sur la coexistence de deux propositions théoriquement contradictoires, mais vécues dans l'expérience comme vraies toutes deux sans primat.

Disons encore que la dialectique est le procès dynamique, dans le réel et dans l'esprit, des polarités et de leur aménagement, en particulier par dépassement.

Revenons-en à cibler notre sujet, qui est le Capital 2 de T. Piketty, et de son rapport à ce qui peut intéresser le renouveau d'une pensée complexe, disons de caractère dialectique dans le paysage culturel français.

J'avais déjà parlé de ce sujet dans mon livre précédent sur *Thomas Piketty, « Marx du XXIe siècle » ?* en notant ce qui suit :

« Tout d'abord se présente un premier principe dont la formulation montre que, chez Piketty du dialectique il y en a, Yad'ladial, comme Lacan disait Yad'lun, c'est le moins que l'on puisse dire (*es ist so*, comme disait le grand-père, le protopère (*Urvater*) Hegel). Yad'lun voulant dire entre autres Yad'lun du deux, il y a de l'unité des contraires, donc de la dialectique, du dialectique. Or ce principe est celui de :

La contradiction centrale du capitalisme : r > g

Que l'auteur appelle d'abord au début du livre la force de divergence fondamentale r > g (53, 942) » (42).

Ceci encore : « La « contradiction » fondamentale (672) dont parle Piketty forme la pointe aigüe de ce qu'il envisage par ailleurs comme **le faisceau des « forces de convergence et des forces de divergences** », dont la dynamique organise le tissu de l'ensemble de sa recherche.

Il voit par exemple la période 1920-1930 comme marquée par une « trame secondaire composée de **multiples retournements contradictoires** » sur le fond d'un effondrement du centile supérieur des fortunes constituant la tendance entre 1914 et 1945 (451).

Contradiction encore : « il existe des forces poussant vers la diminution du rendement r du capital, et d'autres allant dans la direction de son augmentation » (563).

Le XXIe siècle pourrait être encore plus inégalitaire que le XIXe : l'écart r-g pourrait certes diminuer, mais « d'autres forces poussent **potentiellement dans la direction inverse**, vers une concentration du capital encore plus forte » que ce qui a jamais été vu » (44).

Ceci encore : « En tout état de cause, dans la dynamique des processus économiques, « l'état d'équilibre n'est en pratique jamais atteint » (267). Même « le niveau d'équilibre » sur « le long terme » ménage des « chocs de court terme », éventuellement très spectaculaires (269). En économie réelle, la composante dynamique l'emporte toujours sur la composante statique.

C'est cette formule du primat du versant dynamique sur le versant statique des processus que Marx (1873) a pressenti entre autres éléments dans la quête d'un « noyau rationnel de la dialectique » » (45).

Ceci encore : « La contradiction ronge aussi les théories en désaccord complet des économistes américains « réputés sérieux » (681), ce dont on reparlera plus loin.

À devoir choisir entre « retour » ou « démantèlement » de l'État, Piketty pense que « les deux points de vue [opposés selon le principe thèseantithèse], anti-marché et anti-État, ont chacun leur part de vérité » (755-756).

Piketty détecte donc partout où c'est possible la corrélation-opposition entre les contraires, l'unité des opposés que représentent chez lui les notions, jusqu'ici assez inédites, de divergence et convergence. Ce couple de termes représente exactement ce que Hegel (1812), commenté ultérieurement par Lénine (1914), a appelé « genèse des différences » (divergence) et « nécessité de la liaison » (convergence). Et dont a émergé par la suite la notion de ce « noyau rationnel de la dialectique » déjà évoqué ci-dessus comme intuitionné par Marx » (45).

Ceci encore : « Dans ce qu'il appelle les « deux lois fondamentales du capitalisme » (92, 262)... on va encore décidément retrouver l'opposition dialectique entre statique et dynamique.

Première et seconde lois fondamentales du capitalisme :

Piketty va trouver plus satisfaisant de subordonner ses deux lois fondamentales (structurale et dynamique) à la contradiction fondamentale r > g du capitalisme alors qu'il aurait pu aussi formuler « 3 lois » » (46).

Ceci encore : « On identifiera sans difficulté partout dans le travail de Piketty (2013)... la mise en jeu d'une forme de pensée oppositive, paradoxale, adversative, antinomique (dialectique est devenu un gros mot dans notre désert de la pensée en cours), une pensée préoccupée de détecter et de dépasser les contradictions (743) » (47).

Ceci encore : « La formule en question r > g nous met devant un paradoxe, une contradiction dans le réel, un nœud dialectique. C'est que l'affaiblissement de la croissance ne freine pas, mais favorise au contraire le vecteur expansif de l'accumulation du capital » (59).

Ceci encore : « Piketty fait preuve au cours de cette discussion d'une grande ingéniosité dialectique, dont la source a toujours été bien plus l'espace franco-germanique que le morne désert de la philosophie anglo-américaine. Il sait montrer que Marx aussi bien que Kuznets, dans le cadre de l'antinomie qui les oppose, ont eu chacun raison dans les époques limitées qu'ils ont respectivement décrites (environ 1820-1860, et 1920-1950) » (60).

Ceci encore : « Pour ce qui est de l'approche de l'héritage de Marx, Piketty et Althusser, c'est exactement le contraire, le jour et la nuit. Dans ce pays où, contrairement à ce que les perroquets ressassent toujours, plus rien ne bouge, on attendait cela depuis cinquante ans.

C'est et ce n'est pas « du Marx ». C'est Marx repensé et dépassé dans le cadre d'une dialectique à la fois scientifique (et philosophique, n'en déplaise à l'antiphilosophie de l'auteur) riche et constructive » (70).

« Dans le cas de l'ouvrage de Piketty, on peut dire que son « Capital » renvoie à la même réalité que celle visée par l'entreprise de Marx, mais qu'en même temps cette réalité, tout en restant fondamentalement la même, a aussi changé (identité et différence dialectiques) » (70).

Ceci encore : « Mais il y a aussi des nouveautés absolues, comme on y a déjà insisté, dans les développements de Piketty : le caractère émancipateur des nouvelles acquisitions cognitives, la nature inquiétante de l'explosion des sur-rémunérations.

Le ton scientifique de la description de Piketty, portant une dynamique évolutive comme résultante de l'étude statistique de séries chronologiques précises sur le long terme, est aussi ce qui est nouveau, pour emporter la conviction, par rapport à la méthodologie originaire de Marx, qui manipule encore de façon assez rudimentaire l'outil mathématique. Et c'est également ce ton scientifique d'un style rénové qui contribue à dédramatiser la propre description de Marx de sa double composante philosophique (aliénation) et anthropologique (exploitation, fétichisme). Et c'est peut-être dommage, parce que l'exploitation de la force de travail – les nouvelles problématiques du harcèlement – et le fétichisme de la marchandise, tout de même, ça continue d'œuvrer dans le tissu social » (71-72).

Ceci encore : « Chose étonnante, le keynésien Galbraith reproche à Piketty de ne pas tenir compte de la distinction faite par Marx – ce que lui G. semble ignorer totalement – entre les deux formes du capital, industriel et financier, le second à partir d'un certain seuil entrant en contradiction avec l'autre, dans le cadre tensionnel d'une « dialectique du capital » (Pléiade, 2. 1924). Or c'est justement ce genre de situation, définie par un rapport de filiation-opposition, différance-différence, que l'épistémologie de tradition anglo-américaine, et qui marque aujourd'hui la moulinette des formations européennes, est incapable de prendre en compte » (104).

Ceci encore : « Selon T. P., le « r » tend à augmenter à mesure que le « g » tend à diminuer.

[Thème paradoxal, fondé sur une véritable polarité dialectique à tension dynamique, et qui fait de T. Piketty un penseur génial dans la tradition de la « philosophie européenne » des Marx-Freud, dont l'esprit échappe totalement à la niaise platitude de l'empirisme propre à la pensée cyborg anglo-américaine. La richesse des uns croît à la mesure que dure et même que plonge encore la misère des autres : cela, les pauvres le savent d'instinct depuis toujours].

Lorsque le capital en circulation est en excès par rapport aux besoins de l'économie, le rendement tend à baisser » (133).

Ceci encore : « Les keynésiens encensent T. P. On le compare à Darwin et à Ricardo.

[Évidemment le moins possible tout de même à Marx.] » (134).

Ceci encore : « Dans la pensée de Piketty, ce paradigme dialectique prend, on l'a vu, la forme originale de la confrontation des forces de divergence et de convergence, avec primat évident du premier terme sur le second, puisqu'il définit son fameux principe r > g comme la formule de la contradiction centrale du capitalisme, celle-ci conçue en tant que force de divergence fondamentale.

Cette force de divergence tend de soi au déséquilibre, et à provoquer la rupture du système, si aucun principe antagoniste ne vient en contrarier les effets létaux. C'est bien ce qui doit se passer chez Marx dans l'aiguisement du jeu entre forces productives et rapports sociaux de production. Mao Zedong de son côté a qualifié comme contradiction antagonique ce type de dynamique interne au système, et qui tend à faire éclater la bulle du fait d'un déterminisme incompressible.

Mais justement pas pour Piketty. Qui nous dit que, si la dynamique des inégalités persiste, le processus peut aboutir à des révoltes – on les voit en ce moment en Grèce et en Espagne ne déboucher que sur le vide, mais qu'il vaut mieux et qu'il est possible de les éviter par un dispositif de pompe fiscale, certes installée selon un montage mondial efficace, suite à une négociation internationale, dont il nous est dit qu'elle devra probablement être d'abord régionale et sera en tout état de cause très laborieuse. Dans cette perspective, Piketty milite pour une réforme démocratique des actuelles institutions européennes » (138).

Dans le nouveau livre, le Capital 2, le « rien n'est écrit » s'accompagne de la mise en jeu d'une nouvelle polarité dans l'explication de l'histoire comparée des régimes de la propriété, celle entre **trajectoire et bifurcation**, le premier terme ayant une connotation dynamique et le second, statique (la bifurcation à un carrefour mobilise la notion d'un point d'arrêt où s'inscrit une nouvelle décision de parcours).

Cette notion fait beaucoup songer aux arbres usités de nos jours par les préhistoriens pour illustrer leurs conceptions relatives aux modèles d'une évolution buissonnante des ancêtres de l'homme moderne. C'est vrai que la découverte de nouveaux fossiles incite au remodelage constant d'une arborescence généalogique, dont le plan d'ensemble persiste cependant que les détails locaux varient constamment. Depuis 5 millions d'années, toute la dynamique évolutive tend d'une certaine manière vers *l'homo sapiens sapiens*, alors que rien dans la séquence détaillée des étapes n'est écrit.

Une autre polarité importante est celle entre **frontière et propriété**, (identité/(in)égalité) où se cristallise respectivement l'antinomie entre recherche identitaire et mobilisation (ré)appropriative.

Il y en a encore d'autres (voir Index des idées : Polarités : haut/bas, dessus/dessous, *top down/bottom up*, super-/infra-, politico-idéologique/socio-économique, unité/opposition, unité/diversité, régularité/différences, court terme/long terme, continuité/discontinuité (bond), classes/élites multiples).

Un paradoxe attaché à la démarche de T. Piketty est le fait de tenter une généalogie des structures en recourant à la profondeur de l'histoire, tout en déclarant en même temps se satisfaire d'une présentation très « factuelle » de ses résultats.

On voit opérer là l'une des tendances essentielles de la science moderne, apparue avec le positivisme d'Auguste **Comte** et renforcée par le néopositivisme de l'**École de Vienne**, qui est de s'en tenir à un certain **« phénoménisme »**, se contentant d'établir des liaisons de surface entre les phénomènes, tout en écartant l'investigation déclarée impossible des causes profondes.

Une telle tendance au phénoménisme peut se lire déjà, avant Comte, aussi bien dans le scepticisme contrôlé de la philosophie empiriste anglaise du XVIIIe siècle (David **Hume**) que dans la philosophie rationaliste continentale d'un **Kant**.

Son insistance sur le thème des idéologies, par ailleurs dotées d'une complète autonomie, à l'abri de tout déterminisme venu du bas (*bottom up*), de l' « infra- » ne manquera pas de faire taxer T. Piketty d'« idéalisme ». Cela se peut, et alors ! Personnellement, cela ne me gêne pas. Car enfin, l'idéalisme, dans une conception à qualifier justement de dialectique, a lui aussi sa « part de vérité », à côté du « matérialisme ». Quant au matérialisme pur et dur, on l'a vu commettre assez de sottises au cours de l'histoire pour qu'il adopte parfois une attitude bienséante de réserve.

D'ailleurs, et c'est bien, c'est vrai qu'il y a chez Thomas Piketty, joint à un marxisme rénové, un côté « hégélien ». Dans la croyance que c'est l'Idée qui préside au réel, et qui guide l'histoire. Cela a souvent été vrai.

Incitent également à la réflexion les propos très sévères de l'auteur à l'égard des politiques abandonniques de la social-démocratie. C'était déjà le cas dans le livre de 2013. On nous dit que les sociaux-démocratiques n'ont « pas su ou pas pu » modifier leur design politique à l'égard des masses populaires.

Mais on ne nous donne pas d'explication de fond autre que celle consistant à dire que les partis sociaux-démocrates sont devenus des partis de diplômés plutôt que de travailleurs.

Mais une telle considération ne nous satisfait pas complètement. Car enfin **ces diplômés sont à nouveau et toujours la plupart du temps des travailleurs qui tombent encore sous la loi de la contradiction capital/salariat**. Y compris les nouveaux phénomènes de chômage structural et de longue durée, de harcèlement, de suicides en chaîne.

En ce qui concerne le Parti socialiste français par exemple, ou pourrait penser que son opportunisme invétéré, structural, incoercible, pourrait être lié à une situation démographique. Les classes aisées occupant les déciles 1 et 2, le PS a toujours été plus ou moins le parti des classes moyennes occupant les déciles 3, 4 et 5. Mais comme il est impossible de gouverner avec une majorité théorique de 30 % de la population, il a fallu que les socialistes cherchent des alliances vers le haut et le bas, vers le haut en promettant aux plus riches de ne rien leur prendre, vers le bas, en direction des 50 % dépourvus de patrimoine, de leur donner davantage. La morale de cette histoire étant que la politique du PS a toujours été *grosso modo* celle favorisant le dessus du panier, en mentant à ceux du bas, et qu'il s'agit d'une sorte d'exigence structurale qui n'a jamais réellement changé depuis 1936. Celle de fomenter et de **tenir un discours traversé par un impératif d'hypocrisie fondamentale, de tartufferie ontologique**, ce dont les pauvres se sont toujours doutés, mais qui ne les avait jamais empêchés de revenir se laisser prendre et engluer comme les mouches au fond du bocal de confiture.

Les classes moyennes pratiquent une « philosophie de l'ambiguïté », pour citer un titre connu de Merleau-Ponty. D'une part, leur grand souci est de préserver ce qu'elles ont acquis, et qui crée leur marge d'espace à l'égard de la France d'en bas dépourvue de patrimoine. D'autre part, elles s'inquiètent d'être freinées dans leur désir d'acquérir plus, et souhaitent un changement, mais conservateur, c'est-à-dire qui ne remette pas en cause les bases du contrat social. Alors elles oscillent entre un vote social-démocrate modéré, celui qui promet le changement via un mensonge structurel, et leur déception qui les rejette vers le centre ou pire.

On connaît trop bien le *Discours de la servitude volontaire* d'Étienne de La Boétie. Ajoutons que les propos de Karl Marx sur les « classes moyennes » (Index de la Pléiade) méritent d'être visités, comme toujours. Mais il me semble que l'on a beaucoup trop négligé, dans le registre de la philosophie morale, sociale et politique, les « morales » des Fables de Jean de La Fontaine, et à propos du désir de préserver l'acquis dont on vient de parler celle-ci : « Un Tiens, ce dit-on, vaut mieux que deux Tu l'auras/L'un est sûr, l'autre ne l'est pas » (Le petit poisson et le pêcheur : Fables, 5.3)

Il y aurait peut-être lieu de considérer que l'histoire politique du PCF n'est pas de même nature que celle du PS. Si le PS a abandonné les masses populaires, ce sont plutôt les masses populaires qui ont abandonné le PCF. Pas seulement pour des raisons de politique étrangère (la découverte du goulag, les interventions à Berlin-Est, Budapest et Prague, mais qu'importe les 3 millions de victimes de la Guerre de Corée pour rien...), mais aussi pour une autre forme d'hypocrisie. Le PCF a toujours promis aux masses populaires la perspective d'une « démocratie avancée » à laquelle on parviendrait par une voie purement électorale, ceci dans le cadre international d'une coexistence pacifique. Le PCF avait des compétences indéniables en matière de sociologie nationale française, qui l'inclinaient à considérer, après l'agitation nationaliste des années 1934, après le demi-échec de 1936, la sinistre période de Vichy, qu'il n'était pas question de retrouver un jour dans le peuple français les qualités de détermination, d'intrépidité et de courage dont il avait su faire preuve jadis à d'autres moments décisifs de son histoire.

À la différence de ce qui se passait au PS, le PCF a toujours produit un travail théorique très important. Les textes intitulés « Changer de cap. Programme pour un gouvernement démocratique d'union populaire. Introduction de Georges Marchais » (1971, 251 pages) ; puis Programme commun de gouvernement du parti communiste et du parti socialiste. Introduction de Georges Marchais » (1972, 192 pages), où l'on analyse la « révolution scientifique et technique », sont des textes qui tiennent debout et qui sont encore lisibles par un sociologue.

Je ne parle pas du remarquable *Traité marxiste d'économie politique. Le capitalisme monopoliste d'État.* Tome 1 et 2 (445 et 448 pages) publié en 1971 par 57 collaborateurs dont 8 docteurs, 7 agrégés, 6 économistes, 2 anciens polytechniciens et 2 anciens énarques. Excusez du peu.

Or justement les grands travaux du PCF en matière d'économie se sont arrêtés à peu près à cette date, donc bien avant la « révolution conservatrice » de 1980 et l'apparition du néocapitalisme financier, comme dans l'incapacité de saisir que le travailleur d'usine allait assez souvent se transformer en technicien, parfois en col blanc.

Pourtant quelques années plus tard paraissait le tout aussi remarquable *Dictionnaire critique du marxisme*, déjà cité, de Labica et Bensussan (P. U. F. 1985, 1 240 pages), avec 82 collaborateurs, dont 40 philosophes, 8 historiens, 7 économistes, 5 sociologues, 3 anthropologues, 3 juristes, 3 littéraires, 3 politologues, 2 anglicistes, 2 germanistes, 2 physiciens, 1 islamiste, 1 journaliste, 1 linguiste, 1 psychanalyste.

Cela a été le chant du cygne. Or un signe de déclin, un symptôme de rigidité significatif, dans cet ouvrage d'une érudition foisonnante, sont l'ignorance étrange touchant l'importance d'un philosophe aussi conséquent que Georges Politzer, dont les œuvres sont tout juste mentionnées, la contribution à la psychologie jugée inappropriée, apparemment pour suspicion de participation à la mouvance stalinienne.

Lucien **Sève** n'y figure pas non plus, pourtant le seul philosophe de taille plus qu'ordinaire qu'ait compté le PCF, d'une productivité en tout cas bien plus abondante que celle d'un Althusser.

Après la révolution ratée de 1968 – c'est bien cela qui est arrivé, ou plutôt pas arrivé – le déclin électoral du PCF a été régulier, irrémissible, perpétré par **un électorat instable, maussade, versatile, ingérable, aujourd'hui réfugié dans un parti d'extrême droite dont la seule philosophie repose sur la basse passion qu'a toujours été la haine de l'étranger**.

Le sociologue peut également encore lire avec un grand intérêt l'*Histoire du parti communiste français* (Éditions sociales, 1964, 775 pages), dont la dernière édition arrête le récit justement à l'année 1964, mais qui fait apparaître que la politique du PCF a toujours été de mendier en vain l'alliance, toujours refusée, avec les socio-démocrates voire les radicaux.

Les morts n'ont jamais pesé le même poids des deux côtés. Que la Guerre civile russe de 1917 à 1923, où sont intervenus de façon hostile des contingents de presque tous les pays occidentaux (Anglais, Allemands, Français, etc.) ait coûté entre 8 et 20 millions de morts selon les historiens (soit sensiblement plus que les quelque 18 millions de la Guerre de 1914-1918), cela n'intéresse vraiment plus personne. Pas plus que, du fait de la Seconde Guerre mondiale, les 9 à 14 millions de soldats russes toujours selon les historiens – contre 300 000 Américains soit près de 50 fois moins, les 13 millions de civils, les morts russes formant eux-mêmes plus de la moitié des pertes mondiales (27/50 millions de morts)[9].

Une pareille hécatombe de « slaves » pour voir arriver par la suite, en toute bonne conscience pour la majorité des « occidentaux » un monde soumis à la tyrannie du Roi dollar.

Or une telle « injustice » dans le décompte des bons et des mauvais morts – ceux de Staline, ceux de Mao Zedong, ceux de la Conquête

[9] Atlas historique, Paris, Stock, 1968 ; Dictionnaire historique et géopolitique du XXe siècle, Paris, La Découverte, 2000 ; Wikipédia.

espagnole, ceux de la Traite des nègres, ceux de l'Inquisition, ceux des Croisades – cela fait justement partie aussi de l'idéologie, de l'histoire des idéologies à travers les siècles. Invoquer à ce propos le « juste » et l' « injuste », c'est installer l'historien peut-être hors de propos sur le trône de Dieu présidant au Jugement dernier.

T. Piketty a évolué dans ses perspectives sur la « **révolution fiscale** ». Dans la « *Révolution fiscale* » justement (2011), les auteurs envisagent principalement une réforme touchant l'impôt sur le revenu (Jalley 2014.2, 59-62) en même qu'une amélioration de l'ISF (impôt sur les patrimoines) notamment par la suppression des niches fiscales (ibid., 68-69). Dans Le *Capital au XXIe siècle* est envisagé de façon bien plus extensive un impôt mondial progressif sur la fortune (patrimoine) (Jalley 2014.1, 152-154). Enfin dans un troisième temps, dans *Changer l'Europe, c'est possible* (mai 2019) et *Capital et idéologie* (septembre 2019, page 1 130) surgit un dispositif complet de réforme fondé sur la progressivité des trois impôts sur le revenu, le patrimoine et les successions.

En se fondant sur les précédents en France, en Grande-Bretagne et aux États-Unis, notamment concernant l'impôt sur le revenu entre 1930 et 1980, T. Piketty pense que c'est possible, même dans un cadre européen certes d'abord limité aux quatre pays formant 70 % du PIB de l'Europe, **« de façon *soft* », par une voie qu'il qualifie d' « apaisée »**, terme assez fréquent sous sa plume (Index des idées).

En réalité, il n'y a pas à s'y tromper, **il s'agit bien d'une « révolution », même si celle-ci devait opérer de manière si possible pacifique**, ce que tout le monde évidemment souhaite en vertu d'un optimisme raisonnable.

Certains commentateurs (Rothé) parlent d'un « style Piketty », caractérisé en particulier par un langage toujours très modéré (voir Index des idées : Vocabulaire), même si y affleure parfois des pointes agressives, par exemple lorsqu'il parle de la politique « particulièrement grossière » du pouvoir issu des élections de 2017 (928), ou de « nihilisme démocratique » (1 048), d'une « inconscience insupportable » (1 107), de « l'absurdité, l'injustice et l'archaïsme du système fiscal en vigueur » (1 144), de « débats marqués par des grandes hypocrisies et de grandes incohérences » (1 179).

Justement ce mot d'hypocrisie est d'une très grande fréquence dans son texte (Index des idées), surtout d'ailleurs comme marque du caractère intrinsèque des idéologies, même si par ailleurs elles ont une fonction utile.

Cette modération est naturelle dans une approche qui considère que chaque proposition, positive ou négative, comporte sa part de vérité – approche qu'une telle caractéristique définit évidemment comme dialectique.

Il est question dans certains passages des conditions dans lesquelles les privilégiés dans les différents pays ont accepté de pareils taux d'imposition sur le revenu (91 % sur la tranche la plus élevée en 1941 aux États-Unis) : climat de l'après-guerre, crainte de troubles sociaux dans le climat de la révolution russe de 1917, crise de 1929. Il faut peut-être prendre en compte ce qui s'appelle dans les pays anglo-saxons le **« pragmatisme »**, qui se trouve y être une philosophie, dont la base est que « la vérité, c'est ce qui réussit », et qui n'appartient pas franchement à la tradition continentale.

Du reste, les privilégiés n'ont pas accepté toujours et partout le principe de l'impôt plus juste. Les privilégiés de l'Ancien Régime en France l'ont refusé avec une obstination acharnée, ce qui a été l'une des causes essentielles de la Révolution de 1789.

On veut bien être d'accord avec l'optimisme sympathique de Thomas Piketty. Mais on ne voit guère comment **les personnels politiques d'un pays aussi enbonapartisé par la constitution de 1958** iraient porter l'idée d'une « révolution fiscale » dans un espace européen géré surtout au profit de *Deutschland über alles.* La répression plutôt brutale qui est tombée sur les Gilets jaunes pour obtenir une aumône de 17 milliards (25 borgnes, dont une dizaine d'énucléations, des centaines de blessés) semble bien montrer que la classe des privilégiés de ce pays se défendra avec acharnement dès qu'il serait question de toucher aux bases de l'impôt. Ils iront jusqu'à tuer. Du reste, il y a déjà des morts, quelques-uns dont nul ne se soucie, ce qui est naturel tant que le « contrat social » tient.

Par ailleurs la campagne sur la réforme des retraites est un train qui en cache un autre, **s'agissant surtout de ne pas évoquer le sujet capital de la réforme fiscale, pour ne pas parler de l'intention réelle du pouvoir de diminuer la moyenne des retraites**, avec l'avantage de faire remonter vers la France d'en haut les énormes sommes qui sont réellement en cause, pompées de la France d'en bas – et du milieu.

Et comme la réforme des retraites est un sujet qui commence à fâcher, on fait arriver d'autres trains pour cacher celui-là qui en cachait lui-même un autre : voilà le renouveau du débat sur l'islamisme, la religion, la laïcité, le voile, et tutti quanti, sans parler de la corne de brume offerte encore par la question du féminicide. D'accord, on assassine des femmes, mais aussi et bien plus, surtout le peuple des contribuables.

On ne peut pas quitter ce sujet sans parler de la formidable influence sur le formatage des idéologies – dont se tisse l'opinion publique – des médias, en particulier visuels. Le média télévisuel secrète de l'idéologie, mais lui-même n'est pas de l'idéologie, son dispositif d'ordre matériel, technique, économique et financier appartient bel et bien à l'infrastructure du mode de production, de la formation économique et sociale (FES).

Un livre comme celui de Thomas Guénolé sur *L'Antisocial* montre bien que les vedettes du dispositif journalistique appartiennent à la partie supérieure des rémunérations, et ne peuvent que diffuser l'idéologie dominante qui organise le logiciel de pensée d'une telle caste. Comment pourrait-il en être autrement, à quelques exceptions près comme toujours ?

La circulation du matériau idéologique n'est donc pas si absoute qu'on le voudrait de toute espèce de déterminisme venu de la base. La plupart des gens (*gentes*) sont malheureusement des perroquets qui ne reproduisent dans leurs conversations que ce qu'ils ont entendu la veille dans les « débats » télévisés, bavardant toujours avec le même cercle d'invités à peu près tous conservateurs sur les derniers sondages bricolés au cours de la semaine.

On gouverne aujourd'hui avec la télé, ce qui ne veut pas dire que les bergers mènent toujours où ils veulent le troupeau des moutons de Panurge. Platon nous a raconté déjà depuis longtemps l'histoire des montreurs de marionnettes qui produisent des ombres dans le dos des gens du fond de la caverne. Cela était devenu d'ailleurs le principe du cinématographe.

Or de ce rôle de pilotage de l'opinion par le biais de l'énorme puissance infrastructurale des médias visuels (la télévision mais aussi le smartphone).

T. Piketty fait plusieurs allusions à la « représentation médiatique des événements marquants de la période » (916, à la « capture des médias d'information par les puissances d'argent » (730),), à la « mainmise de l'argent sur les médias et les partis » (739), à la « question du financement des médias et des partis politiques » (730), du « rôle de l'argent dans le financement des médias et des partis » (733), « du financement des campagnes politiques et des médias [au Brésil, et alors en France ?] » (1099), « de l'influence des milieux d'affaire sur le financement de la vie politique et des médias [en Inde, et alors en France ? E.J.] » (1095).

On insiste encore sur le fait que « les intérêts financiers et économiques [infra-, E.J.], soit directement au travers du financement des partis et des campagnes, soit indirectement au travers des médias, des think tanks ou des universités, peuvent avoir un effet décuplé sur les processus politiques » (1171).

Mais on évoque également la perspective de « développer des médias non lucratifs et participatifs » (731) [Ce serait souhaitable, mais est-ce possible ? E.J.].

Ceci étant, il semblerait que ces notations sont à même d'introduire un bémol dans la thèse d'une auto-détermination, indépendante de la base économique, du contenu et de l'évolution des représentations politico-idéologiques.

On ne peut pas dénier le fait du poids majeur de la machine à décerveler, secondée par le « bâton à phynance », dans la fabrique de l'influence commerciale par l'invasion entêtante de la publicité, tout autant que dans le matraquage de la conscience publique par l'offensive quotidienne de la politique gouvernementale, via les présentateurs vedettes et la ritournelle de sondages bâclés et orientés. Ainsi on a réussi par exemple à faire « voter » une large majorité des Français qu'ils préféraient travailler plus longtemps. Il faudrait parler aussi de la corruption de la vie publique via la pratique d'une gouvernance politique selon la méthode du pilotage à vue, les yeux du commandant fixés sur le sondage d'opinion quotidien.

Ceci dit, il est certain que si on peut malaxer beaucoup la doxa via les médias, on ne peut tout faire avec. Il y a des rébellions, une liberté de jeu du sujet, une certaine latitude de l'esclave pour tirer sur sa chaîne et prendre du champ à l'égard du maître. On ne peut parler de l'importante littérature sur ce sujet. Il est possible que le smartphone installe le sujet communiquant dans une attitude bien moins passive que la télévision.

T. Piketty invoque les travaux déjà connus de Julia Cagé sur ce registre de questions. Mais je dois avouer que je ne les ai malheureusement pas encore lus.

Le rapport de la superstructure idéologique à l'infrastructure économique est un rapport dialectique de dépendance/indépendance, ou, si l'on veut encore, d'indépendance/dépendance. Il y a du jeu entre les deux espaces.

Un mot encore sur Karl Marx et son rapport ambigu à la philosophie. On a parlé plus haut de la catégorie originale des antiphilosophes, où il y a aurait lieu de ranger Karl Marx, en ce sens qu'il est certes un économiste mais doublé d'un philosophe d'une espèce originale qui se tient à fois déjà en dehors et au dedans encore de la philosophie.

Tout d'abord, Marx a affirmé avec force dans ses Thèses sur la philosophie allemande ce qui suit (11e thèse) : « Les philosophes n'ont fait qu'interpréter le monde de diverses manières, il s'agit maintenant de le transformer (dans la version originale allemande : *Die Philosophen haben die Welt nur verschieden interpretiert ; es kömmt drauf an, sie zu verändern*). »

Transformer le monde, **passer à l'action, à la *praxis* en vue de transformer le monde, c'est bien d'ailleurs ce que fait T. Piketty** en publiant en mai 2019 à titre de préambule pratique du livre de septembre le petit manifeste intitulé : « Changer l'Europe, c'est possible ! Un manifeste porté par 100 000 signataires ».

Dans son livre récent sur *L'économie politique du XXIe siècle*, François Morin entreprend de mettre l'accent sur une triade A-M-P, qui ouvre le second livre du Capital, et signifie les trois métamorphoses du Capital : Capital-argent (A), Capital-marchandise (M), et Capital-productif (P).

Or, il se trouve, à y regarder de plus près que cette triade n'est rien d'autre que la transposition, sur le plan de la nouvelle science économique, de la triade classique représentant les trois objets fondamentaux de la philosophie depuis la Genèse dans la Bible : Dieu – le Monde – le Moi. C'est la séquence génétique de ces trois objets que représente le plafond de la Chapelle Sixtine peint par **Michel-Ange**.

L'Argent, c'est Dieu, qui resurgit dans l'idole dénommée le Veau d'Or. T. Piketty saisit parfaitement cela lorsqu'il parle de la sacralisation de la propriété.

La marchandise, l'objet à partir duquel opère le travail et qu'il restitue transformé avec une plus-value, c'est le Monde.

Enfin la Production, le facteur productif, c'est le Moi, le Sujet, l'Homme qui met en jeu sa force de travail.

Marx montre que chacun de ces facteurs organise un circuit propre, une spirale particulière.

Et enfin que ces trois spirales s'intègrent dans une figure encore plus grande, une spirale de spirales, qui représente le mouvement circulaire total du Capital – somme toute de l'ensemble de la Création telle que vue par Michel-Ange.

J'avais déjà parlé de cela dans mon livre antérieur sur *L'économie au XXIe siècle*, mais je n'avais pas encore perçu ces correspondances avec une entière précision.

Donc, tout en déclarant sortir de la philosophie, Marx reste tout de même un philosophe de premier plan. À son insu ? Hegel pensait être le dernier des philosophes, mais en assumant, lui, de rester encore à l'intérieur de la philosophie. C'est pourquoi il n'y a pas lieu de le ranger dans la catégorie des antiphilosophes.

Encore une chose (souvent les textes d'Aristote s'articulent de cette façon : encore… et encore : éti dé… éti dé) :

J'ai dit dans l'Introduction que le Capital 1 s'articule au Capital 2 selon la relation structure-histoire, et qu'un Capital 3 en fournirait probablement un jour la synthèse.

Cependant, je pointais déjà, dans mon livre de 2013 sur *Thomas Piketty, Marx du XXIe siècle ?* que *Le Capital au XXIe siècle* s'articulait en interne selon cette même configuration structure-histoire (1ère et 2ième lois du capitalisme). On observerait donc une tendance de l'ensemble à former des cercles chaque fois agrandis du type structure-histoire, selon le dessin de ce que Hegel avait appelé « **cercle de cercles » pour définir l'encyclopédie des savoirs, en fait spirale et spirale de spirales** (Sismondi, Marx, Politzer, Wallon, Piaget). On verra un jour comment sera construit le Capital 3.

Peut-être un mot encore sur l'importance de la notion de justice dans la démarche de T. Piketty, en ce qu'il déclare en référer la préoccupation aux vues du philosophe néo-kantien John Rawls. Mon opinion personnelle est que la faveur dont bénéficie Rawls dans l'espace d'une forme de bien-pensance propre au courant d'une philosophie pragmatiste américaine de couleur somme toute très conservatrice, mérite d'être approchée avec prudence de la part de l'usager européen formé à l'esprit critique exigeant venu de la tradition des Lumières. On peut s'en convaincre à lire ce qu'il écrit, avec une mine de Raminagrobis, par exemple que « la société doit tenir compte des contraintes d'organisation et de l'efficience économique. Il est donc déraisonnable de s'en tenir à un partage égalitaire. » (John Rajchman et Cornel West : *La pensée américaine contemporaine*, P.U.F., 1991, 313, 320). C'est de la justice de prédicateur de Far West, qui met beaucoup d'eau dans son vin.

Par ailleurs, il est intéressant de rappeler que la morale de Kant, si impressionnant qu'en soit demeuré l'édifice, a subi de sévères critiques de la part de Hegel qui lui reproche par anticipation ce que reformulera plus tard Péguy, que c'est une morale aux mains pures, parce que justement elle n'a pas de mains. La morale kantienne est celle de la bonne conscience, une conscience qui s'en tient au vide et à la simagrée de la bonne intention par rapport à la conscience qui agit et qui pèche.

Plus outre, Hegel décrit la vision morale du monde comme celle d'une conscience accablée par les avatars liés à une division douloureuse :

soumise à un processus inconscient et incessant de « déplacements équivoques », à une « nichée de contradictions », elle est hypocrite, envieuse, infiltrée de pharisaïsme. La conscience morale est déchirée entre l'exigence de la vertu et l'espérance du bonheur, elle se lamente, tel Job sur son fumier, de l'injustice du sort qui fait prospérer les méchants et éprouve les bons. Elle se veut soldat du devoir, mais ne fait rien de bien, car toujours y fait intervenir la passion, qui invalide la visée de sainteté. Enfin, elle s'aliène dans la figure d'un juge suprême, qui n'est rien d'autre que la projection d'elle-même. Dès lors, il n'y a « pas de justes », jamais eu de justes, et le progrès a pour horizon la fin des temps. Critique implacable qui annonce celle de Nietzsche.

Index des idées

Voici sur l'exemple d'un mot (Crise) comment fonctionnent nos deux Index (des idées, et plus loin des noms). Les chiffres allant jusqu'au point-virgule (;) réfèrent aux deux ouvrages de T. Piketty. Parmi ceux-ci, les chiffres en italiques réfèrent au livre *Changer l'Europe*, paru auparavant en mai 2019, et les chiffres en romain à *Capital et idéologie* paru plus tard en septembre. Les chiffres qui suivent le point-virgule réfèrent au présent ouvrage d'Émile Jalley. Toutes ces conditions ne sont pas nécessairement remplies pour chaque item.

Index des noms

Index des idées par fréquence dans les deux livres récents de Thomas Piketty (mai 2019, sept. 2019)

117. Problèmes
102. Philosophie politique
76. Chiffres, dates
74. Politico-idéologique
73. Trajectoire
59. Justice
54. Fiscalité
45. Violence
42. Conflit
40. Contradiction
40. Europe, européen
31. Noms
29. Budget, budgétaire
25. Idéologie
24. Assemblée européenne
23. Sociaux-démocrates
21. Hypocrisie
21. Mobilisation
20. Leçons
19. Sacralisation
19. Traité de démocratisation (T-Dem)
18. Impôts communs
16. Déterminisme
16. Histoire
16. Inégalité
16. Infra/superstructures
16. Progressivité
16. Renversement, retournement
15. Union européenne
14. Communisme
14. Propriété
13. Démocratie, démocratisation
13. Dépassement
13. Diplômés
12. Clivage
12. Sociopolitique

11. Allemagne
11. Gauche/droite
11. Norme de justice
11. Projet
11. Propriétarisme
11. Trace
10. Opacité
10. Socio-économique
9. Cogestion
9. Éducation
9. Paradis fiscaux
8. Apaisé
8. Concurrence
8. État social
8. Harmonie
8. Impôts
8. Nativisme
8. Quatre impôts
8. Racial
8. Réchauffement
8. Traité
7. Biens communs, publics
7. Développement
7. Étrangers, migrants, réfugiés, demandeurs d'asile
7. Institution
7. Marx
7. Mondialisation
7. Pandore
7. Socialisme
7. Suède
6. Crise
6. Eurogroupe
6. Europe
6. Évasion
6. Gouvernement
6. Mathématiques
6. Modestes, pauvres/riches
5. Belle époque
5. Centile
5. Élites multiples
5. Équilibre
4. BCE
4. Carbone
4. Dérogations
4. Équité
4. Expérimentation
4. France
4. Légitimité
4. Libéralisme

4. Nature
4. Partage de la valeur ajoutée
4. PIB 4 %
4. Populisme
4. Socialisme participatif
5. Gouvernance
5. Régressivité
5. Religion
5. Révolution française
5. Vocabulaire
4. Zone euro
3. Actifs
3. Antagonisme
3. Apprentissage
3. Biographie
3. Digital
3. Dimensions
3. Dotation
3. Écologie
3. Frontière
3. Hauts diplômes/hauts revenus
3. Individu
3. ISF
3. Manifeste
3. Mauvaise foi
3. MES (Mécanisme européen de stabilité)
3. Mixte
3. Mobiles, mobilité
3. Nichc
3. PIB 70 %
3. Quatre parts
3. Recherche
3. Remontée, retour
3. Rupture
3. Serf
3. Thérapie de choc
3. Tocqueville
3. Transferts
3. Transition
3. Travailleurs
3. Université
3. Veto
2. Actionnariat salarié
2. Austérité
2. Autoritarisme
2. Classes aisée, moyenne et populaire
2. Cogouvernance
2. Communauté de destin
2. Confiance

2. Continuité
2. Convergence
2. Croissance
2. Dynamique
2. Économie
2. Espace politique
2. Espagne
2. États-Unis
2. Fatalisme
2. Foi
2. Formation
2. Grèce
2. Hypercapitalisme
2. Identité
2. Injustice
2. Interaction
2. Irlande
2. Italie
2. Justification
2. Luxembourg
2. Médias
2. Nationalisation
2. Néolibéralisme
2. Nihilisme
2. Optimisme
2. PIB 0,1 %
2. PIB 1 %
2. Pièges
2. Pouvoir
2. Projet Macron-Merkel
2. Récit
2. Redéfinition
2. Refondation
2. Rejet
2. Repli
2. Sentiment d'abandon
2. Services publics
2. Social-fédéralisme
2. Social-nativisme
2. Solidarité
2. Subsistance
2. TSCG (Traité pour la stabilité, la coopération et la gouvernance)
2. Unanimité
1. Autoréalisation
1. Axes
1. Bloc bourgeois 2017
1. BRAUDEL
1. Brésil
1. Brexit

1. Bruxelles
1. Capital financier
1. Catégorie
1. Climat
1. Collègues
1. Commission
1. Concentration patrimoniale
1. Consultatif
1. Contre-discours
1. Corruption
1. Démission
1. Déterminants
1. Dumping
1. Élections
1. Engagement
1. Entreprise
1. État
1. États pionniers
1. Étudiants
1. Euro 200 000, 1 000 000
1. Eurosceptiques
1. Événement
1. Fédéralisme
1. Finance, financier
1. GAFAM
1. Gagnants de la mondialisation
1. Gilets jaunes
1. Grossier
1. Humanisme
1. Imaginaire
1. Immatériel
1. Immigration
1. Inconnu
1. Innovation
1. Interdisciplinarité
1. JUNCKER
1. Juteuses bidouilles
1. LAMARTINE
1. Littérature
1. Logement
1. Logique ternaire
1. Lutte
1. Meseberg
1. Moitié
1. Mortifère
1. Numérique
1. OCDE
1. Opportunisme

1. Ordolibéralisme
1. Ordre
1. Ordre de grandeur
1. Origine
1. Performatif
1. Perte de sens
1. Pessimisme
1. Philosophie
1. PIB 0,4 %
1. PIB 1, 1 %
1. PIB 2 %
1. PIB 5 %
1. Prix des esclaves
1. Productivisme
1. Prolétariat
1. RAWLS
1. Régularité-différence
1. Royaume-Uni
1. Salaire
1. SAMUELSON
1. Scrutin
1. Série historique
1. Sophistication
1. Sources
1. Stabilité
1. Taux d'intérêt
1. Technocratie
1. Traités 2011-2012
1. Transcendance
1. Unité-diversité
1. Urgence
1. Utopie
1. Volonté politique

Structures éditoriales du groupe L'Harmattan

L'Harmattan Italie
Via degli Artisti, 15
10124 Torino
harmattan.italia@gmail.com

L'Harmattan Hongrie
Kossuth l. u. 14-16.
1053 Budapest
harmattan@harmattan.hu

L'Harmattan Sénégal
10 VDN en face Mermoz
BP 45034 Dakar-Fann
senharmattan@gmail.com

L'Harmattan Cameroun
TSINGA/FECAFOOT
BP 11486 Yaoundé
inkoukam@gmail.com

L'Harmattan Burkina Faso
Achille Somé – tengnule@hotmail.fr

L'Harmattan Guinée
Almamya, rue KA 028 OKB Agency
BP 3470 Conakry
harmattanguinee@yahoo.fr

L'Harmattan RDC
185, avenue Nyangwe
Commune de Lingwala – Kinshasa
matangilamusadila@yahoo.fr

L'Harmattan Congo
67, boulevard Denis-Sassou-N'Guesso
BP 2874 Brazzaville
harmattan.congo@yahoo.fr

L'Harmattan Mali
ACI 2000 - Immeuble Mgr Jean Marie Cisse
Bureau 10
BP 145 Bamako-Mali
mali@harmattan.fr

L'Harmattan Togo
Djidjole – Lomé
Maison Amela
face EPP BATOME
ddamela@aol.com

L'Harmattan Côte d'Ivoire
Résidence Karl – Cité des Arts
Abidjan-Cocody
03 BP 1588 Abidjan
espace_harmattan.ci@hotmail.fr

Nos librairies en France

Librairie internationale
16, rue des Écoles
75005 Paris
librairie.internationale@harmattan.fr
01 40 46 79 11
www.librairieharmattan.com

Librairie des savoirs
21, rue des Écoles
75005 Paris
librairie.sh@harmattan.fr
01 46 34 13 71
www.librairieharmattansh.com

Librairie Le Lucernaire
53, rue Notre-Dame-des-Champs
75006 Paris
librairie@lucernaire.fr
01 42 22 67 13

www.ingramcontent.com/pod-product-compliance
Lightning Source LLC
LaVergne TN
LVHW050624051026
849532LV00002B/271
* 9 7 8 2 3 4 3 2 2 3 7 2 8 *